탈서구중심주의는 가능한가

탈서구중심주의는 가능한가

서구중심주의에 대한 **우리 학문의 이론적 대응**

강정인 편

강성호 · 김동춘 · 김택현 · 이관후 · 이영찬 · 정승현 · 조긍호

아카넷

서강대학교 SSK '탈서구중심주의' 연구단은 한국연구재단이 주관하는 한국사회과학연구지원(SSK) 사업의 중형단계에 참여하여 2014년부터 3년에 걸쳐 연구지원을 받고 있다. 연구 제목은 '탈서구중심주의를 지향하는 다양한 사상적 대응의 비판적 검토: 이론적 심화와 지역적 확장'이다. 우리 연구단은 연구 시작단계부터 세계적 차원에서는 '서구중심주의에 대한 비서구 문명/지역의 다양한 대응'을 주제로, 그리고 일국적 차원에서는 '한국 사회과학 분야의 이론적 대응'을 주제로, 두 권의 단행본을 출간하는 계획을 세웠다. 이제 2년여에 걸친 노력의 결실로 우리 연구단은 일단 두 권으로 구성된 시리즈물을 출간하게 되었다. 그 하나는 금년 6월에 출간된 『탈서구중심주의는 가능한가: 비서구적 성찰과 대응』이고, 다른 하나는 『탈서구중심주의는 가능한가: 서구중심주의에 대한 우리 학문의 이론적 대응』이다. 전자가 서구중심주의에 대한 비서구 문명/지역의 다양한 지역적 대응을 다룬 것이라면, 후자는 이론적 대응을 다룬 것이다.

지역적 대응과 이론적 대응은 상호 배타적인 관계가 아니라 상호 중첩적이고 구성적인 관계를 형성한다. 예를 들어 지역적 대응을 다론 책에 실린 개별적인 비서구 문명/지역에서 생성된 독특한 담론들은 그 문명/지역이 세계정치에서 차지하고 있는 상대적인 위상은 물론 과거에 겪어온 역사적 경험의 총체를 일정하게 반영할 수밖에 없기 때문이다.[1] 다시 말해 개별 문명/지역이 담지하고 있는 특수한 성격이 탈서구중심적 대응에 있어서 독특한 이론이나 담론의 생산으로 표출된다고 할 수 있다. 이는 서구중심적 근대성 개념을 전면적이고 급진적으로 거부하고 해체하는 라틴아메리카 학자들의 이론, 서구중심주의에 대해 아프리카중심주의로 대응하는 아프리카 지식인들의 담론, 서구문명에 정면으로 맞서 장차 중화문명의 부활을 꿈꾸는 중국 정부나 지식인들의 담론, 역사적으로 서구중심주의에 대해 동화·역전·혼융 등 다양한 방식으로 대처해온 일본과 러시아의 전략에서 어렵지 않게 확인된다. 인도, 동남아시아 및 이슬람 문명권에도 이 점은 마찬가지다. 이처럼 지역적 대응이 이론적 대응으로 일정하게 호환·환원될 수 있다면, 역으로 서구중심주의에 대한 우리 학문의 이론적 대응 역시 한국(남한)의 지식인들이 제기한 지역적 대응으로 해석될 수 있다. 이렇게 본다면, 지역적 대응을 다룬 책에서 한국의 정치세력이나 지식인의 대응을 본격적으로 다루지 못한 아쉬움을 이 책이 메워준다고 할 수 있다.

그런데 우리 연구단은 '지역적 대응'이건 '이론적 대응'이건 그 주제

---

1) 물론 개별 문명/지역 내에 현존하는 다양한 정치적 상황과 계급적 구도, 담론이나 이론을 생산하는 개인이나 집단들의 이데올로기적 정향 등 역시 탈서구중심적 담론의 생산에 커다란 영향을 미치기 때문에 한 문명/지역 내에 다양한 담론과 전략이 필연적으로 경합한다는 점을 부정하는 것은 아니다. 따라서 어느 하나의 변수로 환원해서 이론이나 담론의 생산을 설명하는 환원주의적인 오류를 범해서는 안 될 것이다.

를 비교적 광범위하게 다루기에는 참여 연구원 수가 9명으로 한정되어, 이러한 목표에 부합하는 단행본을 집필하기가 쉽지 않다는 점을 이내 깨달았다. 우리 연구단에는 서구중심주의에 대한 '지역적 대응'을 연구하는 학자들의 전공 분야가 중국, 일본, 라틴아메리카 등 특정 지역에 한정되어 있으며, 연구책임자를 제외하고 '이론적 대응'에 관해 연구하는 학자들 역시 비교정치사상(대의제 이론), 포스트모더니즘(포스트콜로니얼리즘), 마르크스주의, 유교민주주의 및 서양사를 전공하는 5인으로 주로 정치사상과 역사학에 편중되어 있기 때문이다.

따라서 우리 연구단은 연구단이 세운 이상적 목표와 참여 연구원 수의 현실적 제약 사이에 존재하는 이러한 괴리를 타개하기 위해 연구목표에 부합하는 논문을 집필해줄 수 있는 역량 있는 연구자들을 찾아 그들에게 협력을 얻어 단행본을 출간하기로 계획을 세웠다. 그리하여 지역적 대응에 관해서는 우리 연구단이 다룰 수 없는 지역이나 국가들을 연구하는 학자들과 접촉하면서 연구취지를 설명하고 그들의 협력과 참여를 요청한바, 그들은 우리의 제의를 쾌히 수락해주었다. 그 결과 비서구지역을 거의 망라하여 지역적 대응을 다룬 단행본을 출간할 수 있었다.

우리 연구단은 '이론적 대응'을 다루는 단행본에 대해서도 그와 비슷한 계획을 세우고 우리 연구단의 정치사상 전공자 2인(정승현, 이관후), 서양사 전공자 1인(강성호) 이외에 외부의 학자들을 필진으로 초빙하기로 계획을 세웠다. 그러나 현실적인 여러 가지 제약조건을 고려하여 10명 정도의 집필진을 예상하고 정치학·사회학·심리학·인류학 및 서양사 분야의 학자들에게 집필과 발표를 의뢰했다. 논문

발표를 위한 전체 학술회의를 2016년 12월 5일로 잡아놓고, 그 전에 연구주제와 문제의식을 공유하기 위해 전문가 초청 자문회의 형식을 빌려 분야별로 두 명씩 자신의 논문계획에 대해 발표를 하도록 요청하고 논평을 통해 상호간의 입장을 수렴시키기 위해 노력했다. 그리하여 12월 5일 학술회의를 서강대에서 개최하였다. 학술회의는 한국연구재단의 후원하에 '경제·인문사회연구회'(이사장 안세영 교수)와 '한국정치사상학회'(회장 김병곤 교수)가 공동으로 주최하고 '서강대 SSK 탈서구중심주의 연구단'과 '전북대 SSK 개인기록과 압축근대 연구단'(단장 이정덕 교수)이 공동으로 주관하는 형식으로 진행되었다. 성공적인 회의에 만족하면서, 편자는 연말이라 바쁜 일정임에도 불구하고 흔쾌히 시간을 내어 학술회의에서 발표와 토론 및 사회를 맡아주신 분들에게 깊이 감사드린다. 비록 학술회의 및 책의 출간과 관련된 기획과 진행은 우리 연구단이 전담했지만, 학술회의를 공동으로 주최·주관해준 여러 단체의 협력과 지원에도 감사드린다. 특히 한국정치사상학회 회장 김병곤 교수는 학술회의를 주최하고 또 바쁜 시간을 내어 친히 인사말을 해주었다. 또 '경제·인문사회연구회'는 학술회의 발표자와 토론자의 사례비를 지원해줌으로써 재정적 어려움을 덜어주었다. 마지막으로 전북대 SSK 단장 이정덕 교수는 친히 발표도 맡아주고 또 경비 일부를 분담했다. 다시 한 번 감사드린다.

회의를 성공리에 마친 후 우리 연구단은 개별적인 집필자들에게 발표원고를 최종적으로 마무리해서 제출해줄 것을 요청했고, 거의 모든 집필진들이 2월 말까지 최종 원고를 제출했다. 다만 우리 연구단에 속한 집필자들은 SSK 연구수행의 필요상 집필된 원고를 학술지에 투고·게재하지 않을 수 없었다. 그분들은 학술지에 게재하는 과정에서 원고를 수정·보완할 수밖에 없었고, 결과적으로 이 책의 출간을 앞두고 학술지에 발표된 논문에 비추어 본래 제출된 원고를 2016년 6~7월 동안 다시 손질해야 했다. 따라서 아카넷 출판사에 모든 원고가 제출된 것은 8월 초였다. 그동안 미리 원고를 제출한 뒤에 인내심을 갖고 출간을 기다려온 다른 집필자들에게 송구스럽고 감사한 마음을 전한다.

학술회의에는 정치학 2인(정승현, 이관후), 사회학 2인(이영찬, 김동춘), 심리학 2인(조긍호, 한규석), 인류학 1인(이정덕), 서양사 1인(강성호) 등 모두 8명의 학자가 발표에 참여했다. 본래의 계획은 여기에 인류학 1인, 서양사 1인의 집필진을 추가해 5개 분야에 걸쳐 10편의 논문을 수록한 단행본을 출간하는 것이었다. 그러나 심리학과 인류학 분야에서 발표한 한규석·이정덕 교수가 여러 가지 사정으로 최종 원고를 제출할 수 없게 됨에 따라 본래의 목표를 축소해서 인류학 분야는 제외하고 서양사 분야에서 김택현 교수의 글을 추가하는 한편 심리학 분야에서는 조긍호 교수가 학술회의에서 발표한 (본래 긴) 논문을 두 편으로 나누어 싣기로 하였다. 그리하여 최종적으로 이 책은 본래의 목표보다 축소되어 정치학 2인(정승현, 이관후), 사회학 2인(이영찬, 김동춘), 심리학 1인(조긍호), 서양사 2인(김택현, 강성호) 등 4개 분야에 걸쳐 총 7인이 집필한 8편의 논문으로 구성되게 되었다. 귀중한 시간을 할애해 훌륭한 논문을 써준 집필진들에게 머리숙여 감사드린다.

공동연구원의 일원인 이관후 박사는 이 학술회의를 조직하는 과정에서는 물론 이 책의 출판과정에서도 협력단체, 집필자들 및 출판사와 긴밀한 연락을 취하면서 학술적이고 행정적인 업무를 처리하는 데 노고를 아끼지 않았다. 덧붙여 지난 2년 동안 연구를 공동으로 수행하면서 학문적 지식과 인간적 우정을 공유하게 된 우리 연구단의 공동연구원들, 그리고 연구 수행과 관련된 행정적 업무를 묵묵히 감당해준 이충훈과 한유동 행정연구원은 물론, 서강대학교 정치외교학과 대학원생들에게도 감사드린다.

연구지원 및 출판과 관련하여 마지막으로 감사의 뜻을 남기고 싶다. 무엇보다도 먼저 6년에 걸쳐 탈서구중심주의를 주제로 한 우리 연구단의 연구를 지원해준 '한국연구재단'에 감사드린다. 이 저서는 2014년 정부(교육부)의 재원으로 한국연구재단의 지원을 받아 수행된 연구성과를 단행본으로 출간한 것이다.(NRF-2014S1A3A2043763) 출판시장의 어려운 여건에도 불구하고 지역적 대응은 물론 이론적 대응에 관한 책의 출간을 연이어 맡아준 아카넷 출판사와 편집을 담당해준 김일수, 이하심, 최현문 선생님의 노고에 감사드린다. 제1회 '서강학술상'의 수여를 통해 편자의 연구를 격려하고 연구비를 지원해준 서강대학교에도 감사드린다. 이 점에서 이 저서는 부분적으로 서강대학교 2015년도 미래연구과제 및 2016년도 교내연구비 지원에 의해 수행된 연구성과이기도 하다.(201610048.01)

편자는 2004년에 서구중심주의를 주제로 한 최초의 단행본인 『서구중심주의를 넘어서』를 출간함으로써 학계의 주목을 받은 바 있다. 그 후 12년이 지나 서구중심주의를 주제로 하여 여러 학자들과 공동으로 수행한 연구 결과를 연이어 두 권의 단행본으로 출간하게 되었

다. 서구중심주의에 대한 우리 학자들의 고민을 독자들과 함께 공유
할 수 있기를 희망한다.

2016년 11월

서강대학교 다산관 학여재

집필진을 대신하여

강정인

차례

서론
서구중심주의에 대한 우리 학문의 이론적 성찰과 대응

강정인

I.

서구문명에서 기원한 자본주의 및 근대성과 함께 서구중심주의는 그것들을 정당화하는 기제로서 서구세계와 비서구세계를 가로지르면서 총체적으로 관통하는 메타이데올로기 또는 세계관이다. 그것은 근대 서구문명에 노출된 인류의 일상적 삶을 지배하고 있으며, 당연히 거의 모든 근대 학문(인문사회과학)은 물론 근대적 이념과 이데올로기들 —인본주의, 계몽주의, 합리주의, 자유주의, 사회주의, 가부장주의, 인종주의, 제국주의, 전체주의/파시즘 등— 과도 한데 엮여져 있다. 정치철학의 관점에서 서구중심주의에 관해 문제제기를 하면서 필자는 2004년에 『서구중심주의를 넘어서』라는 논저를 출간한 적이 있다. 그 이후에도 이러한 문제의식을 염두에 두고 서구중심주의에 관한 단편적인 논문을 여러 편 발표하기도 했고, 한국 현대 정치사상을 탈서구중심주의적 관점에서 재구축하고자 시도하면서 단행본을 펴내

기도 했다.(강정인 2014)[1]

1990년대 말부터 서구중심주의에 대한 필자의 연구가 논문형태로 발표되는 것과 거의 때를 같이하여 국내의 서양사학계에서도 '유럽중심주의적 세계사'에 대한 문제제기가 학회차원에서 활발하게 이루어지면서, 유럽중심주의가 핵심적인 연구주제로 떠오르기 시작했다. 지난 15년 동안 서양사학계에서 그 주제에 대한 연구가 열정적으로 진행되면서, 이제는 서양사학 분야가 유럽중심주의에 대한 문제제기와 연구성과에 있어서는 국내학계에서 가장 앞서 있는 분과학문으로 자리 잡게 되었다. 이러한 서양사학계와 대조적으로 필자가 몸담고 있는 정치학계(또는 정치사상 분야)에서는 서구중심주의에 대한 관심이 상대적으로 저조한 편이다. 서구중심주의에 대한 필자의 연구가 정치학 등 다른 사회과학 분야에서 어느 정도 영향을 미치지 않은 것은 아니겠지만, 그렇다 하더라도 필자의 연구는 상대적으로 고립된 상황에 처해 있었다. 이에 서구중심주의에 대한 자신의 문제의식을 심화시키고 또 이를 공유·확산시키기 위해 필자는 2011년 이래 한국연구재단이 지원하는 한국사회과학연구지원(SSK) 사업에 참여하여 '탈서구중심주의'에 대한 연구를 공동연구의 형태로 수행하게 되었다. 그와 더불어 지난 2년 동안 공동으로 연구한 성과를 학계는 물론 일반 지식 대중과 공유하는 기회를 갖기 위해 두 편의 단행본 출간을 기획했다. 그 하나가 금년 6월에 출간한 『탈서구중심주의는 가능한가: 비서구적 성찰과 대응』이고 다른 하나는 지금 펴내는 『탈서구중심주의는 가능한가: 서구중심주의에 대한 우리 학문의 이론적 대응』이다.

---

1) 물론 필자의 연구가 과연 얼마나 '탈서구중심적'인가에 대해서는 다양한 관점과 차원에서 비판이 가능할 것이고, 필자 역시 2004년 이후에 서구중심주의에 관한 문헌을 추가적으로 접하면서 여러 모로 자신의 학문적 한계를 절감하고 있다.

이 책에 실린 논문들은 서구중심주의에 대한 우리 학문의 다양한 이론적 성찰과 대응을 다루고 있다. 서구중심주의의 폐해는 우리의 일상적 삶에도 만연해 있지만, 『서구중심주의를 넘어서』에서 필자는 서구중심주의의 학문적 폐해를 주로 정치학(정치사상)을 중심으로 검토했다. 그러나 학문적 폐해가 서구문명의 수용과 함께 도입된 거의 모든 학문 분야에 걸쳐 관철·관찰된다는 점을 부정하기란 어려울 것이다. 다만 필자의 학문적 식견이 좁기 때문에 필자의 논의는 자신이 비교적 잘 안다고 생각되는 정치학 분야를 중심으로 그 일단을 드러낸 것이다. 따라서 다른 학문 분야에서는 서구중심주의의 학문적 폐해가 어떤 양상으로 존재하고, 그 분야의 국내학자들은 이에 대처하기 위해 어떤 이론적 노력을 경주하는지에 대한 학문적 호기심이 늘 존재했다. 이 책은 사회과학 분야를 중심으로 서구중심주의에 대한 문제의식을 공유하는 국내학자들이 자신의 분야에서 자신의 관심과 관점에 따라 서구중심주의에 대한 이론적 성찰과 대응을 다양한 방식으로 시도한 논문을 한데 모은 것이다.

　그러나 시간, 인력, 재정 등 여러 가지 제약으로 인해 이 책의 집필에는 사회과학 분야의 경우 정치학·사회학·심리학에서 총 5명의 학자가, 그리고 인문학 분야에서 서양사학을 전공하는 2명의 학자가 참여했다. 이 책의 목적에 비추어볼 때 인문학과 사회과학의 엄격한 경계가 중요한 것은 아니고, 또 심리학과 더불어 서양사학 분과가 탈서구중심주의적 연구에 있어서 가장 앞서 있기 때문에 그 분야의 연구 성과를 포함하여 소개하는 것은 서구중심주의에 관심을 갖는 일반 독자들에게도 매우 의미 있는 일이라고 생각된다. 그런데 집필자들이 몸담고 있는 학문적 전공의 성격은 물론 개인적인 학문적 배경, 연구 소재와 관심, 서구중심주의에 대한 문제의식의 방향과 수준 등이 각

양각색이기 때문에, 비록 (탈)서구중심주의라는 동일한 주제에 관심을 갖고 쓴 논문들이라도, 그 주제가 논의되는 담론과 논변의 성격이 다양할 수밖에 없다.

II.

'서론'에서 필자는 독자들의 편의를 위해 먼저 서구중심주의의 개념과 학문적 폐해 및 그것에 대한 대응 전략을 논의할 수 있는 공통적인 틀을 제공하고, 이어서 이 책에 실린 논문들의 내용을 공통적인 틀에 담아내면서 간략히 요약하도록 하겠다. 먼저 『서구중심주의를 넘어서』에 제시된 바 있는 서구중심주의의 개념 및 학문적 폐해를 간략히 요약하여 서술하고, 이어서 2007년에 발표한 글에서 '한국 정치사상 연구를 어떻게 수행할 것인가?'라는 물음을 던지면서 제안한 바 있는 한국적 정치사상 연구의 수행 전략을 일종의 준거 틀로서 압축적으로 소개할 것이다. 서구중심주의의 폐해와 이를 극복하기 위한 대안에 대한 필자의 논의가 정치학(정치사상) 중심으로 이루어진 점을 부정할 수는 없지만, 그렇다 하더라도 서구중심주의가 거의 모든 학문에 영향을 미치고 있는 메타이데올로기인 만큼, 그 논의는 다른 학문분과들에도 일정한 적실성과 통찰을 제공할 수 있을 것이라고 믿기 때문이다.

이 책에 실린 개별 논문들은 모두 서구중심주의에 대한 문제의식을 공유하고 있지만, '서구중심주의란 무엇인가'라는 개념적 문제를 구체적으로 다루지 않고 있다. 따라서 독자들의 이해를 위해 이에 대한 논의가 필요하다. 『옥스퍼드 영어사전(*The Oxford English Dictionary*)』

에 따르면 유럽중심주의(Eurocentrism)는 "유럽을 자신의 세계관의 중심에 두는 생각이나 실천"으로 정의된다.(강정인 2004, 39에서 재인용) 그러나 사전적 정의는 유럽중심주의가 현실과 이념의 세계에서 구체적으로 어떻게 작동하는지에 대해서는 침묵하고 있기 때문에 필자는 『서구중심주의를 넘어서』에서 서구중심주의를 세 가지 방식으로 정의했다. 첫째는 서구중심주의를 '서구우월주의', '서구보편주의', '서구화'라는 3대 명제로 구성되는 것으로 개념화하는 것이고, 둘째는 서구중심주의를 상호불가분적인 '서구예외주의'와 '오리엔탈리즘'의 구성으로 이해하는 것이며, 셋째는 서구중심주의에서 서구가 비서구에 대해 중심으로서 '존재론적 원천', '인식론적 틀', '규범적 판단의 기준'으로 작용하는 기능을 중심으로 개념화하는 것이다.(강정인 2004, 2장)[2] 이 책에 실린 논문들을 이해하는 데 앞의 두 가지 개념 정의가 유용성이 크기 때문에 이 두 가지를 중심으로 소개하겠다.

먼저 서구중심주의에 대한 첫 번째 개념화에 따르면 서구중심주의는 다음과 같은 세 가지 명제로 구성되어 있다.[3] 첫째, 근대 서구문명 ―지리적으로 서유럽을 중심으로 출현했지만 그 문화를 이식한 미국, 캐나다 등도 당연히 포함한다― 은 인류역사의 발전단계 중 최고의 단계에 도달해 있다. 둘째, 서구문명의 역사발전 경로는 서양뿐만

---

2) 나중에 논할 라틴아메리카 학자들의 연구와 김택현의 글은 서구중심주의의 세 번째 개념과 깊숙한 연관을 맺고 있다. 그러나 여러 가지 제약상 '서론'에서는 이 점을 다루지 않겠다.

3) 이하에서 제시되는 서구중심주의에 대한 개념화는 『서구중심주의를 넘어서』(2장)에 서술된 필자의 논의에서 간추려 끌어오면서 다소 수정하거나 추가한 것이다. 따라서 일일이 인용부호를 붙이는 것이 번잡한 작업이 되어 생략한다는 점을 밝혀둔다. 대신 단락 끝에 출처를 밝혀둔다. 이 점은 앞으로 나오는 '서구중심주의의 폐해'와 '한국 정치사상의 연구방법'을 논하는 부분에도 적용된다.

아니라 동양을 포함한 전 인류사에 보편적으로 타당하다. 셋째, 역사 발전의 저급한 단계에 머물러 있는 비서구사회는 문명화(식민지 제국주의 시대), 근대화(탈식민지 시대), 지구화(탈냉전 이후)를 통해 오직 서구문명을 모방·수용함으로써만 발전할 수 있다. 다시 말해 서구중심주의는 세 개의 명제, 곧 '서구우월주의', '서구보편주의/역사주의', '문명화/근대화/지구화'로 압축될 수 있다.(강정인 2004, 46-48) 나중에 논할 것처럼 19세기 이후 서구문명이 구성한 '보편적'인 세계사는 서구문명을 세계사의 주체로 설정하고 비서구문명들을 '타자'로 포섭하면서 세 가지 명제를 정립하고 확인하는 과정으로 서술된 역사기술이라 할 수 있을 것이다. 달리 말하면 일제가 식민지 조선을 대상으로 서술한 조선사가 일제의 지배를 정당화하기 위한 식민사관의 소산이었듯이, 서구중심적 세계사는 비서구문명들/지역들에 대한 서구문명의 지배를 정당화하기 위해 서술된, 전 세계를 대상으로 한 식민사관의 산물이라 할 수 있다.

서구중심주의는 또한 서구(유럽)예외주의와 오리엔탈리즘으로 구성되어 있다. 여기서 서구예외주의는 근대 초에 서구인들이 서구문명에 대해 구성한 자화상이고, 오리엔탈리즘은 서구인들이 서구라는 거울을 통해 (왜곡되게) 구성한 비서구문명의 상(像)을 지칭한다. 이처럼 서구중심주의는 한편으로 서구를 예외적으로 특권화하여 격상시키는 서구예외주의와 다른 한편으로 비서구문명을 서구가 일방적으로 선택한 (보편적인?) 잣대에 의해 격하시키는 오리엔탈리즘을 불가분적 양면성으로 내포하고 있지만, 분석상 양자는 구분된다고 보는 것이 합당하다.(강정인 2004, 66)

서구예외주의는 서구에서 근대성의 출현을 설명하기 위해 서구문명의 독특성(uniqueness), 자생성(self-generation) 및 그 독특성의 항구성(permanence)을 주장하는 세 가지 명제로 구성되어 있다. 독자들의 편의를 위해 이 명제들을 설명해보면, 첫째, 서구예외주의는 서구문명에 내재한 '독특한' 요소들이 서구에서 자본주의, 산업혁명, 계몽주의, 자유주의, 합리주의, 진보사상 등 근대성의 출현을 가능케 했다고 주장한다. 둘째, 서구예외주의는 서구문명이 오직 서구에 내재적인 독특한 요소에 힘입어 자기발생적으로, 즉 외부의 비서구문명으로부터 별다른 영향을 받지 않고 근대성을 출현시켰다고 설명한다. 셋째, 서구예외주의는 이처럼 근대 유럽에만 존재하는 것으로 단언된 독특한 요소들이 서구 역사의 초기부터 지속적으로 존재해온 모종의 항구적 속성으로부터 유래하는 것이라고 주장한다. 그런 항구적 속성이 고대 그리스 문명, 로마 문명, 유대교 또는 기독교 정신에서부터 이미 내재해 있었다는 것이다. 따라서 서구예외주의에 따라 서구인들은 18세기 이후에 비로소 서구문명이 비서구문명에 대해 정치적 · 경제적 · 군사적으로 우월하고 우세한 지위에 이르게 되었다는 주장 —오늘날 많은 비서구인들 역시 수긍할 법한 주장— 에 만족하지 않고 유구한 인류사에서 근대 서구문명이 얻게 된 일시적이고 역전가능한 우월성을 과거 · 현재 · 미래에 걸쳐 확인된 항구적 현실로 고정시키고자 한다.(강정인 2004, 67)

서구중심주의라는 동전의 앞면이 서구예외주의라면, 그 뒷면은 비서구사회에 대한 서구의 지식체계인 '오리엔탈리즘'으로서, 그것은 서구의 예외성을 여타 세계와 구분하게 해주는 기능을 한다. 『오리엔탈리즘』에서 사이드(E. Said)는 19세기 유럽의 자유주의자들이 창안한 오리엔탈리즘을 통렬하게 비판했다. 버날(Martin Bernal)의 『블랙 아테나: 서양 고전 문명의 아프리카 · 아시아적 뿌리』가 고대 그리스 문명의 재해석과 관련하여 서구예외주의의 소급적 재구성을 폭로한 것이라면, 사이드의『오리엔탈리즘』은 서구 내부의 문헌에서 서구의 타자인 동양(/동방)[4]의 서구중심주의적 구축을 적나라하게 드러낸 것이다.(강정인 2004, 70-71)

　『오리엔탈리즘』에서 사이드는 동양(Orient)이 과거와 현재에 걸쳐 서구인들의 사유에 의해 구성되는 과정을 검토하고 있다. 사이드에 따르면 동양과 서양은 단순한 지리적 실체를 넘어선 심상지리적 관념이다. 사이드는 서구의 문학작품 및 문헌의 분석을 통해 서구인들이 보는 동양은 동양 본래의 모습이 아니라 부정확한 정보와 왜곡된 편견으로 가득 찬 허상일 뿐이라고 통박했다. 오리엔탈리즘은 동양을 지배하고 재구조화하며 동양에 대해 권위를 행사하는 서구의 지적 양식인 셈이다. 따라서 사이드는 오리엔탈리즘에 내재한 지식(오리엔탈리즘: 서구인의 동양에 대한 지식)과 권력(서구인의 동양 지배)의 상호 불가분적인 담합관계를 드러내고 있다. 사이드에 따르면 오리엔탈리즘은 서양의 "식민지 지배라는 사실을 추인한 것이 아니라 도리어 그것에 앞서서 식민지 지배를 정당화한" 것으로 인식된다.(사이드 2002, 82; 강정인 2004, 71)

　서구 이외의 사회에 대한 지식체계로서 오리엔탈리즘은 서구의 독특성 및 예외성과 대조적으로 비서구사회를 서구에 존재하는 중대한 역사적·경제적·사회적·정치적·문화적·이념적 요소의 '부재' 또는

---

4) 오리엔트(orient)는 라틴어에서 본래 '해가 지는 곳 또는 동방'의 뜻을 지니고 있고, 또 사이드가 오리엔트라고 말하는 지역이 주로 현대의 서남아시아(또는 아랍) 지역을 지칭하기 때문에 사이드의 맥락에서는『성경』에도 나오듯이 우리말로 '동방'이라고 표기하는 것이 더 적절하다. 그러나 한국에서는 식민지시대 일본의 영향을 받아 오리엔트를 주로 '동양'으로 옮겨왔고, 또 동북아 지역을 지칭하기 위해 사용해왔다. 필자는 이에 동의하지 않지만, 일상적 용례를 존중하여 이 글에서는 '동양'이라는 용어를 사용한다.

'일탈'(또는 '왜곡')을 통해 설명한다. 19세기에 출현한 서구 사회과학의 주된 임무 역시 서구중심주의라는 동전의 양면을 구성하는 서구문명의 예외성 및 독특성과 비서구문명의 결핍성 및 일탈성을 합리적으로 입증하고 체계적으로 부연하는 것이었다. 이 과정에서 서구가 지닌 긍정적 차이의 '특권화'와 비서구가 가진 부정적 차이의 '낙인화'가 수반되었음은 물론이다.(강정인 2004, 71-72)

　독자의 편의를 위해 이 점을 간략히 예시해본다면, 먼저『프로테스탄티즘의 윤리와 자본주의 정신』의 '저자 서론'에서 베버는 비서구문명을 과학, 역사연구, 예술, 건축, 전문화된 관리와 행정, 법치, 자본주의 등이 부재한 것으로, 나아가 그 자본주의를 가능케 한 '합리성'이 결여된 것으로 설명한다.(베버 1998) 이외에도 비서구사회에 부재한 것으로 '자유', '사유재산', '경쟁적 시장관계' 등이 제시된다.(Blaut 1993, 25; Frank 1998, 18) 궁극적으로 영원한 정체상태에 있는 비서구문명은 총체적으로 '역사'가 없는 것으로, '문화'가 없는 것으로 설명되기도 한다.(Wolff 1982; 강정인 2004, 72)

　그러나 단순히 '부재의 신화'만으로는 비서구문명에 대한 유럽 문명의 우월성을 완성하기 어려울 법하다. 따라서 서구문명은 그들의 주된 타자인 동양을 새롭게 구성하여 '일탈'로 규정하는 오리엔탈리즘을 발전시키지 않을 수 없었다. 그리하여 동양은 "영구적이고 불변적인 동양", "만족시킬 수 없을 정도로 무한한 아랍인들의 성적 욕망", "이국적인 여성", "인파로 붐비는 시장", "부패한 전제정치", "신비주의적 종교" 등의 이미지를 떠안게 된다.(Clifford 1988, 258) 나아가 경제적으로는 "아시아적 생산양식", 정치적으로는 "동양적 전제정치"라는 일탈적 범주에 자리매김된다. 이처럼 오리엔탈리즘은 진정한 인간적 실재(현실)를 억압하기 위해 인류를 '우리'와 '그들'이라는 '이항대립적 범주'로 이원화시키고, 나아가 잔여적 타자를 본질주의화시켜버린다. 요컨대 서구예외주의는 유럽을, 오리엔탈리즘은 비서구사회를 본질주의적으로 재구성해낸다.(강정인 2004, 72-73)

이제 이 책의 핵심적 주제인 '서구중심주의에 대한 우리 학문의 이론적 성찰과 대응'을 살펴보기 위한 준비작업으로 서구중심주의가 초래하는 학문적 폐해와 이를 타개·극복할 수 있는 대안에 대한 필자의 논의를 소개하겠다. 필자는『서구중심주의를 넘어서』의 제10장 "서구중심주의의 폐해: 학문적 폐해를 중심으로"에서 서구중심주의의 극복 필요성을 강조하기 위해 그 폐해를 개괄적으로 논하면서 시작한 바 있다. 먼저 일반적인 차원에서 서구중심주의를 극복해야 하는 이유는 바로 서구중심주의가 궁극적으로 비서구인들로 하여금 서구문명의 우월성 및 보편성을 받아들이게 함으로써 서구의 문화적 지배에 정당성을 부여하기 때문이다. 그리고 비서구인들은 서구의 세계관, 가치, 제도 및 관행을 보편적이고 우월한 것으로 인식하여 동화주의적 사고를 갖게 되고, 서구를 중심에 놓는 과정에서 스스로를 주변화하고 자기비하와 자기부정의 의식을 갖게 되기 때문이다. 그들은 서구문명을 유일한 보편적 대안으로 상정함에 따라 서구중심적 세계관을 내면화하게 되고, 그 결과 독자적인 세계관을 형성하지 못하게 됨으로써 궁극적으로 자기소외에 이르게 된다.(강정인 2004, 392)

이어서 주로 정치학(정치사상)의 사례를 중심으로 분석하면서 필자는 서구중심주의가 초래하는 학문적 폐해를 세 가지로 정리해서 논했다. 첫째, '학문적 문제의식의 서구화', 둘째 '서구이론에 따른 한국 현실의 동화주의적 해석', 셋째 '서구중심주의에 의한 한국(비서구) 현실의 주변화'가 그것이다. 이 세 가지가 이론적 차원에서 폐해를 고찰한 것이라면, 이러한 폐해를 재생산하는 구조로 필자는 많이 언급되는

'학문의 대외(서구) 종속성'의 문제를 다루었다.

　폐해에 대한 이러한 논의는 이 책에 실린 저자들의 글을 이해하는 데 도움이 될 것이기에 간략히 소개한다.

　먼저 '학문적 문제의식의 서구화'는 비서구학자들이 서구의 '선진적' 학문을 수용하는 과정에서 서구의 문제의식마저도 우선적이고 보편적인 것으로 내면화하여 그러한 문제에 몰입하게 되며, 그 결과 자기 사회에 대한 독자적인 문제의식을 형성하지 못하거나 자기 사회의 맥락과 유리된 문제의식을 갖게 되는 현상을 지칭한다. 쉽게 말해, 서구학문이 전 세계에 걸쳐 학문적 의제설정 권력(어떤 것이 연구될 가치가 있는가, 어떻게 연구되어야 하는가 등을 둘러싼 담론권력)을 거의 독점적으로 행사하는 현상을 지칭하기 위한 것이다. 『서구중심주의를 넘어서』의 제10장에서 필자는 다양한 이론이나 개념들을 사례로 들면서 학문적 문제의식의 서구화가 초래하는 폐해를 예시한 바 있다. 필자의 논점은 적지 않은 한국학자들이 현대 서구학자들의 문제의식을 적어도 우리의 상황에 비추어 재맥락화하는(re-contextualize) 작업을 병행하지 않은 채, 그저 서구의 맥락과 텍스트에 매몰되어 이론화 작업을 하고 있다는 것이다. 이처럼 한국의 지식인들이 한국사회와 학계에 필요한 학문의 근본적인 문제의식을 제대로 설정하지 못한 채, 서구중심적인 이론과 문제풀기에 매달려 공허한 논쟁을 벌이고 있는 동안, 한국사회의 절박한 문제들은 이론화의 계기를 갖지 못하고 사소한 문제로 외면되거나 서구적인 문제로 환원·동화되어버리거나, 그것도 아니면 고도로 추상성이 높은 관념의 세계로 증발해버린다.(강정인 2004, 395, 399)

　둘째, '서구이론에 따른 한국 현실의 동화주의적 해석'은 서구이론에 한국 현실을 동화시켜 해석하려는 학문적 경향을 지칭한다. 서구중심주의에 따라 비서구학자들은 서구의 세련된 이론에 매료되어 그 적실성을 검증하는 과정에서 이론에 맞지 않는 자기 사회의 현실을 억지로 이론에 동화시켜 왜곡되게 해석하거나, 아니면 일종의 '이론대기주의(理論待期主義)' 입장에 따라 선진적인(?) 서구이론을 선점하고 있으면서 자기 사회의 '후진적'인 현실이 그 이론의 적용을 받을 만큼 충분히 숙성하고, 이어서 그것이 적용되는 시기가 조만간 도래할 것을 기다리는 경향을 갖게 된다. 그와 더불어 서구정치의 '선진적' 현실에 기초한 '선진적' 이론을 한국에 수입하여 적용하는 과정에서 한국정치의 고루·완고한 '후진적' 현실은 항상 부정과 비판의 대상이 되는 자기비하의 '셀프-오리엔탈리즘'(self-orientalism)적 경향이 발생하게 된다.(강정인 2004, 402, 404)

셋째, '서구중심주의에 의한 한국(비서구) 현실의 주변화'는 위의 두 폐해가 복합적으로 작용하여 비서구사회의 '현실'이나 '사실'이 주변화되고 적절한 이론화의 계기를 상실하는 현상을 지칭한다. 곧 서구이론에 몰입하는 과정에서 서구이론이 설명하고자 하는 —또는 기반하고 있는— 서구적 현실과 사실은 중심적 지위를 갖고 다양한 해석의 대상이 되지만, 비서구사회의 현실과 사실은 단지 서구이론의 적합성을 일방적으로 검증하는 주변적 지위를 점하게 되어 다양한 해석의 대상이 되지 못하며, 그나마 이론화의 계기를 갖지 못한 사실은 사장되거나 망각되어버리는 경향이 있다. 이러한 폐해는 결국 국내 정치학자들, 특히 한국정치를 전공하지 않는 학자들이 한국 정치현실에 대해 무지하거나 무관심한 경향과도 연결된다. 적지 않은 국내 정치학자들은 한국정치의 모순이나 갈등 또는 중요한 사건에 주목하여 자생적 문제의식을 형성하는 것이 아니라 서구이론에 내재한 서구적 문제의식을 보편적인 것으로 받아들이고 그것을 해결하고자 하는 서구이론이나 사상을 소화하는 과정에서 파생적으로 한국정치에 대한 문제의식을 형성하는 경향이 있기 때문에, 이론과 현실의 괴리가 발생함은 물론 상대적으로 한국정치에 무관심하거나 무지한 사례가 적지 않게 발견된다.(강정인 2004, 405-406)

나아가 학문의 대외적 종속성과 그에 따라 형성된 학계의 경직된 구조는 바로 이러한 폐해에 대한 냉철한 인식과 그 극복을 위한 진지한 시도를 가로막는 중대한 걸림돌로 작용해왔다. 서구중심주의로 인한 학문의 대외종속성을 논할 때 무엇보다도 해방 및 분단과 함께 한국사회의 모든 면에 걸쳐 지대한 영향력을 미쳐온 초강대국 미국과 미국 학문의 영향력이 빈번히 지적되어왔고 이는 타당한 지적이다.(강정인 2004, 414-416) 다시 말해 학문의 대외종속성의 배후에는 한국정치와 사회 일반의 주체적이고 자율적인 성장을 가로막고 있는 미국의 막강한 영향력을 들지 않을 수 없다는 것이다. 이와 관련하여 우리는 한국이 다른 비서구문명/지역과 달리 서구문명에 대한 저항감이나 거부감이 약하고 오히려 급속하게 서구중심주의를 내면화해온 독특한 사례에 속한다는 점에도 주목할 필요가 있다. 한국은 서구의 식민지가 아니라 일본의 식민지를 경험해왔고, 제2차 세계대전에서 미국을 비롯한 연합국의 승리에 힘입어 해방되고 독립을 했기 때문에(분단에 대한 미·소의 책임을 일단 논외로 한다면), 미국을 위시한 서구문명에 대해 처음부터 우호적인 인식과 감정을 품고 출발했다.[5] 더욱이 6·25 전쟁에서 미국 등 연합국의 참전 덕분에 체제의 붕괴를 모면한 것은 물론 그 후 미국의 경제원조와 지원을 통해 전후복구와 경제발전을

---

5) 물론 한국(조선)에서 서구문명을 우월시하고 이상화하는 서구중심적 경향은 19세기 말부터 형성되었다. 이에 대한 생생한 논의로는 유선영(1997)을 참조할 것.

꾀할 수 있었기 때문에 미국의 압도적 영향력하에서 서구중심주의가 사회의 모든 면에 걸쳐 깊숙이 뿌리내리지 않을 수 없었다.

그러나 학문의 서구종속성은 비단 한국에만 국한된 현상이 아니다. 인도 출신의 정치사상가인 파레크 역시 '인도 정치사상의 빈곤'을 다루는 글에서 국내적 차원뿐만 아니라 세계적 차원에서도 학계가 서구중심적으로 정향되어 있어서, 국내에 체재하고 있는 인도의 유능한 학자들에게도 자기 나라를 물리적으로 떠나지 않고도 사실상 '두뇌유출(brain drain)'과 비슷한 현상이 일어나고 있음을 일찍이 다음과 같이 지적한 바 있다.

관료적이고 좌절감을 불러일으키는 학문적 풍토와 잘 알려진 식민지적 열등감으로 인해 인도 학자들은 인정과 승인을 얻기 위해 서구를 바라보는 경향이 있다. 당연한 이야기지만, 그들은 오직 서구의 주류 학술 기관에서 수용될 만한 주제에 관해 집필함으로써만 인정과 승인을 확보할 수 있다. 서구인들은 '진지한' 제3세계 학자들이 무엇에 관해 생각하고 집필해야 하는지, 서구나 자신들의 사회를 어떻게 연구해야 하는지, 그리고 비판하는 경우에도 어떤 식으로 비판해야 하는지 등에 관해 드러나게 명시적이지는 않지만, 그럼에도 불구하고 분명히 제시하는 관점이 있다. 이러한 관점은 친숙한 연계망을 통해 전파되며, 유능한 인도 학자들은 그 메시지를 재빨리 알아챈다.(Parekh 1992, 551; 강정인 2004, 416-417에서 재인용)

지금부터 25년 전에 출간된 글에서 언급된 내용이지만, 파레크가 관찰한 이런 현상은 21세기에도 여전히 전 세계적으로 목격되고 있다. 2010년 '유네스코'와 '국제사회과학협의회'는 세계 사회과학의 현황과 문제점을 파악하기 위해 『세계 사회과학 보고서(*World Social*

Science Report)』를 출간한 바 있다. 이 『보고서』는 전 지구적인 빈곤과 사회경제적 불평등이 지식 생산 및 활용과 관련된 제도 및 방법에서 도 심각한 지식격차(knowledge divide), 지식의 파편화 및 불평등을 산출하는바, 사회과학적 지식의 생산과 보급 및 활용 역시 영어권 국가로 편중되고 있고, 그 국가들의 학문적 헤게모니가 전체적으로 사회과학을 궁핍화하는 결과를 초래하고 있다고 지적한 바 있다.(UNESCO and International Social Science Council 2010) 이러한 상황은 대학에 자리를 잡기 위해 영어논문이 우선적으로 요청되는 한국 학계에서도 더욱 확연히 관철되고 있다. 서구에서 출판되는 유명 학술지가 부과하는 학술적 담론의 조건 —학술적 의제와 주제, 논변의 전개와 입증 방식, 기존문헌의 검토 등— 이 서구중심적으로 짜인 상황에서 대부분의 한국학자들은 그러한 담론 조건에 순응하지 않을 수 없기 때문이다. 이로 인해 대부분의 학문영역에서 서구중심주의는 더욱 강화되고 있다.

필자는 이러한 상황을 초래하는 서구중심주의를 어떻게 타개·극복할 수 있는가라는 문제의식을 갖고 한국 정치사상의 연구방법으로, 거칠지만, 세 가지 대안을 제시한 바 있다. 그것은 첫째, 서구중심주의의 폐해를 극복하기 위한 역편향의 의도적 추구, 둘째 서양 정치사상, (동아시아 및 한국의) 전통 정치사상 및 한국 정치현실 3자 간의 유기적 호환성 구축 및 확충을 위한 전략, 셋째 탁월한 정치사상(가)의 출현 과정에 대한 검토를 통한 대안의 모색이다.(강정인 2007) 이 책의 주제와 관련해서는 앞의 두 가지 대안이 적실성이 크기 때문에 그것들에 관해 간략히 논하도록 하겠다.[6]

---

6) 본래 논문에서 필자는 세 가지 대안의 타당성(plausibility)을 입증하기 위해 구체적

첫 번째 대안은 서구중심주의로 초래된 폐해를 시정하기 위해 의도적으로 역편향을 추구하는 것이다. 물론 그 과정에서 균형 잡힌 입장이 궁극적으로 어떻게 나타날 것인지에 대한 예민한 감수성을 유지하는 것은 긴요하다. 나아가 그 균형은 현재의 지평이 아니라 장차 형성될 확장된 지평에서의 균형이 될 것이다. 서구중심주의의 이론적 폐해를 염두에 두고 역편향을 취할 때, 그 전략은 '문제의식의 한국화', '서구이론에 따른 동화주의적 해석의 거부', '한국 현실의 중심화'라는 부정의 변증법을 수행하여 궁극적으로는 일정한 균형과 종합에 도달하는 것이다. 물론 이 세 가지 요소는 분석적으로는 구분되지만, 이론 전개의 실제 과정에서는 동시적 또는 중첩적으로 작용할 것이다.(강정인 2007, 25)

역편향의 추구를 위한 우선적 단계는 '문제의식의 서구화'에서 '문제의식의 한국화'로 이행하는 것이다. 문제의식의 한국화는 문제의식의 서구화를 반드시 배척하는 것이 아니라, 한국과 서구의 문제의식의 공유지평을 발견하고 확충하는 작업 역시 수반한다. 서구와 다른 한국적 문제의식의 제기는 한국정치 현실(현상, 사실)에 대한 면밀한 고찰과 비판을 필요로 한다.(한국 현실의 중심화) 이를 위해서는 종래 주변적으로 간주되는 한국 현실을 단순히 서구이론을 예증하는 순응적 범주나 서구이론이 잘 적용되지 않는 일탈적 범주로 취급하는 대신, 적절한 이론적 방향타를 찾아 새로운 이론의 개척을 위한 준거점으로 만들어내려는 노력이 필요하다. 또 이러한 과정은 일견 보편적(일반적)으로 보이는 서구이론이 서구사회의 독특한 역사와 경험에 바

으로 여러 가지 사례를 예시한 바 있다. 그러나 여기서는 지면관계상 그러한 예시를 생략하겠다. 관심 있는 독자는 필자의 글을 참조하길 바란다.

탕을 두고 있는 특수한 요소와 서구사회를 넘어서 적용될 수 있는 보편적 요소가 혼합된 이론임을 밝혀내고, 서구사회의 특수성과 비서구사회의 특수성을 교차·충돌시켜 서구와 비서구사회를 함께 아우르는 보편적 이론의 틀을 모색하는 과정을 수반할 것이다.(서구이론에 따른 동화주의적 해석의 거부)[7] 이러한 작업은 동화/역전을 통해 (새로운 종합을 지향하는) 혼융/해체로 나아가는 과정을 밟을 것이다.(강정인 2007, 26)

두 번째 대안인 '서양 정치사상, (동아시아 및 한국의) 전통 정치사상 및 한국 정치현실 3자 간의 유기적 호환성 구축 및 확충을 위한 전략'은 첫 번째 대안에 비해 장기적 과제라 할 수 있다. 그것은 '서양 정치사상의 한국화', '전통 정치사상의 현대화', '현대 한국정치의 사상화(또는 사상적 재구성)'로 구성되어 있다. 먼저 서양 정치사상의 한국화는 서양 정치사상을 서구적 맥락의 특수성을 고려하지 않고 무비판적으로 수용하는 대신, 서양의 맥락에서 온전히 이해하려고 노력하면서 동시에 한국적 맥락으로 불러들여 그 맥락에서 재활용·혁신하려는 노력을 일컫는다. 이는 흔히 '학문의 토착화'라는 용어로도 잘 알려져 있다. 우리의 고유한 문제의식을 서양 정치사상에 투영하여 그에 대한 해답을 추구하는 작업 역시 '서양 정치사상의 한국화'라고 일컬을 수 있을 것이다.(강정인 2007, 30-31) 현명한 독자는 이미 짐작하겠지만, 서양 정치사상의 한국화 작업은 앞에서 논한 서구중심주의의

---

7) 필자는 "한국정치사상 어떻게 할 것인가?: 반성과 대안"에서 선거제도(소선거구제+단순다수제)와 정당체제(양당제의 출현)의 상관관계에 대한 두베르제의 유명한 법칙을 중심으로 이러한 논점을 예시한 바 있다. 필자의 요지는 근대 유럽의 대의제도의 역사적 경험을 일반화한 두베르제의 법칙은 '정당의 제도화'라는 요소를 '변수'가 아니라 '상수'로 설정함으로써 그것이 미흡하거나 결여된 비서구사회의 정치현실을 설명하는 데 당연히 한계가 있다는 것이다.

이론적 폐해를 타개하기 위해 제시된 역편향의 의도적 추구와도 긴밀하게 연결되어 있다.

　이어서 전통 정치사상의 현대화 작업 역시 필요하다. 필자가 보기에 전통사상에 대한 통상적 연구들의 다수는 고전의 텍스트에 매몰된 나머지 훈고학적 해석에 몰입하고 또 당시의 맥락에서만 해석하려는 경향이 있다. 물론 이러한 해석은 추후의 버전-업(version-up)된 작업을 위한 기초 작업으로서 필수적이긴 하다. 그러나 그에 못지않게 힘써야 할 작업은 동아시아 및 한국의 전통 정치사상에 현대의 문제의식을 투영해서 그 사상을 확충하고 쇄신하는 작업이다. 또 다른 방법은 전통 정치사상과 서양 정치사상을 비교ㆍ검토함으로써, 양자의 수렴가능성을 탐색하고 호환가능성을 확충하는 작업이다. 이 경우 전통사상의 관점에서 서양사상을 비판하고, 서양사상의 시각에서 전통사상을 비판하는 교차 비판적인 작업은 서양 정치사상의 토착화(한국화)는 물론 전통사상의 현대화에도 크게 기여할 것이다. 그러한 작업을 수행하는 과정에서 필자가 서구중심주의를 타개하기 위한 전략으로 제시한 동화적ㆍ역전적ㆍ혼용적ㆍ해체적 전략을 유용하게 채용할 수 있을 것이다. 물론 현재로서 이러한 전략의 성과가 만족할 만한 수준에 이르지 않은 것으로 판단될 수도 있지만, 이는 비판적으로 텍스트를 재해석하고 당대 현실을 음미하는 한편, 우리의 현실에 유용한 사상적 자원을 추출하려는 작업으로서 지속적으로 추진되어야 할 것이다.(강정인 2007, 32-34)

　두 번째 대안의 마지막 작업으로 현대 한국정치의 사상화(사상적 재구성)를 들 수 있다. 우리나라에서 정치사상 연구자들의 노력이 가장 부진한 분야가 현대 한국정치의 사상화 작업이라고 생각된다. 한국의 정치사상 연구자들은 현대 한국정치 현실에서 가장 중요하고 심각한 문제들(burning questions)이 무엇인가를 염두에 두고 이를 해결하거나 타개하기 위한 이론적 논변이나 사상적 비전을 전개해야 한다. 물론 그러한 연구를 수행하는 과정이 서양 정치사상의 한국화나 전통 정치 사상의 현대화 작업을 당연히 수반하기도 할 것이다. 후발국으로서 한국의 3대 정치적 과제를 가령 산업화(정보화)와 복지사회의 건설, 분 단의 극복과 통일된 국민국가 건설의 완성, 민주화(또는 민주주의의 정 착과 심화)라고 했을 때, 오늘날 정치사상 연구자들은 이러한 주제 또 는 그 밖의 다른 긴요한 주제에 대해 의미 있는 또는 독창적인 성과를 내놓았는가? 아쉽게도 그러한 분야에서 의미 있는 작업은 다른 분야 의 학자들(정치사상을 전공하지 않는 정치학자, 인문학자, 사회학자 포함)이 나 재야의 이론가들에 의해 수행된 경우가 대부분이다. 사상 연구자 들 중 일부는 그들의 성과가 이론적으로 조야하다고 치부하면서 초연 한 태도를 취할 수 있을지 모르지만, 이 점에서 정치사상 연구를 자임 하는 학자들은 심각한 반성이 필요하다. 정치사상 연구자 모두가 이 러한 작업에 몰입해야 하는 것은 아니겠지만, 지금까지의 기여는 설 령 있다고 해도 빈약하다고 생각된다.(강정인 2007, 34-36)

III.

이제 앞에서 논의된 서구중심주의의 이론적 개념화, 학문적 폐해 및 이를 타개·극복하기 위한 한국 정치사상 연구방법에 대한 대안을 염두에 두고 이 책에 실린 논문들을 간략히 소개하고 그 의의를 평가 하도록 하겠다. 이 책에 실린 순서대로 정치학·사회학·심리학·서 양사학 관련 논문을 검토한다.[8]

정치학 분야의 글을 살펴보기 전에 먼저 한국정치학이 처해온 일반적 상황을 일별해볼 필요가 있다. 1876년 강화도 수호조약으로 시작된 개항 이후 지난 140년간의 근대화(또는 서구화) 과정을 회고할 때, 일반 사회영역에 비해 정치와 경제 영역이 가장 혁명적인 변화를 겪었다고 할 수 있을 것이다. 가족과 일상적 삶이 어느 정도 보존된 사회나 문화 영역에서는 전통적 삶이나 가치가 상당한 수준에서 영향력을 유지할 수 있었지만, 서구 근대문명으로부터 수용된 국민국가와 민주주의(의 가치), 그리고 자본주의와 시장경제가 전통적인 정치와 경제를 전면적이고 급진적으로 변화시켰기 때문이다. 그리고 그러한 서구의 정치적·경제적 제도가 보편적인 모델이자 바람직한 이상으로 추구됨에 따라, 자발적이든 타율적이든, 서구중심주의가 특히 정치·경제 영역을 중심으로 한국인들의 마음속에 급속히 내면화하게 되었다. 간혹 인구에 회자하는 "우리 것이 좋은 것이여!"라는 말이 일상적인 삶이나 사회·문화 영역에서는 설득력이 있겠지만, 정치와 경제 영역에서는 낯설게 들릴 법한 것은 바로 이 때문이다. 서구의 근대적인 제도의 수입과 더불어 수용된 정치학이나 경제학 역시 이러한 경향에서 자유로울 수 없었다. 특히 정치의 경우 서구중심주의가 보편적이고 바람직한 것으로 합의된 서구의 정치 제도와 그에 대한 학문의 수

8) 이하에서 제시될 개별 논문들에 대한 요약이 보여줄 것처럼, 필자의 요약은 개별 저자들의 원문 구절들을 그대로 옮기거나 또는 약간의 삽입·수정과 함께 압축적이고 선별적으로 옮겨오면서 인용부호를 붙인 것이 많다. 그런데 필자가 참조한 논문들은 출판된 최종 원고가 아니라 출판 전의 초고다. 이로 인해 정확한 인용부호를 붙이는 일이 대단히 번거롭고 어려운 작업일 뿐만 아니라 어떤 의미에서는 불필요하거나 무의미한 작업이기도 하다. 그래도 가급적 인용부호를 붙이면서 옮겨오려고 노력했지만, 그렇지 못한 부분도 적지 않다. 이에 대해서는 개별 저자들은 물론 독자들에게 미리 심심한 양해를 구한다.

용을 촉진해왔다는 점에서 서구중심주의가 긍정적인 효과를 발휘했다는 점을 부정해서는 안 되겠지만,[9] 그 과정에서 서구중심주의의 폐해 역시 만만치 않게 누적되어왔다.

정치학 분야에는 이관후의 "한국적 대의민주주의는 필요한가?"와 정승현의 "1980년대 진보학술운동과 탈서구중심 기획: 과학, 마르크스주의, 주체성"이 수록되어 있다. 두 학자는 주류학계에서 논의되는 대의민주주의 담론과 1980년대 진보학술운동권에서 생산된 변혁이론이 서구중심주의에 빠져 있다는 점을, 특히 서구중심주의의 학문적 폐해와 관련시켜, 예리하게 분석하고 있다.

먼저 이관후의 글을 개관해보면, 그는 한국 대의민주주의 관련 담론을 소재로 하여 필자가 논한 서구중심주의의 학문적 폐해를 좀 더 풍성하고 심화된 차원에서 드러낸 후, 이러한 폐해를 극복하기 위한 대안적 연구를 서양 정치사상(이론, 제도)의 한국화 및 한국 정치현실의 사상적 재구성이라는 방향에서 제안하고 있다.

이관후는 서구중심주의의 학문적 폐해를 간략히 논한 후, 대의민주주의 담론과 관련해서 학문적 서구중심주의의 추가적 폐해로 "제도설계에서의 서구지향성과 상상력의 빈곤"을 지적한다. 전자는 "한국 대의민주주의의 과거와 현재를 서구이론에 끼워 맞춰 해석하는 것을 넘어 한국의 미래를 그 이론에 따라 설계하려는 경향" —필자가 논한 '동화주의적 해석'과 '이론대기주의'의 사례— 을 지칭하는 한편, 후자는 "한국 민주주의의 미래를 영미식과 유럽식 등 몇 가지 유형으로 제한해서 사고하는 경향"을 지시한다.(문제의식의 한국화의 결여) 그 결과

---

9) 예를 들어, 정치현실에서도 이승만 정권 이후 전두환 정권에 이르기까지 치열하게 전개된 민주화 운동에 서구중심주의가 기여한 공로를 부정하기란 힘들 것이다.

한국의 대의민주주의가 근본적으로 무엇을 지향해야 하는가라는 한국적인 비전(또는 상상력)과 문제의식이 실종된 채, "우리 정치가 당면한 주요한 논쟁들이 서구 대의민주주의의 특정 유형 중 어떤 것을 고를 것인가 하는 선택의 문제로 축소·환원"되어버리는 이론적 폐해(문제의식의 서구화)가 발생한다고 비판한다.

이관후는 대의민주주의 연구와 관련해서 서구중심주의가 출현한 구체적인 원인으로 첫째, "대의제를 민주주의에서의 '규모'의 문제"로만, "대표제와 민주주의의 결합"을 정치철학적 차원이 아니라 단순히 기능적 관점에서만 이해하는 이론적 관행, 둘째 그 결과 대의민주주의 연구가 ("가치와 원리의 문제"가 아니라) "제도적인 측면"에 초점을 맞춘 정치과정 분야로 국한된 점, 셋째 "현대 한국정치사에서 대의민주주의가 가졌던 역할의 한계"를 든다. 여기서 첫 번째 원인은 서양 정치철학사에 대한 몰이해와 관련된 것이고, 두 번째 원인은 대의민주주의 제도가 한국에서 자체적으로 발전하지 못하고 최종적인 완성품으로 수용하게 됨에 따라, 한국 학계가 그 발전과 관련된 정치철학적 배경보다는 운용의 절차와 방식이라는 기능주의적인 정치과정의 문제로 대의민주주의를 인식한 것과 연관된 것으로 해석된다. 세 번째 원인은 한국정치사에서 권위주의 정권의 장기지속으로 인해 대의 제도가 제대로 작동하지 못했다는 점과 결부되어 있다. 그로 인해 대의민주주의의 이론과 경험이 충분히 성숙하고 누적될 수 없었기 때문이다.

이관후는 대의민주주의 연구와 교육에서 초래된 서구중심주의적 폐해로 첫째, "대의민주주의에 대해 한국적 문제의식을 가진 연구를 찾아보기 어렵다."는 점, 둘째 "대의민주주의에 대한 사상적 연구가 미진하다."는 점, 셋째 "대의민주주의에 대한 교육에서 서구중심주의적 경향이 일반화되어 있다."는 점을 제시한다. 그는 자신의 이러한 논변을 뒷받침하기 위해 대의민주주의와 관련하여 국내학계에서 제시된 중요하고 다양한 제안과 논쟁을 비판적으로 검토한다. 대의민주주의 연구에서 드러난 서구중심주의적 폐해를 극복하기 위해 우리 한국인에게 바람직한 정치적 삶이란 무엇인가에 대한 근본적인 고민(문제의식의 한국화), 보다 구체적으로 "한국형 대의민주주의에 대한 이론적인 고민"이 필요하다고 강조하면서 글을 마무리하고 있다.

진보학술운동과 탈서구중심 기획을 연관시킨 글에서 정승현은 1980년대에 전두환 군부정권에 저항하면서 한국사회에 풍미했던 진보학술운동을 "서구문명의 보편성과 유일성에 대한 믿음을 토대로 만들어진 서구의 사회과학이론을 거부하며 대안적 발전모델을 이론적으로 구축함으로써, 한국사회의 탈서구중심 변혁이라는 운동권의 '변혁적 실천'을 학문영역에서 실현하려는 운동"으로 새롭게 규정한다. 다시 말해 "운동권이 한국사회의 근본적 구조변화를 통해 탈서구적인 사회주의 근대성을 추구했다면, 진보학계는 자본주의적 발전모델을 학문적으로 지탱하는 한국 주류 사회과학의 서구중심 이론체계를 거부하고 마르크스주의를 대안적 이론체계로 내세웠다는 점에서, 양자는 탈서구중심 기획이라는 문제의식을 공유하고" 있었다는 것이다. 이러한 관점에 따라 그는 진보학술운동 일반의 탈서구중심주의 기획, 구체적으로 진보 정치학이 지향했던 문제의식, 성과, 한계 등을 비판적으로 검토하고 있다. 정승현의 분석을 종합해보면, 진보학계는 서구중심주의에 함몰된 주류 사회과학이론이 초래한 학문적 폐해를 직시하고 탈서구중심적 학문을 대담하게 기획하고 시도했다고 할 수 있다. 그들은 나름대로 '친미반공분단종속체제'로 규정된 한국의 지배질서에 기초한 '문제의식의 한국화', 주류 사회과학이론에 따른 동화주의적 해석의 거부와 대안적인 마르크스주의의 수용, 독재와 국가주도의 자본주의 발전이 초래한 피폐한 한국적 현실을 중심으로 이론화를 시도함으로써 서구중심주의에 대한 역편향을 의도적으로 추구했기 때문이다. 그러나 그는 진보학술운동 역시 마르크스주의를 수용하는 과정에서 서구중심주의의 학문적 폐해를 "좌파 판본"으로 재생산하는 역설적인 오류를 범했다고 전체적으로 평가한다.

정승현의 논의에 따르면 '탈서구중심 기획'으로서의 1980년대 진보학술운동은 한국의 지배질서를 '친미반공분단종속체제'로 규정하고, 미국에서 수입되어 한국 사회과학의 주류로 자리 잡은 행태주의(정치학), 구조기능주의(사회학), 주류경제학 등을 종속체제의 구조적 재생산에 봉사하는 이데올로기적 도구로 파악했다. 또 진보학술운동은 대안적 사회과학으로 주체적인 민족·민중 학문을 제창했다. 그러나 그는 구체적인 전개과정에서 주체적인 민족·민중 학문이 한국의 사회적 맥락에 대한 면밀한 검토 없이 "보편적 사회과학"인 마르크스주의 이론에 교조적으로 매달림으로써 결국에는 "좌파 판본의 서구중심주의", "좌파 식민지 의식"에 빠지게 되는 오류를 범했다고 주장한다. 그들은 인류역사의 발전법칙을 규명해주는 보편적 과학으로서 마르크스주의가 서구 역사는 물론 한국 현실에도 보편타당성을 갖고 적용된다고 믿었던 것이다. 이러한 오류는 보편성이라는 개념을 동일하게 사용하는 것이 허용된다 할지라도 시간과 공간을 초월해서 적용되는 자연과학에서의 보편성과 역사적·문화적(또는 시간적·공간적) 구속성을 갖는 사회과학에서의 보편성을 혼동한 데서 비롯된 것으로 풀이할 수 있다.

정승현은 조희연의 논의를 인용하면서 '좌파 식민지성'을 "첫째, 외국인(서구학자)의 시각을 준거로 하여 우리 현실을 보는 것, 둘째 우리 현실을 비하하는 시각, 셋째 거창한 일반론의 대상은 서구의 것이고 우리 현실은 서구적 일반론을 시험·적용하는 대상 정도로 인식하는 시각"으로 요약한다. 그가 제시한 좌파 식민지성의 구체적 내용은 필자가 서구중심주의의 학문적 폐해로 논한 세 가지 요소, 곧 문제의식의 서구화, 한국 현실의 주변화, 서구이론에 따른 한국 현실의 동화주의적 해석과 긴밀하게 호응한다. 이에 따라 정승현은 대안적 학문으로서 마르크스주의를 수용하는 것을 긍정적으로 평가한다고 해도, 마르크스주의를 한국적으로 재맥락화하여 한국화하는 것이 필요했다고 주장한다. 이 점에서 진보학술운동을 실패한 것으로 평가하지만, 그렇다 하더라도 그러한 시도가 1990년대 이후에 "서구중심주의를 극복하려는 시도에서 중요한 교훈"을 남겨놓았기에 일종의 '비옥한 실패'로 평가한다. 필자는 『서구중심주의를 넘어서』의 원고를 집필할 때, 1980년대의 진보학술운동에서 백가쟁명식으로 분출된 사회구성체 논쟁 등 다양한 이론들이 일종의 '좌파 버전의 서구중심주의적 오류'를 범하고 있을 것이라고 추정한 바 있다. 그러나 진보학술운동에 대한 필자의 이해가 깊지 않아 이 문제를 구체적으로 다루지 못했다. 정승현의 논문은 이 점에서 필자의 이론 틀에서 제대로 다루지 못한 이론적 공백을 훌륭하게 메워주는 성과라고 생각된다.

사회학 분야에서는 김동춘의 "소사장(small businessmen)의 나라, 한국—'가족 개인'과 한국사회의 '무계급성'"과 이영찬의 "탈서구중심주의에 대한 유교사회학적 모색"을 수록하고 있다. 김동춘은 서구 사회학의 계급·계층이론에서 상대적으로 소홀히 다루어진 자영업자 또는 프티부르주아의 계급적 성향을 한국사회를 중심으로 분석하면서 '가족 계급'이라는 개념을 통해 한국사회의 '무계급성'을 진단하고 있다. 탈서구중심주의를 지향하는 유교사회학 이론의 선구적 개척자인 이영찬은 '유교의 현대화'를 통한 '자생적' 사회학 이론의 구축을 모색하면서 그 이론적 사례로 유교의 사회적 불평등론과 최한기의 '측인론(測人論)'을 제시하고 있다. 김동춘의 글이 '서구이론의 한국화'에 근접한다면 이영찬의 글은 '전통사상의 현대화'에 해당한다고 볼 수 있다.

먼저 김동춘은 민주화 이전은 물론 민주화 이후에도 지속되고 있는 한국사회의 전반적인 '무계급성'과 '보수성'을 설명하기 위해 한국사회에서 다수를 차지하고 있는 "자영업자" 또는 "프티부르주아"의 보수성과 그들의 정치적 영향력에 관심을 갖는다. 그리고 그들의 보수성을 설명하기 위해 서구 개인주의가 전제하는 '독립된 개인' 개념 대신에 '가족 개인'이라는 독특한 개념을 사용한다. 그는 자신의 논변을 전개하기에 앞서서 서구의 마르크스주의는 물론 주류 사회과학의 계급이론이 프티부르주아 계급을 자본가 및 노동자 계급과 비교해서 과도적이고 유동적인 특징을 갖는 잔여적인 계급으로 치부하고 그들의 존재나 활동에 대해 특별한 이론적 관심을 보여주지 않았다고 비판한다. 다시 말해 서구 학문에서 나타난 프티부르주아에 대한 이론적 관심의 공백이 한국 학계에도 그대로 이어져 한국 사회과학 역시 프티부르주아에 대한 이론적 관심, 곧 "계급·계층론적인 성격과 의미에 대한 논의"의 부진 또는 결핍을 초래했다는 것이다.

김동춘의 이러한 진단은 프티부르주아에 대한 문제의식의 서구화 또는 한국적 문제의식(또는 문제의식의 한국화)의 부재, 서구이론에 따른 동화주의적 해석(서구이론의 부재/부진에 따른 우리 이론의 부재/부진) 및 한국 현실의 주변화가 복합적으로 작용하면서 형성된 한국 사회학의 이론적 현실을 잘 드러내고 있다. 만약 서구적 문제의식이나 이론적 경향에서 벗어나서 자영업자의 계급적 역할과 위상에 대한 문제의식의 한국화, 서구이론에 따른 동화주의적 해석의 거부 또는 독특한 한국 현실에 대한 독창적 관심 중 어느 한 요소가 강력하게 제기되었더라면 이러한 이론적 침묵이나 부재를 타개할 수 있었을 것이기 때문이다. 이 점에서 김동춘은 발전된 다수 자본주의(OECD) 국가들과 비교해 인구구성과 정치사회적 영향력 면에서 자영업자의 상대적 비중이 크고 보수성이 강하다는 한국사회의 '현저한 사실'에 우리의 주의를 환기시키면서 이론화의 필요성을 강조한다. 이러한 현실(관찰)에 기초해 프티부르주아 계급이 "과도적·잔여적 계급이라는 그 동안의 통설"은 수정될 필요가 있다고 주장하면서 서구이론의 한국적 적실성을 거부한다.

이어서 김동춘은 한국 자영업자의 무계급성 및 보수성을 설명한다. 중앙집권적인 유교적 관인사회, 유교가 오랫동안 각인시켜온 가족주의와 연고주의 등 전통적 변수들이 해방 이후 농지개혁을 통한 압도적 자영소농의 출현, 근대적인 보편적 교육기회의 개방과 확대 등과 맞물리면서 한국인들이 개인단위의 성취전략이 아닌 가족단위의 상승과 이동을 추진하는 전략을 추진하게 되었다고 관찰한다. 그 과정에서 서구처럼 독립된 개인이 아니라 가족 개인이 근대화 과정에 주체로서 참여하게 되었는데, 자영업이야말로 이러한 '가족 개인으로서의 유대'가 가장 견고하게 드러난 영역이라고 지적한다. 그리고 자영업에 종사하는 가족 개인이 "지역 사회에서 임노동자 등 다른 집단의 참여를 차단하고, 지역의 권력구조를 보수화시키는 역할"을 수행함으로써 "국가나 대자본의 이데올로기나 입지를 강화하는 하위 파트너"로서 기능했다고 주장한다.

지금까지 논의된 것처럼, 김동춘의 이러한 시도는 한국사회의 현실을 중심으로 새로운 이론화를 시도함으로써 서구 계급·계층이론의 이론적 공백을 메우려는 탈서구중심적 이론구성의 바람직한 사례로 평가된다. 한국 현실의 중시와 문제의식의 한국화를 통해 새로운 이론구성을 시도하고 있기 때문이다. 그것은 서구 사회이론의 한국화(한국적 재구성)와 독특한 한국 사회현실의 사회이론화의 측면을 겸하고 있다.

이영찬은 현대 한국사회를 서구사회와 유교사회(전통사회)가 공존하고 있는 "다중적 사회", 곧 혼융적 사회로 규정한다. 유교사회학에 내재하는 탈서구중심적 문제의식이 "한국사회학이 현대 한국사회를 서구사회로 간주하고 서구중심주의에 경도되어 있는 현실에 문제를 제기하고 유교의 현대화를 통해 한국의 역사와 전통의 연속성 위에서 서구 사회학과 학문적 조화와 균형을 모색"하는 것에서 출발한다고 설명함으로써 그 일차적 과제가 "유교의 현대화"임을 밝힌다. 또한 그는 유교사회학의 목표를 "한국사회의 현실에 토대하면서 전통의 유교사회사상과 현대 서구사회학 간의 균형과 조화를 이룬 자생적 한국사회학을 정립"하는 것으로 규정한다. 유교사회학의 이러한 입장은 필자가 대안적인 정치사상 연구방법의 하나로 제시한 '전통사상의 현대화'에 해당한다고 할 수 있다.

이러한 관점에서 이영찬은 2000년대 초에 탈서구중심적 문제의식을 갖고 사회과학 분야에서 출판된 저작들 —예를 들어 『서구중심주의를 넘어서』, 『우리 안의 보편성』, 『우리 학문 속의 미국』 등— 을 검토하면서, 그 저작들이 서구중심주의를 비판하고 이를 극복하기 위해 "'주체적', '독자적' 이론을 정립해야 한다는 당위성을 논증하는 데 몰두했지만 정작 그 대안을 창출하려는 시도는 아직 보이지 않았다."고 비판한다. 이 지점에서 그는 자신이 말하는 "자생적인 이론"의 정립과 단순히 "서구이론의 '한국화' 내지 '토착화'"를 지향하는 이론적 관심을 구분한다. "유교사회학은 '서구이론의 한국화를 통한 재활용'이 아니라 '전통사상(성리학)의 패러다임에 근거한 새로운 이론체계'"라는 점에서 자생적일 뿐만 아니라 "한국사회를 주체적 시각으로 심층적으로 접근할 수 있는 가능성과 새로운 이론적 지평을 제시"할 수 있는 이론적 우월성을 지니고 있다고 강조한다.

이영찬은 유교사회학의 방법론을 논하고 그 장점을 주장한 후에 유교사회학의 이론적 사례로서 리기론(理氣論)에 기초한 사회적 불평등론과 혜강(惠岡) 최한기(崔漢綺)의 인물감평이론인 측인론을 제시한다. 그는 자신의 유교적 불평등 이론이, "부, 권력, 명예"나 "조직, 지식·정보, 사회적 배제" 등 "물질적·객관적인 자원"을 중심으로 불평등을 연구하는 현대 사회학의 계급·계층이론과 달리, 현대 한국사회에 존재하는 불평등의 중요한 차원을 드러낼 수 있다고 주장한다. 그것은 불평등의 기준으로 "인격적·도덕적 자원"인 "덕의 체현" 여부(與否)와 "덕의 차이"에 주목함으로써 "조선사회의 불평등 현상을 이해하는 데 유용한 이론적 도구"임은 물론 현대 한국사회에서 여전히 강한 영향력을 행사하고 있는 "공적인 위계와 상관없이 타인의 자발적인 공감, 설득, 복종을 얻어낼 수" 있는 "인격적 불평등"을 이해하는 데도 도움이 되기 때문이다. 또한 그는 최한기의 측인론이 현대 서구의 사회심리학의 대인지각 방법과 비교할 때 "훨씬 다층적이고 종합적인 인물감평 방법"이며 "탈근대적 인간관의 함의를 내포하고 있다."고 주장하면서 그 장점을 강조한다.

전체적으로 이영찬의 논의를 살펴볼 때, 기존의 탈서구중심적인 논의가 독자적인 이론을 정립하지 못했다는 그의 비판적인 지적은 합당하고 전통사상의 현대화를 통한 자생적이고 주체적인 유교사회학의 정립을 위한 시도는 독창적이라 생각된다. 그러나 이영찬도 어느 정도 인정하다시피, 서구이론의 한국화나 토착화 역시 지속적으로 수행될 필요가 있다는 것이 필자의 판단이다. 조선시대 퇴계나 율곡의 성리학 또는 정약용이나 최한기의 실학사상에 독창적인 면모가 인정된다면 그것은 '유학의 조선화', 곧 '외래사상의 한국화'에 해당하고, 또 그것이 오늘날 이영찬이 중시하는 한국 전통사상으로 정착했다고 해석할 수 있기 때문이다. 이러한 해석은 서구 사상/이론의 한국화와 전통 사상/이론의 현대화가 상호보완적인 관계에 있다는 점을 보여준다.

국학 분야(국문학, 국사학, 한국철학 등)를 제외한다면,[10] 서구에서 수입된 학문이 주를 이루는 한국의 사회과학 분야에서 아마도 심리학 분야가 탈서구중심적 연구동향에 있어서 가장 앞서 있는 것으로 보인다. 개인주의-집단주의를 축으로 전개된 문화비교심리학과 유학심리학 분야에서 지난 30여 년 동안 선구적으로 탈서구중심적 심리학 연구에 매진해온 조긍호는 한국심리학계에서 탈서구중심적 연구가 대두한 배경과 그 연구 내용을 두 편의 글에서 다루고 있다. 그는 심리학에서 탈서구중심적 연구가 활성화된 학문적·현실적 배경으로 1960년대 인지혁명의 발발로 인해 초래된 미국 행동주의 심리학과 그것이 표방한 보편주의적 위상의 전격적 퇴조, 인간의 행동과 심성에 미치는 문화의 영향에 주목하는 문화비교심리학의 대두와 확산 등으로 요약되는 세계학회의 동향, 20세기 후반 동아시아의 급속한 경제성장과 이로 인해 대두한 아시아적 가치 담론의 대두, 유학사상에 대한 관심의 증폭 및 "유학에 내재한 심리학체계에의 개안(開眼)" 등을

---

10) 생각하는 이들은 알겠지만, 물론 국학 분야라고 해서 서구중심주의로부터 자유로운 것은 아니다. 역사학, 문학, 철학 등 학문 분야에서 '학문적 연구를 어떻게 수행해야 하는가'라는 기본적인 틀은 많은 경우에 서구학문에 의해 심대하게 영향을 받아왔기 때문이다.

들고 있다.

조긍호의 논의에 따르면, 인간 행동과 심성에 미치는 서로 다른 문화의 영향에 주목하는 문화비교심리학의 대두와 그 연구성과의 확산은 서구 심리학의 보편적 지위를 붕괴시키는 데 결정적 타격을 가했다. 특히 네덜란드의 사회심리학자인 호프스테드(Geert Hofstede)가 선구적으로 수행한 문화비교심리학 연구를 통해 발견한 문화차, 곧 개인주의-집단주의 분류체계는 "문화의 심층 구조 원리"로서 동아시아와 서구의 문화차를 선명하게 대조시킴으로써 "동·서의 문화차를 비교하는 유일한 핵심차원"으로 등장하게 되었다. 그 후 이에 기초해 수행된 "문화비교 연구들을 통해 각 문화권, 특히 개인주의문화와 집단주의문화 사이의 다양한 차이"가 밝혀짐으로써, "기존의 서구 심리학에서 보편적인 것으로 여겨져온 많은 원리들이 실상은 서구인, 특히 미국 중산층 백인 대학생들이 가지고 있는 고도의 개인중심적 인간관에 기초한 문화특수적인 것"에 불과하며, "관계중심적 인간관을 가지고 있는 문화권에도 일관적으로 적용되는 원리"가 아니라는 인식이 널리 확산·공유되었다. 이처럼 문화비교심리학 연구로 "인간의 역사적·문화적 존재구속성(存在拘束性)"이 선명하게 드러남에 따라 "심리학이 탈서구중심화(脫西歐中心化)할 필요"가 적극적으로 제기되었던 것이다. 여기서 흥미로운 점은 서구 개인주의에 기초한 심리학이 보편성을 자임해왔는데, 문화비교심리학이라는 서구의 새로운 학문의 대두에 따라 그 보편성이 붕괴했다는 점이다. 이는 심리학이 연구대상으로 삼는 인간의 일상적인 행동과 심성이 "인간의 역사적·문화적 존재구속성"을 가장 강력하게 반영한다는 점을 보여준다. 다시 말해 서구문명의 물리적 지배와 그 지배 이데올로기(서구중심주의)에 따라 비서구세계의 정치적·경제적 삶은 근본적인 변화를 겪었고 이로 인해 그것을 서구이론을 적용하여 해석하는 것이 일정한 적실성을 획득하는 데 성공했지만, 일상적 삶에 긴박되어 있는 비서구인의 행동과 심성은 강인하게 존속하며, 따라서 서구이론에 따른 해석이 적실성을 확보하기 어렵다는 점을 보여준다.

조긍호는 문화비교심리학의 영향으로 "1980년대 이후 한국심리학계에서도 문화가 인간의 심성과 행동에 미치는 영향"에 대한 일반적 관심은 물론, 특히 동아시아 내지는 한국의 문화 전통에 기초해서 "서구심리학을 대치할 수 있는 새로운 심리학의 가능성을 모색"하는 연구 경향이 점증해왔다고 지적한다. 그는 1990년대 이후 현대 심리학적인 방법을 동원하여 진행된 한국문화 관련 심리학 연구를 크게 세 가지 영역으로 분류한다. 첫째는 한국에서 파악된 "문화관련 심리학의 현상"을 토대로 "한국적 문화심리학의 내용과 방법론"을 탐색하는 작업이다. 둘째는 집단주의-개인주의 분류를 축으로 하여 서구와 한국의 문화, 또는 한국사회 내 다양한 집단들의 문화적 성향을 비교하는 문화비교 연구다. 셋째는 "한국인의 토착적인 행동이나 심리 내용을 찾아내어 분석함으로써, 한국인의 고유한 특성을 찾아보고자 하는 연구들"이다. 토착적인 심리학 개념들로는 "정[情]·우리성·한[恨]·화·심정·체면·눈치·의례성·핑계·의리·팔자" 등이 주로 분석되었다. 비록 서구의 심리학적 개념과 연구 방법이 여전히 적용되지만, 문화비교심리학이 분석 대상과 내용에 있어서 이미 탈서구중심적 경향을 내장하고 있으므로 한국의 문화비교심리학 연구에서 첫 두 가지 영역은 대체로 서구이론의 한국화 사례에 근접한다고 볼 수 있다. 토착적인 심리학 역시 이에 근접하지만, 그 발상에 있어서는 전통사상의 현대화와 유사한 '전통적인 것의 현대화'에 해당한다고 해석할 수 있다.

한국문화와 관련한 심리학 연구 이외에도 탈서구중심적 심리학 연구의 다른 주목할 만한 흐름으로 조긍호는 유교 · 도교 · 불교 · 샤머니즘 등에 대한 "전통사상의 심리학화 작업"을 거론한다. 그중 가장 활성화된 영역이 유학심리학이라 할 수 있는데, 가장 주목할 만한 연구로는 "동아시아 집단주의의 사상적 배경인 선진유학사상으로부터 심리학적 함의"를 도출하여, 인성론 · 군자론 · 도덕실천론 · 수양론으로 구성된 유학심리학의 체계를 구축하려는 조긍호의 연구를 들 수 있다. 이를 통해 "서구심리학과는 다른 새로운 유학심리학의 가능성을 정립"하고자 시도한다. 유학심리학을 포함한 "전통사상의 심리학화 작업"은 필자가 한국 정치사상 연구방법론의 하나로 제시한 '전통사상의 현대화'에 해당한다.

서양사학 분야에는 강성호의 "한국서양사학계의 탈서구중심주의 연구현황과 향후 과제"와 김택현의 "유럽중심주의를 다르게 비판하기"가 수록되어 있다. 강성호의 글은 세계학계는 물론 한국서양사학계의 연구동향을 중심으로 종래의 서구중심적 세계사 서술에 대한 탈서구중심적 연구의 현황과 향후 과제를 개관하고 있고, 김택현의 글은 한국서양사학계의 유럽중심주의에 대한 비판론들이 그 비판에서는 일정한 설득력을 확보하고 있지만 그 대안제시에 있어서는 유럽중심주의를 극복하는 데 심각한 한계가 있다는 점을 심층적인 차원에서 치밀하게 논증하고 있다. 강성호가 일단 자본주의와 근대성 및 신자유주의를 주어진 것으로 전제하고, 종래 서구의 세계사 서술에 내재해 있는 서구중심주의를 동전의 양면처럼 구성하고 있던 서구예외주의와 오리엔탈리즘을 전복시키고 다원적인 문명/지역의 균등한 인정과 참여를 구상하는 다중심적인(또는 탈중심적인) 새로운 세계사/지구사 서술을 대안으로 지향하고 있다면, 김택현은 자본주의와 근대성은 물론 서구의 역사학 자체를 심층적으로 문제 삼으면서 국내의 서양사학자들이 제시한 대안이 유럽중심주의를 극복하는 데 미흡함을 통렬하게 논박하고 있다.

강성호는 자신의 글에서 세계학계와 한국서양사학계의 탈서구중심주의 세계사 연구의 동향을 검토하고, 나아가 한국서양사학계의 향후 과제를 제안하고 있다. 세계학계의 탈서구중심주의 세계사 연구 동향을 동아시아, 이슬람 및 라틴아메리카에서 '다시 본 세계사'를 중심으로 소개하고 있다. 먼저 프랑크(Andre Gunder Frank)가 저술한 『리오리엔트(ReOrient)』(1998)와 호지슨(Marshall G. S. Hodgson)이 저술한 『(마셜 호지슨의) 세계사론』(1993)을 중심으로 소개된 동아시아와 이슬람 문명에 대한 최근의 연구는 헤겔 이래 서구문명의 통념으로 군림해온 이른바 '아시아적 정체성론'이 단순히 서구중심주의의 한 축인 허구적 오리엔탈리즘의 소산이라는 점을 밝혀낸다. 그들의 연구는 중국을 비롯한 동아시아 문명이나 이슬람 문명이 적어도 1800년경까지 지속적으로 발전해왔으며, 그 결과 세계사에서 서구문명보다 더 우월한 또는 주도적인 지위를 차지하고 있었다는 점을 보여주기 때문이다.

또한 호지슨과 프랑크의 연구는 근대 이후 유럽 문명이 우월한 지위를 점하게 된 이유를 설명하기 위해 서구문명이 고안한 서구예외주의가 역사적으로 근거가 취약하거나 없다는 점을 밝혀준다. 18세기 이후 유럽이 세계의 중심으로 부상하게 된 이유를 설명함에 있어 호지슨이 유럽 내부와 외부의 변수를 균등하게 고려하면서 내부적으로는 기술 발전·혁신에 주목하는 데 반해, 프랑크는 유럽에 독특한 내재적인 특징을 지목하기보다는 유럽의 아메리카 대륙 정복과 뒤이은 광대한 토지와 천연자원(금은 등)의 약탈, 아시아로부터 주요 문화·

기술·상품의 수입, 원거리 무역로의 효율적 지배, 쇠락에 접어든 아시아 경제 등 복수 문명들 간의 상호 작용 등과 같은 유럽 외재적/국제적이고 우발적/국면적인(conjunctural) 변수들을 강조하고 있다. 이 점에서 호지슨과 프랑크는 19세기 이래 서구의 사회과학자들이 유럽에서 자본주의의 흥기를 설명하기 위해 제시한 서구의 인본주의적 전통, 합리주의, 프로테스탄트 윤리, 과학혁명, 유럽인의 창의성, 기업가 정신, 효율적인 경제조직의 발전 등 서구예외주의를 구성하는 사회문화적 요소들의 설명력을 약화시키거나 부정하고 있다.

강성호는 '라틴아메리카에서 다시 본 세계사' 연구의 특징을 키하노(Anibal Quijano), 두셀(E. Dussel), 미뇰로(Walter D. Mignolo), 그로스포구엘(Ramon Grosfoguel) 등 '라틴아메리카 근대성/식민성 연구그룹'이 제시한 권력의 '식민성 이론', '트랜스모더니티(transmodernity)' 개념, '경계사유(border thinking)'(또는 변경사유) 개념 등을 중심으로 설명한다. 그들은 자본주의/근대성의 대두와 식민지/식민성의 출현에 관해 자본주의/근대성이 대두한 이후에 비로소 식민지/식민성이 출현한 것이 아니라 양자를 동전의 앞뒷면처럼 상호 불가분적인 또는 상호 구성적인 것으로 이해할 것 ―'식민성 없이는 근대성도 없다.'― 을 강조함으로써 자본주의와 근대성에 관한 종래의 서구중심적 해석을 전면적으로 거부하면서 발본적인 사유를 할 것을 제창한다. 다시 말해 아메리카 대륙의 발명(발견) 없이는 자본주의나 근대성도 없다는 이들의 주장은 유럽중심적 근대 세계사에 대한 전복적인 발상을 요구한다고 할 수 있다.[11]

---

11) 주 2)에서도 언급한 것처럼, 라틴아메리카 급진이론가들의 서구중심주의 비판은 서구중심주의에서 서구가 비서구에 대해 '존재론적 원천', '인식론적 틀' 및 '규범적 판단의 기준'의 역할을 수행해온 점을 근본적으로 비판하고 있다.

이어서 강성호는 한국서양사학계에서 서구중심적 역사학에 대한 문제의식이 본격적으로 태동한 것은 2000년대부터라고 하면서 지난 15년 동안 진행된 한국서양사학회의 탈서구중심주의 세계사 연구 동향을 간략히 개관한 후, 오늘날 서양사학계가 당면하고 있는 "탈서구중심주의 세계사의 과제"를 논한다. 이와 더불어 국내의 서양사 교육에 주목하면서 중등교육과정에서 세계사 과목이 직면한 여러 가지 문제들을 논한다. 탈서구중심주의 세계사의 과제에 대한 논의를 살펴보면, 그는 무엇보다도 세계사 연구에서 서구중심주의의 소산인 서구예외주의와 오리엔탈리즘을 극복하기 위해 "유럽과 유럽 주위 문명들 사이의 상호 관계"에 대한 객관적이며 공정한 연구를 진행해야 하고 이 과정에서 "지금까지 제대로 다루어지지 않았던 유럽 밖에 있는 주요 지역과 문명의 세계사에 대한 참여와 기여를 균형 있게 인정하고 소개할 필요가 있다."고 주장한다. 이를 위해 한국서양사학계가 기존의 서구중심주의 세계사연구를 비판적으로 검토하는 한편, 미국·유럽·아프리카·이베로-아메리카·아시아 등 전 세계적으로 활발하게 진행되고 있는 탈서구중심주의적 세계사 연구의 성과를 지속적으로 소개하고 수용할 필요성을 지적한다. 나아가 한국 역사학자들이 서로 협력하여 세계사 속의 한국사의 위치와 기여에 대한 정당한 평가가 이루어지도록 노력해야 한다고 강조하면서 글을 마무리한다.

김택현은 자신의 글에서 지난 15년 동안 국내 서양사학계에서 제기된 유럽중심주의에 대한 비판과 대안제시를 종합적으로 검토하고 있다. 먼저 한국서양사학계의 유럽중심주의 비판이 "대개 우월한 세계사적 성취로 간주해온 유럽의 역사적·문화적 사건들의 의미나 가치들을 상대화하거나, 그 같은 우월성이 허구임을 드러내기 위해 기존의 유럽사와 세계사가 은폐/배제해온 또 다른 역사의 이면들을 드러내는 방식으로 이루어져 왔다."고 지적한다. 그러한 연구 결과 "이제 유럽은 다른 지역과 마찬가지로 세계를 구성하는 하나의 지역에 불과하며, 유럽의 역사와 문화는 더 이상 규범적이거나 보편적이지 않다는 것이 적어도 표면상으로는 점점 더 분명해지고 있다."고 언급하면서 그 성과를 긍정적으로 평가한다. 그러나 그는 서양사 연구자들이 "유럽중심주의에 대한 '비판'"에서 더 나아가 그것을 극복하기 위해 제시한 다양한 '방법'과 '대안'이 이론적으로 매우 심각한 결함을 안고 있다고 주장한다. 이러한 주장을 뒷받침하기 위해 서양사 연구자들이 제시한 두 가지 대안, '방법으로서의 비교사'와 '대안으로서의 새로운 세계사와 지구사'를 치밀하게 비판하고, 보다 근본적인 차원에서 '유럽이라는 기호, 그리고 역사학 비판'을 논하고 있다.

먼저 김택현은 '방법으로서의 비교사'를 검토하고 있다. 서구의 비교사 연구가 서구학계에서 오랫동안 수행되어온 전통적인 연구방법이지만, 대개 비교 대상들의 유형 분류에 그치는 경우가 많았으며, 나아가 유럽중심주의 극복에 기여하지 못했다고 언급한다. 이러한 결과는 비교의 주체와 장소가 한국학자 등 비서구학자와 비서구 지역으로 바뀐다고 해서 달라지지 않을 것이라고 주장한다. 그러면서 국내학자들이 비교사를 정당화하면서 제출한 논변들에 대해 치밀한 비판을 가한다. 가령 비교사 연구를 통해 유럽과 비유럽 사회의 같은 점과 다른 점을 밝힌다고 할 때, "어디까지 같고 어디부터 다른지를 판가름해주는 기준은 무엇인가?"라는 예리한 질문을 던진다. 또 "위계질서적 비교가 아니라, 상대성과 다양성을 인정하는 상호 비교"를 제안하는 입장에 대해 "유럽과 비유럽의 '위계질서'"가 근본적으로 학문적 차원이 아니라 "정치적 측면", 곧 "역사적·현실적 조건"에서 비롯되는 것이기 때문에 "두 지역 역사의 상대성과 다양성을 인정하는 '상호 비교'

로 유럽중심주의"를 넘어설 수 없다고 반박한다. 나아가 그는 "현실에서는 부재하는 과거를 과연 정확하게, 공정하게, 객관적으로 '재현(representation)'할 수 있는가"라는 재현의 문제를 역사연구의 근본적인 난제로 지적하면서, 문화가 다른 "낯선 지역의 낯선 타자들의 과거"를 비교 연구하는 비교사 연구에는 그 어려움이 더욱더 가중된다고 강조한다.

이어서 김택현은 대안으로 제시된 '새로운 세계사'와 '지구사'를 비판적으로 검토한다. 먼저 새로운 세계사에 대해 국내학자들이 그 논거로 제시한 다양한 입장을 다음과 같이 압축하면서 문제를 제기한다. "세계사를 서술하거나 구성할 때 유럽사를 지역사로 강등하거나, 유럽과 비유럽 문명의 비중을 동등하게 만들거나, '지역 문화'의 특수성을 '감안'하거나, 유럽단일중심주의를 다중심주의로 대치하는 방법으로 유럽중심주의는 과연 극복될 수 있는 것인가?" 그러고 나서 그들이 제시한 논변을 '보편성과 특수성', '중심', '문명', '다중심주의' 등 핵심 개념들을 중심으로 예리하게 비판한다. 특히 '다중심주의' 주장에 대해서는 그 다중심들에 대응하는 "다른 주변 지역들은 어디이며, 다중심 지역과 또 다른 주변들의 관계는 어떤 것인가?"라고 반문한다. 또한 지구사를 대안으로 제기하는 입장에 대해 그는 "이 지상에 존재해왔거나 여전히 존재하고 있는 모든 역사적인 것들 간의 권력관계는 불문에 부치면서, 그것들을 지구 혹은 인류라는 하나의 보편 안에 통합시키는 지구사의 논리는 모든 것을 상품이라는 보편적 범주로 통일시키려는 '지구적 자본/자본주의(global capital/capitalism)'의 논리와 유사하다."고 지적하면서 "지구사는 오늘날의 지구화 —전 지구적 자본의 지배— 에 부응하는, '새로운 세계사'의 변종"으로 보이는데 "그 같은 지구사로 유럽중심주의를 넘어설 수 있을까?"라고 반박하고 있다.

이러한 비판을 마무리하면서 김택현은 자신의 대안을 간략하게 제시한다. 그는 먼저 유럽중심주의에서 '유럽'은 단순히 지리적 공간을 넘어 '근대성' 및 '자본주의'와 상호구성적으로 엮여져 있으며, 또한 근대성과 식민성이 상호 구성적으로 결합되어 있다는 점을 강조한다. 따라서 "유럽중심주의에 대한 비판적 논의가 현재성을 가지려면" "민중들의 다른 역사들을 성찰하고 전망하는 것이 필요하다."고 주장한다. 그들의 삶은 "범세계적인 자본 권력과 근대성"이 "강제하는 단일하고 보편적인 삶의 방식"에 저항하면서 그것과는 "다른 역사적 차이를 보여주는 … 저항적 차이"가 있는 삶의 조건들과 그것에 기초하여 "유럽중심주의에 맞서는 '대항-헤게모니의 가능성'을 구축"하고 있기 때문이다. 마지막으로 그는 유럽의 근대 역사학이라는 분과 자체에 "유럽의 문화를 규준적인 것, 당연한 것, 보편적인 것"으로 상정하는 유럽직 지식체계의 근본원리가 각인되어 있다고 지적하면서 단순히 그 지식체계 내에 머무는 '대안적 역사'가 아니라 근본적인 차원에서 '역사학 자체에 대한 비판'을 수행할 것을 주문하면서 글을 마친다.

* * *

이 책은 탈서구중심적 이론화를 시도하는 우리 학문의 이론적 탐색을 보여주는 다양한 논문들을 담고 있다. 비유적으로 표현하면, 서구중심주의는 일종의 변종 양파로서 다층적이고 중층적인 층위(multiple and overlapping layers)로 구성된 복합적 구조물이기 때문에 서구중심주의를 타개하기 위해 그 껍질을 벗겨내는 일은 녹록지 않은 작업이다. 이처럼 다층적이고 중층적인 층위로 구성된 서구중심주의에서 하나의 층위를 걷어내면 다른 층위가 나타나고 어떤 층위들은 가로질러 서로 맞물려 있기도 하는바, 어느 한 층위를 딛고 서서 다른 층위를 걷어내는 과정에서 이전에 딛고 선 층위 역시 서구중심적 층위라는 비판을 면하기는 매우 어렵기 때문이다. 이 책에 수록된 논문들 중에서도 어떤 글들은 표층에서, 다른 어떤 글들은 심층에서 이론적 작업을 수행하고 있다. 필자가 보기에 라틴아메리카의 '근대성/식민성 연구그룹'이나 김택현의 이론적 작업은 다른 연구들에 비해 상대적으로 심층에서 이루어지고 있다. 탈서구중심주의를 모색하는 학문적 노력은 보다 완벽한 대안 패러다임의 창출에 이르기까지 또는 그러한 패러다임을 창출하는 과정에서 다층적이고 중층적인 노력 —각 층위의 안과 밖에서, 그리고 여러 층위를 가로질러 서구중심주의를 탈피하려는 복합적 노력— 을 시도해야 할 것이다. 이러한 노력은 당연히 다양한 학문 분야에 걸쳐 탈서구중심주의를 지향하는 학자들의 지속적인 상호 협력과 비판을 요청할 것이다. 이 점에서 "서구중심주의를 극복하기 위한 이론적·실천적 투쟁"은, 필자가 다른 글에서 언급한 것처럼, "단기전이고 전면전(全面戰)이라기보다는, 그람시가 말한 것처럼, 지구전(持久戰)이자 참호전(塹壕戰)으로 수행되어야 한다고 믿는다. 그리고 그 전쟁에서 단기적으로 진퇴를 반복하겠지만, 장기적으로 불가역적이고 누적적인 성과를 다져가는 것은 중요하다."(강정인 2016, 37)

■ 참고문헌

강정인. 2004. 『서구중심주의를 넘어서』. 서울: 아카넷.

강정인. 2007. "한국정치사상 어떻게 할 것인가." 『사회과학연구』(서강대학교 사회과학연구소) 15:2, 8-46.

강정인. 2014. 『한국 현대 정치사상과 박정희』. 파주: 아카넷.

강정인. 2016. "서론: 서구중심주의에 대한 비서구세계의 다양한 성찰과 대응." 강정인 편(2016), 15-54.

강정인 편. 2016. 『탈서구중심주의는 가능한가: 비서구적 성찰과 대응』. 파주: 아카넷.

버날, 마틴 저·오홍식 역. 2006. 『블랙 아테나: 서양 고전 문명의 아프리카·아시아적 뿌리』. 서울: 소나무.

베버, 막스 저·박성수 역. 1998. 『프로테스탄티즘의 윤리와 자본주의 정신』. 서울: 문예출판사.

사이드, 에드워드 저·박홍규 역. 2002. 『오리엔탈리즘』. 서울: 교보문고.

신정완·이세영·조희연 외. 2006. 『우리 안의 보편성』. 파주: 한울.

유선영. 1997. "황색 식민지의 문화정체성." 『언론과 사회』18(겨울), 81-122.

프랑크, 안드레 군더 저·이희재 역. 2003. 『리오리엔트』. 서울: 이산.

학술단체협의회 엮음. 2003. 『우리 학문 속의 미국』. 서울: 한울.

호지슨, 마셜 저·에드먼드 버크 3세 엮음·이은정 역. 2006. 『(마셜 호지슨의) 세계사론: 유럽, 이슬람, 세계사 다시 보기』. 파주: 사계절출판사.

Blaut, J. M., 1993. *The Colonizer's Model of the World*. New York: The Guilford Press.

Clifford, James. 1988. *The Predicament of Culture: Twentieth-Century Ethnography, Literature, Art*. Cambridge, Mass.: Harvard University

Press.

Frank, Andre Gunder. 1998. *ReOrient: Global Economy in the Asian Age*. Berkeley: University of California Press.

Parekh, Bhikhu. 1992. "The Poverty of Indian Political Theory." *History of Political Thought* 13:3 (Autumn), 535-560.

UNESCO and International Social Science Council. 2010. *World Social Science Report*. Paris: Unesco Publishing.

Wolff, Eric. 1982. *Europe and the People without History*. Berkeley and Los Angeles: University of California Press.

정치학

한국적 대의민주주의는 필요한가?[1]

이관후

I. 우리의 위기는 그들의 위기와 같은가?

'대의제의 위기'라는 말은 낯설지 않다.[2] 이 용어는 소위 87년 체제

---

1) 이 글의 일부는 "한국 대의제 연구 비판"이라는 제목으로 『의정논총』 제11권 1호에 게재되었다.

2) 이 글에서는 독자들이 이해하기 쉽게 '대의제'라는 용어를 주로 사용했지만, 필자는 이 용어 자체가 많은 문제점을 안고 있다고 생각한다. '대의민주주의'는 'representative democracy'라는 서구적 기원을 가진 용어로 '대표제(representation)'와 '민주주의(democracy)'의 결합이다. 그런데 그 번역어로는 '대표제 민주주의'나 '대표민주주의'가 아니라 '대의민주주의'가 우리 사회에서 널리 통용되고 있다. 나아가 '대표제'를 '대의제'로 쓰는 경우도 흔하다. 그러나 우리말에서 '대표(代表)'라는 용어는 대표자의 역할에 대해 순전한 대리에서 완전한 자율 사이의 다양성을 포괄하고 있는 반면, '대의(代議)'는 대표제나 대표자의 기능과 역할을 '대신 의논하는 것'으로 한정한다. 이 용어의 번역 기원은 19세기 후반 일본이다. 1875년 등장한 일본 번역어 '대의'는 1884년 『한성순보』를 통해 국내에 수입되었다. '대의'라는 개념에서는 대표되는 사람들의 의지가 반영되어야 한다는 의미보다는, 대표자들이 의논을 통해서 피대표자들의 이익을 수호한다는 맥락이 강하다. 이 논의에

로 불리는 민주화 이후의 한국정치에 대한 회의가 확산되면서 2000년대 중반부터 학계와 언론에서 널리 쓰였다. 민주화 이전에는 정치의 위기를 주로 '민주주의의 위기'로 인식했는데, 민주화 이후에는 이것이 '대의제의 위기'로 바뀐 것이다. 절차적 민주주의는 이미 정착되었기 때문에 그 후에 나타난 문제는 민주주의의 제도적 차원인 대의제에서 발생한다는 관점이 여기에는 깔려 있다. 그 징후로 흔히 거론되는 현상은 대통령의 탄핵, 국회에서의 물리적 공방, 정부의 독선, 촛불시위, 선거부정 의혹 등이며, 그 원인으로는 권력구조와 선거제도의 후진성, 정당정치의 미발전 등이 제시된다.

기실 '대의제의 위기'라는 표현은 한국에서 시작된 것은 아니다. 1960년대 말부터 서구에서는 현대 민주주의의 위기가 '대표성의 위기'에서 기인한다는 지적이 지속적으로 있었다. 정부, 의회 등 주요한 대의기구들이 유권자와 국민을 제대로 대표하지 못하면서 전반적인 정치적 퇴보가 나타난다는 것이다. 주요한 특징으로는 투표율의 하락, 정당 가입자 수의 감소, 정치인에 대한 신뢰 하락, 제도권 정치에 대한 관심의 감소 등을 들 수 있다.(Tormey 2014)

이렇게 보면, 대의제의 위기는 세계적인 현상이면서 동시에 한국에서도 나타나는 문제처럼 보인다. 최근 장관직을 그만두고 총선에 출마한 헌법학자도 한국정치의 문제점으로 '대의제의 위기'를 지적하면서 이것이 전 세계적인 현상이라고 주장한 바 있다.[3] 그런데 '대의제

참여하는 대표들은 우리와 같은 사람이 아니라 우리보다 월등히 뛰어난 어떤 사람들이다. 'representative democracy'가 '대의민주주의'로 번역될 때에는 이러한 함의가 분명히 포함되어 있었고, 이 함의는 지금도 한국정치에 영향을 미치고 있다. 이에 대해서는 이관후(2016b)를 참조.

3) 허만섭. 2015. ""대의제는 타락했다 … 장관 사퇴는 운명": 사의 표명한 정종섭 행정자치부 장관." 『신동아』 (12월).

의 위기'라는 표현이 같다고 해서 그 원인과 해법도 같은 것인가?

이 글은 한국 대의민주주의가 위기라는 진단과 그에 대한 해법들을 서구중심주의라는 관점에서 검토한다. 여기서 전제하는 서구중심주의는 '학문적 문제의식의 서구화', '서구이론에 따른 한국 현실의 동화(同化)주의적 해석', '서구중심주의에 의한 한국 현실의 주변화', '학문의 대외 종속성'이라는 특성을 갖는다.(강정인 2004) 이러한 서구중심주의는 한국의 학문분야 일반에서 찾아볼 수 있는데, 대의민주주의 연구에서도 이러한 네 가지 특성들이 모두 골고루 발견된다.

그런데 이와 같은 일반적인 특성 이외에 대의민주주의 분야에서는 서구중심주의의 새로운 측면들이 추가적으로 발견된다. 그것은 제도 설계에서의 서구지향성과 상상력의 빈곤이다. 이는 대의민주주의가 단순히 이론적 차원뿐 아니라 실제의 현실에서, 우리 정치의 일상에서 삶을 규정하기 때문에 나타나는 특성이라고 할 수 있다. 구체적으로 살펴보면, 전자는 한국 대의민주주의의 과거와 현재를 서구이론에 끼워 맞춰 해석하는 것을 넘어 한국의 미래를 그 이론에 따라 설계하려는 경향이다. 후자는 한국 민주주의의 미래를 영미식과 유럽식 등 몇 가지 유형으로 제한해서 사고하는 경향이다. 이러한 경향은 권력구조와 선거제도를 다루는 연구는 물론 실제 정치현실에서의 대안 구상에서도 두드러진다. 우리 정치가 당면한 주요한 논쟁들이 서구 대의민주주의의 특정 유형 중 어떤 것을 고를 것인가 하는 선택의 문제로 축소 · 환원되고 있는 것이다.

이 글에서는 먼저 서구중심주의가 한국에서 대의민주주의에 대한 연구와 논쟁에 어떠한 부정적 영향을 주었는지 비판적으로 살펴볼 것이다. 그리고 독일식 선거제도 도입, 합의제 민주주의, 정당민주주의, 표의 등가성과 사표(死票)의 문제와 같은 사례들에서 이를 보다 구체적으로 분석해볼 것이다. 이 논쟁들은 선거제도, 권력구조, 선거의 평등과 같은 다양한 현재적 쟁점을 다루고 있지만, 동시에 대의민주주의 연구에서 한국적 문제의식의 가능성을 평가할 수 있는 적절한 사례이기도 하다.

II. 대의민주주의와 서구중심주의

1. 한국의 정치학과 주체적 학문의 문제

한국현대사에서 근대화라는 목표와 그 정치적 수단으로서 서구식 자유민주주의에 대한 맹목적 추종은 경제부문에서의 성장주의 이데올로기처럼 성과와 함께 많은 부작용도 가져왔다. 서구의 민주주의가 그와 같은 형태로 발전하게 된 데에는 각 나라마다의 사정과 역사적 맥락이 있고, 당대의 민주주의 역시 끊임없이 변화·발전하는 것임에도, 우리는 그것을 하나의 완성태(完成態)로 받아들였다. 그 결과 민주주의는 한국에 수용되는 과정에서 민주주의가 근대 서구에서 발생할 당시에 지니고 있었던 역동적 본질을 잃고 보수화되었다.(강정인 2002)[4]

특히 1960~70년대의 한국정치학에서는 급속한 서구화가 이루어졌고 행태주의와 기능주의가 주류를 차지했는데, 몰가치적·탈규범적 과학성을 강조한 이 경향은 권위주의 정권의 구미에 맞는 정치학이기

---

4) 물론 이것은 동시에 지난 50년에 걸친 한국 민주주의의 역사를 자기비하적으로 보아서는 안 된다는 뜻이기도 하다. 이러한 양면적 해석과 평가에 대해서는 강정인 (2002)을 참조.

도 했다.(김비환 1999, 10) 이에 대한 반발로 1970~80년대에 마르크스주의의 영향을 받은 민족·민중 학문계열이 한국정치학의 실증주의 경향을 비판했지만, 그 역시 마르크스 이론에 대한 한국적 비판의식이 부족했기 때문에 서구중심성을 벗어나는 데는 한계가 있었다.[5] 그나마 서구 주류에 비판적인 시각마저도 사회주의권이 붕괴한 1990년대 이후에는 급격히 퇴조하였고, 한동안 주체적인 한국정치학에 대한 논의를 찾아보기 어려워졌다.

해방 이후 50년간 한국정치학에서 주체적 학문에 대한 고민이 부족했던 이유는 무엇보다 근대적 제도들에 대한 스스로의 도덕적 정당화 단계가 생략되었기 때문이다. 즉 '무슨 이유로 자유민주주의 제도를 수용·정착시켜야 하는가'에 대한 문제의식이 없었다.(김비환 1999, 12) 민주주의의 제도적 발전에만 관심을 기울였지, 그 제도 안에서 한국인들은 어떤 삶을 살 것인가, 곧 우리는 누구이고 앞으로 어떤 존재가 될 것인가에 대한 질문을 던져볼 만한 여유를 갖지 못했던 셈이다. 그 결과 권위주의하에서 민주주의는 쟁취의 대상이었지만, 민주화 이후에는 이 민주주의가 그리 쉽게 작동하지 않는다는 사실을 연구자들은 확인하게 되었다. 또한 서구의 모델을 더욱 본받으면 이러한 문제가 해결되리라는 근대화 이론의 한계를 목도하게 되면서, 정치제도가 기초하고 있는 역사적·문화적 배경이 서구와 일치하지 않는다는 점에도 마침내 눈을 돌리게 되었다.(신광영 외 2002, 109-119)

이러한 도정은 비단 자유민주주의뿐 아니라 대의민주주의에도 적용될 수 있다. 민주화 이후 한국 민주주의의 발전을 평가하는 데 가장 일반적인 기준이 되었던 이론은 미국에서 발전한 공고화론이었

---

5) 이에 대해서는 이 책에 함께 실린 정승현의 글을 참조.

다.(김영수 2001; 장훈 2013) 남유럽과 남미에 대한 분석을 토대로 린쯔, 스테판, 쉐보르스키, 오도넬, 화이트헤드 등이 주장한 공고화 이론은 한국 민주주의의 현재를 평가하고 미래를 예측하는 준거로 가감 없이 받아들여졌다. 특히 1987년 이후 정당과 선거제도 등 대의제도의 발전은 법치의 안정화, 시민사회의 활성화와 더불어 민주주의 공고화론의 구조적 조건으로 이해되었다.(장훈 2013, 12-14)

　　그러나 세계적으로 공고화론은 현실적 설명력을 점차 상실했다. 공고화론은 근대화론과 같은 서구중심적 문법구조, 곧 민주/반민주 국가의 이분법적 구분과 단선적 발전 경로를 전제하는데, 실제 대부분의 비서구 국가들은 근대화 이론처럼 단선적인 발전이 아니라 쿠데타와 같은 비정상적 정권교체, 권위주의 체제의 성립과 후퇴, 민주화와 그 역전, 제도정치권과 시민사회의 복합적 상호작용 등으로 점철된 복잡하고 혼란스러운 과정을 거쳤던 것이다. 또한 민주화 과정뿐 아니라 민주화 이후의 민주주의 역시 공고화라는 단선적 발전이 아니라 복잡한 진전과 퇴행을 거듭하는 장기적 과정을 보여주었다. 이러한 역사는 학자들에게 대의민주주의가 제도의 발전과 나란히 진전하는 것이 아니라는 점을 알려주었다.

　　공고화론에 따른 한국 현실의 해석에서 나타난 문제점 중에서, 장훈은 특히 선거에 초점을 맞추어 '자유로운 정치세력의 경쟁'과 '2회 이상의 정권교체'를 공고화의 기준으로 삼는 것이 지나치게 좁은 이해라고 지적했다.(장훈 2013, 12-17)[6] 예를 들어, 1997년 세계정치학회(IPSA)에서 많은 국내외의 학자들은 "한국은 이제 민주화의 공고화단

---

6) 강정인(2004)의 분류에 따르면, 이것은 '서구이론에 따른 한국 현실의 동화(同化)주의적 해석'의 전형이다.

계에 진입했고, 넘어야 할 장애요인이 적지 않으나 결코 권위주의에로 역행할 수 없는 수준이라는 데 광범한 합의"가 있었다고 평가했지만(최상룡 1997; 김영수 2001), 장훈은 이에 동의하지 않는다. 그는 김종엽(2009)을 인용하며, 실제로 막 이행이 이루어진 신(新)민주주의와 공고화된 민주주의 사이에 광범위한 회색지대가 존재한다고 말한다. 그리고 이 회색지대에서는 권위주의적 산업화 세력과 민주화 세력 간에 지루하고 고통스러운 참호전이 벌어진다고 주장한다.(장훈 2013, 17)

민주주의는 시간의 문제다. 그러나 그 시간을 어떻게 효율적으로 사용하고, 가능한 적은 희생과 비용으로 보다 높은 수준의 민주주의에 도달할 수 있는지에 대한 고민이야말로 현대 정치학의 존재 이유다. 한국의 지난 30여 년을 돌아보면, 우리의 민주화는 단선적인 공고화 이론에 부합하기보다는 장훈 등이 지적한 대로 발전과 퇴보를 반복하며 다양한 변주를 경험했다. 대의민주주의 역시 예외가 아니어서 제도적 발전이 내용적 발전을 담보해주지 못했다. 안정적 정권교체와 헌정질서의 유례없는 지속 가운데서도 민주주의가 일관되게 발전하고 있다는 점이 객관적 지표로 증명되지는 않고 있다. 이것은 한국화 과정에 대한 문제의식이 없는 서구이론의 수입이 한국 대의민주주의의 발전에 실천적으로 도움이 되지 않는다는 것을 보여준다.

2. 한국 대의민주주의 연구에서 서구중심주의의 출현 원인

한국의 대의민주주의 연구에서 서구중심주의적 경향이 광범위하게 나타나는 데에는 몇 가지 이유들이 있다. 첫째, 대의제를 민주주의에서의 '규모'의 문제로만 이해하는 오류, 둘째 대의민주주의를 정치과정 이외에서 잘 다루지 않는 학문적 경향, 셋째 한국정치사에서 대의

민주주의의 제한적 역할 때문이다.

　일반적으로 대의민주주의는 현대 민주주의에서 발생하는 '규모'의 문제를 기술적(technical)으로 해결하기 위해 나타난 것으로 이해된다. 민주주의가 고대의 도시국가보다 훨씬 큰 근대의 국민국가에 정착되는 과정에서 나타난 불가피한 형태인 것이다. 그런데 이처럼 대의민주주의에서 수식어인 '대의', 즉 '대표제(representation)'가 민주주의의 내용과는 관련이 없고 단지 민주주의를 기술적으로 기능하게 하는 장치에 불과하다면, 대의민주주의의 주체적 수용이나 '한국화'란 사실 큰 의미가 없다.[7]

　다른 유형의 민주주의와 비교해보면 이러한 특성이 잘 드러난다. 자유민주주의나 사회민주주의에서는 그 수식어가 뜻하는 자유나 평등이라는 가치가 중요하고, 한국에서 '자유'와 '평등'의 의미를 재확인하는 것은 민주주의의 한국화 과정에서 대단히 중요한 논점이다. 이처럼 근대의 민주주의란 서구에서 건너온 것이지만, 그것의 이식과 수용, 그 과정에서 형식적·내용적 변화의 가능성과 필요성, 타당성, 한계 등을 한국적 문제의식을 통해 따져볼 필요가 있다는 생각을 이제는 많은 사람들이 받아들인다. 반면 대의민주주의에서 '대의'는 특별한 가치를 담고 있다기보다는 기술적인 보완으로 이해되기 때문에, '한국형' 대의민주주의에 대한 문제의식도 약할 수밖에 없다.

　그러나 마넹(2004)에 따르면, 현대 대의민주주의는 국가의 '규모'라

---

[7] 'representation'을 그냥 '대표'라고 번역할 수도 있으나, 우리말에서 '대표'는 누군가를 대표하는 사람(들)을 지칭하기도 해서 다소 혼란스럽다. 이 글에서는 그 개념을 분명하게 구분하기 위해, 제도로서의 대표는 '대표제(representation)'로, 사람으로서의 대표는 '대표자(representative)'로 구분하여 사용할 것이다. 제도와 사람을 모두 지칭할 때는 '대표'로 칭한다.

는 양적 한계 때문이 아니라 '탁월한 대표'의 선출이라는 질적인 목표를 위해, '추첨'이라는 민주적 제도를 의도적으로 기각하고 선거라는 귀족적 제도를 채택한 결과다.[8] 또한 대의민주주의에 대한 시원적 저작인『대의정부론』을 저술한 J. S. 밀(2012)이나 프랑스혁명의 지도자였던 시이예(Sieyès 2003), 현대적 대의민주주의를 제도적으로 탄생시킨 미국헌법의 기초자들은 모두 대표제(representation)를 단지 민주주의의 기술적 장치로 여기지 않았다. 이들에게 대표제는 민주주의와 구별되고 때로 대립되는 가치를 가졌으면서도 관철되어야 하는 또 하나의 정치원리였다. 밀과 시이예에게는 보다 좋은 정부를 위해, 미국 헌법의 기초자들에게는 토크빌이 지적한 다수의 폭정을 제어하기 위해 민주주의는 대표제와 결합해야 했다. 대의민주주의는 민주주의의 현실적 타협물이 아니라, 민주주의의 약점을 보완한 최선의 정체(政體)였다. 오늘날 우리가 대의민주주의라고 부르는 정부형태는 애초에 민주주의의 한 형태 혹은 인민에 의한 성부로 간주되지 않았던 제도에 그 기원을 두고 있으며(이동수 2005; 조원용 2014), 대표제와 민주주의의 결합은 단순히 기능적 수준이 아니라 내용적 차원에서 중요한 변화를 만들어냈던 것이다.[9]

---

8) 국내에서는 마넹(2004)의『선거는 민주적인가』가 번역된 이후 이러한 내용들이 본격적으로 알려지게 되었다. 원제는 *The Principles of Representative Government*이고 미국에서는 1997년에 출간되었으며, 불어판이 1995년에 먼저 출판되었다.

9) 마넹의 번역본 이외에 이 단락의 내용에 대해 자세한 논의를 하고 있는 한국어문헌을 찾기란 쉽지 않다. 관심이 있는 독자는 이 글의 참고문헌에 있는 영어문헌들을 참고할 수 있을 것이다. 대표제의 개념과 역사에 대해서는 피트킨(Pitkin 1967), 비에이라와 런시만(Vieira and Runciman 2008), 버치(Birch 1972), 웹(Webb 2009)을 참조할 수 있고, 각국에서 대표의 역할과 조건에 대한 논의로 영국에서는 버크(Burke 1961[1774])와 밀의『대의정부론』(2012[1861])을, 프랑스에서는 시이예(Sieyès 2003), 미국에서는 우드(Wood 1969) 등을 보면 대강의 이해를 할 수 있다.

또한 대표제가 우리와 같은 사람이 아니라 우리보다 탁월한 어떤 사람을 뽑기 위해 민주주의와 결합했다면, '탁월성'의 내용이 민주주의에 큰 영향을 주게 된다. 학력, 재산, 덕성, 혈연, 지연 등 다양한 기준 중에서 무엇을 탁월성으로 보느냐에 따라 민주주의가 질적으로 달라지는 것이다. 대표가 갖추어야 할 탁월성의 내용은 제도만으로 규정될 수 없고, 그 사회가 배경으로 하고 있는 문화적·역사적·사회적·정치적 가치가 반영되게 된다. 이러한 관점에서 보면 대표제와 결합한 민주주의, 곧 대의민주주의는 단지 크기의 문제만은 아닌 것이다. 그럼에도 대의민주주의에 대한 한국정치학계의 이해는 여전히 크기 일변도의 관점에서 크게 벗어나지 않았고, 중·고등학교의 교과서에서도 그러한 내용은 여전히 바뀌지 않았다.

둘째, 대의민주주의를 단순히 제도적인 측면이 아니라 가치와 원리의 문제로 다루는 연구와 교육이 충분치 않다. 현재 한국에서는 대의민주주의의 원리적 측면을 정치사상 과목으로 강의하는 대학이 거의 없다.[10] 물론 대의민주주의를 다루는 연구 영역은 다양하며, 대표제의 형식과 내용을 규정하고 있는 헌법에 대한 연구에서부터 정치과정으로 불리는 영역, 곧 선거, 정당 등 정부의 수립과 정책결정 과정에 대한 연구에 이르는 많은 분야가 실은 대의민주주의에 대한 연구라고 할 수 있다. 그러나 정치과정에 해당하는 과목들에서는 선거나 정당, 통계적 연구방법론을 주로 가르칠 뿐, 대표제가 민주주의와 결합하는 과정에서 나타난 역사적인 사건들 및 그것이 함축하고 있는 이론적인

---

10) 가장 가까운 과목으로 '의회정치론', '의회론' 등을 들 수 있지만, 대표제와 민주주의가 결합하면서 나타나는 원리적인 문제들을 의회의 설립과 운영을 배우는 수업에서 본격적으로 다루기는 어렵다.

문제들을 본격적으로 다루는 경우는 많지 않다.[11) 비교정치 분야에서도 많은 연구자들이 여전히 서구에서 나타나는 사례를 중심으로 연구하고, 그쪽의 신규이론을 수입하여 한국에 적용해보는 데 많은 노력을 기울이고 있다. 이것은 미국이 주도한 현대 정치학에서의 과학주의가 한국에 압도적 영향을 미친 결과이기도 하다.(백창재 2013)

하지만 원래 대의민주주의는 근대의 많은 정치사상가들이 천착(穿鑿)해온 주제다. 이들은 대의민주주의의 형식과 내용, 제도와 그것의 운영 방식, '좋은 대표'가 어떤 조건을 갖추어야 하고 무엇을 해야 하는지에 대해 각 나라의 사정과 형편에 맞는 이론과 논리를 제시했다. 그리고 그것이 현대 민주주의의 근간을 형성했다. 이렇게 보면, 대의민주주의에 대한 연구와 교육에서도 정치사상이나 정치철학이 정치과정이나 비교정치와 독립적이고 보다 근본적인 차원에서 연구를 수행해야 한다. 그러나 한국의 정치사상 분야에서는 그동안 대의민주주의를 본격적으로 다루지 않았고, 오히려 정치과정이나 비교정치의 하위영역으로만 간주해온 경향이 적지 않다. 이러한 무관심은 정치학 일반에서 대의민주주의에 대한 연구와 이해를 제도 중심의 논의로 한정하는 경향을 낳았고, 그 결과 대의민주주의에 대한 논의가 서구에서 어떤 제도를 수입하느냐의 논쟁으로 제한되는 원인을 제공한 것으로 보인다.

세 번째로는 현대 한국정치사에서 대의민주주의가 가졌던 역할의 한계를 들 수 있다. 한국정치학회가 1999년에 기획해 2001년에 발간한 『한국정치학 50년: 정치사상과 최근 연구분야를 중심으로』에서 대

---

11) 미국 대학에서는 대의민주주의의 역사와 원리에 대한 주요 내용을 '미국정치' 과목에서 가르친다. 이에 대해서는 백창재(2013)를 참조.

의민주주의는 다루어지지 않았다. 한국정치학회는 이 기획에서 국제정치, 비교정치, 한국정치 분야에서 이미 세 권의 책을 출간했으나,[12] 여기서도 대의민주주의는 다루어지지 않았다. 단순히 한국 학계가 대의민주주의에 대해 관심이 적어서만은 아니다. 그것은 정부수립 이후 1987년까지, 한국정치에서 민주적이고 공정한 선거와 정당에 기초한 대의민주주의가 거의 작동하지 않았던 실제의 역사와 관련이 있다.[13]

현대의 민주주의를 제도화된 대의정치라고 할 때, 그 결과는 평화적이고 합법적인 정권교체의 경험을 통한 헌정의 연속성으로 나타나게 된다. 그런데 한국정치는 대체로 그와는 반대의 길을 걸어왔다. 숫자로 표현되는 한국 현대사의 주요한 변화들, 예컨대 4·19, 5·16, 10·26, 12·12, 5·18, 1987년 6월 등의 사건들은 대부분 대의민주주의의 틀 밖에서 일어난 사건이었다.(김남국 2011, 316) 정부수립 이후 오랫동안 한국의 정치발전에서 대의민주주의는 큰 의미를 갖지 못했던 것이다. 민주화 이후에도 대의민주주의가 한국정치학의 연구 주제로 크게 부각된 것은 아니다. 이 글에서 더 살펴보겠지만, 현재 한국에서 '대의민주주의'라는 제목으로 출간된 전문학술서적은 한 권에 불과하다. 한국정치사에서 대의민주주의의 역할이 중요해진 시점에 이르러서도 여전히 대의민주주의에 대한 이론적 관심이 부족하고, 한국적 정치학이라는 문제의식을 갖고 고민하는 이들에게조차 대의민주주의라는 주제는 누락되어 있다고 할 수 있다.

---

12) 국제정치 분야에서는 『21세기 국제정치연구의 쟁점과 과제』, 비교정치에서는 『21세기 비교정치학』, 한국정치에서는 『21세기 남북한과 미국』이 출간되었다.

13) 이에 대해서는 전재호(2002)를 참조.

3. 한국 대의민주주의 연구와 교육의 문제점

대의민주주의 연구에서 서구중심주의가 나타나게 된 원인을 '크기'를 중심으로 한 협소한 이해, 연구분야의 한정, 대의민주주의의 제한적 역할로 설명했다. 그 결과 나타난 대의민주주의 연구에서의 서구중심주의는 크게 세 가지 측면에서 확인된다. 첫째, 대의민주주의에 대해 한국적 문제의식을 가진 연구를 찾아보기 어렵다는 것, 둘째 대의민주주의에 대한 사상적 연구가 미진하다는 것, 셋째 대의민주주의에 대한 교육에서 서구중심주의적 경향이 일반화되어 있다는 것이다.

먼저, 국내에서 대의민주주의 연구의 빈곤함이 잘 드러나는 부분은 부족한 저술이다. 앞서 언급했듯이 대의민주주의를 제목으로 단 유일한 학술저서 『왜 대의민주주의인가』(서병훈 외 2011)가 2011년에야 출간되었다. 아홉 명의 학자가 대의민주주의를 주제로 한 권의 책을 저술한 것은 늦었지만 환영할 만한 일이다. 그러나 이 책에서도 한국적 대의민주주의에 대한 고민을 찾기란 쉽지 않다.

서론격으로 '대의민주주의의 철학적 기초'를 다룬 세 편의 논문은 심의민주주의와 참여민주주의의 차이, 대의민주주의에서의 제도 디자인, 루소 사상에서 대의제의 의미를 설명하고 있지만, 오늘날 한국에서 이 문제를 고민해야 하는 이유에 대한 문제의식은 제시되어 있지 않다. '대표와 대리의 철학적 간극'에 대해 탐구한 세 편의 논문은 각각 서양 중세, 근대 초기의 영국과 독일에서 그 연원을 찾고 있다. 그러나 이러한 간극이 오늘날 한국의 대의민주주의에서 어떠한 문제를 야기하거나 의미가 있는 것인지에 대한 설명은 보이지 않는다. '대의민주주의의 역사적 전개'를 다루는 세 편의 논문에서도 두 편이 각각 프랑스와 독일을 다루고 있고, 마지막 장인 김남국의 글만이 유일하게 한국정치의 대안 모델로서 합의제 민주주의를 제시하고 있다.

둘째, 한국 정치발전에 필요하면서도 서구와 차별적인 '대표의 의미', '정치적 대표의 조건'과 '대표 선출의 과정에 대한 정당성' 등에 관한 연구가 충분치 않다. 대표를 통한 민주주의라는 형식에서는 동일할지 모르지만, 그 대표가 갖는 정치적 권리와 의무, 대표가 갖추어야할 덕목, 다양한 선출과정 중에서 적절한 방식의 선택은 정치공동체마다 다를 수밖에 없다. 그리고 각각의 내용들이 갖게 되는 정치적 정당성은 한국적 특수성의 영향을 받는다.[14] 기실 '좋은 대표'에 대한 개념은 동서양을 떠나 다양하게 제시될 수 있으며, 이것은 민주적 절차에서도 반영될 수 있다. 실제로 한국에서도 동양정치사상을 민주주의와 연결하고자 하는 연구들이 없었던 것은 아니다.[15] 그러나 대부분은 현대의 대의민주주의에서 적용될 수 있는 구체적 대안의 제시보다 고전의 재해석을 통한 예비적 제안의 차원에 그친 아쉬움이 있다.

셋째, 대의민주주의에 대한 서구의 다양한 논의가 제대로 음미되지도 못하고, 한국적 문제의식을 가진 대의민주주의 연구도 미흡한 상황이 교육과정에도 그대로 반영되어 나타나고 있다. 단적으로 보면, 중등과 대학의 교과서에서 대의민주주의에 대한 설명들이 제도환원적이고 서구중심주의적 경향을 보여주고 있다.

구체적인 사례를 살펴보면, 교과서에서 대의민주주의를 다룰 때 그

---

14) 여기서 한국적 배경이라는 말이 갖고 있는 개념적 맥락성은 중요하다. 이것은 대의민주주의의 중요한 요소들이 갖는 정치적 정당성이 이론적 정합성이 아니라 한국사회를 구성하고 있는 사람들의 공유된 믿음과 그 체계에서 나온다는 의미다. 이에 대한 자세한 논의는 이관후(2015a; 2015b)를 참조할 것.

15) 김석근, 김영수, 배병삼, 부남철, 안외순, 오문환, 이상익 등이 이 주제로 여러 연구물을 출간했다. 이들의 논문 상당수는 이 주제를 다루고 있으므로 별도의 인용을 하지는 않는다.

에 대한 무시 혹은 기술적 이해와 서구중심적 편견은 자못 심각하다. 대학의 교과서를 보면, 널리 알려진 이극찬의 『정치학』(2000)과 서울대 정치학과가 펴낸 『정치학의 이해』(2002)에서는 모두 대의제에 대한 설명이 전혀 없다.(유명철 2010, 2) 한국적 문제의식이 상당히 들어가 있는 '21세기 정치연구회'의 『정치학으로의 산책』(2002)에서도 다른 부분들에서는 동서양의 사상과 개념이 골고루 소개되고 한국의 당면과제들이 제시된 반면, '정치과정과 정치발전'이라는 제목을 달고 있는 2부 네 편의 글에서는 그러한 측면을 찾아보기 어렵다. 정부형태와 선거제도 등을 다루고 있지만, 한국의 대의민주주의에 대해서는 거의 다루지 않았다.

고등학교 정치교과서에는 총 네 종의 교과서가 있는데, 이 가운데 두 종에서의 핵심적인 설명을 보면 다음과 같다.(유명철 2010, 3)

"대의민주주의는 직접민주주의의 대안으로 생겨났다. 산업혁명을 거치면서 도시가 **거대한 규모**로 팽창함으로써 모든 시민들이 한 곳에 모여 직접 사회의 문제를 논하고 결정하는 것은 시간적으로나 공간적으로 불가능했기 때문이다. 또한 산업사회는 농경사회와 비교가 안 될 정도로 복잡해져 사회와 제도에 대한 **전문적 식견**이 필요하게 되었다. 이제 사회의 전문적 관리를 위해서라도 국민들을 대표할 **엘리트**들이 필요하게 된 것이다. 그래서 오늘날에는 아주 예외적인 경우를 제외하고는 실질적으로 국민의 대표자들이 정치를 담당하는데, 이를 대의민주주의라 한다."—대한교과서 (강조는 필자)

"국가의 규모가 커지고 사회가 **복잡해지고 전문화됨**에 따라 모든 국민이 자신의 일을 뒤로한 채 국가를 운영하는 것이 불가능해졌다. 즉 주권을 직접 행사하는 것은 규모가 작고 사회가 비교적 단순한 경우에나 가능한 것으로 볼 수 있다. 그래서 민주정치를 채택하고 있는 많은 국가들이 국민의 대표를 선출하여 간접적으로 주권을 행사하는 방식을 취하고 있는데 이를 간접민주제 또는 대의제라고 한다."—법문사(강조는 필자)

이러한 교과서의 설명에서는 서구중심주의와 관련해 몇 가지 심각한 문제점이 발견된다. 먼저 대의민주주의를 크기의 문제로 환원하는 협소한 기능적 이해를 통해, 대의제를 어느 사회에서건 무맥락적으로 수입 가능한 '기술적 장치'로 설명하고 있다. 지금 우리 학계와 정치권에서 정부형태, 선거제도, 정당체제의 변화를 모색할 때, 우리의 현실을 돌아보기보다는 늘 미국이나 유럽에서 어떤 일이 벌어지고 있는가에 대해 먼저 눈을 돌리는 현상이 이러한 이해와 관련이 없다고 할 수 없다. 둘째, 우리 교과서는 대표의 엘리트성을 강조하고, 특히 자질로서 '전문성(speciality)'이나 '탁월성(distinctiveness)'에만 주목하는데, 실제로 다른 대의민주주의 선진국에서는 '유사성(resemblance)' 또한 중요한 대표의 자질로 이해된다. 영국, 프랑스, 미국 등에서는 대의제의 수립과 정착과정에서 대표자의 자질로서 무엇이 중요한가에 대한 논쟁이 지속되고 있고, 전문성과 유사성의 조화가 정부의 권력형태와 선거에서 모두 중요한 기준이 되어왔다. 그러나 한국의 교과서는 이러한 내용을 제대로 설명하지 않음으로써, 많은 교사와 학생들이 자연스럽게 현대 대의제를 '전문가 엘리트 정치'로만 받아들이도록 유도한다. 셋째, 현재의 교과서는 직접민주주의를 가장 이상적인 제도로, 대의제는 현실 여건상 불가피하게 선택된 차선책으로 인식하게 하지만(유명철 2010, 13), 실제로 근대의 대의민주주의는 차선책이 아니라 민주주의보다 더 나은 제도로서 기획된 것이다. 역사적으로도 교과서의 기술은 선후가 바뀌어 있다. 교과서에 따르면 민주주의가 선행하고 대표제가 규모의 문제 때문에 덧붙여진 것처럼 오해될 수 있지만 실상은 그 반대다. J. S. 밀과 토크빌이 역설했듯이, 대표제와 민주주의의 결합은 대표제라는 형태로 선행한 자유주의나 공화주의적 권력구조를 기반으로 그 이후에 나타난 민주주의의 요구나 부작용을 최소화하려는 목적으로 나타난 것이다. 영국에서 20세기에야 완전히 확립된 보통선거권에 비해 800년의 역사를 자랑하는 의회제, 프랑스에서 민주주의 혁명의 시발점이 된 '삼부회', 미국에서 독립을 통한 선거권 쟁취 이전에 존재한 식민지 정부의 존재 등은 근대의 전후에도 자유주의와 공화주의에 기초한 대표제가 민주주의보다 훨씬 오랜 역사를 갖고 있었다는 점을 잘 보여준다.[16]

---

16) 필자는 비단 근대뿐 아니라 인류의 거의 모든 역사에서 대표제가 다른 정치이념에 선행했다고 본다. 대표제 정치의 출현에 대해서는 세 가지 역사적 관점이 있을 수 있다. 먼저 가장 보편적인 시각은 대표제 연구의 권위자인 한나 피트킨(Hanna Pitkin)과 대표제에 특별히 관심이 많았던 역사학자 사무엘 피너(Samuel Finer) 등에 의해 제기된 것이다. 이 시각에 따르면 대표제라는 정치체제의 개념과 실체는 대체로 13세기에서 17세기 사이의 중세 유럽에서 탄생했다. 두 번째는 미국이라는 국가의 수립과정에서 나타난 대표제와 민주주의의 결합이 현대 대표제 정치의 수립에 가장 결정적이었다는 관점이다. 미국의 역사학자 고든 우드(Gordon Wood)는 토마스 페인(Thomas Paine)과 제임스 매디슨(James Madison), 알렉산더 해밀턴(Alexander Hamilton)을 인용하며, 미국이 영국의 통치로부터 독립했다는 사실보다 더 중요한 것은 실현 불가능한 '순수 민주주의(pure democracy)'와 근본적으로 다른 '대표제 민주주의(representative democracy)'라는 통치 시스템을 만들어낸 것이라고 주장한다. 필자는 대표제에 대해 보다 근본적인 세 번째 관점을 제안한다. 이는 인류는 거의 모든 역사를 통해 이 대표제하에서 살아왔으며, 따라서 모든 정치체제는 기본적으로 대표제이고, 시간과 장소에 따라 그 유형을 달리하거나 다양한 다른 정치체제와 결합하여 나타난다고 보는 입장이다. 이 관점에 따르면 대표제는 우리가 생각하는 것보다 훨씬 보편적이고 정치적 정당성의 측면에서 자기완결성을 가진 정치체제다. 이에 대한 자세한 논의는 이관후(2016c, 4-7)를 참조.

이러한 세 가지 문제점은 서로 결합되면서 대의민주주의에 대한 서구중심적 이해를 강화시킨다. 예를 들어, 크기환원론과 대의민주주의가 차선이라는 이해, 대표제와 민주주의에 대한 역사적 순서의 왜곡은 서구의 대의민주주의를 정통성 있고 바람직한 것으로 미화한다. 서구의 대의민주주의는 아테네식 직접민주주의의 정신을 계승하면서 규모의 문제 때문에 대표를 선출하는 현실적 대안을 선택한 것인 반면, 동양에서는 애초에 민주적 기반이 없었기 때문에 대의민주주의의 어떠한 요소도 찾을 수 없다는 인식을 조장할 수 있는 것이다. 또한 전문성과 탁월성에 대한 강조, 유사성의 배제는 한국 대의민주주의의 문제를 정치 엘리트의 문제로 축소하고, 대표하는 사람과 대표되는 사람의 간극을 넓힘으로써 결과적으로 정치 자체에 대한 혐오를 강화시키는 역할도 한다.

III. 서구에서 좋은 선거제도는 한국에서도 잘 작동할까?

1. 독일식 선거제도 도입 논쟁

현재 한국에서 세계의 다양한 선거제도에 대한 소개와 분석은 주로 한국정당학회와 한국선거학회의 연구자들을 중심으로 활발하게 이루어지고 있다. 특히 최근 10여 년간 독일식 선거제도의 도입이 논의되면서 이에 대한 연구가 적지 않다.(김영태 2001; 김욱 2006; 김종갑 2012, 2015; 정준표 2014 등)

이 제도의 도입을 주장하는 사람들은 독일의 선거제도에서 정당득표와 의석수의 비례성이 높기 때문에, 한국에서도 사표를 줄이고 지역주의를 해소하는 효과를 가져올 것으로 기대한다. 그리고 이러한 기대는 이론적으로도 충분히 타당성이 있다. 그러나 이러한 이론적 기대가 사실이 되려면, 같은 제도라면 어디에서나 기능적으로 유사한 효과를 가져올 것이라는 전제가 먼저 검증되어야 한다. 즉 독일식 선거제도가 한국에서도 독일에서처럼 작동하리라는 가정이 성립해야만 기대가 충족될 수 있는 것이다. 이 가정에는 서구중심주의와 제도환원주의가 서로 결합되어 있다. 그리고 바로 여기에 몇 가지 문제점이 있다.

첫 번째 문제는 독일 선거제도의 기본 구상과 틀이 우리와 다르기 때문에 그대로 적용하기 어렵다는 데서 발생한다. 독일도 우리와 같이 지역구와 비례대표 의원이 모두 존재한다. 그런데 우리와 달리 의회에서 각 정당의 총 의석은 정당의 전체 득표율에 일치하도록 되어 있다. 지역구 당선자 수와 정당 득표율의 불일치를 비례대표 의석수를 조정해 일치시키는 것이다. 득표율에 비해 초과의석이 발생한 경우 지역구에서 당선된 후보를 떨어뜨릴 수는 없으므로, 의석수가 정당의 총 득표율에 미치지 못한 경우에만 부족한 의석을 비례대표로 충원해준다. 유권자의 투표와 정당의 의석 배분을 일치시키는 정당득표의 비례성을 기본원칙으로 하되 지역적 대표성을 가미해 두 제도를 연계시킨 것이다. 이것이 독일의 선거제도에 깃들어 있는 연동형 원리(linked system)다.(정준표 2014, 30) 반면, 우리의 선거제도는 소선거구제에 따른 지역구의원 선거와 비례대표제에 의한 비례의원 선거가 서로 독립적으로 작동하는 병립형(parallel system)이다. 만약 우리가 독일식을 전면적으로 도입하고자 한다면 병립형을 포기하고 연동형으로 전환해야 한다. 그리고 이렇게 되면 지역구를 기반으로 한 현행 선거제도를 사실상 정당비례 중심으로 바꿔야 한다.

그런데 이렇게 하려면 최소한 두 가지 질문에 답해야 한다. 하나는 지역구 중심의 선거제도를 정당 중심의 비례대표제로 바꾸는 데 충분한 논의와 국민적 합의가 있는가, 다른 하나는 한국의 정당정치가 그러한 선거제도를 전면적으로 도입할 만큼 준비되었는가 하는 것이다. 그런데 독일식 선거제도의 도입을 주장하는 사람들 역시 아직까지 이 질문들에 대해 충분한 답을 내놓지는 못하고 있는 것으로 보인다. 그래서 비단 정치인들뿐 아니라 학자들 또한 대체로 한국에서는 독일식을 다소 변용한 권역별 비례대표제(regional proportional system)의 시행을 고려한다. 정당비례성을 반영하되 전국적으로 전면 적용하는 것이 아니라 지역별로 시행하는 것이다. 그런데 이러한 권역별 비례대표제는 결국 지역별 소선거구제를 기본으로 하되 일부의 비례대표만을 이와 연동하여 권역별로 재분배하는 것으로 독일식과 기본 전제가 애초에 크게 다르다.(김종갑 2013; 정준표 2014, 48) 여기서 문제의 핵심은 이 제도가 실제로 어떻게 작동할지를 예측하기 어려운 데다 현실적으로는 역효과를 가져올 가능성도 적지 않다는 데에 있다.

먼저 권역별 비례대표제는 현재의 비례대표 수를 과감하게 확대하지 않고는 실질적 효과를 기대하기 어렵다.(홍완식 2015) 그런데 가까운 시일 내에 지역구 국회의원의 숫자를 줄이거나 국회의원 정수를 늘리는 것이 현실적으로 매우 어려운 한국정치의 현 상황에 비추어볼 때, 권역별 비례대표제는 현행 비례대표 정수의 일부를 할당받는 방식으로 전개될 가능성이 높다.[17] 그렇게 되면 전국구 비례대표의 수는 줄고, 각 정당의 입장에서 어려운 지역에서 활동을 해온 인물들이

---

17) 20대 총선을 앞둔 선거법 개정의 내용은 이러한 현실을 잘 보여준다. 표의 등가성은 높아졌지만, 지역구 의석은 한 석도 줄이지 않는 대신 비례대표 의석을 7석이나 줄였다.

권역별 비례대표를 받게 될 것이다. 그런데 이 경우에는 지역에서 당선 가능성이 낮은 성별, 계층, 직능 등 소수자의 대표성을 반영하고자 했던 비례대표제의 도입 취지가 크게 상실된다. 또한 중앙선관위 안(2015)에 따르면 권역별 비례대표제의 도입에서 지역구와 비례대표의 동시 출마를 인정하는 석패율 제도를 제시하고 있는데, 이는 취지상으로 보면 현재의 비례대표제를 사실상 없애고 전 선거구를 지역구 선거로 바꾸는 변화에 다름없다.

권역을 어떻게 설정할지도 문제다. 중앙선관위(2015)는 전국을 "지리적 여건과 생활권 등을 고려하여 6개 권역으로 구분"한 예시를 들었는데, 구체적으로 보면 "① 서울 ② 인천, 경기, 강원 ③ 부산, 울산, 경남 ④ 대구, 경북 ⑤ 광주, 전북, 전남, 제주 ⑥ 대전, 세종, 충북, 충남"이다. 그런데 이러한 권역 설정의 기준 자체가 대단히 모호할뿐더러, 충분한 사회적 합의 없이는 어떻게 권역을 제시하든지 논란의 소지가 높다. 또한 이처럼 현재의 지지정당 성향에 따라 권역을 구분하는 것이 오히려 지역주의를 고착화하거나 더욱 강화시킬 가능성도 없지 않다.[18]

둘째, 현재 한국의 소선거구 단순다수대표제에서는 정당별 득표율과 의석수의 비례성(proportionality)이 높지 않으므로 이를 교정해야 한다고 주장하지만, 실제로는 그렇지 않다는 견해가 있다. 또한 설사 비례성이 높지 않다고 하더라도 어느 정도의 비례성이 적절한 수준인지에 대한 명확한 견해는 존재하지 않는다.

---

18) 이에 대해서는 김종갑(2015)이 제시한 북부권/중부권/남부권의 세 권역 구분이 오히려 여러 모로 나아 보인다. 김종갑은 이외에도 도시에 의석이 집중된 문제, 선거구제 확대로 대표성이 약화되는 문제 등, 현재 선거제도 개편과정에서 다수의 학자들이 고려하지 않는 문제점들을 적절히 지적하고 있다.

먼저 비례성의 실제를 보면, 장훈과 정준표는 민주화 이후 우리 선거제도의 비례지수가 전면적 비례대표제를 하고 있는 국가보다는 낮지만 비례대표제가 아닌 국가들에 비해서는 상당히 높은 수준이라고 말한다.(장훈 2010, 180-181; 정준표 2014, 51) 지역구 선거에 한정해 지난 두 번의 총선에서 정당득표와 당선자 수 사이의 비례지수를 보면 18대는 0.923, 19대는 0.926에 달한다. 광역시도별 비례지수는 낮지만, 전국적 비례지수는 서로 상쇄되어 높게 나타나는 것이다. 지역별로도 비례지수가 상대적으로 낮은 곳은 지역주의가 강한 곳이 아니라 오히려 약한 지역인 제주와 강원이다.(정준표 2014, 51)[19] 지역주의 때문에 비례성이 낮고 그래서 선거제도를 바꿔야 한다는 주장은 사실과 다른 것이다.

또한 선거제도에서 비례성 못지않게 중요한 것은 안정성(stability)이다. 1당이 과반을 형성해 정국을 안정적으로 이끌어나갈 수 있는 것 역시 중요한 정치적 목표일 수 있다. 따라서 우리가 정치적 불안정을 어느 정도로 감수하면서 다른 나라들에 비해 비교적 낮지 않은 비례성을 얼마나 더 높일 것인지에 대한 사회적 합의, 정치적 합의가 먼저 있어야 한다. 그러나 아직 그에 대한 합의가 있다고 보기는 어렵다.

셋째, 독일식 선거제도는 지역주의를 완화하기 위해 만들어진 것이 아니라는 점이다. 한국에서 이 제도를 도입하자는 주장의 핵심은 지역주의를 완화시키는 데에 도움이 될 것이라는 기대에 있다. 하지만

---

19) 구체적인 사례로 18대 총선에서 제주도의 비례지수는 0.502, 19대 총선에서 강원도의 비례지수는 0.574에 불과했다. 정준표는 이러한 상황을 예로 들면서, 우리 선거제도에서 비례성과 안정성이 어느 정도 충족되고 있는데, 대통령제라는 정부 형태의 안정성을 저해하는 독일식 선거제도를 도입할 필요가 있는지 오히려 의문을 제기한다.(정준표 2014, 51)

실제로 이 제도의 도입으로 선거 결과에서의 지역구도나 지역주의 자체를 완화할 수 있다는 기대에 대해서는 회의적인 분석이 적지 않다. 국회의원 정수 조정이나 비례대표의 대폭적 확대 없이는 권역별 비례대표제를 도입해도 영남과 호남을 각각 기반으로 하는 정당들이 상대의 지역에서 각각 2~3석을 얻는 데 그칠 것이라는 시뮬레이션이 나오고 있기 때문이다.(김만흠 2011, 245; 홍완식 2015, 315) 또한 정치권에서는 이 제도가 오히려 지역별로 새로운 파벌정치를 야기할 수 있다는 현실적 우려도 적지 않다. 기존의 소위 '계파정치'가 전국적 형태였다면, 전국적 비례대표가 줄어들거나 없어지는 상황에서는 권역별로 파벌정치가 펼쳐질 수 있다는 것이다. 또한 이 선거제도가 반복적으로 시행될 경우 지역에서 차점을 노리는 정당들이 출현할 가능성이 있어서, 정책 균열을 중심으로 정당체제가 재편되지 않는 경우에는 제1투표든 제2투표든 지역주의 투표를 유지하거나 강화하는 형태로 나타나리라는 예측도 있다.(김영태 2001; 김욱 2003; 정준표 2014)

그동안 이러한 문제점들이 제기되지 않은 것은 아니다. 하지만 독일식 제도의 도입을 주장하는 입장에서는 그것의 이론적인 장점에 포커스를 맞추면서 이러한 지적들을 심각하게 고려하지 않는 것으로 보인다. 그러나 지난 10여 년 동안, 대통령과 국회의원 후보 선정과정에서 다양하게 수입 적용된 모델들인 여론조사, 오픈프라이머리, 기간당원투표, 모바일 투표 등은 한국화 과정에서 대부분 문제점을 노출했다. 그런데 독일식 선거제도만은 예외적으로 문제가 없을 것이라고 낙관할 근거는 분명하지 않다. 만약 지역주의가 완화되지도 않고 또다른 부작용만 가져오게 된다면, 이는 단순히 단기간의 정치적 불안정뿐만 아니라 정치개혁과 선거제도 개편에서 '열망-실망-분노와 좌절의 악순환'(최장집 2002)이라는 한국정치의 딜레마를 반복하게 된다는 점에서 심각한 문제가 있다.

지역주의 정치의 문제점을 해결하기 위한 대안으로 독일식 선거제도가 논의되는 것이 불필요한 것은 아니다. 그러나 외국의 제도를 사실상 무비판적으로 받아들인 경우에, 그것의 장점 못지않게 한국화 과정에서 많은 단점들이 드러난 사례도 적지 않다. 따라서 지금의 선거제도 개편과 관련된 논의 방식 자체가 과연 올바른 것인지에 대해 되짚어볼 필요가 있다.

현재 한국정치에서 선거제도 개편 논의는 중장기적인 비전이나 한국적 문제의식보다는 당면한 문제를 기술적으로 해결하고자 하는 측면이 강하다. 그러다 보니 선거제도 개편의 문제가 정치과정과 선거제도를 연구하는 학자들의 전유물처럼 되어버렸다. 그러나 선거제도에는 정답이 없다. 어떤 제도가 다른 제도에 비해 더 선하거나 우월하다고 말하기 어렵다. 제도는 그것을 채택한 사회가 지향하는 정치적 목적과 가치에 종속된다. 이것은 기술적 평가가 아니라 규범적 판단의 문제인 것이다.(파렐 2012, 32-34) 따라서 제도를 논의하기에 앞서 한국이 어떠한 정치적 비전을 갖고 있는가에서 논의가 출발해야 한다.

2. 선거제도 변경 논의에서 선행되어야 할 점: 제도만능주의를 넘어서

한국의 선거제도에 대한 가장 일반적인 비판은 크게 세 가지, 선거제도의 불안정성, 득표율과 의석수의 불비례성, 승자독식의 소선거구제로 요약할 수 있다. 특히 한국에서는 소선거구 단순다수대표제가 득표와 의석 배분 간 비례성을 해치고, 양당제를 기득권화하며, 지역주의를 조장하는 본래적으로 나쁜 제도인 것처럼 인식되고 있다. 그러나 이 제도는 유권자와 대표자 간의 대표성과 책임성이 명확하고,

투표자의 선호와 투표 결과 간의 가시성이 뛰어나다는 장점을 갖고 있다.[20]

반면 비례대표제나 선호대체투표제(alternative vote), 선호이전식 투표제(single transferable vote)는 유권자의 선호와 정당의 득표율, 득표율과 의석수 간의 비례성을 높이는 대신, 선거의 결과로서 연립정부나 의회가 어떻게 구성될지에 대해서는 유권자의 직접적인 결정력이 떨어진다. 개별 유권자로서는 선거 결과의 예측 자체가 어려울뿐더러, 1당이 과반을 차지하지 못하는 대부분의 상황에서 정부의 구성은 유권자의 의도가 아니라 정당들 간의 비공개 협상에 의해 결정되기 때문이다. 결국 유권자의 정당 선호는 반영되지만, 선거의 결과로 유권자가 실제로 원하는 정부와 의회의 구성을 스스로 결정할 권리가 더 보장된다고 말하기는 어렵다. 또한 이러한 측면에서 보면, 어떤 제도가 더 민주적인지를 판단하기는 쉽지 않다. 실제로 선호대체투표제는 호주와 파푸아뉴기니, 선호이전식 투표제는 아일랜드와 몰타만이 활용하고 있을 뿐이다. 이는 각각 전 세계 유권자의 0.5%, 0.1%에 불과하다.(Pinto-Duschinsky 1999; Bormann and Golder 2013)

유럽에서는 정당 비례대표제가 다수를 차지하고 있지만, 영국과 미국은 대의민주주의를 도입한 이래 소선거구 단순다수대표제를 고수하고 있다. 한국의 다수 학자들은 이 제도가 득표율의 왜곡과 사표

---

20) 현재 한국의 소선거구제도는 사실 이러한 취지를 제대로 달성하지 못하고 있다. 국회의원 한 사람과 유권자 간의 비례적 거리가 너무 멀기 때문이다. 단적인 예로 보면, 카이사르 시절 이탈리아 반도의 로마 인구는 약 500만 명이었고 당시 원로원 의원의 숫자가 900명이었던 것에 비해, 현재 한국의 인구는 열 배가 많고 의원의 숫자는 3분의 1에 불과하다. 국회의원을 '우리들 중 하나' 혹은 '나를 대표하는 누구'라고 이해할 때, 한국 국민과 의원들 간의 거리는 로마 시대보다 20배 이상 멀다.

(死票)를 조장한다고 비판하지만, 이 제도는 사표를 줄이기 위한 노력을 하지 않는 것이 아니라 오히려 사표가 늘어나더라도 분명한 승자가 드러나도록 하기 위한 제도다.(박동천 2000, 55) 선거제도의 설계가 비례성보다 안정성을, 국가 전체보다는 지역단위의 선택을 존중하는 목표를 가진 경우에는, 그러한 결과가 투표의 왜곡이 아니라 타당하고 정당한 '조작적 정의'다. 예를 들어, 미국의 '대통령 선거인단제도'는 소수가 다수를 이길 수 있어서 비민주적이라는 논란에도 불구하고 당분간 바뀔 가능성이 거의 없는데, 그것은 이 나라가 반민주적이기 때문이 아니라 기본적으로 각 주의 자치권을 폭넓게 인정하는 연방제 국가이기 때문이다.[21] 영국에서도 2011년 보수/노동 양당제를 깨뜨리기 위해 제3당인 자유민주당이 선호대체투표제(alternative vote)를 주장한 바 있지만, 실제 국민투표에서는 큰 차이로 부결되었다. 또한 비례대표제 도입은 아예 검토조차 되지 않고 있다. 이것은 영국인들이 선거제도의 비례성에 대해 무지하기 때문이 아니라, 안정적인 양당제의 지속을 의도적으로 선택한 결과다.

물론 영국과 미국을 제외한 여러 서유럽 민주주의 국가들이 정당 비례대표제를 택하고 있는 것은 사실이다. 그러나 이를 두고 비례대표제가 더 민주적인 제도이기 때문이라고 말할 수는 없다. 무엇이 더 민주적인가는 민주주의의 정의를 어떻게 내리는가에 따라 달라진다. 다수의 의지나 선호가 더 많이 반영되어야 하는 것이 민주주의의 원칙이라면, 그 의지와 선호를 무엇을 중심으로 볼 것인가 하는 점이 중

---

21) 로버트 달은 선거인단제도야말로 미국이 깨뜨려야 할 반민주적인 제도라고 강력하게 주장하지만, 본인 스스로도 그것이 조만간에 가능하리라고 기대하지는 않는 듯하다. '연방제'라는 국가의 기본틀을 넘어서야 하는 것은 물론, 절차적으로도 그것을 수정하기가 대단히 어렵기 때문이다.(달 2004)

요하다. 소선거구제 단순다수대표제에서는 지역단위에서 특정 인물에 대한 선호를, 정당 비례대표제에서는 국가 전체에서 특정 정당들에 대한 지지를 우선적으로 본다. 소선거구제에 나타난 지역적 투표의 결과에서 정당에 대한 지지를 유추한 뒤 그것을 국가적으로 반영해야 할 것인지, 아니면 정당투표를 별도로 도입할 것인지, 비례대표제를 전체 의석수에서 어느 정도로 반영할 것인지 등의 문제를 민주주의의 원칙이 해결해줄 수는 없다. 그것은 전적으로 그 사회에 속한 사람들이 결정할 문제다.

선거제도에 관한 연구 중 비교정치적 시각에서 제도에 대한 분석을 보여주면서도 한국적 문제의식의 필요성을 비판적으로 제시한 것은 박동천의 『선거제도와 정치적 상상력』(2000)이다. 그는 '들어가는 말'에서 먼저 한국의 선거제도 연구 편향을 다음과 같이 지적한다.

선거제도 개혁을 논하는 국회의원 및 정치평론가들의 상상력이 얼마나 빈곤한지를 보고 놀라지 않을 수 없었다. 고려 대상으로 삼는다는 것이 기껏 소선거구냐 중선거구냐 또는 비례대표 의석을 몇 석 증감할 것이냐 정도에 그치는 한, 지난 50년간 우리 국민의 자랑스러운 정치적 축적을 계승하여 발전시키기는커녕 다시 한 번 모종의 대변혁이 일어나지 말라는 법도 없을 것이다. … 정치학자들의 책임도 크다고 할 것이다. 고등학교 사회 교과서에서부터 대학교 정치학 강의 교재에 이르기까지 선거제도의 분류는 한결같이 소/중/대 선거구의 구분을 위주로 하고 있고, 비례대표제에 관한 약간의 해설을 곁들이는 수준에 그치고 있기 때문이다. 그런 '교과서'로 공부한 사람들이 이 세상에 소/중/대 말고는 선거제도가 없다는 생각을 가지는 것은 오히려 당연하다. 나아가 선거제도라는 주제는 감동이라고는 그 그림자조차 찾을 수 없는 정략계산일 뿐이라고 생각하는 것

도 당연하다.(박동천 2000, 8)

박동천은 이 책에서 세계의 다양한 선거제도들을 소개하면서 단순히 기술적으로 선출방식이나 기대효과, 장단점을 서술하는 데 그치지 않고, 그러한 제도가 각각 어떤 정치적 목표를 지향하고 있는지에 대해 설명한다. 또한 선거제도의 다양한 차원들을 투표권의 소재, 후보자의 결정, 선거운동에 관한 규제, 선거의 4대 원칙, 선거구의 크기라는 다섯 가지 측면에서 살펴보는데, 그 안에서 대단히 원초적인 질문을 던짐으로써 독자의 문제의식을 도발한다. 가령, 우리가 금과옥조로 받들고 있는 선거의 4대 원칙에 대해서도 "결코 투표방식의 보편적인 원칙이 아니"라고 주장한다.

[4대 원칙은] 어디까지나 일정한 시대적·사회적 상황에 비추어 원칙으로 인정받은 적이 있었을 뿐이다. 그 원칙들은 역사적 산물이며, 그것도 네 가지가 한꺼번에 어느 날 공식화되었다기보다는 하나씩 서로 다른 이유와 서로 다른 정치적 계기에서 특정한 사회제도로 정착되었던 것이다. 서양의 근대라는 역사적 맥락 속에서 이 원칙들이 나름대로 타당성을 부여받았던 것은 사실이지만, 현재도 그것들이 자동적으로 원칙이 되는 것은 아니다. 과거의 역사적 맥락 속에서 그것들이 원칙이 될 수 있었다는 바로 그 이유 때문에, 현재라는 역사적 맥락에서도 그것들이 원칙으로 작용해야 하는지를 식별하기 위해서는 그 원칙들 자체를 상대화해야 하는 것이다.(박동천 2000, 40)

그는 이러한 맥락에서, 비밀투표의 원칙도 그것이 개인의 비밀을 보장하는 측면보다 투표권 자체를 제한하는 경우, 예를 들어 공개된 팩스로 투표용지를 보내더라도 투표를 원하는 경우에는, 본인의 판단에 맡길 수 있어야 한다고 주장한다. 박동천이 이러한 비판을 할 수 있는 것은, 선거제도를 역사적 맥락을 통해 이해하는 과정에서 서구의 과거를 '상대화'하려는 관점을 내재하고 있기 때문이다. 그는 서구에서 우연한 계기들에 의해 확립된 선거의 원칙들을 일종의 보편적 진리로 받아들여서는 안 된다고 지적하고, 그 원칙들에 대해 한국적 관점에서 재검토해볼 것을 제안한다. 예를 들어 보통선거권이 아래로부터의 투쟁에 의해 쟁취된 것이 아니라 위로부터 주어진 한국의 경우에는 선거권에 대한 권리의식이나 책임감이 상대적으로 약할 수밖에 없다. 그리고 그것은 우리 현대사에서 막걸리, 고무신, 돈봉투 선거로 일컬어지는 투표행태로 나타난 바 있다. 박동천은 이러한 상황에서 누군가가 '정치적 참여에서는 산술적 평등뿐 아니라 질적 수준이 중요하다.'고 주장한다면 그것을 마냥 기득권 수호를 위한 안간힘이라고 말하기는 곤란하다는 것이다.(박동천 2000, 41-43)[22]

박동천은 서구의 선거제도를 소개하면서도 그러한 선거제도의 신화, 특히 정치제도, 정당체제, 선거제도 등에서 소위 선진국의 제도를 무비판적으로 수용하려는 태도에 대해 강력하게 경고한다. 그리고 선거제도의 변화에 따른 정치적 발전은 결국 제도 자체보다는 한국의 정치가 지향하는 바가 얼마나 제도에 잘 담겨 있는가 하는 문제라고

---

22) 그는 세계의 다양한 선거제도를 소개한 후에 마지막에는 다시 한국의 문제로 돌아와서 한국의 선거제도 개혁과 지역주의 문제를 다룬다. 그리고 지역주의를 약화시킬 수 있는 선거제도의 개혁방안에 대해 원리적인 대안보다는 실제로 한국의 정치 및 투표행태에 영향을 줄 수 있는 방안을 제시하고 있다. 그가 명부개방형 비례대표제를 제안하는 이유는, "전라도나 경상도, 그리고 충청도에서는 그중 한 석만 정치적 기득권층의 의도에서 어긋나더라도 이 제도의 취지에 부응"할 수 있기 때문이다.(박동천 2000, 121)

주장한다.

> 이상적인 선거제도를 도입한다고 이상적인 정치가 보장되지는 않는다. 오히려 선거제도 자체에 군데군데 얼룩과 금간 데가 있더라도, 거기에 담겨 있는 아름다운 혼을 지향하는 방향으로 운영되기만 하면 선거제도에 대해서 굳이 왈가왈부할 필요는 없을 것이다.(박동천 2000, 133)[23]

한 사회에서 어떠한 가치를 중심으로 사람들의 삶을 구현해나갈 것인가 하는 것이 선거제도 전에 먼저 논의되어야 한다. 선거제도야말로 가장 나중에 고려되어야 하는 제도다. 한국에서 좋은 선거제도는 한국이 어떠한 미래사회를 지향하는가에 따라 다양할 수 있다. 그러한 가치 지향에 필요한 정치인을 뽑고자 하는 제도의 설계가 그 뒤에 따라오는 것이다.

현대 정치에서는 한 사회가 지향하는 가치가 헌법을 통해 명문화되는 것이 일반적이다. 경제, 사회, 정치, 문화 등 인간의 삶에 국가가 영향을 미칠 수 있는 모든 가치와 비전이 헌법으로 집약된다. 이러한 비전을 수립하는 과정에는 현재의 다양한 문제점들과 사회적 갈등, 균열구조가 반영되며, 그러한 비전을 잘 수행하기 위해 어떤 정치적 대표가 필요한지에 대한 논의가 이어지고, 그 후에야 그러한 대표들을 뽑기 위한 선거제도가 논의될 수 있다. 선거제도에 대한 논의 전에, 한국인들에게 좋은 삶이란 무엇인지, 한국문화와 정합성을 갖는

---

23) 다른 나라의 다양한 선거제도를 소개하면서 선거제도의 수립과정에서 한국적 문제의식이 선행되어야 한다고 지적하고, 또한 한국화 과정에서 나타나게 될 문제점들에 대해서도 경고한 박동천의 연구가, 이후 한국의 정치과정, 선거, 민주주의 연구에서 별다른 반향을 일으키지 못한 것은 아쉬운 일이다.

민주적인 정치공동체는 어떤 모습인지를 먼저 물어야 한다. 좋은 삶의 보편성에서 한국인의 좋은 삶으로 문제의 초점을 변화시키고 난 후에야(김비환 1999, 11), 비로소 한국의 선거제도를 논할 수 있다.

IV. 합의제 민주주의는 대안인가?

1. 다수제 민주주의 vs. 합의제 민주주의

한국 대의민주주의의 문제점을 다수제 민주주의로 보고 합의제 민주주의를 대안으로 제시하는 학문적 경향이 있다. 김남국(2011)과 최태욱(2014)이 대표적이다. 이들의 문제의식은 한국의 특수성에서 출발한다.

김남국은 대의제 위기가 유럽이나 미국에서 나타난 현상이지만, 한국에서도 그 이론이 적실한지를 우선 검토한다. '대의제의 위기'라는 개념은 보편적이지만 한국에서 어떤 특수한 맥락으로 표출되는지에 관심을 두는 것이다. 예를 들어, 그는 서구에서 대표제 위기의 한 지표로 지목되는 정당정치의 위기가 한국에서는 한국전쟁을 계기로 한 보수정당 중심의 협소한 대표체계로 인해 다양한 이념과 가치가 대표되지 못한 현상으로 나타난다고 본다. 또한 이주노동자와 외국인이 증가하면서 나타나는 문화적 다양성이 충분히 대표되지 못하는 점에도 주목한다.(김남국 2011, 319-322) 그리고 김남국은 그 대안으로 정부구성과 정책결정 방식의 전환을 제안한다. 현재의 문제점이 다수제 민주주의(majoritarian democracy)에서 비롯된 것이라고 보고 그 대안으로 합의제 민주주의(consensus democracy)를 제시하는 것이다.(김남

국 2011, 323)

최태욱 역시 오래전부터 유사한 주장을 해왔다. 그러한 주장들을 엮은『한국형 합의제 민주주의를 말하다』(2014)라는 저작에서 그는 다수제 민주주의와 합의제 민주주의를 비교하고, 한국을 그중에서도 "독종 다수제 민주주의" 체제로 분류한다. 소선거구제 단순다수대표제라는 선거제도와 대통령제라는 권력구조의 결합이 구조적으로 포용이 아닌 배제의 정치, 독선과 독주의 정치를 가져온다는 것이다.(최태욱 2014, 67-81) 그의 주장에 따르면, 선진국들 사이에서는 합의제형 민주주의가 확실한 대세를 이룬다. OECD 회원국 중 다수대표제는 미국, 영국, 캐나다, 호주 등 앵글로아메리카로 분류되는 5~6개국에 불과하고, 나머지는 비례성이 강한 혼합형 선거제도로 합의제 민주주의로 분류가 가능하다.(최태욱 2014, 73-74) 따라서 한국의 정치는 '유러피언 드림'을 위해 비례대표제와 의원내각제 혹은 분권형 대통령제로의 개혁을 통해 합의제 민주주의로 나아가야 한다는 것이다.

2. 다수제와 합의제의 이분법을 넘어서

앞 절에서 살펴본 것과 같이 한국의 선거제도는 많은 비판을 받아왔다. 그리고 김남국과 최태욱처럼 '유럽 모델'을 지향하는 학자들은 비단 선거제도뿐 아니라 권력구조, 정치제도, 정치문화의 수준에서 합의제 민주주의를 지향해야 한다고 주장한다. 그러나 합의제 민주주의로의 전환에 앞서 살펴봐야 할 점도 없지 않다. 첫째, 대의민주주의의 위기 원인에 대한 재검토, 둘째 합의제 민주주의로의 전환에 대한 필연성과 사회적 합의의 문제, 셋째 제왕적 대통령제와 다수제 민주

주의의 관계, 넷째 부정적 결과에 대한 검토의 필요성이다.[24]

첫째, 대의민주주의 선진국에서 나타난 대의제의 위기가 다수제 민주주의의 안정화에서 나타난 경직성과 둔감성의 문제라면, 한국 대의민주주의의 위기는 오히려 다수제 민주주의의 불충분, 불안정에 기인한다. 어디에서나 대의제의 위기는 대표성의 약화라는 공통점을 갖는다. 그러나 그 원인은 같지 않다. 서구 선진국에서 대표의 위기는 안정화된 선거제도와 정당체제, 정치구조에서 나타나는 경직성의 위기다. 즉 헌정의 연속과 안정된 정부형태, 전통적인 산업사회의 수립 이후 지속된 정당체제, 수십 년에서 100년 이상 지속적으로 정착되고 적용되어온 대의제의 높은 제도화 수준이 오히려 변화하는 세계의 새로운 갈등과 균열을 반영하지 못하면서 나타난 매너리즘의 문제인 것이다.

반면 한국에서 대의제의 위기는 완성태에서 나타나는 문제가 아니다. 우리의 경우 대표의 위기는 정당 및 정당체제의 불안정, 민주적 문화와 시민의식의 발전이 적절히 이루어지지 않은 데서 발생한다. 평화로운 정권교체는 어느 정도 자리를 잡았지만, 민주화 이후에도 국회 운영은 여전히 불안정하고, 대통령과 국회는 물론, 대통령과 여당의 관계조차 제도적으로 안정화되어 있다고 보기 어렵다. 국회에서는 안건 처리를 두고 폭력사태가 빈번하게 일어났고, 예산안 법정 시한이 제대로 지켜지지 않는 것은 상례다. 정치개혁 관련 법안들은 항

---

24) 이러한 문제점의 제시가 곧 김남국과 최태욱의 주장이 틀렸다는 것으로 이어지지는 않는다. 이 두 학자는 한국에서 합의제 민주주의의 도입 필요성을 가장 적절하게 소개하고 있으며, 미국식 자유민주주의에 경도된 한국에서 서유럽형 민주주의에 대해 더 많은 논의가 필요하다는 점은 두말할 나위가 없다. 다만 이 글에서 주장하는 바는 합의제 민주주의의 도입을 검토할 때에도 역시 그것에 대한 무조건적 찬사를 보내기보다는 한국적 맥락에서 구체적인 문제의식을 가져야 한다는 점이다.

상 선거 직전까지도 합의가 되지 않는다. 소수정당은 물론이고 거대 정당들 역시 끊임없이 당명을 바꾸고 정권에 따라 이합집산(離合集散) 을 거듭했다. 선거 때마다 정당의 공천 룰이 바뀌고 유권자들은 선거 가 불과 한 달도 남지 않은 시점에야 국회의원 출마자들을 알 수 있 다. 대통령 후보조차도 대선을 코앞에 두고 확정되기가 일쑤다. 이러 한 상황에서 발생하는 대의제의 위기가, 영미권이나 유럽에서 제기되 는 완숙한 대의제에서 나타나는 위기와 같을 수 없다.

둘째, 합의제 민주주의로 전환해야 할 시기적 필연성의 이유가 불 분명하다. 김남국은 다수제 민주주의가 비교적 동질적인 문화와 역사 적 경험을 가진 집단에서, 합의제 민주주의는 인종, 종교, 지역, 문화 적으로 다양한 집단이 공존하는 사회에서 채택된다고 말한다. 그런데 한국의 경우 다원성이 커지고 있는 것은 사실이지만 그로 인한 갈등 의 정도는 분명 인종적·종교적으로 혼합되거나 분화된 사회보다 적 은 편이다. 이에 대해서는 김남국도 "대표될 가능성이 전혀 없는 소수 집단이 늘어간다면, … 합의제의 원칙으로 바뀌는 것이 바람직하다." 는 가정을 통해 주장하고 있으며(김남국 2011, 325), 그 소수집단들이 구체적으로 어떤 집단들인지에 대해서는 외국인 이주자 외에 특별히 언급하고 있지 않다.

물론 현재 한국에서는 지역주의 투표성향으로 인해 대표되지 않는 집단과 개인들의 문제가 심각하다. 이것은 분명 '대표의 위기'다. 그런 데 이것은 다수제 민주주의가 원인이라기보다는 1987년 민주화 이후 정치세력이 지역 중심으로 이합집산한 결과다. 만약 민주화 이후 정 당 간의 경쟁과 이합집산이 정책 중심으로 이루어졌다면, 다수제 민 주주의하에서도 지금 같은 대표의 위기가 나타났을 것이라고 단언하 기는 어렵다. 결국 문제는 사회적 균열을 반영하는 정당체제와 그 반영으로서 정부와 국회에서 정책 경쟁이 이루어지느냐의 여부이지, 민주주의의 성격과 형태가 다수제냐 합의제냐가 아니다. 지역주의의 공고화에 현재의 선거제도와 정부형태가 준 영향이 적지 않지만, 그것이 근본원인이며 유일한 해결책이라고 하기는 어렵다. 이러한 상황에서 합의제 민주주의라는 '쉬운 대안'은 오히려 다수제 민주주의의 발전이라는 어려운 숙제를 대체하는 신기루일 수 있다.

셋째, 최태욱과 여러 학자들은 대통령제라는 권력구조와 소선거구 단순다수대표제라는 선거제도가 한국형 다수제 민주주의의 약점이라고 보고 이를 근거로 합의제 민주주의의 필요성을 역설하기도 한다. 국회가 여소야대로 편성되는 분점정부가 탄생할 경우 대통령이 소수 대표로서 불안정성을 갖게 되기 때문에 국정 수행에 문제가 생기고 승자독식의 사회적 균열을 부추긴다는 것이다.(최태욱 2014, 94-95)[25]

그런데 백창재(1998)의 연구에 따르면 대통령제의 가장 전형이라고 할 수 있는 미국에서도 분점정부라는 상황이 반드시 정당 간의 극단적인 대결이나 국정마비로 나타나지는 않는다. 또한 불안정성이라는 측면에서 보아도 대통령제가 반드시 취약한 것은 아니다. 대통령제에서는 분점정부 상황에서도 행정부가 임기만은 확실히 보장받는 반면, 의회제와 다당제를 기반으로 하는 합의제 민주주의에서는 연립정부에서 과반이 무너지는 균열이 생기면 곧바로 내각이 총사퇴하는 것이 상례다. 제도상의 불안정성은 합의제 민주주의가 더 큰 것이다. 여당이 과반을 얻지 못하면 대통령제에서는 야당의 협조 없이 국정 수행에 어려움이 생길 뿐이지만, 의회제에서는 국정 수행은 물론 정부 존

---

25) 분점정부의 개념과 대통령제와의 관계, 미국에서의 사례에 대해서는 백창재(1998), 그리고 한국에서 민주화 이후 분점정부의 형성에 대해서는 김용호(2005)를 참조할 수 있다.

립 자체가 불가능하다. 즉 제1당이 과반을 얻지 못할 경우의 불안정성은 합의제 민주주의에서 오히려 두드러진다.[26] 반대로 의회제에서 제1당이 과반을 얻게 되면 이러한 불안정성은 해소되지만, 대신 이 정당은 의회와 행정부를 완전히 장악함으로써 말 그대로 승자독식의 정치, 독선과 독주의 정치를 제도적으로 보장받게 된다. 아이러니하게도 이 두 문제점은 최태욱이 한국을 '독종' 다수제 민주주의로 분류할 때 제시했던 증거이기도 하다.(최태욱 2014, 85-91) 그리고 이러한 상황은 '제왕적 대통령제(imperial presidency)'를 제한하고자 합의제 민주주의를 한국에 도입하자는 취지와는 정반대의 상황이다.

사실 제도만으로 해결될 수 있는 문제란 없다. 우리가 흔히 쓰는 '제왕적 대통령'이라는 용어는 원래 미국의 일부 학자들이 자국의 정치체제를 비판하면서 만들어낸 것이다. 그러나 이들은 의회주의 혹은 반연방주의라는 입장에서 행정부의 권력 집중을 비판적으로 보기 때문에 그러한 용어를 사용하는 것이다. 연방주의자들의 입장에서는 오히려 대통령의 권력이 지나치게 작아서 의회의 동의 없이는 거의 할 수 있는 것이 없다는 평가를 할 수도 있다. 실제로 영국의 수상에 비교해서 미국 대통령이 국내적으로 대단히 미약한 정치적 권력을 가졌다는 점을 부인할 정치학자는 거의 없을 것이다. 그래서 막강한 의회, 연방 대법원과 각 주의 자치권에 포위된 미국의 대통령에 비해, 행정부와 의회를 한 손에 쥐고 있는 영국의 수상을 '남자를 여자로 만드는

---

26) 백창재(1998)는 미국의 사례를 들어 분점정부에서도 대통령의 역할에 따라 불안정성이 반드시 높은 것은 아니라고 본다. 대통령이 야당과 소통하고 협조를 얻어서 국정을 운영하는 것이 정치적 관례로 정착하기만 한다면, 분점정부는 오히려 '균형정부'로서 대통령이나 다수당의 독주를 방지하면서도 정부와 의회의 임기를 안정적으로 보장하는 제도가 될 수 있다.

것 말고 모든 것을 할 수 있는 사람'이라고 하지 않는가? 결국 미국에서 대통령의 권한에 대한 판단은 민주주의의 일반원칙이나 제도의 속성이 아니라 미국 헌정의 맥락에서만 가능한 것이다.

넷째, 한국에서 합의제 민주주의가 가져올 부정적 가능성에 대해 더 많은 검토가 필요하다. 합의제 민주주의는 다양성과 이질성을 잘 보완하는 기능을 하는 반면, 동시에 현존하는 사회적 균열을 지속될 필요가 있는 현실로 인정하고 긍정하는 속성을 가지고 있다. 그런데 현재 한국의 다양한 사회적 갈등은 실제적 모순에 기반을 둔 것들도 있지만, 비합리적인 허위 문제들, 지역주의처럼 이른바 가짜 프레임에 의한 것도 적지 않다.(박동천 2010) 그러한 문제들을 합의의 문제로 가져온다면, 불필요한 기존의 갈등을 해결하기보다는 이를 지속시킬 수도 있다. 최악의 경우 지역주의 정당들이 장기 지속할 수 있는 틀을 만들 수도 있는 셈이다.

또한 김남국과 최태욱이 합의제 민주주의의 예로 들고 있는 연립정부, 다당제, 비례대표제 확대, 양원제 의회, 분권형(이원집정부제) 정부 등은 한국에 적용될 때 긍정적인 효과를 보일 수도 있지만, 역으로 보수적 정당체제를 고착화시킬 가능성도 적지 않다. 한국에서 지역주의 세력의 주류가 내각제나 분권형 정부형태에 호의를 갖게 된 것은, 그 제도가 권력유지에 유리하기 때문이다. 실제로 민주화 이후 끊임없이 제기된 의회제나 분권형 정부체제로의 전환은 대부분 기존 집권세력이 야당에 권력을 넘겨주지 않기 위해서 혹은 지역주의 정당이 생존을 위해 제안한 것이다. 앞으로도 다수제 민주주의의 완성도가 높아지면 위기에 몰릴 가능성이 높은 기득권 정치세력이 탈출구로서 합의제 민주주의로의 전환을 주장하면서, 자기들에게 유리한 제도들만 선택적으로 수용할 가능성이 높다. 이러한 '한국적 현실'을 감안하면,

합의제적 민주주의로의 전환을 제도적 특성만을 토대로 수용하기는 어렵다. 같은 제도가 그 나라에서 작동한 대로 한국에서 작동하리라는 보장이 없고, 우리는 이미 그러한 실제 사례들을 지난 20년간 적지 않게 목격한 바 있다.[27]

기실 다수제와 합의제는 민주주의의 발전과정에서 위계적·단계론적·목적론적 목표가 아니라 각각의 가치를 갖는 민주주의의 두 원리다. 특정한 역사적 조건 속에서 합의제 원리를 취한 나라들이 있고, 그러한 나라들이 현재 서유럽에서 민주주의를 운영하고 있는 것은 사실이다. 그러나 그것이 민주주의에서 역사적 발전단계의 필연성을 담보한다고 말하기는 어렵다. 서유럽을 제외한 다른 나라에서 합의제 민주주의가 잘 나타나지 않는 것은, 반대로 그 외의 나라들이 합의제를 도입하기 어려운 다양한 이유를 가지고 있다는 말도 된다.

최태욱은 20세기 초만 해도 대다수 유럽 국가들이 다수제 민주주의를 채택했다가 합의제로 돌아섰다고 설명하지만, 그 원인에 대해서는 '아무래도 다수제 민주주의에 심각한 약점이 존재하기 때문이 아닐까?'라는 추측에 그치고 있다.(최태욱 2014, 74) 의회제와 다수당 체제를 기반으로 하는 합의제 민주주의가 정당정치의 발전과 밀접한 관련이 있는 것은 사실이다. 하지만 서유럽 국가들이 합의제 민주주의를 채택했기 때문에 정당정치가 발전한 것인지, 정당정치가 어느 정도 발전한 결과 합의제로 자연스럽게 전환한 것인지는 명백하지 않다. 또한 이들 유럽 국가는 경제적으로 상당한 정도의 성장을 이루

---

27) 선거제도 변화에 대한 다양한 제안들이 20대 총선을 앞둔 선거제도 개편이라는 현실정치에서 어떻게 왜곡되었는지에 대해 주목할 필요가 있다. 이것은 단지 이론과 현실의 괴리가 아니라 현실에 발을 딛지 않은 이론이 얼마나 정합성과 타당성을 가질 수 있는가의 문제다.

고 사회보장제도가 잘 갖추어진 복지국가들인데, 그러한 경제적·사회적 배경이 합의제 민주주의의 토대가 되었다면 그렇지 않은 경우에는 어떻게 성공할 수 있을지에 대해서도 논의가 더 필요하다. 합의제가 유럽의 특정 국가에서만 발전한 이유에 대한 근본적인 탐구 이전에 제도의 도입부터 서두르는 것은 단선론적 역사관에 입각한 서구중심적 태도일 수 있다.

영미와 유럽에서 다수제 민주주의의 위기는 그것이 안정화 단계에 들어갔을 때 나타났다. '대의제의 위기'라는 표현은 같지만 우리와 그 원인이나 현상이 같다고 하기는 어렵다. 또한 한국이 다수제 민주주의의 완성도를 높이기 위한 노력을 포기하거나 보류하고 합의제 민주주의로 전환해야 할 필연성을 뒷받침할 이론적 검증 역시 아직은 불충분하며, 그에 대한 사회적 합의가 존재한다고 말하기는 더더욱 쉽지 않다. 물론 한국정치에서 나타나는 문제점들이 합의제 민주주의를 통해 해결될 수도 있겠지만, 그것이 가져올 부정적 영향이나 '한국화'의 과정에서 나타날 문제점들에 대해서도 검토해야 한다.

무엇보다, 한국에서 다수제 민주주의와 합의제 민주주의를 단계론이나 단선론적 발전으로 이해해야 할 필요는 없어 보인다. 한국과 같은 민주주의 후발국에서는 다수제와 합의제 중 반드시 하나만을 취사선택해야 할 이유가 없다. 그것은 이중적이며 중첩적 과제다. 다수제 민주주의의 완성도를 높이면서 필요한 부분에서 합의제적 요소를 도입하는 것은 가능하다. 또한 합의제 민주주의의 핵심은 정부형태나 정당체제보다 정치문화와 행태에 있다. 그러한 합의제적 정치문화는 다수제 민주주의에서도 반드시 필요한 것이다. 물론 더욱 중요한 것은, 그러한 이분법적 도식에서 벗어나 한국적 대의민주주의 발전을 보다 자유롭게 상상하는 일이다.

V. 정당이 문제인가?

1. 최장집의 정당민주주의론

한국의 대의민주주의에서 최근 10여 년간 논란의 중심에 있었던 것 중 하나는 정당이다. 논쟁에 불을 붙인 것은 최장집이다. 그는 『민주화 이후의 민주주의』(2002), 『민주주의의 민주화』(2006), 『어떤 민주주의인가』(2007) 등의 저작들을 통해 정당체제의 후진성이 민주화 이후 제도화되지 못한 낮은 수준의 민주주의를 가져왔다고 지적했다.

최장집은 이 논의에서 일정 정도 탈서구중심적 견해를 보여주었다. 그는 한국 민주주의가 절차적 민주주의에서 실질적 민주주의의 단계로 진입하고 있다는 공고화론에 따른 동화주의적 해석에 반대하면서, 절차적 민주주의와 실질적 민주주의라는 이분법적 도식을 극복해야 한다고 말한다. 그는 "민주주의를 구성하는 하나의 순환구조에서 민주정부가 사회경제적 정책을 통해 보통 사람들의 삶의 조건을 개선하는 것이 그 첫 번째 방향이라면 사회경제적 불평등의 완화가 민주주의의 사회적 기반을 강화하는 것은 그 반대 방향을 구성하며, 이 두 가지가 서로 맞물려 하나의 순환 고리를 완성하게 되는 것"이라면서 (최장집 2007, 103), 이 고리를 완성하는 것은 정당이라고 주장했다. 민주주의의 핵심 요건인 정당체제가 사회 균열을 잘 반영하게 될 때, 실질적 민주주의의 강조자들이 주장하는 사회경제적 민주주의의 내용이 정당들 간의 정책 경쟁을 통해 실현될 수 있다는 것이다. 또한 방법적으로 후자만을 강조하게 되면 그 원인을 오판하게 되어, 오히려 실현하려던 목적조차 상실하게 된다고 지적한다.(최장집 2007)

그러나 대안으로 정당정치를 강조하는 단계에서는 서구중심적 경향을 내보인다. 그는 정당정치의 중요성을 강조하면서 제도정치 (institutionalized politics)가 운동에 머물게 되면 민주주의가 발전하기 어렵다는 입장을 일관되게 취했다. 민주화는 운동에 의해 달성되었지만, 민주화 이후 민주주의가 지속적으로 발전하기 위해서는 정당을 중심으로 한 제도정치의 성숙이 중요하다는 것이다.

> 민주주의에서 대표와 책임의 중심수단은 정당이며, 이 정당이 현실에서 민주주의를 구체적으로 실천하면서, 정부를 구성하고, 그 정부를 매개로 정책을 형성하고 또한 실천한다. … 정치적 갈등 축이 어떻게 형성되느냐의 문제는 절차적 민주주의의 핵심 내용이며, 그것이 어떻게 작동하느냐에 따라 민주주의의 내용과 질은 달라질 수 있다.(최장집 2007, 103)

한국 정당체제의 미성숙은 노동 없는 민주주의로 이어진다. 그는 한국사회가 권위주의에서 민주주의로 이행하는 과정에서 냉전반공체제에 근거한 보수적 정당체제를 극복하지 못했고, 이에 따라 대표성과 책임성을 가진 정당체제가 갖춰지지 못해 민주주의의 위기가 지속되고 있다고 주장한다. 이 주장에 따르면, 한국이 정상적으로 복원해야 하는 것은 계급갈등을 반영하는 정당들이 경쟁하는 체제다. 이 체제의 수립 여부가 한국 민주주의의 질을 결정하며, 그 전까지 한국의 민주주의는 지체될 수밖에 없다.[28]

그러나 한국의 정당정치를 오랫동안 연구해온 장훈은 이러한 견해에 반대한다. 그는 도리어 "한국 정당정치의 현실에 대한 적실성 높

---

28) 이외에도 박찬표(2003), 서복경(2004) 등이 계급에 기반을 둔 유럽식 대중정당 모델을 제시한 바 있다.(정상호 2015, 18)

은 이해를 가로막고 있는 것은 서구중심적 역사관"이라고 지적한다. 이러한 역사관에서는 "20세기 초반 서유럽의 몇몇 산업사회에서 출현했던 계급균열구조 중심의 대중정당체제를 정당정치의 이상적인 상태로 상정"한다. 이에 대해 장훈은 "20세기 초반 중심부 자본주의 사회 내부의 갈등구조를 토대로 서유럽의 민주화에서 출현한 대중정당이 21세기 후발 주변부 자본주의 사회라는 전혀 상이한 시간적·공간적 맥락의 한국사회에서 재현되어야 한다는 것은 그릇된 믿음"이라고 비판한다. 그리고 중심부 자본주의의 힘에 의해 왜곡되는 주변부 자본주의 사회에서 노동-자본의 균열구조가 견실한 조직을 갖춘 대중정당에 의해 대표되는 정당체제는 거의 찾아보기 어렵다고 주장한다. 이러한 맥락에서 그는 정치적 갈등이 계층적·직능적·기능적 이익과 균열을 따라 표출되며 그 과정에서 대중을 동원하는 정당정치가 성립된다는 최장집의 일반이론은 과장된 것이며, 분단체제라는 한국사회의 독특한 조건을 충분히 고려하지 않은 채 서구편향의 당위적 주장을 내세우는 것이라고 지적한다.(장훈 2013, 22-23)

2. 정당과 운동의 이분법을 넘어서

정당 이외의 다른 정치적 수단, 특히 운동 차원의 정치를 지나치게 폄하하고 있다는 지적도 탈서구중심적 관점에서 음미할 만하다. 김정한을 비롯한 10명의 소장학자들은 『최장집의 한국민주주의론』(2013)에서 최장집의 '정치', '정당', '민주주의' 개념이 지나치게 '유럽중심주의'와 '근대성'에 붙들려 있다고 지적한다.

김용복은 최장집의 정당체제론이 유럽중심적 시각에 사로잡혀 있으며, 현대 정치에서 논쟁이 되고 있는 대중정당론과 원내정당론 중 전자만을 강조하고 있다고 말한다. 또한 계급정치의 부재가 한국 민주주의의 후진성에 기인하는 것이 아니라 세계적으로 일반적인 현상이라는 견해를 소개하고 있다.(김용복 2013)[29] 하승우는 최장집이 정치사회의 주요 행위자를 정당으로 제한하는 서구 대의민주주의의 모델을 답습하고 있을 뿐이며, 이는 정치에 대한 근대적 기획의 욕망에서 벗어나지 못한 것이라고 비판하고 있다.(하승우 2013) 이승원은 최장집의 주장을 마르크스와 베버를 통해서 한국정치를 '근대화'하려는 전략으로 인식하고, 현대 민주주의가 정당체제를 통해 작동한다는 주장이 오히려 정치의 영역과 주제를 제약한다고 비판한다. 최장집은 정치를 갈등의 제도화라는 근대적 맥락으로만 이해하고 있지만, 기본적으로 정치란 현실 전복의 가능성, 사회의 본질에 대한 회의를 품고 있지 않으면 안 된다는 것이다. 즉 현재의 사회체제에서 화해 가능한 갈등뿐 아니라 전복을 통해서만 해결 가능한 갈등을 배제하는 정치 개념은 지나치게 협소한 것이라고 지적한다.(이승원 2013, 82-85)

이들은 이론적 측면 이외에 최장집의 주장이 가진 현실적인 문제점도 지적한다. 이승원은 한국과 같은 신자유주의 시대의 주변부 비서구 국가에서 현재 미발전된 정당정치의 발전만을 지향점으로 삼을 경우 상당한 희생자가 발생한다고 본다. 운동으로서의 정치를 배제한 정당체제론은 갈등이 제도화되는 미래를 기다리는 동안 현재를 살아내야 하는 사회적 약자들이 어떻게 자신들을 정치화시킬 것인지에 대

---

29) 최장집 등의 논의를 비판하면서 유럽식 계급정당이 아니라 미국식 원내정당이나 선거전문가 정당이 탈산업화 시대에 맞는 대안이라는 주장이 정진민(2007), 임성호(2003) 등에 의해 제기된 바 있다.(정상호 2015, 18) 그러나 이러한 대안은 이식되어야 할 정당체제가 유럽식이냐 미국식이냐의 차이만 있을 뿐 우리 대의정치의 문제점에서 출발한 고민이 아니기 때문에, 탈서구중심적 관점에서는 최장집에 대한 유의미한 비판이라고 볼 수 없다.

한 대안을 말하지 않는다는 것이다.(이승원 2013) 유사한 맥락에서 김정한은 최장집의 포퓰리즘에 대한 비판적 견해를 반박한다. 그에 따르면, 최장집이 포퓰리즘을 민주주의에 해롭다고 보는 이유는 정당조직이나 정당체계가 시민사회의 갈등과 이익을 대표하는 것이 민주주의라고 이해하기 때문이다. 정당정치의 관점에서 보자면 포퓰리즘은 부정적인 현상이지만, 그 반대에서 보면 상대적인 관점의 차이일 따름이다.[30] 또한 김정한은 포퓰리즘에 대한 최장집의 견해가 원인과 결과를 잘못 해석한 것이라고 지적한다. 포퓰리즘 때문에 정당정치가 약화된 것이 아니라, 반대로 정당정치의 약화로 인해 포퓰리즘이 출현할 수밖에 없었다는 것이다.(김정한 2015, 127) 고병권 역시 같은 맥락에서 '데모스의 힘'에 주목해야 함을 주장하고(고병권 2013), 박영균 역시 최장집이 대의제의 위기를 한국적 특수성으로 간주하면서도 그 대안으로는 정당민주주의에 대한 일반론을 제시하는 비대칭적 논변을 펴고 있다고 지적한다.(박영균 2013)

이들이 최장집의 이론을 비판만 하는 것은 아니다. 이들은 정당민주주의만이 강조되는 민주주의론이나 정치발전론은 문제가 있다고 지적하지만, 현재 한국의 정치가 여전히 제도적으로 취약한 상태라면 그 역시 병행적으로 발전해야 한다는 사실을 인정한다. 제도적 발전이 일반적인 정치발전의 여러 척도와 시민들의 가치 있는 삶, 헌정주의와 민주주의의 기반을 형성하는 데 큰 영향을 주고 있다는 사실을 인정한다면, 현재 한국 민주주의의 문제점을 제도정치권에서 찾는 시도를 무리하다고만 볼 수는 없는 것이다.

---

30) 김정한은 포퓰리즘을 민중이나 시민의 힘이 정당이나 이익대표체의 매개를 거치지 않고 직접 표출되는 것으로 이해한다.

정당정치와 대의제에 대한 정당한 비판이 곧 그것을 포기할 이유가 되지는 않는다. 많은 한계에도 불구하고 정당을 대체할 수 있는 대중들의 정치적 조직 형태는 아직 발명되지 못했기 때문이다. 우리는 포스트민주주의의 조건에서 낡고 쇠퇴해가는 정당 모델을 선택할 것인가, 아니면 현실정치에서 직접적인 영향력을 갖고 있는 제도정치를 외면하고 사회운동을 선택할 것인가 하는 딜레마에 직면해 있지만, 또한 둘 중 하나만을 선택할 수는 없는 정세 속에 자리하고 있다.(김정한 외 2013, 401)

결국 최장집의 민주주의론에 대한 비판에서 중요한 것은 오히려 '둘 중 하나만을 선택할 수는 없는 정세'란 무엇이고, 왜 그러한 문제가 생겨났으며, 이 정세 속에서 우리는 무엇을 할 수 있는가에 대한 논의일 것이다. 이것은 곧 상호배제적이지 않으면서도 선택과 갈등을 야기하는 가치들 사이에서 결정을 내려야 하는 항상적인 '정치적 상황(circumstance of politics)' 속에서 어떻게 정치적 전략(strategy)을 수립하고 실천할 것인가의 문제다.(Weale 1999, 8-13: Bellamy 2007, 21) 방법론적으로는 현실과 이론이 정합성을 가질 수 있고, 실천적으로는 정치발전의 동력으로 작동할 수 있는 정치이념으로서의 대의민주주의론을 탐구해야 한다. 그리고 이것은 문제의식의 한국화, 이론적 가능성의 한국적 탐색에서 시작될 것이다.

VI. 표의 등가성과 사표(死票)의 문제

최근 들어 표의 등가성 문제, 사표(死票) 방지의 문제처럼 대표제와 민주주의의 가치가 본질적으로 충돌하는 지점들과 관련해 다양한 지적과 요구들이 나타나고 있다. 실제로 우리 현실에서 구체적인 정치적 논쟁의 소재가 되고 있는 것이다. 하지만 그에 대한 논의를 진행하면서 우리는 우리만의 이론적 논리를 가지려는 노력을 하지 않고 있다.

헌법재판소의 위헌판결에 따라 합법적인 투표권의 비례한계는 2001년 4 : 1에서 3 : 1로 줄었고, 법원은 다시 14년 만에 3 : 1에서 2 : 1로 줄이라고 요구했다. 국회는 이에 따라 선거법을 개정했다. 그런데 헌재는 2001년에는 3 : 1을 제시하면서 "단원제를 채택하고 있는 우리나라의 경우 국회의원이 국민의 대표이면서 현실적으로는 어느 정도의 지역대표성도 겸하고 있는 점, 인구의 도시집중으로 인한 도시와 농어촌 간의 인구편차와 각 분야에 있어서의 개발 불균형이 현저한 현실 등을 근거로 국회의원선거구 획정에 있어 인구편차를 완화할 수 있다."고 했지만, 2014년에는 "국회의원의 지역대표성이나 도농 간의 인구격차, 불균형한 개발 등은 더 이상 인구비례 2 : 1의 기준을 넘어 인구편차를 완화할 수 있는 사유가 되지 않는다."고 판단했다. 2014년 판결의 핵심은 '더 이상 ~되지 않는다.'라는 주장의 근거에 있는데, 이에 대해 법원은 "인구편차의 허용기준을 엄격하게 하는 것이 **외국의 판례와 입법 추세임을 고려할 때**, 우리도 인구편차의 허용기준을 엄격하게 하는 일을 더 이상 미룰 수 없"기 때문이라고 판시했다.(홍완식, 2015: 321, 강조는 필자)

지난 15년 동안 표의 등가성이 4 : 1에서 3 : 1로, 다시 2 : 1로 줄어들 때, 우리는 왜 그러한 등가성이 변경되거나 혹은 유지되어야 하는지에 대해 논의하지 않았다. 일반인들은 물론이고 학자들조차 큰 관심을 갖지 않았다. 누군가가 소송을 제기하고 어느 날 갑자기 법원이 그렇게 시행하라고 하니 한 것이다. 왜 그 시점이 바로 지금인가에 대한 사회적 논의도 거의 없었다. 표의 등가성이 그렇게 중요하다면 왜

당장 1 : 1로 만들지 않고 4 : 1에서 3 : 1로, 다시 2 : 1로 줄이고 있는 것인가에 대해, 우리는 우리의 이론적 근거를 가지고 있지 않다. 헌법재판소는 우리의 법리를 만들기보다는 다른 선진국들의 추세를 살펴가며 그것을 조절하고 있다. 대다수의 정치학자들은 이 문제에 대해 무관심하거나 침묵한다. 그래서 우리는 우리가 언제, 왜, 어떤 조건의 변화에 따라 2 : 1의 원칙을 다시 1 : 1로 줄여야 할지에 대해 알지 못한다.

표의 등가성이 높아진다는 것을 민주적 원리가 더 강화되는 것으로 이해하는 것은 상식처럼 보인다. 그러나 꼭 그렇지는 않다. 민주주의에서는 표의 등가성도 중요하지만, 소수가 표로 말할 권리를 보장하는 것 역시 중요하다. 예를 들어, 표의 등가성을 높이면 국회의원이 늘어나는 곳은 대도시고 줄어드는 곳은 중소도시와 농어촌 지역이다. 농어촌에 사는 국민들은 대체로 교육, 의료, 문화 등 다양한 부문에서 도시에 사는 국민들보다 열악한 환경에 살고 있다. 도시가 농어촌보다 다수여서 국가적 관심, 예산, 정치, 경제, 문화적 측면에서 불평등이 지속되거나 가속된다면 이것이야말로 토크빌과 밀이 걱정한 '다수의 폭정(tyranny of the majority)'에 가깝다. '의회에 농부보다 변호사가 거의 항상 더 많다는 것이 결코 시시한 문제가 아닌 것'처럼(마넹 2004, 120), 공정한 선거를 통해 특정한 주거지역에 사는 사람들의 대표가 항상 압도적으로 많다면, 이것은 표의 등가성만큼이나 중요한 민주주의의 문제다. 결과에 대한 예측 불가능성(unpredictability)은 실제로 민주주의의 중요한 요소이기 때문이다.

표의 등가성을 유권자 기준으로 할 것인지, 인구수 기준으로 할 것인지 하는 기준을 정하는 것 역시 중요한 문제다.(이상학 · 이성규 2015) 가령 노인 인구가 다수를 차지하는 지역이 미성년 학생과 어린이가 다수를 차지하는 지역보다 더 많은 정치적 힘을 갖는 것은 정당한가? 이런 문제야말로 다수결로 정해질 수도 없고, 진리적인 명제를 찾아낼 수도 없는 문제다. 그 기준이 세계적으로 보편적이어야 할 이유도 없다. 이렇게 본다면, 표의 등가성은 이상적인 원칙이지 모든 현실에서 반드시 관철되어야 하는 필연의 법칙이 아니고 그래서도 안 된다. 우리가 지상에 발을 딛고 있는 한 그러한 원칙들은 상황에 따라 적절히 변형되어 적용되어야 한다. 그것이 오히려 그 원칙의 실질을 구현하기 때문이다.

사표 역시 간단치 않은 문제다. 합의제 민주주의에서 다양한 의견이 고려되어야 하는 것은 맞지만, 모든 의견이 받아들여져야 하는 것은 아니다. 마찬가지로 다수제 민주주의에서 가능한 사표가 적은 것이 좋겠지만 모든 사표가 다 나쁜 것은 아니다. 중요한 것은 사표의 정당성을 어떤 기준에 의해 인정하거나 불인정할 것인가 하는 점이다. 대의민주주의가 설계되고 운영될 때, 사표는 불가피한 것일 뿐 아니라 필요에 의해 구축되기도 했다. 정체(政體)와 정부의 구성, 정책집행의 안정성, 국민전체의 단일성을 위해 일정한 사표는 늘 필요했다. 중요한 것은 사표가 제도 수립의 정치적 목표, 국가적 비전, 국민의 실질적 삶에 긍정적 역할을 하고 있는가, 아니면 부정적 영향이 더 큰가 하는 것을 잘 따져보는 데에 있다.

VII. 왜 우리의 이론이 필요한가?

이 글에서는 한국 대의민주주의의 문제점과 그 대안들을 서구중심주의라는 거울에 비추어 살펴보았다. 우리가 겪고 있는 '대표의 위기',

'대의제의 위기'라는 현상은 서구와 유사하지만 그 원인은 사뭇 다르다. 정부수립 이후 우리가 받아들인 대의민주주의는 서구 중세의 대표제, 르네상스 이후 확산된 공화주의적 전통, 시민혁명과 선거권의 확대, 대의정부의 제도적 정착과 같은 절차를 생략한 수입품이었다. 그 결과 서구에서 짧게는 200~300년, 길게는 800년 가까운 대표제의 역사를 통해 벌어졌던 대표자의 조건, 덕성, 공정한 선거의 절차, 유권자의 자격, 바람직한 정부와 의회의 형태 등을 둘러싼 논쟁들 역시 제대로 음미되지 못했다.

대표제가 단지 민주주의를 작동시키기 위한 기술적 장치가 아니라 그것과 원리적으로 모순되는 이념(idea)이라는 통찰 역시 갖기 어려웠다. 그처럼 협소한 이해는 대의민주주의에 대한 연구와 교육에도 그대로 반영되었다. 한국 민주주의가 겪어온 우여곡절과 시행착오는 대의민주주의가 애초에 모순적 원리들이 결합한 불안정한 산물로서, 단순히 제도를 수립하는 것만으로는 잘 작동하시 않는다는 점을 성치인과 유권자들이 충분히 인식하지 못한 결과물이기도 하다. 이처럼 대의민주주의에 대한 기술적 이해에 기반을 둔 서구중심주의적 경향은 현재와 과거는 물론 한국 정치의 미래에도 영향을 주고 있다. 그것은 제도 설계에서의 서구지향성과 상상력의 빈곤으로 나타난다. 선거제도에서는 독일식을, 민주주의의 형식은 서유럽식 합의제를, 정당체제는 유럽형을 수입하거나 추격하자는 것이 지금 한국 대의제를 둘러싼 주요한 논쟁이다.

그러나 대의민주주의의 운영원리와 선거제도, 정당체제에서 영미식과 유럽식 사이의 고민보다는 문제의식의 한국화, 한국형 대의민주주의에 대한 이론적 고민이 더 필요하다. 영미식과 유럽형으로 나누어 우리 대의민주주의의 미래를 제한적으로 상상하는 태도를 지양해야 한다. 다른 나라의 제도를 잘 이해하는 것도 중요하지만, 민주화 이후 우리가 실험한 서구의 제도들이 한국에 적용되는 과정에서 나타난 문제점을 면밀히 분석하고 이해하는 것이 그에 못지않게 중요하다. 그렇지 않으면 반복된 실패를 계속할 가능성이 높다.

제도에는 정답이 없다. 그래서 우리의 이론이 필요하다. 제도의 정당성, 적절성을 판단할 우리의 기준이 필요한 것이다. 이 과정에서 서구중심주의를 탈피하는 것은 충분조건이 아니라 필요조건이다. 대표제의 원리와 민주주의의 원리가 어디서 어떻게 만나고 타협하고 어떤 원칙들에 의해 언제 조정되어야 하는지에 대한 우리의 논의가 필요하다.

그러한 논의를 통해 얻어질 대안은 명쾌하고 단일한 진리가 아니다. 기본적으로는 사상적·이론적·역사적 수준에서 대의민주주의에 대한 폭넓은 이해가 선행되어야 한다. 이를 통해 대표제를 기능적 장치가 아니라 그것이 지향하고자 하는 가치의 측면에서 이해해야 하며, 특히 한국정치사에서 '대표(representation)'가 '대의'로 수렴된 과정에 대한 비판적 성찰이 필요하다. 나아가 대표의 문제를 비단 선거제도나 권력구조의 수준뿐만 아니라 문화적·철학적·사회적 측면에서 민주주의의 핵심 의제로, 특히 인간과 사회의 본성에 관련된 문제로 다룰 수 있어야 한다. 그리고 그러한 대안의 모색은 현재에 대한 비판에서 출발하지 않으면 안 된다.

다만 분명한 것 하나는, 대의민주주의의 발전이 어떠한 방향성을 갖게 되든지 반드시 시민의 참여를 필요로 한다는 것이다. 민주주의에서 시민이 참여하지 않는 제도개혁은 정당하지도 않고 실제로 잘 운용되기도 어렵기 때문이다. 좋은 선거제도를 원한다면 누가 좋은 정치적 대표인가에 대해 먼저 논의해야 한다. 누가 좋은 시장, 국회의

원, 대통령인가에 대한 사회적 토론이 없는 사회에서는 어떤 제도에서도 좋은 대표가 뽑히기 어렵다. 법원, 선관위, 정당, 전문가들이 아니라 다수의 국민이 대의민주주의에 관심을 갖지 않으면 선거제도나 정부형태의 개혁이라는 것은 무의미하고 위태로운 실험에 불과할 가능성이 높다.

당장 어떤 선거제도를 채택할 것인가 이전에, 대한민국은 어떤 국가적 비전을 갖고 있고 그 비전을 실현하기 위해서는 어떤 좋은 대표자들이 필요하며, 그들을 뽑기 위해서는 어떤 선거제도가 필요한지에 대해 묻는 것부터 시작해야 한다. 거기에서 국민적 합의가 이루어질 때, 우리는 비로소 정당들의 뒷거래를 넘어서는 진정한 제도개혁을 강제해낼 수 있을 것이다. 그것이 느리게 보여도 빠른 길이다.

■ 참고문헌

강정인. 2002. "서구중심주의에 비쳐진 한국의 민주화, 민주주의의 한국화." 『민주주의의 한국적 수용』, 19-70. 서울: 책세상.

강정인. 2004. 『서구중심주의를 넘어서』. 서울: 아카넷.

고병권. 2013. "민주주의: 정체와 그 외부." 김정한 편. 『최장집의 한국민주주의론』, 247-278. 서울: 소명출판.

김남국. 2011. "한국정치의 대안 모델로서의 합의제 민주주의." 『왜 대의민주주의인가』, 313-344. 서울: 이학사.

김만흠. 2011. "지역균열의 정당체제와 선거제도 개편: 개편논란과 새로운 대안." 『한국정치연구』 제20집 1호, 235-257.

김비환. 1999. "전환기 한국사회의 정치철학의 임무: 한국적 민주정치공동체의 존재론적 기초를 찾아서." 『한국정치학회보』 제33집 1호, 9-28.

김용복. 2013. "한국 민주주의 발전과 정당정치." 김정한 편. 『최장집의 한국민주주의론』, 15-48. 서울: 소명출판.

김영수. 2001. "정치의 모험: 숨은 압제와 민주주의의 위기." 한국정치학회·김유남 편. 『한국정치학 50년: 정치사상과 최근 연구분야를 중심으로』, 43-85. 서울: 한울.

김영태. 2001. "독일연방의회 선거체계의 제도적 효과: 한국 선거체계 개혁에 주는 시사점을 중심으로." 『국제정치논총』 제41집 3호, 279-296.

김용호. 2005. "한국의 대통령제 헌정질서의 불안정 요인 분석: 분점정부와 대통령-국회간의 대립." 『국제정치연구』 제8권 1호, 257-284.

김욱. 2003. "제17대 국회의원선거에 있어서 바람직한 정책대결 유도방안: 선거제도 개혁 방안을 중심으로." 『선거관리』 제49호, 12-24.

김욱. 2006. "독일 연방의회 선거제도가 한국의 선거제도 개혁에 주는 시사점." 『세계지역연구』 제24집 3호, 53-70.

김정한. 2013. "최장집의 민주화 기획 비판." 김정한 편. 『최장집의 한국민주주의론』, 375-405. 서울: 소명출판.

김정한. 2015. "좌파 포퓰리즘의 가능성과 난점." 『월간 좌파』 제26호(6월), 125-139.

김종갑. 2012. "2011년 개정 독일선거제도와 한국적 적용방안." 『현대정치연구』 제5권 2호, 45-74.

김종갑. 2013. "선거제도 개혁과 권역별 비례대표제." 『국가전략』 제19권 1호, 113-133.

김종엽. 2009. 『87년 체제론』. 파주: 창비.

달, 로버트 저·박수형, 박상훈 역. 2004. 『미국헌법과 민주주의』. 서울: 후마니타스.

마넹, 베르나르 저·곽준혁 역. 2004. 『선거는 민주적인가』. 서울: 후마니타스.

밀, 존 스튜어트 저·서병훈 역. 2012. 『대의정부론』. 서울: 아카넷.

박동천. 2000. 『선거제도와 정치적 상상력』. 서울: 책세상.

박동천. 2010. 『깨어있는 시민을 위한 정치학 특강』. 서울: 모티브북.

박영균. 2013. "'민주주의 이후의 민주화론'에 대한 비판." 김정한 편. 『최장집의 한국민주주의론』, 139-173. 서울: 소명출판.

박찬표. 2003. "한국 정당민주화론의 반성적 성찰: 정당민주화인가, 탈정당인가." 『사회과학연구』 제11집, 137-164.

백창재. 1998. "여소야대와 정부의 통치능력: 미국 경험의 교훈." 『국가전략』 제4권 2호, 119-148.

백창재. 2013. "미국 정치학의 성격과 정치학 교육." 강정인 편. 『정치학의 정체성』, 39-69. 서울: 책세상.

서병훈 외. 2011. 『왜 대의민주주의인가』. 서울: 이학사.

서복경. 2004. "정당개혁과 한국 민주주의의 미래: 원내정당화 논의의 재고." 『동향과 전망』 제60호, 11-39.

서울대 정치학과. 2002. 『정치학의 이해』. 서울: 박영사.

신광영·정철희. 2002. "한국사회의 전통과 민주주의."『한국사회학』제36집 3호, 109-119.

유명철. 2010. "고등학교「정치」교과서의 '대의제의 개념' 내용 지도."『사회과교육』제49권 2호, 1-15.

이극찬. 2000.『정치학』. 서울: 법문사.

이승원. 2013. "현대 정치의 '주체', '공간', 그리고 민주주의." 김정한 편.『최장집의 한국민주주의론』, 49-94. 서울: 소명출판.

이관후. 2015a. "정당성은 빌려올 수 있는가."『정치사상연구』제21집 1호, 89-114.

이관후. 2015b. "정치적 정당성의 기초에 대한 비판적 검토."『현대정치연구』제8권 2호, 97-123.

이관후. 2016a. "한국 대의제 연구 비판."『의정논총』제11권 1호, 119-146.

이관후. 2016b. "왜 '대의민주주의'가 되었는가?: 용례의 기원과 함의."『한국정치연구』제25집 2호, 1-26.

이관후. 2016c. "한국정치에서 대표의 위기와 대안의 모색―정치철학적 탐색."『시민과세계』2016년 상반기호(통권 28호), 1-34.

이동수. 2005. "대의민주주의를 넘어서."『OUGHTOPIA』제20권 1호, 283-302.

임성호. 2003. "원내정당화와 정치개혁: 의회민주주의 적실성의 회복을 위한 소고."『의정연구』제9권 1호, 133-167.

장훈. 2010.『20년의 실험: 한국 정치개혁의 이론과 역사』. 서울: 나남.

장훈. 2013. "한국민주주의론의 반성과 전망."『한국 민주주의의 위기와 전망: 민주화, 세계화, 탈안보화』, 9-29. 고양: 인간사랑.

전재호. 2002. "자유민주주의와 민주화운동: 제1공화국에서 제5공화국까지."『민주주의의 한국적 수용』, 123-170. 서울: 책세상.

정상호. 2015. "영미 진보좌파 정치의 약진에 대한 시론적 해석과 한국에서의 함의." 한국정치연구회 연례발표회. 서울. 11월.

정준표. 2014. "독일선거제도: 작동원리와 한국선거에서의 적용 가능성."『한국정치학회보』제48집 2호, 29-56.

정진민. 2007. "민주화 이후의 정치제도: 원내정당화를 중심으로."『국가전략』제13권 2호, 115-142.

조원용. 2014. "대의제 의회 입법과정에서 '민주'의 의미에 관한 일고찰."『헌법학연구』제20권 3호, 283-319.

중앙선거관리위원회. 2015.『정치관계법 개정의견』.

최상룡. 1997. "한국의 민주화는 공고화단계."『대학신문』(9월 1일).

최장집. 2002.『민주화 이후의 민주주의』. 서울: 후마니타스.

최장집. 2006.『민주주의의 민주화』. 서울: 후마니타스.

최장집. 2007.『어떤 민주주의인가』. 서울: 후마니타스.

최태욱. 2014.『한국형 합의제 민주주의를 말하다』. 서울: 책세상.

파렐, 데이비드 저·전용주 역. 2012.『선거제도의 이해』. 서울: 한울.

하승우. 2013. "최장집 민주주의 이론의 편견과 한계." 김정한 편.『최장집의 한국민주주의론』, 215-246. 서울: 소명출판.

홍완식. 2015. "선거제도 개편에 관한 연구: 중대선거구제와 권역별 비례대표제를 중심으로."『법학연구』제59집, 305-329.

21세기 정치연구회 편. 2002.『정치학으로의 산책』. 서울: 한울.

Birch, Anthony H. 1972. *Representation*. London: Macmillan.

Burke, Edmund 1961[1774]. "Speech to the Electors of Bristol." in *Speeches and Letters on American Affairs*. London: Everyman Edition, 72-74.

Bellamy, Richard. 2007. *Political Constitutionalism*. Cambridge: Cambridge University Press.

Bormann, Nils-Christian, and Matt Golder. 2013. "Democratic Electoral Systems Around the World, 1946-2011." *Electoral Studies* 32, 360-369.

Manin, Bernard. 1997. *The Principles of Representative Government*.

Cambridge: Cambridge University Press.

Mill, John S. 2008[1861]. "Consideration on Representative Government." in *On Liberty and Other Essays*. Oxford: Oxford University Press, 203-467.

Pinto-Duschinsky, Michael. 1999. "Send the Rascals Packing: Defects of Proportional Representation and the Virtues of the Westminster Model." *Representation* 36, No. 2, 117-126.

Pitkin, Hanna F. 1967. *The Concept of Representation*. Berkeley: University of California Press.

Sieyès, Emmanuel J. 2003. *Political Writings*. edited and translated by Michael Sonenscher. Cambridge: Hackett Publishing Company.

Tormey, Simon. 2014. "The Contemporary Crisis of Representative Democracy." *Democratic Theory* 1, No. 2(Winter), 104-112.

Vieira, Monica B. and David Runciman. 2008. *Representation*. Cambridge: Polity.

Webb, Jen. 2009. *Understanding Representation*. London: Sage.

Weale, Albert. 1999. *Democracy*. Basingstoke: Macmillan.

Wood, Gordon. 1969. *Representation in the American Revolution*. London: University of Virginia Press.

IDEA. 2015. "Countries using AV electoral system for national legislature." http://www.idea.int/esd/type.cfm?electoralSystem=AV(검색일: 2015. 12. 15).

허만섭. 2015. ""대의제는 타락했다…장관 사퇴는 운명": 사의 표명 한 정종섭 행정자치부 장관." http://shindonga.donga.com/3/all/13/151417/1(검색일: 2015. 2. 2).

1980년대 진보학술운동과 탈서구중심 기획: 과학, 마르크스주의, 주체성[1]

정승현

I. 들어가는 말

한국 근현대사에서 1980년대의 의미는 여러 각도에서 평가될 수 있겠지만, 필자는 이 시대를 해방 이후 한국의 정치·사회·경제는 물론 일상세계까지 강고하게 지배해왔던 서구(미국)중심의 근대화 발전 모델을 거부하고 그 대안으로 사회주의적 근대성을 실현하고자 했던 탈서구중심 기획의 시대로 자리매김하고 싶다. 그것은 해방 이후 우리 사회를 강고하게 지배해왔던 친미·반공·자본주의를 근간으로 하는 서구(미국)중심의 발전 모델을 거부하고, 서구 선진국을 선망하던 '강대국 욕망'으로부터 벗어나 '민중이 주인 되는' 새로운 대안사회를 만들고자 했던 기획이었다.[2] 이 기획의 실천을 위해 그들은 한국사회가

---

1) 이 글은『현대정치연구』제9권 1호(2016)에 같은 제목으로 실린 원고를 바탕으로 확장 증보된 것이다.
2) 이 논쟁의 진행 과정·쟁점·공과(功過)에 대해서는 이미 여러 글에서 평가가 이루

당면해 있는 문제의 본질과 성격을 '과학적'으로 분석할 수 있는 이론의 확보, 대안사회의 모델, 변혁 주체의 규정, 사회변혁의 방법론을 찾고자 했다. 흔히 사회구성체논쟁이라고 부르는 일련의 이론적·실천적 논의에서 참가자들은 운동노선과 방향을 둘러싸고 때로는 격렬하게 대립하기도 했지만, 서구중심의 발전 모델과 인식체계를 벗어나 우리 스스로의 역사 방향을 설정하려는 탈서구중심의 기획을 실천하고자 했다는 점에서는 일치했다.

운동권의 사회구성체논쟁과 더불어 진보적 사회과학자들은 서구(미국)의[3] 지배적 패러다임을 거부하고 우리의 주체적 인식에 입각한 민족·민중학문을 정립함으로써 한국사회의 변혁이라는 실천적 과제에 대한 과학적 방법론을 확보하고자 했다. 한국사회의 지배질서를 이데올로기적으로 지탱하는 서구중심 학문의 인식체계로부터 벗어나 변혁운동의 이론적 기초를 마련하려는 이 운동을 진보학술운동이라고 부른다. 이 운동은 한국의 국가발전 모델인 서구적 근대화를 이론적으로 뒷받침하며, 한국 사회과학계를 지배하고 있던 구조기능주의·행태주의·근대화론 등 서구중심의 학문체계와 인식을 극복하고 우리의 주체적 입장으로부터 세상을 바라보는 시각을 확립하려는 시도였다. 그것은 서구문명의 보편성과 유일성에 대한 믿음을 토대로

어졌던 만큼 필자가 새삼 재론할 필요는 없을 것이다. 사회구성체논쟁의 주요 문건들은 박현채·조희연 편, 『사회구성체논쟁』 1~4(죽산, 1989~1992)에 수록되어 있다. 특히 각 권의 서문으로 수록된 조희연의 글들은 시기별 쟁점, 운동세력들의 노선과 이론 투쟁, 실천 방향에 이르기까지 거의 모든 사항을 망라하여 상세하게 분석했다. 보다 간략하게 이 시기의 논쟁과 평가를 다룬 문건으로서는 조희연(1998) 제3장, 최형익(2003), 정성기(2005), 이병천(2005)을 참조하면 충분할 듯하다.

3) 서구(미국)중심은 앞으로 서구중심으로 표기한다. 서구, 서구종속, 서구의존 등의 용어 역시 그 안에는 미국이 함께 포함되어 있다. 한국에서 '서구'라는 용어에는 서유럽과 미국이 함께 포함되어 있는 것으로 이해되기 때문이다.

만들어진 서구의 사회과학이론을 거부하며 대안적 발전 모델을 이론적으로 구축함으로써, 한국사회의 탈서구중심 변혁이라는 운동권의 '변혁적 실천'을 학문영역에서 실현하려는 운동이었다. 운동권이 한국사회의 근본적 구조변화를 통해 탈서구적인 사회주의 근대성을 추구했다면, 진보학계는 자본주의적 발전 모델을 학문적으로 지탱하는 한국 주류 사회과학의 서구중심 이론체계를 거부하고 마르크스주의를 대안적 이론체계로 내세웠다는 점에서, 양자는 탈서구중심 기획이라는 문제의식을 공유하고 있었던 것이다.

진보학술운동에 대한 기존의 연구는 운동 중심의 분석(김명환·조희연 1990; 금인숙 1999), 사회구성체 논쟁을 포함한 진보학술운동 전체의 분석(조희연 1998, 제3장; 김동춘 1997), 그 이론적 특징과 쟁점에 관한 분석(김동춘·조희연 1990) 등 많은 작업이 이미 이루어져 있다. 필자는 이 연구들로부터 유용하고 의미 있는 내용을 얻을 수 있었지만, 다른 한편으로는 진보학술운동의 바탕에 깔려 있던 근본 인식에 관한 분석은 다소 소홀했다고 생각한다. 금인숙(2006)의 글은 '오리엔탈리즘'의 시각에서 사회구성체논쟁을 분석하며 위의 연구들이 갖고 있는 아쉬움을 보완해주고 있지만 진보학술운동을 다루지는 않았다. 무엇보다도 기존의 연구들은 '운동'으로서의 위상에 치중하여 당시의 학술운동을 다루고 있기 때문에 탈서구중심 기획이라는 그 학문적 의미를 제대로 분석하지 못했다는 점에서 아쉬움을 준다. 또한 금인숙의 연구를 제외하고, 대부분 당시 진보학술운동에 직간접적으로 참여했던 사람들의 입장에서 작성된 문건이라 —아쉬움이 큰 탓인지— 운동의 성과에 대해서도 지나치게 부정적인 평가를 내리고 있다.

글의 구성과 분석 방법— 이 글은 1980년대 진보학술운동을 한국

사회과학계의 탈서구중심 기획이라는 관점에서 파악하며, 진보학술운동의 기본 인식과 그 학문적 지향점을 검토하고, 주체적 사회과학을 세우고자 했던 당초의 의도가 좌절된 이유를 분석함으로써 학문의 서구종속을 탈피하려는 앞으로의 노력들에 몇 가지 중요한 함의를 도출하고자 한다. 사회구성체논쟁이나 진보학술운동에서 치열하게 논의되었던 실천방안이나 한국사회 성격 규정을 둘러싼 구체적 쟁점이 아니라, 한국 사회과학의 탈서구중심 기획에 관련된 문제에 초점을 맞추고자 하는 것이다. 이 작업은 당시 사회구성체논쟁을 주도적으로 이끌었던 경제학과 사회학을 비롯하여 사회과학 전반에서 전개되었던 민족·민중학문운동을 다룰 때 보다 종합적이고 객관적인 성과를 거둘 수 있지만, 이 글에서는 사회과학 일반과 정치학에만 초점을 맞추고자 한다.

사회구성체논쟁도 그랬지만 진보학술운동 역시 경제학과 사회학이 주도했으며, 진보학술운동의 이론적 파급력은 정치학에서 상대적으로 늦게 나타났고 그 성과에 대해서도 후한 평가를 주기 어렵다. 진보학술운동을 다룬 기존의 연구들은 정치학에 대해 전혀 언급이 없으며, 심지어는 이 운동에 적극 참여했던 정치학자들조차 회고담에서 간간이 당시 상황을 전할 뿐[4] 진보학술운동에서 정치학이 지향했던 문제의식, 성과, 한계 등에 대해 제대로 밝힌 적이 없다. 그러나 정치학도 한국 정치사회의 구조적 변혁이라는 당대의 과제에 동참하며 사회주의 지향성을 분명히 밝히는 가운데 탈서구 기획을 지향하고 있었다. 이 글은 기존의 문건들에서 다루지 않았던[5] 정치학의 사례를 보

---

4) 김세균 외(1996), 이이화 외(1996)의 문건에 잘 나타나 있다.
5) 사회구성체논쟁에서 경제학 분야는 이병천, 정성기의 연구, 사회학에서는 김진균·조희연(1990), 김명환·조희연(1990), 김동춘·조희연(1990)의 연구에서 잘 분석되

다 부각시킴으로써 진보학술운동에 대한 이해의 폭을 넓히고, 한국정치의 지배구조에 대한 분석과 대안 모델의 제시에서 탈서구중심 기획이 어떻게 나타나는지 살펴봄으로써, 1980년대 진보학술운동의 다차원성을 이해하는 데 기여하고자 한다.

당시 운동진영에서는 민족해방론(NL)이 대단히 큰 힘을 발휘하고 있었지만 진보학계에서는 이른바 '정통 마르크스주의'를 기반으로 삼고 있는 '강단 PD 그룹'이 주도적 위치를 차지하고 있었다. 탈서구 기획이라는 측면에서 볼 때 '주체'에 입각한 NL 계열이 오히려 더 적절한 분석 대상이 될 수 있을 것이다. 그런데 민족해방 계열이 공개적으로 펴낸 문건들은 주체사상을 요약 소개하고 있는 데 그쳐 이 문제에 대해 별다른 내용을 남겨놓지 않았고,[6] 주로 실천영역에서 활동하며 변혁의 주체와 방향에 관한 논쟁에 노력을 집중했기 때문에 진보학술운동에서 차지하는 비중이 미미하다. 따라서 이 글은 주로 '강단 PD 그룹'에 초점을 맞출 수밖에 없었다. 진보학술운동에 대한 필자의 비판 역시 PD 계열에 한정되는 것이지만, NL 역시 그 비판으로부터 자유롭지는 않다는 점을 밝혀둔다.

글은 크게 두 부분으로 나누어져 있다. 첫 부분에서는 1980년대 진보학술운동을 탈서구중심 기획으로 보려는 필자의 의도와 분석 방법을 보충 설명하고자 한다. 서론에서 쓰기에는 다소 분량이 많아 별도

어 있다. 또한 김동춘(1990)에 수록된 "레닌주의와 80년대 한국의 변혁운동", "80년대 후반 이후 한국 마르크스주의 이론의 성격 변화와 한국 사회과학"은 사회학과 경제학에서의 사회구성체논쟁을 훌륭하게 분석하였다. 그러나 이 모든 문건들에서 정치학은 논의의 대상이 아니다.

6) 예를 들어 『새시대 정치학원론』이라는 제목의 책은 "새로운 시대는 새로운 정치학을 요구한다."고 주장하며(이진규 1990, 5) 주체사상의 정치론에 해당하는 내용을 그대로 수록했다.

로 공간을 마련했다. 그리고 탈서구중심 기획으로서 진보학술운동의 기본 인식을 신식민지 사회구조, 민족·민중학문, 과학으로서의 마르크스주의로 분류하여 그 구체적 내용을 서술했다. 둘째 부분은 진보학술운동이 의도했던 탈서구중심 기획이 성공적으로 마무리되지 못한 이유를 두 가지 측면에서 분석한다. 진보학술운동과 주류학문 사이의 교류와 비판이 단절됨으로써 진보학자들이 자신의 한계와 단점을 학문적으로 성찰할 지적 자극을 제공받지 못했다는 것, 그리고 진보학술운동이 좌파 판본의 서구중심주의, 즉 좌파 식민지의식으로부터 탈피하지 못했다는 두 측면을 분석하고자 한다. 필자는 진보학술운동이 애초에 의도했던 '주체적' 학문의 정립에 실패한 가장 큰 원인을 좌파 식민지의식의 매몰이라는 사실에서 찾았지만, 주류학문의 의도적인 무관심 혹은 무시도 그에 못지않은 중요한 원인임을 지적하고자 한다. 결론에서는 1980년대의 비판적 문제의식이 1990년대 이후 이어져 의미 있는 학문적 결실을 맺었으며, 서구중심주의를 극복하려는 시도에서 중요한 교훈을 남겨놓았음을 밝히고자 한다.

II. 진보학술운동의 탈서구중심 기획의 기본 인식

1. 탈서구중심 기획으로서 1980년대의 진보학술운동

서구중심주의는 서구문명이 신봉하는 세계관, 가치, 제도를 보편적이고 우월한 것으로 받아들이는 의식이나 태도를 말한다. 강정인의 논의에 따르면 서구중심주의는 비서구인들로 하여금 서구문명의 우월성 및 보편성을 받아들이게 함으로써 서구의 문화적 지배에 정당성을 부여하도록 만든다. 서구는 보편적 문화, 보편적 가치, 중심의 지위를 차지하고, 주변부로서의 비서구인은 서구의 세계관, 가치, 제도, 관행을 보편적이고 우월한 것으로 인식하면서 스스로를 주변화하고 자기비하와 자기부정의 의식을 갖는다.(강정인 2004, 제2장) 역사적으로 서구중심주의는 서구제국주의를 뒷받침하는 이데올로기로 기능해왔고, 지금까지도 우리의 정치·사회·경제는 물론이고 일상인식까지도 지배하고 있다.

한국은 미국으로 대변되는 서구문명의 압도적인 영향력 아래 서구중심주의를 가장 강렬하게 내면화한 국가로 출발했다. 이러한 사실은 19세기 말 이래 한국이 겪어온 독특한 역사적 경험의 산물이기도 하다. 대다수 한국(남한) 국민들은 19세기 말 개화기부터 형성된 서구문명에 대한 동경 의식, 일본 제국주의에 의해 직접적으로 수탈을 당했기 때문에 반서구 의식이 약했다는 점, 해방정국과 6·25 전쟁 기간에 형성된 숭미(崇美)의식 등으로 인해 미국으로 대표되는 서구문명을 한국인(남한인)의 구원자, 근대성의 시혜자로 상상해왔기 때문이다.(유선영 1997) 이에 따라 남한은 서구적 근대성을 보편적이고 유일한 근대성으로 물신화하여 친미·반공·자본주의를 기본 축으로 삼는 서구적 근대화의 길로 들어섰다. 미국은 한국이 따라야 할 모델이었고, 근대화는 곧 서구(미국) 문명화의 달성이었다. 1970년대 말에 이르기까지 지배 블록과 민주화 저항세력들은 국가의 목표로 저마다 근대화, 반공, 통일, 민주주의 등을 내세웠지만 미국으로 대변되는 자본주의적 문명화를 보편적이면서 유일한 근대성의 모델로 전제하고 있었다는 점에서는 같았다. '급속한 경제발전을 위해서는 개인의 자유가 어느 정도 희생되어야 하는가?'라는 물음에 대해 교수와 언론인으로 구성된 '지식인' 응답자의 59.74%가 '찬성한다'고 대답할 정도였다.(홍승

직 1972, 176)

한국사회의 서구중심 발전 모델에 대한 회의는 1980년을 기점으로 본격적으로 피어오르기 시작했다. 1970년대 말까지 한국은 자본주의적 산업화에 상당한 업적을 거두었지만 의욕적으로 추진해왔던 중화학공업은 좌초했고, 외채위기로 상징되는 한국경제의 대외 종속성 문제가 ―비록 공개적으로는 표출되지 못하였지만― 심각하게 우려되었다. 결정적으로 1979년 박정희의 죽음, '서울의 봄', 그리고 5·18 광주민주항쟁의 비극으로 이어지는 일련의 사건은 우리 사회의 민주화를 지금까지와는 전혀 다른 관점에서 보도록 만들었다. 미국은 군부독재체제를 비호하고 한국사회를 구조적으로 예속시킴으로써 통일과 민주주의를 가로막으며 경제잉여를 유출해가는 제국주의 세력으로 인식되었던 것이다. 이와 더불어 미국을 보편적 문명으로 상정하는 서구중심 근대화 발전 모델은 제국주의 외세와 토착 지배세력의 결탁에 의한 독재와 민중탄압, 경제잉여의 항상적 유출로 규정되는 제국주의 지배구조의 재생산을 지속적으로 보장해주는 기제에 불과하다는 인식이 본격적으로 확산되기 시작했다.

1980년대 중반에 들어오면 한국사회의 가장 본질적인 성격은 '제국주의에 의한 식민지적 지배'이며, 민중민주혁명을 통해 이 지배구조를 끊어내야만 진정한 민주화와 통일을 달성할 수 있다는 인식이 저항진영을 지배하게 된다. 특히 1985년경에는 자본주의체제를 극복하고 사회주의체제를 수립해야 한다는 인식이 진보적 운동진영에서 널리 퍼지고 프롤레타리아독재 수립의 당위성이 공감되기에 이른다. 아직 사회주의라고 명시적으로 표현되기보다는 민중적 체제라는 말이 사용되었지만 그것이 사회주의체제의 한 형태라는 것은 분명했다.(조희연 1992, 233) 그리고 1987년 이후에는 사회주의, 프롤레타리아독재라는 용어가 공개적으로 사용되며 해방 이후 한국사회를 지배해왔던 서구 중심 발전 모델에 근본적 도전장을 내밀었다. 6·25 전쟁 이후 처음으로 서구중심 근대화 모델에 입각한 역사발전 기획을 거부하고 사회주의적 근대화를 추진하려는 세력이 공개적으로 등장한 것이다. 필자는 이런 점에서 1980년대 민중운동의 실천을 탈서구중심 기획으로 규정하는 것이다.

서구중심적 근대화는 학문의 세계에서도 뿌리를 내렸다. 1948년 제정된 '미국정보교육교환법'에 따라 1950년대 중반부 '한미 교환교수협정'이 체결되었고, 이 법에 의거하여 미국 대학에서 단기 연수나 학위취득 과정을 이수한 30~40대 학자들이 교수직으로 충원되기 시작했다. 그 이후 '미국 유학출신들'이 한국 대학사회의 주류를 형성함에 따라 구조기능주의, 행태주의, 발전론, 근대화론 등으로 대변되는 미국의 학문체계가 한국의 학문세계를 지배하게 되었다.(정영태 2003) 자본주의적 발전 모델에 따른 경제발전의 효과는 사회 모든 부문으로 확산되어 결국 민주주의도 이룩된다고 주장하는 단계적·점진적 발전론을 신봉하는 이 학문세계에서 정치적 권위주의나 경제적 불평등 문제는 발전에 불가피하게 수반되는 일시적 문제였을 뿐이었다. 해방정국과 6·25 전쟁을 거치며 남한지역의 좌익세력이 일소되고, 그나마 남아 있던 소수의 좌파들조차 지속적 탄압 아래 질식하며 이러한 서구중심 근대화 기획에 반대하는 세력은 지식계 어디에서도 찾을 수 없게 되었다. 미국 학문의 압도적 우위는 정치·사회·경제 부문에서부터 대중의 일상인식에 이르기까지 한국인의 삶 속에서 내재화된 서구중심 발전 모델의 학문적 반영물이었던 것이다.

1980년대에 들어오며 이른바 운동권이 주도하는 실천영역에서의 탈서구 기획과 더불어 진보학자들을 중심으로 하는 학술진영에서도 한국사회를 지배해왔던 서구중심 세계관과 발전 모델이 형성된 역사적 연원, 제국주의 지배구조가 만들어낸 제반 사회적 모순을 규명하며 마르크스주의에 입각한 대안적 발전 모델을 제시하려는 운동이 일어난다. 통상 진보학술운동이라고 부르는 이 운동은 탈서구중심주의를 의도하고 출발하지는 않았다. 그러나 해방 이후 한국사회의 지배적 역사기획이었던 서구중심 발전 모델의 대안으로서 사회주의 근대성의 기획을 제시하고, 우리의 주체적 입장에서 현실을 분석하고 실천전략을 확보하는 분석 틀로서 마르크스주의를 내세웠던 그들의 문제의식은 정치사회적 실천영역에서의 탈서구중심 기획과 그 맥을 같이하는 것이라고 본다. 즉 근대성의 모델로서 사회주의의 당위성을 이론적으로 뒷받침하는 가운데 서구중심 학문체계에 종속된 한국 사회과학계를 비판하고 그 대안을 제시했다는 의미에서 학문영역에서의 탈서구중심 기획이라고 평가하는 것이다.

2. 1980년대 진보학술운동의 기본 인식

가) 한국 사회과학의 대외종속: 식민지 구조와 사회과학

한국 사회과학계에서 '서구중심주의'의 문제가 본격 논의된 것은 2004년 강정인의『서구중심주의를 넘어서』의 출간 이후이지만, 그 이전에도 이와 유사한 문제의식은 학계에 널리 공유되어 있었다. 논자에 따라서 '구미중심주의', '서구중심주의', '자인종중심주의' 등의 이름으로 다르게 명명되기는 했지만 넓게는 한국 사회과학 일반, 좁게는 정치학의 문제점으로서 '독자적 이론의 부재', '서구이론에 따른 한국 현실의 분석', '한국정치가 당면한 근본 문제를 외면한 채 서구이론에 맹목적 의존' 등을 지적하고 그 대안을 찾으려는 방안들이 이미

1960년대 이후부터 지속적으로 논의되어왔다.

　정치학의 경우 이 문제는 한국 정치학의 정체성이라는 이름으로 1960년대 이후부터 계속 논의되었는데,[7] 대체로 다음과 같은 지적들이 있었다. 첫째, 한국 정치학은 외국(특히 미국) 정치학에서 사용되는 개념, 모델, 이론, 방법 등을 모방하고 소개하는 수입상의 역할에 그쳤다. 둘째, 수입이론에 기대어 우리 현실을 설명하는 데 그쳐 한국정치의 중요한 문제를 해결하고 한국정치의 미래를 제시할 수 있는 능력을 결여하게 되었다. 셋째, 우리 고유의 개념, 모델, 이론, 방법 등을 창안해내는 노력이 소홀하여 한국 정치학 고유의 이론 및 방법론을 개발하지 못했다. 넷째, 이와 같은 학문의 대외의존성으로 인해 정치학의 주요 문제와 관심사가 수입이론의 틀에 맞추어졌다는 것이다. 그리고 이러한 문제점을 극복하기 위해서는 서구중심적 연구시각을 걷어내고 우리 문제를 우리 시각에서 다루는 독자적인 한국 정치학을 확립하려는 학자들의 용기와 분발, 학계 전반의 학문적 성숙이 필요하다고 주장되었다. 이와 같은 지적은 정치학계에서 나온 것이지만, 정치학을 사회학이나 경제학으로 바꾸어도 그대로 의미가 통용될 정도로 이 문제는 한국 사회과학 전반에서 널리 인정되고 있었다. 여기서 주목할 것은 서구중심주의가 한국 사회과학에 끼치는 학문적 폐해의 심각성을 학자들이 널리 인식하고 그것을 극복하려는 노력과 열의가 동반되면 ―물론 시간은 걸리겠지만― 우리의 고유한 사회과학 이론을 개발하고, 한국사회의 미래를 우리 스스로의 입장에서 제시하는 주체적 학문으로 성장할 수 있게 된다는 진단이었다.

---

7) 한국 정치학의 정체성을 찾고자 하는 작업들에 대한 이론사적 고찰은 강정인·정승현(2010), 정치학 입문서에 나타난 서구중심주의의 문제와 극복 방안에 관해서는 강정인·정승현(2012)을 참조하면 유용하다.

1980년대의 진보학계는 주류학계와는 전혀 다른 각도에서 한국 사회과학의 서구종속성의 근원을 찾았다. 1980년대 진보학계의 '어른'으로서 외풍(外風)을 막아주고 진보학자들을 격려했던 김진균은 해방 이후 "자주적 노선과 종속적 노선, 나아가 민주적인 세력과 종속적 세력 사이의 대립에서 전자의 길과 노선·세력이 패배하면서, 자주화의 길은 봉쇄되고 새로운 의미의 종속적 질서가 창출되게 되었다."고 주장하면서(김진균 1988, 14) 그것을 '친미반공분단종속체제'라고 불렀다. 김진균은 한국 사회과학에서 행태주의(정치학), 구조기능주의(사회학), 근대 주류경제학이 지배적 패러다임으로 자리 잡게 된 배경에는 미국을 중심으로 하는 현존 서구사회를 이상적인 상태로 상정하고, 후진국을 자본주의적 발전 모델에 따라 재편하여 미국을 중심으로 하는 자본주의권에 편입시키고자 하는 미국의 제국주의적 욕구가 있었다고 지적한다. 이 종속체제가 구조적으로 재생산되기 위해서는 이데올로기적 기반의 지속적 재생산이 필요한데, 그것을 위해 국내 지배세력은 자신들이 장악하고 있던 지위와 물적 자원을 이용하여 '미국박사'를 신식민지적 사회구조의 지배세력으로 끌어들였다는 것이다. 한마디로 한국의 사회과학은 "미국 제국주의 세력 및 그것에 편승한 국내 지배세력의 후원에 의해 의도적으로 이식되고 육성"되어 "신식민지적 지배질서를 정당화하는 기능을 수행"해왔다는 것이다.(이기홍 1991, 341)

　　당시 거의 모든 진보적 학자들은 한국 사회과학계를 지배하고 있던 구조기능주의·근대화론에 대한 비판으로 글을 시작했다. 예를 들어 정치학의 경우 한국 정치학의 지배적 패러다임이었던 미국식 자유주의이론은 "반공-분단체제와 군부정권의 이익에 봉사하는 기형적인 이론으로 변질"되어 "제도권 학계에서는 현실정치에 거리를 취하면서 정치학을 가치중립적인 경험과학으로 발전시킨다는 명분하에 행태주의 정치학이 판을 치게"(김세균 외 1996, 20) 되었다고 비판했다. 이것은 경제발전이 정치적 민주화를 촉발하고 사회적으로 합리화가 확산되며 결과적으로 남북통일에서 남한이 우위를 확보할 것이라는 자본주의적 근대화론의 환상, 그리고 이 근대화론을 뒷받침하고 있던 미국의 자유주의적 주류이론들에 대한 비판이었다. 사회과학의 서구종속성 탈피는 학자 개인의 의식·용기·분발·각성 차원의 문제가 아니라, 한국사회에 제국주의 모순을 착근시킨 서구중심 발전 모델을 부정하는 근본적 인식 전환이 전제되지 않으면 안 되는 것이었다.

김진균은 이러한 인식 전환을 세계관의 전환이라는 말로 표현했다. 구조기능주의와 근대화론에 의해 지배되어 "60년대 이후 한국 사회과학계가 미국의 학문적 세계관에 의해 지배되는 상태로 이행"하면서 (김진균 1988, 16) 한국 사회과학은 체제 이데올로기로 전락했으며 종속적 정치경제구조에 지향하는 민족적 학문으로서의 성격을 견지할 수 없었다는 것이다. 그리고 한국사회의 근본적 변혁의 방향이 —비록 민중적 체제라는 말로 표현되기는 했지만— 사회주의로 분명하게 정리되며 세계관의 전환을 이루었던 1985년을 진보학술운동이 태동하게 된 중요한 시점으로 꼽았다. 운동진영에서의 논의가 이렇게 정리되면서 "친미반공분단종속체제로 구성되는 지배질서에 대응하는 진보적 학문에의 지향"(김진균 1988, 21)이 확립될 수 있었는데, 그것을 "지배적 세계관 및 소시민적 세계관과 민중적 세계관의 단절"이라고 표현했다.(김진균 1998, 23) 한 논자는 사회주의적 변혁을 지향하는 방향으로 사회운동이 심화되던 과정을 '자유주의 세계관', '부르주아 세계관', '소시민적 세계관'으로부터 벗어나 '변혁의 세계관', '민중의 세계관'으로 바뀌는 세계관 변화와 결부시키기도 했다.(조희연 1992, 235-

-243) 진보학술운동은 제국주의를 지탱하는 서구중심 발전 모델의 세계관을 사회주의적 변혁의 민중적 세계관으로 전환시키려는 이데올로기적 상부구조 차원에서 이루어진 운동이었다.

나) 사회과학의 주체성: 민족 · 민중 학문

한국사회 일반, 사회과학의 대미종속성을 극복하기 위한 진보학계의 대안은 1988년 6월 3~4일 '학술단체연합 심포지엄'에서 분명하게 표현되었다. 김진균은 '기조발표'를 통해 "'자주 · 민주 · 통일'을 소망하는 이 땅의 민중에게 희망을 만들어내는 … '민족적 · 민중적 학문'"을 만들 것을 주장했다.(김진균 1988, 25)[8] 기본적으로 민족 · 민중학문이란 민족자주의식에 철저하고 현시대 민중의 실천적 요구를 대변하며 민주주의와 통일이라는 한국사회의 변혁 과제를 지향하는 학문을 의미했다. 여기에는 민족자주의식에 투철한 '주체성'과 한국사회의 변혁 과제를 지향하는 실천성이라는 이중의 의미가 내포되어 있다. 1988년의 '기조발표' 이전에도 김진균은 해방 이후 한국 사회과학계가 "안일한 보수적 · 몰주체적 지식의 홍수 속에서 … 역사현실의 발전을 실천적 요구에 대응하여 적절히 파악하지 못하고 낯선 서구이론의 맹목적 도입에 몰두해온 것은 아닌가?"(김진균 1983, 4) 하는 질문을 던졌다. 그리고 "우리가 발 딛고 선, '보고 경험하는' 현실 그 자체의 독특한 문제구조를 우리의 주체적 시각에서" 해명함으로써 "한국적 사실의 새로운 이론적 발전"을 추구하는 것이 주체적 학문이라고 주장했다.(김진균 1983, 4-5)

위의 발언에서 알 수 있듯, 1980년대에는 역사현실의 발전을 '우리

---

8) 이 글에서 직접 인용된 문건들의 강조(' ') 부분은 모두 원문의 표기에 따른 것이다.

의 실천적 요구'에 따라 새롭게 방향 정립하는 것, 즉 우리의 시각에 의한 역사발전의 기획을 추구하는 것이 주체적이라는 의미로 이해되고 있었다. '낯선 서구이론'은 그것이 서구에서 왔다는 것보다는 '한국' 민중의 염원과는 반대로 자본주의적 근대화를 역사발전의 유일하고 보편적인 모델로 설정하며 분단과 권위주의를 정당화함으로써 '우리'의 주체적 역사발전 기획에 대해 정면 배치되는 '이질적'인 것이라는 점에서 '낯선' 것이었다. 자본주의적 발전기획을 뒷받침하는 발전 이론을 서구의 역사적 경험으로부터 도출된 발전 모델을 일반화하여 만들어진 "서구중심적이며, 비역사적" 이론이라고 비판하며 "제3세계의 종속적 자본주의의 재생산 메커니즘"에 대해 근본적 질문을 던지는 '민중적 시각'을 그 대안으로 내세웠던 최장집 역시(최장집 1985, 13) 김진균과 같은 문제의식을 보이고 있었다.

1980년대 진보학술운동의 인식에서 주체적 학문의 또 다른 의미는 '우리'가 보기에 한국사회에 가장 절실히 필요한 실천적 과제에 대답을 줄 수 있는 학문이라는 뜻이었다. 예컨대 조형제는 "실천적 관점에서 명확히 떠오르는 이론적 쟁점과의 연관성 속에서" 연구가 이루어질 때 그것을 "주체적 입장"이라고 불렀던 것이다.(조형제 1988, 9) 1980년대 진보진영의 인식에서 주체성은 변혁·실천의 관점을 의미했던 만큼 사회과학의 실천 지향을 대단히 강조했다. 여기서 정치학의 임무는 외세의 민족 억압과 지배세력의 민중 수탈에서 벗어나 사회주의적 변혁을 위한 실천적 문제들을 해결하는 학문이 되어야 한다고 주장했다. 당시 소장 진보학자들의 학술모임이었던 한국정치연구회는 한국의 국가를 '신식민지 파시즘'으로 규정하였다. 그리고 "현재의 파시즘을 PD 권력으로 궁극적으로 대체하지 않고서는 신식민지 국독자(국가독점자본주의—필자)에 대한 근본적인 변혁도 불가능하다."

고 하면서, 각주를 통해 PD 권력이란 "소비에트를 모델로 하는 새로운 국가유형(부르주아민주공화제가 아닌)으로 제기되는 혁명적 민주주의권력"이라고 풀이하였다.(한국정치연구회 1989, 39; 40n)

이상에서 보았듯 1980년대의 진보학술운동에서 말하는 주체성은 '한국사회가 필요로 하는 변혁의 관점'과 같은 뜻이었다. 이때 변혁의 세계관은 제3세계의 종속적 자본주의의 재생산 메커니즘을 정착시킨 서구중심 발전기획을 근본적으로 부정하고 '우리의 필요에 따라 주체적으로 지향'하는 사회주의적 근대성을 그 내용으로 갖고 있었다. 그 세계관을 떠받치는 이론은 꼭 한국산 혹은 한국발(發)이 아니더라도 '사회주의적 변혁'이라는 '주체적 시각'에 입각하여 한국사회의 '은폐된 본질'을 포착하고 그것을 극복할 수 있는 실천전략, 더 나아가 미래의 비전을 제시해준다면, 그것이 외국산 수입이론이라도 주체적인 것이었다. 주체적이라는 말이 민족적, 민중적과 동일시되고 "정치경제학 방법론·사적 유물론의 원칙·변혁적인 시각 위에 정초할 때에야 비로소 진정하게 민족적이고 민중적"이라고(김동춘·조희연 1990, 34) 생각되던 당시의 인식에서 그 이론은 마르크스주의였다. 1980년대의 인식에서는 마르크스주의가 외국에서 왔다는 것과 주체적이라는 것이 충돌하지 않았으며, '과학'으로서의 보편성을 갖고 있기 때문에 학문의 주체성을 훼손시키는 것도 아니었다.

다) 마르크스주의: 과학과 주체성

1980년대 변혁운동의 기본은 의식화된 노동계급이 독자성을 견지하고 이를 바탕으로 권력을 장악함으로써 민중민주변혁을 이루어야 한다는 논리였다. 그리고 이러한 변혁의 올바른 지침과 방향을 제시하고, 한국의 사회성격 분석을 위한 유일한 과학적 이론은 마르크스주의라고 내세웠다. 물론 1980년대 진보진영의 지배적 인식이 마르크스주의로 확립된 것은 하루아침에 이루어진 일은 아니었다. 이 과정을 추적하면 마르크스주의가 '주체적' 이론으로 인정받게 되었던 근본원인을 잘 알 수 있다.

1980년대 진보학계의 논쟁사를 분석한 정민은 "일정 시기마다 특정 전공분야에 상관없이 주류라고 할 수 있는 공통적인 이론적 경향이 존재"한다고 지적하며(정민 1989, 22-23), 각 이론들이 의거하고 있는 사상에 따라 '뉴레프트 시기'와 '정통 마르크스주의 시기'로 나누었다. 뉴레프트 시기는 시기적으로는 1980~85년을 말하며, 그 지배적 이론 조류는 종속이론·종속적 발전론, 그리고 알뛰세 등의 구조주의적 마르크스주의에 기초한 국가론·계급론·사회구성체론이 풍미했던 시기를 말한다. 그 뒤를 이어 1985~86년 이후 노동운동이 고양되고 운동권에서 마르크스-레닌 저작의 대량 번역 및 보급이 이어지면서 정통 마르크스주의의 시기가 따라왔다. 물론 주체사상이 여기에 가세하며 주체사상과 마르크스주의 중 어떤 입장에 설 것인지 양자택일의 물음을 강요받기도 했다.

1970년대 말과 1980년대 초중반에는 종속이론과 네오마르크스주의 국가론이 유행처럼 번졌다. 무엇보다 종속이론은 대외종속과 군부권위주의정권이라는 남미와 한국의 유사성 때문에 한국사회의 종속성과 그로 인한 정치·경제·사회의 왜곡을 파악할 수 있는 이론으로 인식되었다. 그리고 제국주의 질서를 떠받치면서 민중을 억압하고 폭력을 자행하는 자본주의 국가의 본질을 파악하려는 필요성 때문에 국가론이 도입되었던 것이다. 두 이론은 한국사회가 안고 있는 (신식민지 혹은 대미)종속의 문제를 사회성격 논의 속에 확고히 놓음으로써 그 변혁론적 지향을 분명히 밝혔다는 점에서 비판적 사회과학의 확산에

지대한 공헌을 했다.[9]

1980년대 중반을 넘어서면 종속이론과 국가론은 그 이론들이 태동했던 사회적 맥락이 우리와 판이한데도 불구하고 한국에 무분별하게 적용되었다는 비판을 받게 된다. 종속이론의 경우 제3세계라는 개념이 포괄할 수 있는 동질적 사회는 어디에도 존재하지 않음에도 불구하고, "그 이론의 제3세계 일반으로서의 효력을 맹신하여 한국의 '사례'에 피상적으로 적용시켜보는 수준의 연구"에 그쳐 "적용시킨 이론과 한국 현실과의 괴리를, 단지 사례적용 시에 나타나는 편차 정도로 간주하는 연구"에 머물렀다는 것이다.(조형제 1988, 8) 이러한 비판은 국가론에도 그대로 적용되었다. 부르주아 계급지배의 기반이 공고하게 정착되어 있고, 의회정치를 통한 계급이익의 실현이 보장되어 있는 서구 정치의 맥락을 결여하고 있는 한국에서 국가론 논의는 국가의 지양과 민중권력으로의 변혁이라는 실천적 변혁 과제에 기여하지 못한 채 추상적 이론화 작업에 몰두함으로써 "외국의 제 이론과 개념들의 무분별한 적용"에 그쳤다고 비판받았다.(정관용 1989, 284)

앞에서 지적했듯 진보학술운동에서 이와 같은 '외국이론의 무분별한 적용'은 '한국에서 만든 이론'이 아니라 한국사회의 현실을 객관적으로 분석하고 우리의 주체적 역사발전 기획에 따른 변혁을 이론적·실천적으로 규명하는 '과학'을 통해 극복되는 것이었다. 1980년대에 가장 많이 읽혔던 책 중의 하나는 "개개의 특정 사회를 지배하는 보편적이고 본질적인 관계 속에서 그 사회의 제 변화를 합법칙적으로 파

---

9) 1980년대 초반에는 이런 주제들에 관한 석사학위논문들을 묶어 단행본으로 출간하는 것이 유행이었다. 많은 학생들은 이런 책으로부터 상당한 도움을 받았다. 종속이론 및 제3세계론과 관련된 책은 김진균 편, 『제3세계와 사회이론』(한울, 1983), 국가론에 관해서는 최장집 편, 『한국자본주의와 국가』(한울, 1985)가 대표적이다.

악하는 것", "필연적으로 관철될 수밖에 없는 법칙에 기초하여 그 사회를 파악하는 것", "어떤 한 계급의 입장에 서서 변혁의 목적의식하에서 대상세계를 일관되게 분석"하는 것을(이진경 1990, 39, 82, 27) 과학이라고 규정하였다. 마르크스주의는 사회주의 변혁의 관점에서 한국사회를 지배하는 보편적이고 본질적인 관계를 분석하는 유일하게 올바른 '과학적 방법론'이라는 것이다. 당시 국내에 널리 알려져 있었던 종속이론가 아민(S. Amin)의 주변부자본주의론이 "과학의 가장 기본적인 역사발전법칙과 사회구성체의 발전사를 폐기"했다는(임휘철 1989, 200) 점에서 비판받았던 배경에는 '과학'으로서의 마르크스주의에 대한 믿음이 있었던 것이다.

이러한 주장들은 마르크스주의는 필연적이고 객관적으로 발생할 수밖에 없는 역사발전의 보편법칙을 '과학적으로' 규명하였으며, 그 보편법칙이 예외 없이 관철되는 한국 현실에도 타당성을 가지는 동시에, 우리의 주체적 입장에서 사회변혁을 추진하고자 하는 이론적·실천적 기획을 뒷받침하기 때문에 비록 그 원산지가 한국이 아니더라도 충분히 주체적이라는 것을 강조하고 있다. 과학으로서의 보편성과 학문의 주체성은 충돌하지 않았다. "고전이론들에 대한 든든한 철학적 기반 위에서만 한국의 국가연구는 주체적 입장에서의 방법론을 확립할 수 있는 것"이라는 주장은(조형제 1988, 9) 마르크스주의와 주체적 입장이 동일하게 이해되던 당시의 인식을 잘 보여주고 있다. 그러나 탈식민주의 논평가가 지적했듯이, 마르크스와 같이 "오래전에 세상을 떠난 근본적인 사상가들을 그 자신의 시대에 속하는 사람일 뿐만 아니라 마치 우리와 동시대인이기도 한 것처럼 간주하는 것은 오직 매우 특정한 사유 전통 안에서"(차크라바르티 2014, 47), 즉 서구를 보편에 두는 식민지의식의 전통 안에서 이루어지는 것이었다. 1980년대 한국 진보진영의 인식은 이와 같은 좌파 판본의 식민지의식에 사로잡혀 있었다.

III. 진보학술운동의 지적 식민지의식

1980년대를 휘감았던 진보학술운동은 시간이 지나면서 그 열기와 의미가 퇴색되었고 '주체적 이론'을 만들겠다던 야심도 실현된 것 같지 않다. 신정완은 진보학술운동이 새로운 학문 패러다임의 형성에 실패했음은 물론 대학의 제도와 관행에 미친 영향력도 의외로 작았다고 지적하며 그 이유를 다음과 같이 지적했다. 첫째, 운동이 초기부터 대학 외곽의 연구회나 연구소 등을 중심으로 전개됨으로써 학문 활동의 중심지인 대학에 미치는 파장이 작았다. 둘째, 전체 교수 중에서 이 운동에 참여한 교수의 비중이 작았다. 셋째, 주도 세대가 전국 대학으로 분산된 이후 대학의 제도와 관행에 대해 큰 비판의식 없이 적응하고 흡수되며 후배 연구자들의 문제에 큰 관심을 기울이지 않았다. 넷째, 학문 후속 세대의 양성에도 소홀하였다.(신정완 2003, 385) 또한 열정에 비해 역량이 부족했던 점, 진보학술운동의 인적 자원이 한정되었던 점, 새로운 이론으로 쉽게 끌려가면서 그 이전에 있었던 학문적 성과가 축적되지 못했던 점도 추가될 수 있을 것이다.

이론적 측면에서는 이른바 '정통' 권위에의 절대적 의존, 역사 · 현실과 이론의 검증이 결여된 논증에의 집중, 과학주의와 당파성이라는 기치 아래 오직 자신의 이론체계만 고집하는 이론적 폐쇄성과 교조주의, 고도로 추상적인 경제결정론이나 구조론으로 인하여 변화된 현실에 대처하지 못하는 이론적 경직성, 모든 문제를 계급 혹은 분단으로 환원하였던 근본주의적 환원론 등이 그동안 문제점으로 지적되어온 것들이었다. 이런 지적에 대해서는 별도의 설명이 필요 없을 것이다. 그러나 필자는 이러한 문제들을 노정시킨 근본 원인에 대한 분석이 추가되어야 한다고 생각한다. 필자는 두 가지 요인에서 그 원인을 찾고자 한다. 하나는 주류학계와의 생산적 논쟁을 통해 진보학자들이 자신의 이론과 시야를 학문적으로 교정할 수 있는 지적 자극을 받지 못했다는 사실이고, 다른 하나는 진보학술운동에 참여했던 사람들이 서구보편이론에 대한 지적 식민지의식에서 벗어나지 못했다는 점이다. 앞의 문제를 먼저 검토하기로 하자.

1. 주류학계와 진보학계의 논쟁 부재: 무시와 격하

사상이나 이론은 그것과는 반대 입장에 서 있는 사상·이론체계와 이론적 정합성·현실적 타당성을 검증할 수 있는 이론적·실천적 대결을 거침으로써 자신의 문제점을 인식하게 되고, 그것을 통해 다시 명제·개념·체계를 다듬고 고쳐나감으로써 이론적 설득력과 현실 정합성을 높일 수 있다는 것은 상식에 속한다. 이런 기회를 박탈 혹은 차단당할 경우 그 이론은 추종자들 사이에서 교조화가 되거나 현실 적합성을 상실한 '구름 위의 이론'이 되기 십상이다. 그러나 1980년대 한국의 진보학술운동은 전혀 그런 기회를 갖지 못했다. 주류학계가 이들을 무시하거나 아예 학문이 아닌 이데올로기로 격하시키며 상대를 안 했기 때문에, 자신들의 이론을 검토하고 다듬어야 할 지적 자극을 받지 못했다.

일차적으로 이것은 자유주의를 지배적 패러다임으로 갖고 있는 한국 주류정치학계가 마르크스주의에 맞서 이론 대결을 할 정도의 실력이 없었기 때문이다. 김동춘은 한국의 마르크스주의가 그 단편적 명제·문구·주장에만 집착할 뿐 튼튼한 이론적·방법론적 무기를 다듬는 데 실패한 이유 중의 하나를 한국 자유주의의 빈곤에서 찾았다. 한국의 자유주의는 마르크스주의에 무지함은 물론이고 체계적 논리와 현실 적합성을 갖지 못했기 때문에 마르크스주의에 맞서 이론 대결을 할 만한 능력이 결여되어 있었다는 것이다. 그 반대급부로 한국의 마르크스주의는 자유주의를 철저히 무시하며 자유주의와의 철학적·방법론적 대결 속에서 자신을 성숙시킬 기회를 얻지 못했다고 지적했다.(김동춘 1997, 292-294)

마르크스주의에 맞서 생산적인 논쟁을 전개할 역량이 없거나 아예 그럴 생각조차 없었던 주류학계는 진보학술운동을 무시하거나 혹은 학문이 아닌 이데올로기로 격하시키는 태도로 일관했다. 한국정치학의 역사에서 보면 1980년대 후반과 1990년대 초에는 그동안 금기시되었던 이념적 입장에 의거한 연구들이 주류학계에서도 속속 등장하며 학문의 양적·질적 축적이 이루어졌다. 사실상 이것은 진보학계가 제시한 방법론과 시각, 이들이 뚫어놓은 학문적 자유의 공간 덕택이었다. 그러나 주류학계는 ─일부 학자들의 개인적 노력은 있었지만─ 진보학계의 성과와 노력을 인정하는 데 지극히 인색했으며, 그들과 생산적인 대화를 나누려는 학계 차원의 그 어떤 노력도 하지 않았다. 1980년대에 좌파적 성향이 두드러졌다고 걱정하지만 "권위주의체제의 시대가 그러했듯이 언젠가는 한 번 겪어야 할 도전으로 받아들이는 것이 현명하다. 사람이 좌우 두 발을 교대로 움직여서 걸어가듯이 새로운 학풍을 설정하고 그것을 재비판하는 변증법적 과정을 통해서 학문이 발달하는 것"(한승조 1988, 68-69)이라는 주장은 당위적 차원에서는 많은 사람들이 동조하고 있었다. 그러나 학계 차원에서든 개인 차원에서든 이 노력을 진지하게 이행한 사람은 찾기 어려웠다.

당시 주류학계의 진보학술운동에 대한 대응은 '무시'와 '격하'로 나타났다. 무시란 진보학술운동을 그동안의 권위주의체제의 억압에 대한 반작용으로 나타난, '때가 되면' 가라앉을 '한때의 열정'으로 취급하면서 상대하지 않거나, 진보학문의 학문적 성과나 그 이론적 문제점을 아예 언급하지 않는 것이다. 격하는 진보학문은 학문이 아니라 정치적 언설 혹은 이데올로기에 불과하다고 취급하는 것이다. 이 태도들은 한국정치학회가 기획·편집한 두 권의 책에 잘 나타나 있다. 이 책들은 진보적 정치학이 교과과정에 반영되기를 원하는 학생들의 요구, 그동안 우파 일변도의 이데올로기적 폐쇄성에 대한 주류학계의 반성, 한국사회의 중요한 현실적 과제를 다루고자 하는 학계 차원의 욕구가 반영되어 출간된 것들이었다. 먼저 무시의 사례를 보자.

한국정치학회 명의의 『현대한국정치와 국가』(1987)는 진보진영을 아예 언급조차 않고 무시하였다. 국가론은 이미 1980년대 초중반부터 한국의 국가성격을 변혁의 관점에서 규명하려는 의도에서 진행되어 왔던 분야다. 그러나 이 책은 국가론에 대한 관심을 '외국의 최신이론'이라는 점에서 설명할 뿐이었다. 대표 서문에 해당하는 '현대한국의 국가론적 이해'(최상룡)는 1985년 7월 국가론을 주제로 한 세계정치학회가 파리에서 열렸다는 사실, 1981년 미국정치학회 연례대회는 '국가론의 재건'을 주제로 내걸었다는 사실, 일본 정치학계도 1981년 '현대국가의 위상과 이론'이라는 주제로 국가론을 특집으로 다루었다는 사실을 지적하고 있다. 그리고 "국가론은 일회적인 유행이 아니라 오랫동안 지배적인 영향을 발휘했던 미국의 다원주의이론, 행태론정치학에 대한 유력한 앤티테제로서 이미 세계적 수준에서 확고한 지반을 구축하게 되었다."고 하면서(한국정치학회 편 1987, 12) 한국정치학의 지배적 패러다임이었던 행태주의나 다원주의를 극복하는 새로운 이론 전략으로서 제시하였다. 문제는 이 책 출간 이전에도 국가론 연구가 이미 진보학술운동에서 활발하게 이루어졌다는 사실, 그 연구를 통해 한국에 제시된 실천적·이론적 함의, 진보진영의 국가론 연구에 나타난 장단점, 그것을 극복하기 위한 주류학계의 대안 등에 대해서는 일언반구의 언급도 없다는 데 있다. 한마디로 진보진영을 무시하고 있는 것이다.

격하는 『현대 한국정치론』(초판 1986; 개정판 1992)에서 잘 나타난다. 안청시는 대표 서문에 해당하는 '현대한국정치의 연구'라는 부분에서 이 책은 한국 현대정치를 다루면서 "우리의 역사적 경험을 현재의 시점에서 감정적으로 평가하거나 규범지향 일변도의 안목에서 파악하는 경향 … 급진주의적 입장에 경도되어 강경파적 처방에 치우치는 데 따르는 문제점"을 극복하고 "규범과 사실 간의 불가피하고 복잡한 상호관련성을 부인하지는 아니 하되, 양자는 엄연히 구분하여 접근해야 한다는 사회과학적 입장을 지향하고 있다."고 밝혔다.(안청시 편 1992, 17) 여기서 진보학술운동은 처음부터 학문이 아니라 '감정' 혹은 '규범 지향 일변도'의 이데올로기 정도로 격하된다. 그는 진보학술운동을 가리켜 "제3세계론은 … 아직까지 통속적 비판논리에 머물거나 그 수준이 배타적인 자기중심주의 및 간혹은 적대감정에서 우러나는 복수심의 발로에서 크게 벗어나지 못하고 있는 경우가 없지 않다."고 하면서(안청시 1992, 517-518) 학문으로 인정하지 않았다.

그런데 정영태가 잘 지적하듯 이 책에 실린 총 17편의 논문 중 해방 8년사에 관련된 5편의 논문들은 보수우익 정권의 수립, 분단의 고착화 과정에서 이승만·미국·한민당의 역할에 대한 평가는 진보진영의 그것과 별반 다르지 않다. 반면 조선공산당을 비롯한 좌익 및 이들에 의해 동원된 민중에 대한 평가, 중도세력에 대한 평가, 미국과 소련의 정책에 대해서는 큰 견해 차이를 보이고 있지만, 그것은 당시까지 입수 가능했던 자료의 한계도 크게 작용했다는 것이다.(정영태 1993, 50) 그렇다면 자신들의 연구는 어떤 점에서 과학이고 객관인지, 가치와 사실의 분리는 어떻게 확보되는지 최소한 전체 서문에서 밝혀야 할 것이었다. 그러나 여기에 대해서는 아무런 언급도 없고, 진보진영이 열어놓은 학문적 자유와 그들의 학문적 성과에 대해 규범지향, 강경파 일변, 감정적이라는 용어를 쓰며 격하시킬 뿐이었다. 명시적으로 진보학술운동을 가리키지는 않았지만 "수입된 사상이나 이론에 대한 맹목적 도취가 자아내는 지적 독선과 독재의 위험"을 경고하면서 "종교를 아편이라고 단정한 마르크스의 논리에 일리가 있다면 교조적 이데올로기는 그보다 훨씬 강력한 마약이라 할 수 있다."는(이홍구 1996, 430) 정치학회 회장의 '우회적' 비판 발언도 있었다.[10]

진보학술운동을 아예 무시하거나 논쟁·토론의 상대가 안 되는 이데올로기로 격하시키는 주류학계의 대응이 쌍방의 생산적 토론을 가능하게 만들 리 없다. 민족·민중 사회과학의 방법론을 적용한 연구 결과의 적실성, 그 설명의 한계나 장점, 학문에서 가치와 사실의 관계에 대한 방법론적 쟁점 등에 대한 비판은 얼마든지 토론이 가능했을 것이다. 진보적 사회과학을 정치적 주장이나 이데올로기로 매도하는 비판은 그렇지 않아도 주류사회과학계를 친미종속질서 혹은 신식민지질서의 기능적 보완물로 보는 진보진영의 결의만 굳게 해줄 뿐이었다. 그러나 필자는 쌍방의 논쟁 부재에 대한 책임을 주류학계에만 추

---

10) 원문: "근대 한국정치학 100년: 그 한계성의 극복을 위한 자성."『한국정치학회보』 제20집 2호(1986). 한국정치학회 회장 취임 연설이다.

궁할 수는 없다고 생각한다. "학생이 학점 우습게 보고 대학교육이나 교수의 학문과 권위를 인정하지 않는 분위기" 속에서(이이화 외 1996, 376) 성장한 젊은 연구자와 실천운동가들 또한 주류학계를 무시하고 있었기 때문이다. '서로가 서로를 무시하거나 격하시키는' 학문풍토 속에서 주류학계도 진보학계도 모두 그 발전적 상승의 계기를 마련하지 못했고, 한국의 정치·사회·경제는 여전히 남의 이론 아래 탐구되었을 뿐이다.

2. 좌파 판본의 서구중심주의 혹은 지적 식민지의식

진보학술운동은 한국 사회과학의 서구중심주의가 신식민지 대미종속구조에서 연원한 것이며 이 구조가 타파될 때 비로소 인식·학문의 종속도 청산된다고 하면서 '주체적' 시각을 강조했다. 그러나 실제로는 '과학', '정통', '보편'이라는 이름 아래 소련 국정의 교조적 마르크스주의, 서구의 대표적 좌파이론가들, 혹은 주체사상으로부터 빠져나오지 못했다. 이를 가리켜 "1980년대 한국의 좌파 지식인들 역시 미국·유럽 등 강대국 지성의 압도적인 영향력으로부터 자유롭지 못했다."는 지적은(김동춘 2006, 99) 설득력이 있다. 그러나 필자는 '압도적 영향력'이라는 말로는 1980년대 진보학술운동의 문제점을 설명할 수 없다고 본다. 그보다는 마르크스주의라는 '과학'에 묶여 있었던 진보학술진영의 지적 식민지의식 혹은 좌파 버전의 서구중심주의에서 문제의 근원을 찾아야 한다고 생각한다.

필자는 마르크스주의가 서구자본주의체제에 대한 혁명의 기획인 동시에 서구의 주류 사회과학을 극복하려는 학문적 도전이라는 점에서 서구중심주의를 이론적·실천적으로 지양하는 대안적 패러다임으로서의 그 가치를 인정한다. 그러나 마르크스주의의 이론 틀을 받아들인다고 해서 서구중심주의가 저절로 극복되는 것은 아니다. 우리가 서구중심주의를 이론적·실천적으로 극복하고자 한다면 마르크스주의에 내장되어 있는 '서구적 맥락'을 우리의 문제의식에 맞게 걸러내는 한편, 한국이라는 특수 혹은 개별의 입장과 마르크스주의라는 보편 사이의 길항·대립 관계를 비판적으로 해소시켜야 한다. 즉 서구중심의 현실에 대한 '비판'으로서의 마르크스주의는 받아들이되, 그것을 또 하나의 서구이론으로 보고 다시 우리의 맥락에서 '재비판'하는 작업, 그리고 '과학'으로서의 마르크스주의에 대한 건전한 회의가 동반되어야 한다는 것이다. 그렇지 못하고 과학 혹은 보편이라는 이름 아래 마르크스주의에 함몰될 경우 또 다른 서구중심주의, 이번에는 좌파 버전의 서구중심주의에 포획될 수 있다. 1980년대 진보학술운동의 문제점은 바로 여기에 있다.

신보학문마저 서구종속을 벗어나지 못했던 사실에 대해 조희연의 다음과 같은 지적은 일정한 시사점을 던져주고 있다. 그는 "우리가 우리 현실·역사·문화·사회를 대면하는 자세의 근저에는 '식민지성', '종속성' 등으로 규정될 수 있는 어떤 정신적 상태가 존재한다."고 했다.(조희연 1997, 163) 그는 구체적으로 그것을 첫째, 외국인(서구학자)의 시각을 준거로 하여 우리 현실을 보는 것, 둘째 우리 현실을 비하하는 시각, 셋째 거창한 일반론의 대상은 서구의 것이고 우리 현실은 서구적 일반론을 시험적용하는 대상 정도로 인식하는 시각이라고 규정했다. 조희연은 진보적 학문세계에도 예외 없이 관철되는 이 현상을 "마르크스주의의 발전적 해석은 서구의 유수한 학자들에게만 있고, 우리는 그것의 충실한 번역자이며 모방자"에 그치는, 보편적 지침이나 "일반론적 지침을 서구이론, 특히 서구의 좌파이론에서 찾으려는"(조희연 1997, 167) '좌파 식민화적 사고'라고 불렀다. 이러한 설명은 타당하지만 보다 추가적인 설명이 필요하다.

우리의 학문전통이 독창적 이론을 제시하지 못하는 상황에서, 그리고 서구에서 온 어떤 '일반'이론이 우리 현실을 '그 이론의 개별 사례로서' 잘 설명해줄 뿐 아니라 우리의 시급하고 중요한 현실적 문제의 해결에 도움을 준다면, 그 이론에 의존하여 우리의 현실을 분석하는 것을 '의식의 식민화'라고 비판하는 것은 온당하지 않다. 문제는 구조기능주의 입장을 취하든 마르크스주의 입장을 취하든 원산지의 이론에 대해 객관적 혹은 비판적 거리를 두었느냐는 데 있다. 즉 그 이론이 나오게 된 배경, 그 이론이 의도하는 현실적 함의, 그 이론이 대결하고자 하는 문제의식을 읽어내고 그것을 우리의 문제의식에 따라 재맥락화하면서 이론이나 개념 틀을 수정 혹은 변용하는 과정을 통해 현실적 정합성을 높이려는 시도가 동반되었는가 하는 것이다.

3. 지적 식민지의식의 구체적 형상

강정인은 학문의 영역에 나타난 서구중심주의의 문제점을 '학문적 문제의식의 서구화', '서구이론에 따른 한국 현실의 동화주의적 해석', '서구중심주의에 의한 한국(비서구) 현실의 주변화', '학문의 대외(서구) 종속성'이라는 네 가지로 분류했다.(강정인 2004, 10장) 그의 지적은 1980년대 진보학술운동에도 그대로 나타났다. 즉 마르크스주의를 '보편이론', '과학'으로 받아들였던 진보진영의 인식에서 우리의 현실은 중심이 아니라 주변이 되었고, 우리 현실은 그 이론에 맞추어 동화적으로 해석되었던 한편, 그 이론이 말하지 않거나 말할 수 없는 부분 —그것이 우리에게는 중요하고도 시급한 문제임에도 불구하고— 에 대해서는 침묵함으로써 학문의 종속성에서 벗어나지 못하게 되었던 것이다. 정치학의 사례를 중심으로 이 문제를 검토하기로 하자.[11]

첫째, 학문적 종속성의 문제. 우리가 어떤 서구이론을 '보편' 혹은 '과학'으로 받아들여 세상을 보게 되면 그 이론이 속해 있는 사유의 전통을 벗어나기 대단히 어려워진다. 앞에서 지적했지만 진보학술운동은 한국사회의 구조적 모순을 분석하고 변혁의 전망과 실천 방안을 제시해주는 이론이라면 그것이 외국에서 나온 것이라고 해도 충분히 주체적인 것이라고 보았다. 정치학에서 주체적·민족적 정치학을 지향하는 운동은 소장 진보학자들의 연구모임인 한국정치연구회를 중심으로 추진되었다. 당시 한국정치연구회 회장 이수인은 시리즈의 공통 서문에서 정치학은 분단시대의 현실에 눈을 감은 채 '외국의 시각'으로 자기 현실을 바라보는 '학문의 소작지'에서 벗어나지 못했다고 비판했다. 그리고 이제부터 정치학은 과거의 이러한 행태를 반성하고 "민족의 정치현실에 성실하게 답변"하는 "'민족정치학'의 건설"을 목표로 해야 한다고 주장했다.(한국정치연구회 1989b, 8)

이러한 의도에 따라 출간된 일련의 진보정치학 교재에서 일관되게 주장된 것은 변증법적 유물론의 기본 법칙인 생산양식과 "그 정치적·이데올로기적 상부구조 간의 모순에 의한 상호대립과 조응으로

---

11) 정치학계의 대표적인 진보학술운동단체인 한국정치연구회는 "대학 1, 2학년 대상의 정치학 교재를 의도하고 기획"한(한국정치연구회 1989a: 9) 네 권의 정치학 교재를 '정치학강좌 시리즈'로 책으로 출간했다. 1권 『현대자본주의의 정치이론』(1989), 2권 『한국정치사』(1990), 3권 『한국정치론』(1989), 4권 『북한정치론』(1990)으로 출간되었고, 시리즈에 속하지는 않지만 『한국전쟁의 이해』(1990)까지 넣을 경우 모두 5권이다. 필자는 이 글과 직접 관련이 없는 『한국전쟁의 이해』, '북한 바로알기'에 가까운 『북한정치론』을 제외하고, 정치학 일반과 한국정치학을 다룬 세 권의 책만 검토 대상으로 삼고자 한다.

서의 사회구성체 발전이라는 명제"를 분석의 기본으로 삼는다는 원칙이었다.(한국정치연구회 1989a, 6) 그리고 이 기본 원칙이 한국이라는 '특수한' 상황에 적용되면 "철의 필연성을 갖고 자신의 법칙을 관철시키는 경향으로서의 자본운동의 보편성과 특수성을 변증법적으로 통일"시킨(한국정치연구회 1989b, 38) 신식민지국가독점자본주의론이 '민족정치학'의 분석 틀로 정립된다고 주장했다. 마르크스주의는 자본주의사회로서 한국에도 필연적으로 관철되는 역사발전의 보편법칙을 밝힌 과학이며, '민족정치학'의 요구인 사회주의 변혁을 실현하는 주체적 이론이기 때문에, 과학으로서의 보편성과 한국 민중의 주체성이 '변증법적으로 통일'될 수 있다는 것이다.

이렇게 마르크스주의가 '보편' 혹은 '과학'으로 받아들여지면 그 틀을 벗어나기 대단히 어렵게 된다. 우리 현실이 그 이론과 어긋나면 ― 고전적 이론가들의 답변이 부족할 경우― 가급적이면 같은 전통에서 나온 최신 이론가들을 찾아서 이론과 현실의 괴리를 해결하고자 한다. 이것은 1980년대 진보진영이 왜 그렇게 서구의 최신 마르크스주의 이론에 의존하여 나의 현실을 파악하고자 했는지 설명해준다. 진보학술운동은 마르크스-레닌에서 시작하여 알뛰세 · 풀란차스 · 그람시, 최근에는 캘리니코스 등 서구 마르크스주의 최신이론들을 찾아내 거기서 해답을 찾고자 했다. 그러나 그렇게 해서 얻어냈던 것은 알뛰세의 눈으로 본 한국, 그람시의 이론을 통해 파악된 한국이었지 지금 현실에 존재하고 있는 한국 현실의 '주체적' 파악은 아니었다.[12]

---

12) 한 논자는 오늘날 한국 진보진영의 지배적 담론인 '자본주의 이외 대안 부재론'은 '스탈린주의 이데올로기'를 마르크스주의의 '유일한 정통'으로 알며 동유럽 사회주의권의 붕괴와 함께 마르크스주의도 타당성을 상실했다고 보았던 1980년대 사회구성체논쟁의 유산이라고 주장했다. 그리고 21세기에 그 대안으로서 "스탈린주

둘째, 문제의식의 종속. 1980년대 진보진영의 문제점에 대해 이구동성 일치하는 부분은 그들이 한국사회의 시급하고 독특한 문제들, 예컨대 여성문제·민족주의 문제·지역감정·분단으로 인한 여러 문제들, 그리고 한국정치와 사회에 만연한 일상적인 비민주성의 극복 등에 대해 아무런 답을 주지 못했다는 점이다. 그러나 답을 주지 못한 것은 그것들이 보편이론에서는 중요하고도 시급한 문제로 인식되지 않은 채 침묵으로 남겨져 있었기 때문이다. 그 이론은 애초부터 한국사회의 특수성을 담아낼 능력이 없었으며, 그 이론에 입각해 있는 한 문제제기조차 할 수 없었던 것이다. 김동춘이 잘 지적했듯, 식민지반(半)봉건을 강조하고 한국사회의 민족적 측면을 절대적으로 보는 민족해방노선(NL)은 1930년대의 문제의식을 벗어나지 못했으며, 민중민주주의(PD) 노선에서 한국은 19세기 말에서 20세기 중반까지의 유럽과 같은 전형적인 계급사회였을 뿐 한국의 특수한 역사적·사회적 경험은 망각되고 있었다.(김동춘 2006, 85-89) 하나는 한국을 여전히 식민지로 보며 한국사회의 자본주의적 현실을 설명해주지 못했고, 다른 하나는 자본주의의 일반적 경험에 집착하여 민족문제라는 한국사회의 특수한 현실을 외면하였던 것이다.

의에 의해 왜곡 억압되었던 고전 마르크스주의 전통을 복원"하면 "고전 마르크스주의 관점에서 한국 자본주의 분석과 대안이 여전히 타당하다."고 주장하며(정성진 2005, 92-93) 트로츠키주의를 '진정한 마르크스주의'로 내세웠다. 그러나 필자는 '진정한' 마르크스주의가 한국에 도입된다고 해서 대안적 패러다임이 만들어진다고는 생각하지 않는다. 사회구성체논쟁과 진보학술운동의 근본적 문제는 과학으로서의 마르크스주의에 종속되어 —애초의 의도와 달리— 한국이라는 특수 상황이 매몰되었다는 데 있었다. 1980년대에 트로츠키주의가 정통 마르크스주의로 받아들여졌다고 해서 이런 문제가 해결되지는 않았을 것이다. 현재 시점에서 다시 '정통' 운운해보았자 누가 더 정통에 충실한지 원전 인용을 통해 입증하려는 말잔치만 무성하게 벌어질 것이라고 생각한다.

정치학의 경우에도 이런 현상은 쉽게 포착된다. 1987년 민주화 이후 지역문제가 그토록 심각하게 대두되었음에도 불구하고 "국민대중의 의식 변화는 허구적 반공의식 → (지역의식) → 계층의식·계급의식 등의 순서로 변화되리라 예상된다."고(정해구 1988b, 86) '교과서'에 충실하게 답할 뿐이었다. 또한 3저호황을 계기로 한국경제가 다시 고성장에 접어들고 노동운동을 비롯한 민중운동의 성격이 더 이상 체제변혁이 아니라 경제투쟁이나 시민운동으로 변화되는 심각한 상황에서도 문제의식은 여전히 신식민지국가독점자본주의론에 갇혀 있었다. 신식민지국가독점자본주의 아래 한국 국가는 식민지 초과이윤과 독점이윤 확보를 위한 잉여가치의 초과착취, 이를 위한 고도의 민중수탈, 종속강화와 독점강화 때문에 항상 고도의 민중수탈과 폭력성으로부터 벗어날 수 없다는 것이다. 오직 "민중의 독자적 정치세력화와 민중권력의 역사적 전망"을 확보하여(한국정치연구회 1989b, 398) 한국 국가를 변혁하는 것이 민주주의와 민족자주를 실현하는 길이라고 초지일관의 결론을 내렸다. 즉 수입이론이 다루지 않거나 문제로 인식하지 않는 부분에 대해서는 침묵하거나 외면하는 '문제의식의 종속' 혹은 '학문적 문제의식의 서구화'가 재현되고 있었던 것이다.

셋째, 보편이론에 의한 한국 현실의 주변화다. 마르크스주의에 대한 지적 종속은 우리의 현실을 중심이 아니라 주변으로 보게끔 만든다. 1980년대 진보진영도 근대화론의 이분법과 단선적 역사관을 그대로 갖고 있었다. 단지 근대의 모델이 사회주의국가였을 뿐이다. 진보진영은 식민지반봉건사회·신식민지파시즘·국가독점자본주의 등의 개념을 동원하여 한국사회의 특수성을 설명하고자 했지만 이러한 개념들 자체가 단선적 역사발전의 경로를 확인해주는 수단이었다. 한국사회는 자본주의사회구성체라는 일반 규정 아래 이러저러한 특수한 사회성격을 부여받고 있지만, 결국 소련의 경험에 입각한 사회주의혁명 혹은 북한, 중국의 경험에 입각한 민족해방으로 나아간다는 단선적 역사발전 도식을 예증할 뿐이고, 한국의 과거·현재·미래는 이 보편 개념을 예증해주는 사례일 뿐이었다. 예컨대 박현채의 국가독점자본주의론은 식민지 시절부터 1980년에 이르기까지 한국사회가 독점자본주의의 발전법칙에 따라 이행되어왔음을 밝히고자 했다. 그의 분석에서 한국사회는 국가독점자본주의에 의해 철저히 규정되었고, 그것을 벗어나는 유일한 대안은 노동계급의 헤게모니 확립과 사회주의 민중혁명이었다.(박현채 1985) 그러나 여기에는 한국사회의 고유한 역사적·사회적 특수성은 실종되어 있다. 식민지 이후 한국의 역사는 자본의 본원적 축적, 산업자본, 금융자본으로 이어지는 역사였고, 해방 이후에는 관료자본주의, 국가자본주의, 국가독점자본주의로 계기적으로 이행하는 역사였다. 서유럽의 자본주의의 발전사가 세계사의 보편적 합법칙으로 전제되어 있고, 한국은 그 역사발전법칙을 예증해주는 개별사례로 주변화되어 있을 뿐이다. 곧 '보편이론에 의한 한국 현실의 주변화'라는 서구중심주의의 문제점이 좌파이론의 형태로 반복되고 있는 것이다.

넷째, 보편이론에 따른 한국 현실의 동화주의적 해석이다. 동화주의적 해석은 서구이론에 맞지 않는 자기 사회의 현실을 억지로 맞추어 왜곡되게 해석하거나, 아니면 자기 사회의 후진적인 현실이 선진적인 서구이론의 적용을 받을 만큼 충분히 성숙하고, 그 이론이 적용되는 시기가 도래할 것을 기다리는 대기주의적 경향을 말한다.(강정인 2004, 402) 한국정치연구회에서 출간한 『한국정치사』는 한국 근현대사에 있었던 "모든 민족해방운동의 정치적 지향은 반제반봉건의 성격을 분명히 하였"다고(한국정치연구회 1990, 432) 주장하며, 한국 근현대 정치사는 사회주의적 변혁으로 이행하는 "민족운동의 발전의 역사적 필연성"을(한국정치연구회 1990, 27) 보여준다고 강조했다. 즉 한국사회는 근현대사의 풍랑을 겪으며 이제는 사회주의혁명을 대기 혹은 예비하고 있는 사회, 마르크스주의 역사발전법칙의 타당성이 검증되기를 '대기'하고 있는 사회였다. 그런데도 혁명이 일어나지 않는 것은 마르크스주의에서 말하는 그 무엇이 한국에는 '결여'되어 있기 때문이었다.

1980년대의 인식에서 그 부재 혹은 결여는 혁명적 계급의식의 결여, 대중을 올바로 인도할 전국적 전위조직의 부재, 혁명적 품성을 갖춘 혁명 전위대의 부재 등 온갖 종류의 부재로 나타났다. 한국은 보편이론에서 말하는 모든 객관적 조건이 완비되었지만 주체적 조건이 부재 혹은 결여되어 있는 사회, 그 부재와 결여를 채움으로써 서구 역사발전의 보편법칙을 입증하도록 대기하고 있는 사회였다. 그러나 그러한 인식 속에서 파악되는 실체는 현실의 한국사회가 아니라 그렇게 '되어 있어야 한다'고 '책에 기록되어 있는' 내용에 따라 동화주의적으로 해석된 한국의 현실이었다. 출발은 분명히 나의 현실이었지만, 그 현실은 마르크스-레닌의 눈을 빌려서 본 현실로 전도되어 있었다. 1980년대 이후 "한국 좌파"의 몰락을 "눈을 뜨고도 마르크스-레닌주의 철학·사상의 색안경에 가리어, 있는 그대로의 이 땅의 현실을 보지 못하는 장님이었고, 남의 이론 속의 현실을 제 눈으로 보는 현실이라 착각했기 때문"이라고 평한(정성기 2005, 61) 지적은 바로 이와 같은 동화주의적 해석의 맹점을 가리키는 것이다. 한마디로 보편적 지침은 서구이론이 설정하고 우리는 그 지침에 맞추어 현실을 해석하고 열심히 그것을 실현하면 되는 것이며, 실천의 지체는 전적으로 우리의 역량 부족의 문제가 되는 것이다.[13]

이러한 좌파 서구중심 인식에서 마르크스주의가 이론화했던 유럽이 나의 역사발전 및 사회 모델이 됨으로써 서구는 대표·보편·모델이 되고, '나'는 개별·특수·추종자가 되는 것이다. 나의 현실은 남의 눈으로 분석되고, 그 이론들이 대답하지 못하는 부분에 대해서는 나도 침묵하며, 나의 현실이 그들의 이론과 얼마나 잘 부합하는 것인지가 중요할 뿐이다. 이런 인식 속에서 모델 혹은 보편은 서구의 것이고, 우리는 그 파생 사례가 되는 것에 별로 문제점을 느끼지 않는다. 심지어 우리의 사례가 서구 보편이론과 맞지 않다고 하더라도 서구 이론가들의 명성 혹은 그 이론의 보편적 지위에 별 영향을 주지 않는다. 마르크스주의가 한국의 구체적 현실과 역사에 과연 부합하는가의 문제가 아니라, 거꾸로 한국의 현실과 역사가 얼마나 마르크스주의와 잘 부합하는가의 문제가 중요했던 것이다. 한국의 현실과 역사는 마르크스주의를 검증하는 데 동원되는 사례에 불과했고, 한국은 마르크스주의의 역사발전법칙이 실현되기를 대기하는 사회이며, 한국의 미래는 마르크스주의가 실현됨으로써 그 대미를 장식하게 된다는 생각이었다. 이 식민지의식은 진보정치학만 아니라 진보학술운동 전체에 공유되어 있었는데, 필자는 바로 이와 같은 좌파 판본의 서구중심주의에 진보진영이 포획됨으로써 주체적 학문을 지향하려는 탈서구 기획이 좌절되었다고 생각한다.

필자의 위와 같은 비판에 대해, 이러한 문제들은 마르크스주의에 입각한 경험적 사례연구가 질적·양적으로 부족하고 아직 그 학문적

---

13) "최소한 비서구 마르크스주의자에게 서구의 이론적 동향을 무시하면서 현지 우선적 주장을 내세우는 것은 있을 수 없다."는(Chakrabarty 1999, 223) 탈식민주의 이론가의 논평은 서구에 포획된 비서구 마르크스주의자의 지적 식민지의식을 잘 표현해주고 있다.

축적이 심화되지 못했던 당시의 시대상황을 도외시한 일방적 비판이라는 반론이 제기될 수 있다. 또한 마르크스주의를 통해 의도했던 것은 '서구' 일반이 아니라 미국식 사회과학을 남미 혹은 유럽의 사회과학을 통해 극복하려는 것이었을 뿐인데 —마르크스주의까지 서구 일반에 포함시켜— 마치 진보학술운동이 '모든' 서구이론을 거부하고 독자적인 한국 사회과학을 구축하려는 의도를 실현하지 못했다는 취지의 잘못된 비판을 하고 있다는 반박도 나올 수 있다.

첫 번째 반론에 대해 필자는 학문의 축적과 주체적 문제의식이 분리되어서는 안 된다고 답하고자 한다. 부족한 이론적 자원을 서구에서 빌려와 지식을 축적하고 현실 분석과 실천적 대응의 모색에 도움을 받을 때, 우리가 그것을 서구중심주의 혹은 지적 식민지라고 비난할 수는 없다. 우리는 지금도, 그리고 앞으로도 부족한 이론적 자원을 서구에서 수입해야 한다. 그러나 우리의 필요에 의해 받아들인 수입이론의 문제의식과 분석 틀을 한국현실에서 재맥락화하는 작업이 따르지 않으면 애초에 의도했던 현실 분석과 실천적 대응은 제대로 성과를 거둘 수 없다. 이 작업과정에서 수입이론의 가설이 부정되었을 때에는 가설 자체를 재검토하거나 가설과 이론의 연결과정을 면밀히 검토함으로써 이론을 수정해야 한다. 이 모든 것은 '우리'의 문제의식이 —시간적으로 비록 늦게 확립된다고 해도— 확립될 것을 전제로 한다. 나의 문제의식에 따라 수입이론과 객관적 거리감을 확보하지 못하고 과학 혹은 대가(大家)의 권위에 의존하여 한국의 현실을 그 이론 틀에 맞게 왜곡한다면, 지식이 '축적'된다고 해도 지적 식민지의식으로부터 벗어날 수 없을 것이다.[14] 내가 발을 딛고 서 있는 곳의 주

---

14) 1960년대에 들어온 구조기능주의·근대화론이 1980년대 중반까지도 비판의 대상

체적 문제의식을 상실한다면 아무리 학문적 축적이 이루어져도 별 소용이 없다는 역사적 사례는 끝까지 중화라는 관점에 묶여 현실적 대응력을 잃었던 조선 유학의 사례로 충분할 것이다.

두 번째 반론에 대해서는 이렇게 답하고자 한다. 진보학술운동이 겨냥했던 것은 '서구 일반'이 아니라 '미국식 사회과학'이었음이 틀림없다. 그러나 종속이론이나 국가론으로 대변되는 남미 이론, 마르크스주의로 대표되는 유럽 이론을 천착했던 것은 —필자가 앞에서 계속 설명했듯— 서구중심 기획의 세계관을 거부하고 궁극적으로 우리의 주체적 인식에 입각한 사회주의적 근대성 기획을 이론적·실천적으로 확립하려는 욕구에서 비롯되었다. 진보학술운동의 최종적 의도는 미국 사회과학 패러다임을 유럽 이론으로 대체하려는 것이 아니라 그 이론의 도움을 받아 나의 주체적 패러다임을 만들려는 것이었다. 마르크스주의는 단순히 미국 중심 세계관을 유럽 패러다임으로 바꾸어 놓는 이론이 아니라 한국에서도 관철되는 보편적 역사법칙을 구명하며 한국 민중의 주체적 욕구에 따른 사회주의적 변혁을 제시한 탈서구중심 발전기획의 주체적 이론으로 인식되었다. 그러나 과학으로서의 마르크스주의가 갖고 있다고 생각되었던 보편의 논리에 얽매여 오히려 한국 현실이 주변으로 밀려나고 주체가 실종되었음을 필자는 밝히고자 했던 것이다. 또한 필자는 진보학술운동이 우리의 주체적이고 독자적인 세계관이나 이론 틀을 구축하지 못했다고 비판하는 것이 아니다. 그런 결과를 기대하기에는 아직도 한국 사회과학계 전반의 역량이 미치지 못한다. 마르크스주의에 대한 과잉 혹은 전면적인 의존

___

이었다는 사실은 지식의 축적이 문제의식의 주체성을 보장하지 않는다는 사실을 잘 보여준다.

성에서 비롯된 주체적 문제의식의 상실을 비판하는 것이다.

진보학술운동의 지적 식민지성은 결국 진보이론의 설명력과 설득력을 크게 떨어뜨리는 결과를 초래했다. 사회과학 이론은 기본적으로 그 사회의 현실이 형성·구조화된 역사적 경로의 발견, 이 현실을 움직이는 기본 구조나 운동법칙의 식별, 현실의 진행 혹은 방향 경로 분석, 그리고 변화의 전망이나 새로운 사회의 청사진을 제시할 때 설명력과 설득력을 갖출 수 있다. 반면 진보학술운동은 1987년 이후 민주화와 3저호황 등에 제대로 대응하지 못하고 낡은 틀에 묶여 '임박한 붕괴 혹은 파국' 명제를 되풀이하고 있었다. 또한 1987년 민주화 이후 한국사회가 당면한 특수하고 구체적인 쟁점 ─분단, 성차별, 지역차별, 민주화, 환경 등─ 에 대해 효과적인 대답을 하지 못함으로써 진보이론의 설명력과 설득력은 크게 떨어지게 되었다. 물론 진보진영에서도 이러한 문제점들이 인식되지 못했던 것은 아니다.

1980년대를 지나온 사람들이라면 공감하겠지만, 당시에는 공개적으로 꺼내지 않았을 뿐 한국사회 분석에서 마르크스주의가 갖는 한계, 보편이론으로서 마르크스주의의 위상에 대한 회의가 널리 인식되고 있었다. 그러나 1980년대에는 그와 같은 회의를 꺼낼 수 없는 시대였다. 조희연이 잘 지적했지만 "80년대를 진지하게 사는 사람들에게 가장 '정상적'인 것은 혁명주의자가 되는 것이었고, 혁명주의자의 주요한 사상적 과제의 하나는 모든 일탈적 사상에 대하여 '개량'의 낙인을 부여하고 그것의 확산을 저지하는 것"이었다.(조희연 1998, 127) 그런데 개량을 넘어 정통에 대한 회의나 부정을 운운하는 것은 상대방을 이롭게 하는 것을 넘어 시대적 사명에 대한 '배신'이며 스스로 '양심을 버리는 것'이나 다름없었기 때문에 수많은 회의와 의심에도 불구하고 함구하고 있었던 것이다. 진보학술운동의 급격한 쇠퇴를 초래한 가장 직접적 원인은 현실 사회주의권의 붕괴였지만, 사회주의권의 붕괴 이후 많은 진보학자들이 그토록 빨리 자신의 입장들을 '청산'하거나 각종 포스트주의로 '방향 전환'을 한 것은 이미 마르크스주의의 한계에 대한 인식이 진보진영에 쌓이고 있었음을 외면해서는 안 된다고 생각한다.

IV. 결론: 진보학술운동의 여운

지금까지 필자는 1980년대 진보학술운동을 민족·민중학문의 정립과 탈서구중심주의 기획이라는 측면에서 분석하고자 했다. 필자는 진보학술운동의 패러다임이었던 마르크스주의가 한국 사회과학계의 지배적 패러다임인 자유주의 이론 틀과 차별성을 갖는다는 사실, 그런 점에서 그것은 서구중심주의에 맞서는 이론적·실천적 대안으로서 대단히 유용하다는 사실은 충분히 인정한다. 또 그러한 의미에서 신자유주의 시대의 문제점에 대응하는 유용한 비판의식을 제공해준다고 생각한다. 그러나 대안 틀을 받아들인다고 해서 자동적으로 탈서구중심의 주체적 학문이 정립된다거나 신자유주의의 대안이 마련된다고 생각하지 않는다. 비판적 혹은 대안적 패러다임으로서 마르크스주의의 유용성이 아무리 뛰어나다고 해도, 그것이 우리의 필요와 관점에 입각하여 한국사회에 실질적 도움을 주는 이론이 되기 위해서는 앞서 지적했던 좌파 판본의 서구중심주의로부터 벗어난 '주체적' 문제의식이 먼저 마련되어 있어야 한다고 본다. 이 글은 탈서구중심 기획으로서 1980년대 진보학술운동의 분석을 통해 민족·민중학문운동이 인식론적으로 좌파 판본의 서구중심주의에 침윤됨으로써 소기의 성과를 거두지 못했음을 지적하면서, 탈서구중심의 기본 원리를 다시 한 번 검토하고자 했던 것이다.

실제로 탈서구중심의 기획과 관련하여 1980년대의 진보학술운동에 대한 평가는 별로 우호적이지 않다. 김세균은 진보정치학의 과거·현재·미래를 검토하는 진보정치학자들의 좌담회에서 그동안의 노력에 불구하고 "한국의 정치현상을 분석하고 진단할 합당한 방법론적-이론적 시각을 발전시키는 데에까지 발전하지 못했다."고 진단했다.(김세균 외 1996, 20) 진보적 정치학자들의 연구단체인 한국정치연구회의 부회장 정해구는 진보정치학이 "한국정치의 대안적 방향과 그 길을 논의하고 제시하기는커녕 진보정치학의 내용조차 제대로 제시하지 못하고 있는 것이 현실"이라고 토로했다.(정해구 2000, 8) 그런가 하면 "미국식 주류 사회과학의 무비판적 이식을 비판하고 나온 '민족적·민중적 학문' 운동도 학문사적으로 보면 대체로 외래 학문의 '수입선 다변화'로 귀착하고 만 것"이라는 혹독한 비판도 있다.(신정완 2003, 383)

이러한 지적들은 타당하다. 1980년대 진보학술운동은 마르크스주의라는 또 다른 서구 보편이론에 빠짐으로써 —수많은 '주체성'의 구호에도 불구하고— 서구중심주의를 극복할 토착적 이론의 발견에는 실패했다. 정치학으로 범위를 좁힌다면, 한국정치의 분석에서 대안 패러다임을 제시하고자 했던 진보정치학의 구상이 만족스러운 성과를 거두었다고 평가받기는 어렵다. 그러나 정치학을 포함하여 진보학술운동의 기획은 결국 당대의 한국 사회과학의 수준 안에서 진행될 수밖에 없다. 정치학을 포함한 진보학술운동의 노력이 소기의 성과를 거두지 못한 이면에는 독자적이고 주체적인 사회과학의 정립에 뚜렷한 성과를 거두지 못하고 있는 한국 사회과학계 전체의 한계가 있었

다.[15]

비록 애초의 포부는 이루지 못했다고 하더라도 1980년대 진보학술운동은 대단히 중요한 교훈을 남겼고, 연주가 끝난 후에도 귀에 울리는 여운처럼 우리에게 계승되고 있다. 필자는 진보학술운동이 내세웠던 거대 담론이나 일반원칙은 소멸되었지만 그들의 비판적 문제의식, 그리고 방법론적 지침은 지금까지 계승되어 훌륭한 학문적 성과를 거두는 데 거름이 되었다고 생각한다. 과거 진보학술진영에서만 내세울 수 있었던 연구 주제와 내용이 이제는 널리 공유되어 있다는 사실만 보아도, 그 운동은 실패로 단정될 수 없는 것이다. 예를 들면 주류 정치학계를 대표하는 한국정치학회에서 펴낸 저작에서도 1980년대 중반의 마르크스주의 패러다임이 기존의 자유주의 인식 틀에 접맥됨으로써 "한국정치학이 그만큼 이론적으로 풍요로워지고 이념적으로도 신축성을 갖게 되었다."는 평가를 내렸다.(김호진 1995, 23)

1980년대는 우리에게 보편이론·거대담론에 파묻히지 말 것, 우리 현실을 중심에 두고 구체적이고 현실적인 성과를 거둘 수 있는 제한된 주제에 우선 몰두할 것을 교훈으로 남겼다. 손호철은 현재 단계에서는 일반론이나 원칙론이 아니라 구체적 수준에서 현실을 분석할 수 있는 "중범위 수준의 이론화", "실증연구의 비교분석과 그 역순서

---

15) 손호철은 진보정치학의 성과를 검토하며 연구의 구체적 성과는 정치학의 다양한 이론적 자원, 나아가 사회과학의 이론적 자원에 의존할 수밖에 없고, 결국 한국정치연구의 수준은 "한국정치학계의 이론 수준, 즉 한국정치학의 수준을 그대로 반영할 수밖에 없다."고 지적했다.(손호철 2003, 16) 또한 1980년대 한국정치학에서 정치경제학 분야의 연구 성과들을 주요 쟁점별로 검토한 이호철은 국가론을 비롯한 그동안의 "몇 번의 논쟁은 결국 '현실의 이론적 재단'과 '재단되지 못하는 현실' 간의 논쟁이었던 것으로 보인다."고 결론지었다.(이호철 2000, 315) 독자적 시각에 입각한 주체적 정치학의 구축은 결국 한국 사회과학계의 전반적 수준에 따라 진행될 수밖에 없다는 지적이다.

로의 이론분석"을 진보적 시각에 입각한 한국정치학의 연구 방법으로 내세웠다.(손호철 1993, 21)[16] 그와 같은 교훈을 바탕으로 정치학에서는 한국 현실에 대한 구체적 분석에 집중한 훌륭한 연구 성과를 만들어냈다. 특히 해방공간에 대한 연구가 확대되고, 그동안 입수 불가능했던 자료들이 발굴되며 출간된 박명림의『한국전쟁의 발발과 기원』(1996)은 그중에서도 백미에 속한다고 평할 수 있다. 또한 1948년 남한 단정의 성립을 보수적 패권체제의 성립이라는 시각에서 보는 박찬표의 저작들(2007; 2010), 한국의 지역주의를 분석한 박상훈(2009)의 작업도 뛰어난 성과다.

진보학술운동의 가장 큰 성과는 가치와 사실의 분리라는 공허한 구호에서 벗어나 학문이 현실의 개선에 공헌해야 한다는 실천적 문제의식을 분명하게 밝히는 진보 학술 저널의 창간을 유도했다는 데 있다. 사회학의『경제와 사회』를 비롯하여『동향과 전망』,『마르크스주의 연구』,『정치비평』,『역사비평』등 각 분야에서 진보적 학술 저널이 창간되며 진보학문을 위한 독립적 학문공간이 마련되었다는 점은 과거에는 상상도 하지 못할 대사건이라고 할 수 있다. 그리고 한국에서 중요한 이슈를 정치학이 다루어야 한다는 인식은 학계에서도 널리 인정받으며 국가/자본/노동의 관계, 민주주의 이행론, 시민사회론 등 한국사회의 실천적 과제에 대한 연구들이 계속 이어지도록 했다. 또한 한국 정치학의 서구의존이 한국사회의 대미종속에서 비롯되었음을

---

16) 이러한 주장은 마르크스주의가 쇠퇴하던 1980년대 말부터 제기되기 시작했다. 예컨대 한국산업사회연구회 ―현재는 비판사회학회― 가 출간하는『경제와 사회』창간호는 사회구성체논쟁에서 "확인된 쟁점들과 구체적인 연구과제들을 실증적으로 검증"하고, 나아가 이를 실천과 접맥시키는 것이 "민족적·민중적 학문의 건설의 성패를 가늠"하게 될 것이라고 강조했다.(편집위원회 1988, 8-9)

밝히고 그 극복 방안을 모색하려는 작업은 지금도 계속되고 있다.(학술단체협의회 엮음 2003) 더 나아가 우리의 문제를 보편으로 인식하고, 서구에서는 볼 수 없는 보편적 진실을 우리 현실에서 찾아냄으로써 우리의 특수성을 보편화하는 '우리 현실의 보편적 독해'를 제안하며 서구중심주의를 극복하는 노력도 진행되고 있다.(김경일 외 2006) 진보학계는 물론 주류학계에서도 1980년대 진보학술운동의 성과와 교훈이 충분히 인식되고 있다는 사실은 1980년대가 학문사적으로 대단히 의미 있는 시기였으며, 그 시대를 치열하게 살아왔던 사람들의 노력이 헛되지 않았음을 보여주고 있다.

■ 참고문헌

강정인. 2004. 『서구중심주의를 넘어서』. 서울: 아카넷.

금인숙. 1999. "억압적 정권에 도전한 지식인: 80년대 진보적 학술운동에 대한 사회학적 분석." 『경제와 사회』 41, 208-236.

금인숙. 2006. "마르크스주의 사회과학에서의 오리엔탈리즘: 1980년대 사회구성체논쟁을 중심으로." 『담론201』 9(3), 109-157.

김경일 외. 2006. 『우리 안의 보편성』. 서울: 한울.

김동춘. 1997. 『한국사회과학의 새로운 모색』. 서울: 창작과 비평.

김동춘. 2006. 『(1997년 이후) 한국사회의 성찰』. 서울: 길.

김동춘·조희연. 1990. "80년대 비판적 사회이론의 전개와 '민족·민중사회학'." 한국사회학회 편. 『한국사회의 비판적 인식: 80년대 한국사회의 분석』, 5-50. 서울: 나남.

김명환·조희연. 1990. "진보적 학술운동의 전개와 90년대의 전망." 조희연 편. 『한국사회운동사』, 341-369. 서울: 죽산.

김세균 외. 1996. "진보정치학의 과거-현재-미래." 『정치비평』 1, 18-57.

김진균 편. 1983. 『제3세계와 사회이론』, 1-10. 서울: 한울.

김진균. 1988. "민족적·민중적 학문을 제창한다." 학술단체연합, 13-25.

김진균·조희연. 1990. "해방 이후 인문사회과학사의 비판적 재검토." 김진균·조희연 엮음. 『한국사회론: 현대한국사회의 구조와 역사적 변동』, 276-300. 서울: 한울.

김호진. 1995. "한국 현대정치사 연구를 위한 몇 가지 제언." 한국정치학회 편. 『한국현대정치사』, 12-45. 서울: 법문사.

박상훈. 2009. 『만들어진 현실: 한국의 지역주의』. 서울: 후마니타스.

박찬표. 2007. 『한국의 국가 형성과 민주주의』. 서울: 후마니타스.

박찬표. 2010. 『한국의 48년 체제』. 서울: 후마니타스.

박현채. 1985. "현대 한국사회의 성격과 발전단계에 관한 연구(Ⅰ)." 『창작과 비평』 15(3), 310-345.

사회와 사상 편. 1989. 『80년대 사회운동논쟁』. 서울: 한길사.

손호철. 1993. 『전환기의 한국정치』. 서울: 창작과 비평.

손호철. 2003. 『현대 한국정치: 이론과 역사 1945~2003』. 서울: 사회평론.

신정완. 2003. "주체적 학자 양성의 필요성과 방안." 학술단체협의회 엮음. 371-391.

유선영. 1997. "황색 식민지의 문화정체성." 『언론과 사회』 18, 81-122.

이기홍. 1991. "신식민지적 지배체제와 사회과학 연구." 한국산업사회연구회 편. 『한국사회와 지배이데올로기』, 325-357. 서울: 녹두.

이병천. 2005. "전환시대의 자본주의론: 61년 체제와 87년 체제의 시험대." 『역사비평』 71, 67-90.

이이화 외. 1996. "학술운동 10년, 회고와 전망." 『역사비평』 34, 371-399.

이진경. 1986. 『사회구성체론과 사회과학방법론』. 서울: 아침.

이진규. 1990. 『새시대 정치학원론』. 서울: 조국.

이호철. 2000. "한국정치학에서 정치경제연구의 쟁점과 과제." 『한국정치학회보』 제34집 1호, 301-322.

임휘철. 1989. "정통이론의 결여와 수정주의의 과잉." 사회와 사상 편. 191-208.

정관용. 1989. "관료적 권위주의론에서 파시즘론으로." 사회와 사상 편. 284-299.

정민. 1988. "80년대 사회운동논쟁의 전개와 역사적 의미." 사회와 사상 편. 17-28.

정성기. 2005. "80년대 한국사회구성체논쟁, 또 하나의 성찰적 재론." 『역사비평』 71, 34-66.

정성진. 2005. "21세기 한국 사회성격논쟁." 『역사비평』 71, 91-113.

정영태. 2003. "한국정치학의 미국 편향성과 미국정치." 학술단체협의회 엮음. 136-161.

정해구. 1988. "한국 사회현실과 한국정치학." 학술단체연합, 100-112.

정해구. 2000. "권두언." 『정치비평』 7, 7-8.

조형제. 1988. "한국자본주의와 국가연구의 과제들." 한국산업사회연구회 편. 『오늘의 한국자본주의와 국가』, 7-19. 서울: 한길사.

조희연. 1989~1992. 『한국 사회구성체논쟁』 1~4권. 서울: 죽산.

조희연. 1992. "80년대 민주화운동과 체제논쟁." 강광식 외. 『현대 한국체제 논쟁사 연구』, 217-258. 성남: 정신문화연구원.

조희연. 1997. "좌파 식민지성의 극복을 위해." 『월간 말』 12월, 162-168.

조희연. 1998. 『한국의 민주주의와 사회운동』. 서울: 당대.

차크라바르티, 디페시 저·김택현, 안준범 역. 2014. 『유럽을 지방화하기: 포 스트식민 사상과 역사적 차이』. 서울: 그린비.

최장집. 1985. "편집자 서문." 최장집 편. 『한국자본주의와 국가』, 7-26. 서울: 한울.

최형익. 2003. "1980년대 이후 한국 마르크스주의 지식 형성의 계보학." 『문 화과학』 34, 195-213.

편집위원회. 1988. "책을 내면서." 『경제와 사회』 1, 7-10.

학술단체연합. 1988. 『한국인문사회과학의 현단계와 전망』. 서울: 역사비평사.

학술단체협의회 엮음. 2003. 『우리 학문 속의 미국』. 서울: 한울.

한국산업사회연구회. 1986. "논문집 창간에 부쳐." 『산업사회연구』 1, 9-15.

한국정치연구회. 1988. "신식민지파시즘의 이론구조." 학술단체협의회. 『1980년대 한국사회와 지배구조』, 11-46. 서울: 풀빛.

한국정치연구회. 1989a. 『현대자본주의의 정치이론』. 서울: 백산서당.

한국정치연구회. 1989b. 『한국정치론』. 서울: 백산서당.

한국정치연구회. 1990. 『한국정치사』. 서울: 백산서당.

한승조. 1987. "한국정치 연구의 발전현황(1976~1987)." 『한국정치학회보』 제21집 2호, 47-69.

홍승직. 1972. 『지식인의 가치관 연구』. 서울: 삼영사.

Chakrabarty, Dipesh. 1999. "Marx after Marxism: History, Subalternity and Difference," in Bob Jessop and Russell Wheatle, eds. *Karl Marx's Social and Political Thoughts*. vol. 6, 223-235. N.Y.: Routledge.

사회학

소사장(small businessmen)의 나라, 한국
—'가족 개인'과 한국사회의 '무계급성'

김동춘

1. 문제 설정

40대 이상 한국의 중년 남성은 그의 직업과 신원을 모르는 사람들에게 '사장'으로 불린다. 옛날에는 낯모르는 중년 남성을 부를 때 '선생님'이 높임말로 사용되었지만 언제부턴가 사장이 선생님을 대신했다. '사장'은 한국인이 선망하는 지위이기 때문일 것이다. 통계에 의하면 우리나라에서 영업 중인 치킨 가게의 수는 약 3만 6000여 개로 전 세계 맥도날드 매장 수 3만 5000여 개를 넘어섰다고 한다. 그러니 한국에는 3만 6000여 명의 치킨집 '사장들'이 활동하는 셈인데, 그중 거의 절반은 3년 안에 문을 닫는다고 하니 한국의 '사장'은 사실상 빚 독촉과 파산의 위협에 시달리는 하루살이 목숨인 셈이다.

현재 한국은 임금노동자가 전체 경제활동인구의 70% 이상을 차지하는 고도로 발전된 자본주의 국가이고 생산의 서비스화, 정보화가 매우 높은 수준으로 진척되어 탈산업사회로 진입하였다. 그런데 고용구조의 자본주의화, 즉 자본/노동으로의 계급분화가 크게 진척된 1980년대 후반 이후 한국에서 자영업자(self-employed), 프티부르주아, 즉 소규모의 자본을 갖고서 남에게 고용되지 않은 채 한두 명의 종업원이나 자신과 가족의 노동에 의존하여 상공업에 종사하는 사람의 비중은 여전히 OECD 국가 중 가장 높은 수준이다. 게다가 이들은 경제활동 인구에서의 비중도 크지만 임금노동자들이 대량으로 형성된 1980년대 후반 이후에도 지역사회나 지역정치에서 임노동자 집단보다 훨씬 큰 영향력을 행사한다.

마르크스주의 계급론에서 프티부르주아로 불리는 이 집단은 부르주아와 프롤레타리아 양 계급 사이에 끼여 독자적인 위치와 역할을 갖지 못한 이중적 · 모순적 · 양면적 · 과도적 · 유동적 특징을 갖는 존재로 묘사된다.(Poulantzas 1974, 205; 드레이퍼 1986, 181-213; Steinmetz, George and E. O. Wright 1989) 특히 마르크스주의 이론에서 이들은 주로 경멸의 대상으로 거론되는 경우가 많다. 주류 사회과학에서는 이들이 (구)중간계급 혹은 중간층으로 분류되기도 한다. 그러나 자본주의 체제변혁의 관점에 선 마르크스주의 이론은 물론, 이들을 중산층, 사회의 균형추라고 하면서 이들이 자본주의 체제의 안정에 기여한다고 보았던 주류 사회과학도 실제 이 집단의 존재나 활동에 대해서는 별로 관심을 기울이지 않았다.(Mayer, 1975)

그럼에도 불구하고 우선 마르크스 이론의 계급양극화론(프티부르주아 몰락론)과 달리 자본주의가 고도로 발전되어 임노동자의 비중이 크게 확대 발전된 자본주의 국가에서도 자영업자 집단은 완전히 사라지지 않는 것은 물론 때로는 감소 추세가 역전되기도 한다는 지적도 있다.(Bechhofer and Elliott 1985; Steinmetz and Wright 1989) 탈산업사회에서 정보통신, 서비스 사회의 진척, 다수 노동인구의 유동화 현상과 더불어 새로운 직업 유형의 프티부르주아가 계속 만들어지기도 한다. 인구구성에서나 정치사회적 영향력에서 보더라도 프티부르주아가 과도적·잔여적 계급이라는 그동안의 통설은 새롭게 검증될 필요가 있다.

산업화 이후 한국은 전통적 자영농은 크게 축소됐으나 급속한 도시화 과정에서 상승의 열망을 가진 도시 자영자들이 대량으로 형성되었다.(Koo 1976) 이들의 비중은 1980년대 이후 경향적으로 축소되었으나 1997년 외환위기 이후에는 기업의 도산과 대량해고 조치로 인한 실업 사태로 강요된 자영자화로 인해 영세자영업자가 대량으로 창출되었다. 한편 노동시장 유연화 등 고용불안이 심화되면서 대량의 프레카리아트(precariat)가 형성되었는데, 이 중에는 자본-임노동 체계의 외곽에서 활동하는 대량의 영세자영업자도 포함된다.[1] 1997년 외환위기 직후 정부가 대량실업의 완충장치 마련을 위한 지원정책을 폈기 때문에 이들 자영업자의 팽창이 두드러지기도 했다. 결국 2000년대 이후 경제활동 인구에서 자영업자의 비중은 지속적으로 축소되고 있지만, 그것이 생산이나 유통이 대자본에 집중됨으로써 대다수의 노동인구가 임노동자로 전화되고 있다고 결론을 내기는 어렵다.

한국사회학에서 자영업자 집단에 대한 체계적인 조사연구, 그리고 이론적 논의는 거의 없었다. 그러나 구해근, 김병조, 최태룡, 김영모, 유경은 등은 계급론, 사회이동의 관점에서 이 집단을 분석한 적이 있고(Koo 1976; 김병조 1986; 최태룡 1991; 김영모 1991; 유경은 2001), 특히 구해근은 일찍이 '중간계급'의 중요성을 강조하였다. 그는 "사회문화적인 측면에서 보면 중간계급은 마르크스주의자들이 소위 기본계급

---

1) 프레카리아트는 '불안정한(precarious)'과 '프롤레타리아트(proletariat)'를 합성한 용어로, 불안정한 고용과 노동 상황에 놓인 파견·용역 등 비정규직, 실업자, 노숙인 등을 총칭한다.

이라 보는 노동자 계급과 자본가 계급보다 더 중요한 역할을 하는 존재라 생각된다. 중간계급은 단순히 문화가치체계를 규정할 뿐만 아니라 교육제도나 사회복지제도 등 중요한 사회제도의 성격에도 막중한 영향을 준다."(구해근 1991, 145)고 주장했다. 1997년 이후 국책연구기관이나 여러 연구자들이 자영업자에 대한 실태조사를 꾸준히 해왔으며, 영세자영업자들의 정책적 보호를 위한 제안을 해왔지만, 이들의 계급·계층론적인 성격과 의미에 대한 논의는 상대적으로 드물었다.

필자는 자영업자 혹은 프티부르주아의 경제적 비중의 증감에 대해서는 별도의 실증적인 연구가 필요하다고 보지만, 한국에서는 특히 이들의 정치·사회적 과대 대표성, 다시 말하면 그것에 의한 한국 정치사회의 '무계급성'에 주목할 필요가 있다고 생각한다. 1960년대 이후 급격한 도시화와 자본주의 산업화를 겪은 한국에서 전통적인 자영업자인 소농층은 급격히 감소했고 객관적으로 자본/노동의 양극화는 두드러졌다. 그러나 근대 이전의 역사정치적 조건, 그리고 1950년 직전 농지개혁과 1960년대 이후 산업화 과정에서 국내외의 정치경제적 조건은 1990년대 이후의 계급구조화에 여전히 지속적인 영향을 미쳤다고 본다. 근대 이전의 중앙집권적인 국가와 과거시험을 통해 권력에 접근했던 유교적 관인(官人)사회의 전통과 영세농이 지배적인 전통사회의 생산구조 때문에 자영농, 소소유자 의식과 문화는 현대 한국사회에 지속적인 영향을 행사해왔다고 본다.

소소유자 문화의 영향력은 중앙집권적 국가의 전통과 재벌 대기업의 시장 장악, 그리고 한국식 가족주의와 깊이 관련되어 있을 것이다. 이 세 조건은 모두 '계급 혹은 계층'의 사회적 응집을 차단·굴절시키고 모든 인구를 경쟁과 유동적 흐름에 몰아넣는 요인으로 작동했을 것이다. 중앙집권적 지배질서(헨더슨 2013)는 온 국민을 교육과 과거를 통한 지위상승의 소용돌이로 몰아넣었고, 재벌주도의 경제질서는 노동시장을 양극화하는 조건이 되었을 것이고, 가족주의는 사회적·계급적 응집을 가로질렀을 것이다.

이런 문제의식 아래에서 본 연구자는 다음과 같은 질문을 던진다. 자영업자 혹은 프티부르주아는 계급, 계층론적으로 볼 때 과도적·잔여적 범주이기는커녕 한국사회에서 과거에는 물론 지금까지도 가장 중요한 사회경제 집단으로 자리 잡고 있고, 정치적 역학관계에서도 경제활동인구의 압도적 다수자인 임노동자 이상의 비중을 차지하고 있는 것은 아닐까? 경제적 비중도 높지만 문화 정치적인 차원에서 볼 때 보통의 한국인들의 태도, 가치관, 의식은 물론 정치적 지배질서도 이들의 존재 및 의식이 크게 영향을 미치고 있는 것은 아닐까? 영세자영업자들의 존재는 '잔여' 범주가 아니라, 한국 사회경제의 기층, 그리고 계급성이 탈각된 한국 정치사회의 기본특징을 만들어내는 가장 중요한 행위자는 아닐까? 자영업자는 현대 한국사회의 특수성과 보편성, 특히 '한국 계급계층 질서의 특성을 가장 전형적으로 보여주는 존재'는 아닐까?(신광영 2004, 116) 필자는 강정인 교수의 탈서구중심주의 사회과학의 정립의 문제의식을 지지하면서 자영업자의 존재에 대해 주목할 필요가 있다고 보았다.(강정인 2004)

즉 한국 영세 자영업자 집단이 비록 경제적으로는 평균적인 정규직 노동자 이하의 처지로 몰리고 있음에도 불구하고, 오히려 '소사장' 혹은 (프티) 부르주아의 성격을 매우 강하게 지니고 있으며, 그들이 차지하는 경제적 비중 이상으로 사회정치적으로 과도하게 대표되어 한국 사회의 보수화의 기본 축을 형성한다는 점을 주목하면서 서구 사회과학의 계급계층론의 한계를 넘어서는 대안적 논의를 시도해보려 한다.

2. 한국 자영업자의 규모와 성격

1) 생산관계에서의 자영업자

여기서 자영업자는 소규모 자본으로 단신, 가족 혹은 1~4인까지 고용하여 영리활동을 하는 독립 생활자, 소상공인 등을 주로 지칭한다. 이들의 대부분은 도소매업, 숙박업 등 서비스업에 종사하고 있다. 영세소농도 여기에 포함된다. 1960년대까지의 자영업자는 대부분 영세소농이었으나 이제 인구구성에서 이들의 비중은 급격히 감소했다. 한편 학력자본이나 영리활동의 도구인 희소성 있는 자격증을 소지하고서 단신 혹은 여러 명의 직원을 고용하여 영리활동을 하는 전문직, 그리고 지식인 등도 여기에 포함할 수 있다.[2] 넓게는 비임금근로자이며, 자영업자는 단독 자영자와 4인 이하의 고용을 한 고용주를 주로 지칭한다.

자영업자(self-employed) = 고용주 + 자영자

---

2) 우리나라에서 자영업자에 대한 정의는 크게 세 가지다. 첫째, 경제활동인구조사에서는 취업자의 종사상 지위를 임금근로자와 비임금근로자로 구분하며, 비임금근로자는 유급의 고용인이 있는 자영업자(고용주), 고용원이 없는 자영업자(자영자), 무급가족종사자 등으로 구성되어 광의의 자영업 개념으로 정의된다. 둘째, 자영업자를 소상공인이라고 정의하기도 한다. '소기업및소상공인지원을위한특별조치법'에서는 소상공인을 소기업 중 광업, 제조업, 건설업, 운수업의 경우에는 상시근로자 10인 미만, 그 외 업종(서비스 업종)의 경우에는 상시근로자 5인 미만의 사업자로 규정하고 있다. 셋째, 국세청에서는 사업자를 법인과 개인 사업자(일반, 간이, 면세 사업자)로 구분하여 후자를 자영업자로 정의하기도 한다. 한편 주된 사회정책지원 대상이 되는 영세자영업자는 '고용보험법'에서 5인 미만의 근로자를 고용하면서 사업자등록을 한 사업주 또는 '부가가치세법'에서 연간매출액 4800만 원 미만의 간이/면세사업자로 정의되고 있다.

(비임금근로자 = 자영업자 + 무급가족종사자)[3]

외국에서는 주로 비임금근로자를 자영업자로 본다. 그래서 넓게 잡으면 자영업자는 비임금근로자를 말하며, 좁게 잡으면 소고용주(1인에서 4인까지)와 단순자영자를 포함한 것이다.[4] 그런데 한국에서는 전국적으로도 1인 자영업자의 비중이 70%를 넘고, 경기도의 경우 자영업자의 평균 고용인원은 1명에 미치지 못한다. 그리고 무급가족종사가 고용인원의 65%를 차지하고 있어서 한국 대다수의 자영업자는 주로 규모가 매우 영세한 가족생계형이라는 것을 알 수 있다.[5]

자본주의적인 계급분화가 진척되면 전체 고용구조에서 이들 자영업자가 차지하는 비중은 줄어든다. 한국에서도 1980년대 이후 이들의 비중이 점진적으로 축소되었다.[6] 그러나 1997년 외환위기 직후나 2011년 이후 등 경제위기와 맞물려 이들의 비중이 다시 늘어났다. 대량의 실업자들이 자영업으로 몰려들었기 때문이다. 그리고 이후에도 이들의 비중은 계속 높은 상태로 유지되다가 점진적으로 하락하였다. 1997년 이후 자영업자의 증대는 중소기업의 도산, 기업 구조조정 등으로 인한 대량의 실직자 발생과 연관되어 있을 것이다. 즉 조직된 노

3) 다른 선진국에서는 고용주와 자영자를 구분하지 않고 통계를 낸다. 그것은 대체로 이들이 임금근로자보다는 소득이 높기 때문이다. 그러나 한국에서는 그렇지 않다.
4) 물론 여기서도 애매한 범주가 있다. 특수고용형태 종사자가 있다. 화물차 운전기사나 학습지 교사, 보험 모집인 등이 그들이다. 이들은 통계상으로는 자영업자로 분류되어 있어서 노동자로서 보호를 받지 못하고 있으나 실제로는 피고용자의 성격을 갖고 있는 사람들이다.
5) 2010년 소상공인 실태조사('경기도 자영업의 실상과 정책과제')에 따르면 자영업의 80%가 생계유지형이라고 한다.
6) 1980년대 중반까지 한국 자영업자의 반 이상은 농업 종사자였다. 당시 자영업자는 전체 경제활동인구의 40% 정도를 차지했다.(김영모 1991, 6)

동시장에서 흡수할 수 없는 노동인력이 강제로 자영업으로 몰리는 것이다.(금재호 외 2006)

2015년 통계청의 경제활동인구조사 결과에 따르면 2015년 1분기 기준 자영업자 수는 546만 3000명으로, 1년 전(551만 2000명)과 비교해 4만 9000명 줄었다. 전체 취업자 중 자영업자 비율은 28.2%로 OECD 평균 15.8%를 크게 웃돌고 있다. 그리스, 터키, 멕시코를 제외하고는 자영업자 비중이 가장 높은 나라에 속하는데, 대체로 일본의 두 배 이상, 미국의 네 배 이상을 기록한다. GDP 대비 사업체 수에서도 한국이 OECD 1위인데, 이는 자영업자 수가 많기 때문이다. 산업경제연구원 보고서에 따르면 2012년 기준 인구 1000명당 도·소매업 사업체 수는 일본 11.0개, 미국 4.7개, 영국 7.8개, 독일 9.3개인 데 비해 한국은 18.8개로 주요 선진국에 비해 상당히 많았다. 1~9명 규모의 사업체에서 일하는 근로자수는 605만 3143명에 달했다.(연합뉴스, 2015. 8. 11) 한국에서 자영업자의 비율이 점진적으로 감소하는 것은 분명하나, 이것은 노동시장의 결함 등 여러 가지 복합적 요인이 작용한 결과로 볼 수 있다.(Bohenhold and Staber 1991) 그럼에도 불구하고 모든 조사를 종합해보면 한국은 경제규모, 경제발전 단계 등에 비추어 자영업자의 비율이 매우 높은 나라임에 분명하다.[7]

그런데 자영업자 중에는 특수고용직 노동자처럼 노동자성이 강한 사람들도 있고, 소득액을 기준으로 보면 부르주아에 가까운 사람도 있다. 특히 50대 이상의 육체노동자 출신 자영업자들은 경제적으로는 임금노동자보다 수입이 낮다. 소득분포에서 볼 때 자영업자의 최

---

[7] 경기변동, 실업률, 노동시장 구조가 자영업자의 증감에 큰 영향을 주는 것은 분명하나, 한국에서 자영업자의 비중이 이렇게 높은 이유에 대한 체계적인 설명이나 이론은 아직 거의 없다.

하층은 극히 영세한 소상인 등이고, 최상층은 사실상 자본가화한 전문직 자영업자(개업의사, 변호사, 변리사 등)다. 최상층의 전문직 자영업자는 계층적으로는 중산층 혹은 부르주아에 속한다고 볼 수 있지만, 영세자영업자는 경제적으로는 하층에 속한다.[8] 자영업자들의 고용보험과 산재보험 가입률도 극히 낮아 이들은 사회안전망의 사각지대에 놓여 있다. 결국 사회경제적으로 자영업자는 매우 불안한 존재다.(윤도현 2014) 외환위기 이후 한국 자영업자의 절반 이상은 정규직 임금근로자가 될 수 없어서 자영업자(생계형 자영업자)가 된 경우이며, 서로 간에 극심한 경쟁 상태이며 경제위기의 완충제 역할을 한다.

이들 영세자영업자는 생산수단의 소유자, 고용주라기보다는 채무자이자 건물 임차인들인 경우가 많다. 최근 한국의 높은 가계부채, 특히 주택담보의 상당수, 제2금융권 대출도 모두 이들 자영업자의 빚 갚기에 쓰이고 있다. 한편 이들은 건물이나 상가를 임차하기 때문에 소유자에게 거의 예속되어 있다. 즉 채무자이고, 임차인이라는 조건 때문에 이들은 경제적으로 독립해 있는 존재라기보다는 임노동자와는 다른 이유로 종속적인 존재다.

---

8) 자영업 중에선 음식점이 80.5%로 가장 큰 비중을 차지한다. 그런데 한국 자영업자 중 55%는 5년 내에 사업을 접는다. 특히 노래방(54.4%), 비디오방(51.5%), 출판·인쇄업(33.9%), 게임·오락업(20.4%)의 5년 생존율은 전체 평균에 미달했다. 서울 지역에선 음식점의 5년 생존율이 51.6%로 절반을 가까스로 넘긴 수준이었고, 광주 (48.6%)와 함께 최하위권이었다.(『조선일보』, 2015. 10. 26)

2) 계급적 위치

자영업자는 고용관계에서 정의된 개념이지만, 계급·계층의 관점에서는 프티부르주아, 구 중간계급 혹은 중간층으로 불린다. 마르크스에게 프티부르주아는 자본주의 이전의 생산양식을 대표하는 계급이거나, 소규모 생산수단의 소유와 자가 고용을 결합하고 있는 존재, 혹은 자본/노동관계의 과도적·잔여적인 범주로 분류된다. 폴란차스는 프티부르주아를, 소상공인을 주로 지칭하는 구 프티부르주아와 자본의 기능을 대신하면서 비생산적인 노동에 종사하는 기술자나 관리자 등을 주로 지칭하는 신프티부르주아로 구분하였다.(Poulantzas 1975) 라이트(Wright)는 이들을 '중간계급'의 범주에 집어넣으면서, 자본과 노동 사이에서 모순적인 위치를 차지하는 계급이라고 보았다. 생산관계에서의 위치 혹은 정치사회적 역할이라는 관점에서 정의한 프티부르주아는 자영업자, 즉 소상공인을 포함한 피고용관계에 있는 기술자, 관리자까지 포함한다.

즉 프티부르주아는 어느 정도의 생산수단의 소유, 독립성과 독자기술, 가족노동 혹은 한두 명의 고용노동에 의존하고 있으면서 자본/노동의 어느 편에도 일방적으로 속해 있지 않다는 특징을 갖는다. 결국 프티부르주아 혹은 자영업자는 독자적 '계급'이라기보다는 '계층'이라고 정의되고 있으며, 그래서 이들을 단일 집단 혹은 사회계급으로 묶기는 대단히 어렵다. 이들 자신도 스스로를 계급으로 인식하기보다는 '계층' 정체성을 강하게 갖고 있다.(최태룡 1991) 그런데 이들을 중간계급, 중간층이라고 본다면 경제수준이 중간 정도 되는 집단, 직업이 안정되어 있고 소득이 높은 집단이라는 말인데, 통상의 임금노동자들은 자영업자가 되는 것을 일종의 계층상승으로 보는 경향이 있고, 실제로도 자영업자들의 직업만족도는 임노동자에 비해 높지만(이승렬 외 2007, 67-68), 실제 오늘날 대다수 자영업자들이 그런 경제적 지위와 안정감을 갖고 있는지는 의문이다. 그리고 중산층, 중간층론에서 주로 강조하는 것처럼 '구 중간계급'으로 분류되는 자영업자들이 사회의 균형추 역할을 하거나, 경기변동의 완충제 역할을 하면서 사회를 안정시키는 역할을 하는지도 의문이다.

사회학에서 자영업자를 주로 지칭하는 구 중간계급, 즉 프티부르주아와 전문 기술직 노동자, 화이트칼라를 주로 지칭하는 신중간계급은 자본/노동 두 계급 사이에서 어느 쪽에도 확실히 속하지 않고, 또 어느 쪽으로도 갈 수 있는 유동적인 존재 혹은 양쪽의 특성을 모두 갖고 있는 이중적인 존재로 본다. 자영업자, 프티부르주아는 소유자, 고용주의 성격과 임노동자의 성격을 동시에 갖고 있기 때문에 정치의식, 계급행동에서 이중성을 보인다. 그들은 대자본으로부터 수탈을 당하거나 피해를 입기 때문에 기존 질서에 대해 극히 비판적이기도 하지만, 개인주의적이고 성취지향적이며 노동자들의 연대나 집합적 저항에 부정적이다. 그들은 마르크스가 말한 것처럼 "계급 자체를 인정하지 않으려 하고, 혁명의 시기에는 보수세력의 편에 서기도 했다."(드레이퍼 1986)

자영업자는 과거에는 토지, 오늘날에는 소규모의 재산을 소유하고서 그것을 이용해서 가족의 생계를 유지하고, 영리활동을 한다. 그런데 종업원 4인 이하를 고용하고 있는 서비스 부문의 자영업자들은 대체로 임노동자 이상의 강도와 노동시간을 자신의 일에 투여하기도 한다. 이들이 벌어들이는 소득에는 이윤과 임금이 모두 포함되어 있다. 이들이 한두 명의 종업원 혹은 가족 노동력을 활용할 경우 이들은 통상의 자본가들보다 더 심한 착취자가 될 수도 있다. 그러나 이들 종업원과 가족구성원 간에는 통상적인 사용자-피고용자/자본-노동관계가 성립되기 어렵다. 즉 영업을 위한 가족 유대가 자본주의적인 이해관계에 앞선다. 그래서 이들은 공동운명체인 '가족 개인'으로 존재하는 경우가 많다. 그래서 이들의 과중한 초과 노동은 일종의 자기착취, 가족착취인 셈이다.

거의 빈민화한 하층자영업자들은 기존의 정치경제질서에 매우 비판적이지만 역설적으로 그들 간의 연대의식은 거의 없다. 이들 자영업자는 개인적인 계층 상승과 성공에 대한 강한 열망을 갖고 있으며, 임노동자들이 주로 호소하는 노조활동 등 집합주의적인 권리증진 노력에 대해 자신들보다 소득이나 사회적 위세가 높은 화이트칼라보다도 더욱 부정적인 태도를 갖고 있다.[9] 폼(Form)은 미국의 육체노동 프티부르주아의 계급적 성격 역시 매우 유동적이고 다양하다고 보면서도 조직노동자들에 대해서는 훨씬 더 보수적인 성격을 갖고 있다는 것을 실증적으로 밝혔다.(Form 1982) 그래서 이들 하층 프티부르주아는 과거 히틀러하의 독일에서처럼 대자본에 의해 위협을 당해 불안한 상태에 있고 몰락의 위기에 몰릴 때 파시즘을 지지하기도 했다.[10]

자영업자들이 이런 성격을 갖고 있는 이유는 폴란차스가 말했듯이 생산영역이 아닌 정치·이데올로기 차원에서 규정된 이들의 '계급 위치'가 이들의 경제적 조건에서 유래한 의식과 실천을 압도하기 때문일 것이다. 그것은 자본주의 사회의 국가나 미디어가 조직적으로 선전,

---

9) 노동쟁의가 발생할 경우 자영업자들은 노동자 입장보다는 회사의 편에 더 기울어지는 경향이 있다.(최태룡 1991, 150) 그리고 토지의 공유성을 인정하기보다는 신성불가침의 원리(32%), 원칙적으로 사유이나 제한 가능하다는 입장(31.6%)이 다수를 차지한다.
10) 홍두승 외(1993); 라이히(2006) 참조.

유포하는 성취주의와 개인 책임주의, 그리고 모든 집단행동에 대한 비판과 노조활동에 대한 적대적 태도들이 여과 없이 이들에게 수용되었기 때문일 것이다. 이들 자영업자는 조직되어 있지 않을뿐더러 극심한 경쟁 상태에 일상적으로 노출되어 있기 때문에 자유주의 담론이나 미디어의 선전에 노출되어 있다. 물론, 그리고 소고용주로서 피고용자를 거느리는 이들의 처지, 성공과 계층상승의 가능성이 어느 정도 열려 있다는 사실도 그러한 태도를 갖게 만드는 물질적인 조건으로 작용하고 있을 것이다.

3. 한국 자영업자의 정치사회적 비중

1) 유교적 관인(官人)사회의 전통과 '가족 개인'의 투쟁

미야지마 히로시(宮島博士)는 "한국에는 세습 신분제가 존재한 적이 없다. 능력을 본위로 한 개방적인 인재등용책인 과거제의 본질은 중국과 마찬가지로 조선에 있어서도 지켜졌다."고 강조한다.(미야지마 2013, 161) 그는 16세기 이후 조선에서 "세습 토지귀족이 존재하지 않고, 토지가 지위와 부의 원천이 되지 않았다는 점에서 근대 이전의 유럽과 매우 상이하다."고 강조하면서 "장인 혹은 직업집단의 전통이 거의 미약하고, 과거시험 합격을 통해 관인의 '자격증'을 갖게 되면 권력과 토지(경제적 부)를 가질 수 있었기 때문에 모든 사회적 열정은 오직 과거시험으로 집중되었다."고 보았다. 그의 주장에 따르면 조선은 신분사회이기는 했지만 토지 상속이라는 세습의 원리보다는 능력을 통한 지위 이동의 원리가 작동했다. 결국 중앙집권적인 국가와 관료제도, 과거시험을 통한 인재등용은 부와 권력을 배분하는 가장 중요한 기제로 작동했다는 것이다.

미야지마는 소농 생산체제를 전근대 조선사회의 가장 중요한 특징으로 본다. 소농사회라는 것은 "자신의 토지를 소유하거나 다른 사람의 토지를 빌리거나 간에 기본적으로 자신과 가족의 노동력만으로 독립적인 농업경영을 하는 소농의 존재가 지배적인 농업사회를 지칭하는 말이다."라고 정의한다.(미야지마 2013, 49) 그는 유럽이나 일본에서 존재했던 봉건제가 조선에 결여되어 있었다는 점을 강조하고 있으며, 자영농 생산이 농업생산의 기본 형태였다면, 자영농의 소소유자 의식이 매우 강하게 뿌리내리고 있었다고 본다.

물론 미야지마의 소농론은 봉건제의 결여/자주적 근대화 맹아의 부재라는 일본인들의 식민사관과 통하는 점도 있다. 세습 노비가 인구의 30% 내외를 차지했던 조선에서 토지 소유권을 가진, 자족적인 근대적 형태의 소농이 광범위하게 존재했다고 보는 것은 무리다.[11] 실제로는 자작농, 소작농, 영세소농 등 다양한 층이 존재했을 것이고, 이들이 양반지주의 지배로부터 독립해 있었던 자유로운 존재였다고 보기도 어렵다. 세습 대지주가 존재하지 않았고, 몰락한 양반 영세농이 있었지만, 이들이 조선 생산체제의 핵심을 구성했다고 보기는 어려울 것이다. 오히려 유교적 관인사회의 전통, 중앙집권적인 국가권력, 세습보다는 시험을 통한 관직 획득은 조선의 권력과 부의 분배체계

---

11) 주종환(2006)은 조선 말의 농민들은 하급소유권(경작권)을 갖고 있었으나 상급소유권(소유권)은 갖지 못했다고 본다. 동학농민들의 저항은 바로 상급소유권을 갖기 위한 투쟁이었다는 것이다. 그는 당시의 소농이 경작 규모가 적다는 점에서는 소농이 맞지만 영국식의 독립자영농은 아니었기 때문에 반봉건적인 지배관계를 청산하기 위한 투쟁에 나섰다고 보았다.

를 구성한다고 볼 수 있을 것이다. 그렇다면 미야지마의 조선사회 이론은 '소농'의 보편성보다는 '세습 영주의 부재'에 강조점을 둔 것으로 볼 수 있을 것이다. 즉 경제적으로는 영세농인 양반들은 과거를 통한 지위 획득에 사활을 걸었고, 소작인들은 경작권을 확보하거나 자신의 토지를 갖고자 하는 열망을 가졌다고 봐야 할 것이다. 그리고 이것이 한국 근대화의 동력, 즉 '가족 개인'을 단위로 한 지위상승의 열망의 물적 기반이 된다.[12]

근대 유럽에서는 봉건질서의 붕괴 과정에서 농촌의 독립자영농, 그리고 도시에서 소상공인이 광범위하게 생겨났고, 미국에서는 자영농민이 소소유자의 주축을 형성했다. 서유럽에서 근대 부르주아 혁명은 대자본가에 의해 소농, 소상공인의 몰락을 재촉했지만, 광대한 토지를 자랑한 미국에서 이들 자영농민은 정치사회의 주축으로 남았다. 그것이 아메리칸 드림, 즉 미국식 계급이동성의 문화적 기반이 되었다. 그러나 조선 말기 개혁 요구 혹은 '민란'은 상업, 산업 부르주아가 주도한 것이 아니라 수탈을 반대하면서 안정적인 경작권 혹은 소유권을 갖기를 원하던 소작농, 영세자영농이 주도했다. 일제 식민지 기간의 소작쟁의 역시 그 연장에 있다.

결국 조선 후기 이후 한국에서는 자영농의 상승 열망이 근대화의 내재적인 동력이 되었다. 결국 1949년 농지개혁으로 지주-소작관계가 철폐되면서, 대다수의 인구는 자영소농으로 재편되었다. 그러나

---

12) 이 점에서 그는 동아시아에서의 근대는 서구 제국주의의 침략 이전에 이미 형성되었다고 본다. 한국에서 양반은 세습귀족이 아니라는 점, 신분이동이 유동적이었다는 점, 개인주의는 서구화 이전에 이미 어느 정도 나타났다는 것이 그의 주장의 핵심이다. 그런데 그의 주장에 대해서 아직 한국의 사학계에서는 본격적인 비판이나 긍정을 하지 않고 있다. 한국학자들과의 대화는 미야지마 외(2011) 참조.

농촌에서의 기업형 농업, 부르주아 발전이 억제되고, 곧이은 도시화와 더불어 이들 하청 자영농민은 도시의 빈민, 도시의 중소상인으로 편입되었다. 농지개혁으로 모든 인구가 자영농으로 재편되는 과정과 교육열의 팽창은 같은 현상의 다른 면이다. 그것은 '가족 개인'의 지위 상승 열망의 폭발이었다.(김동춘 2000)

결국 분단, 한국전쟁 전후 전면적인 농지개혁으로 인해 한국 농촌 사회가 영세소농 질서로 전면적으로 재편되고, 교육기회의 개방과 확대로 모든 한국인들은 가족단위의 상승의 열망을 가질 수 있었다. 여기에다 학력자본으로 지위 향상을 도모하는 다수의 엘리트층을 포함하면 해방 후 한국의 경제활동 인구의 압도적 다수는 상승지향의 프티부르주아 의식에 지배되었다고 해도 과언이 아니다.

2) 사회적 관계망—'가족 개인'과 지역정치

유교적 가족주의(familism) 전통이 강하게 남아 있는 한국사회에서 한국인들은 주로 '가족 개인'으로 행동한다. 결혼 시에 가장 두드러지지만, 개인의 선택에는 개인의 자유의사보다는 (확대)가족의 판단이 주로 작용해왔고, 개인이 가족으로부터 정신적으로 독립되어 있지 않다. 한국의 계급·계층연구에서도 가족은 가장 중심적인 위치를 차지한다. 그런데 한국에서 가족과 계급·계층관계가 어떻게 연결 혹은 교차·굴절되는지를 살펴보는 연구는 전혀 없다고 해도 과언이 아니다.[13] 한국의 전통적인 가족, 친족질서의 지속적 영향력과 더불어, 식민지 근대화 이후 강화·재구축된 가족주의는 산업화 이후 구성원의

---

13) 가족과 계급을 연관시킨 신광영 외 연구(1994)가 매우 드문 예다.

새로운 직업획득 과정에서 강한 전략 단위로 기능해왔다. 한국인들은 개인단위의 성취전략이 아닌 가족단위의 상승과 이동을 기획했다. 여기서 노동자 혹은 화이트칼라의 직업을 갖는 것 모두 가족 전략의 일환으로 이해될 수 있고, 직업의식, 계급의식은 그의 행동을 좌우하는 데 부차적인 영향만 미쳤다.

한국인들이 대부분이 소농이었던 1960년대 이후 급속한 산업화를 겪은 1970년대 중반 이후 가족, 즉 4촌 이내의 친가나 외가를 포함한 확대가족, 조부까지의 3대 가족 내에 임노동자와 자영업자, 심지어는 자본가와 임노동자가 동시에 생겨난 예를 찾기는 어렵지 않다. 1970년대 중반 이후 임금노동자가 대량으로 형성되지만 부모나 조부모가 소농 혹은 소상인이었을 경우, 그리고 친족 구성원이 프티부르주아일 경우 이들과 매우 가까운 관계망 속에서 일상적으로 접촉하고 있는 임노동자가 노동자로서의 정체성을 갖기는 매우 어렵다.

즉 산업화의 역사가 짧을뿐더러 가족주의·연고주의가 개인의 정체성에 강한 영향력을 행사하는 한국에서 가족관계는 직업적·계급적 정체성을 가로지르는 변수로 작용했다. 기존 조사에 의하면 친족관계의 정도는 계급의식, 계급정체성 형성에 부정적인 영향을 주는 경향이 있다고 한다.(신광영 외 1994) 즉 압축산업화를 겪는 동안 한국인들은 도시민이 되었고, 한 세대 안에 자본가, 노동자, 자영자로 분화되는 일이 일어났다. 그러나 도시에서의 관계는 여전이 가족과 지역 연고 중심으로 진행되었기 때문에 가족, 친족, 연고 네트워크가 여전히 이들의 정신세계를 크게 지배했다. 그래서 부자나 권력자, 특히 사업가의 성공 모델을 최상위의 이상으로 해서 그것을 향해서 나아가는 원자화된 가족 구성원으로서 스스로의 존재를 자리매김한다. 한국사회에 존재하는 공동체는 오직 가족, 친족공동체였고,[14] 그들의 이상은 가족, 친족 구성원의 일인이 권력자와 사업가가 되어 가족과 친족의 지위를 상승시키는 것이었다.

그런데 가족 개인으로서 유대가 가장 확실하게 요청되는 것이 자영업이다. 대부분의 자영업은 부부와 자녀를 포함한 가족 노동력의 동원 없이는 지속하기 어렵다. 가족은 가장 중요한 재산소유의 단위이자 생산의 단위다. 기존 조사에 의하면 자영업자들은 임금노동자, 봉급생활자에 비해 훨씬 더 넓은 사회적 관계망, 즉 친분관계를 맺고 있다. 특히 친분관계를 유지하는 직계가족의 수가 임금, 봉급생활자에 비해 많다고 한다. 이들은 동창회 등 전통적 친분관계를 훨씬 더 적극적으로 맺고 있다.(이성균 2006) 이것은 자영업자가 사회관계망의 형성에서 한국인들의 통상의 네트워크, 즉 가족주의의 전형적인 측면을 보여주고 있다는 말이 된다. 즉 목돈이 필요할 때, 위기에 처했을 때 친족과 친척 등 혈연관계에 의존할 수밖에 없다. 그렇다면 이들에게 가족, 친족집단 내의 혈연적 유대는 국가와의 관계보다 더 중요할 수가 있다. 가족주의 문화가 강한 이탈리아, 그리스 등 남유럽 국가에서 자영업자 비중이 높은 것도 조직 부분의 낮은 고용 흡수력이라는 경제 변수 외에도 이런 사회적 요인이 작용했을 것이다.[15]

그런데 서비스 자영업의 고객은 마을 혹은 근린사회다. 자영업은 대체로 도시의 근린지역을 시장권으로 하기 때문에 지역사회와 가장 긴밀하게 결합된 집단이다. 그래서 자영업자들에게 근린 지역에서의

---

14) 혈연집단의 단위로서의 성관집단보다는 하위의 단위인 문중이라고 하는 단위가 훨씬 강한 사회적 의미를 갖고 있었다.(미야지마 2013, 165)

15) 대체로 1인당 소득이 낮은 나라에서 자영업 비중이 높은 편이지만, 이탈리아와 더불어 한국에서 자영업 비중이 높은 것은 가족주의 문화와 관계가 깊을 것이다. 그러나 이 점 역시 비교사회학적 관점에서 더 논의해볼 주제다.

관계 형성은 필수적이다. 자영업자들은 대체로 거주지와 일터, 즉 영리활동을 하는 공간이 일치한다. 그래서 이들은 지역의 경제 상태, 지역의 정치적 사안에 대해 더 큰 관심을 가질 수밖에 없다. 그러므로 상층자영업자들이 실제 인구 이상으로 지역사회, 더 나아가 전국단위의 여론형성이나 정치에서 큰 영향력을 행사할 수 있다.[16] 즉 지역정치와 연결되어 있는 상층자영업자는 지역사회에서 그 수적 비중 이상의 영향력을 발휘한다. 흔히 지역 여론은 개인택시 운전기사들의 이야기를 들어보면 알 수 있다는 말도 하는데, 그것은 자영업자인 택시 운전기사가 지역사회의 여론을 수렴하는 역할과 더불어 지역사회의 다수자를 대표하는 측면도 있다는 것을 말해준다.

그래서 지역사회에서 상층자영업자는 그 수적인 비중 이상으로 정치사회를 대표하고 있다. 특히 의원 선출 시 지역대표가 대다수이고 비례대표의 비중이 낮은 한국의 선거제도하에서 정치는 사실상 '자영업자 정치'라고 해도 과언이 아닐 정도다.(김대호 2008) 정상호의 조사에 의하면 민주화 이전에는 이들은 주로 국가의 최말단 직원 혹은 그들과 연결된 이익집단의 일원으로서 활동해왔고, 민주화 이후에는 각종 관변단체의 일원으로 역할을 하면서 자신의 이익을 추구한다.(정상호 2001) 이들은 3대 관변단체, 즉 새마을운동중앙협의회, 바르게살기중앙협의회, 자유총연맹의 회원 및 지역 지부 간부들 중 반수 이상을 차지하고 있다. 새마을 지도자의 경우 행정기관의 추천을 통해 지역의 중상층 자영자들이 주로 그 위치를 차지하고 있다. 물론 이들이 관변단체의 임원으로 적극 참여하는 이유는 이들이 지역사회에 많은

---

16) 이들은 다른 집단에 비해 지역사회의 문제에 훨씬 더 적극적으로 참여하려 한다. 그것은 지역사회가 자신의 시장이기 때문일 것이다.(공보처 2002)

관계망을 형성하고 있기도 하지만, 개인적으로는 자신의 이해관심도 작용했을 것이다. 이들은 지역 언론 장악, 지역 의회 진출, 지자체의 각종 자문기구 참여 등을 통해서 임노동자 등 다른 집단의 참여를 차단하고, 지역의 권력구조를 보수화하는 역할을 한다.

그런데 우리나라에서 지역사회에 기반을 가진 거의 유일한 민간 조직은 교회다. 따라서 이들 자영업자는 영업을 위한 네트워크, 영리를 위한 동기 때문에 교회에 나간다. 즉 자영업자의 영업 관심과 교회 참석은 밀접한 관계를 갖는다. 이것은 주로 자영업자로 구성된 미국 한인사회에서 교회가 지역주민센터의 역할을 하고, 기독교 교인의 수가 국내의 그것을 월등하게 상회하는 현상을 설명해준다. 도시의 교회는 가족, 연고집단을 대신하였다. 농촌사회의 영세자영농 출신의 50대 이상의 한국인들은 도시에서 새 연고를 찾았다. 결국 한국사회의 친족관계, 가족주의가 노동자들의 수평적인 응집성, 계급적인 유대를 약화시키는 요인이 되고, 노동계급 정체성이 확장되지 못하는 만큼 그 사회적 공간은 프티부르주아의 의식이 압도하게 된다. 이와 같은 이유 때문에 한국에서 자영업자는 자본-노동 사이에서 이중적인 존재라기보다는 사실상 국가 혹은 대자본의 입지를 강화하는 하위 파트너로서 역할을 하는 경향이 있다.

한편 1970년대 중반 이후 한국의 산업구조는 재벌 대기업과 하청 중소기업으로 이원화되었고, 재벌 대기업 입사와 고위직 승진은 한국인들의 가장 중요한 성공 모델이었다. 다시 말해 한국인들에게는 우선 노동자의 지위를 탈피하는 것이 가장 중요한 과제였고, 어떤 직업을 갖는가보다 어떤 기업에 들어가는가가 더 중요한 문제였다. 그래서 가족, 친족과 함께 직업·계급 내부의 응집성을 가로막는 칸막이는 바로 기업 간의 칸막이, 그리고 재벌체제다. 결국 임노동자의 처지에 있다고 하더라도, 임노동자로서의 동질성보다는 대기업, 재벌기업/중소기업 간의 칸막이가 그들의 지위와 정체성에 더 결정적으로 작용한다.[17] 전문직 자영인, 상층자영인의 경우 재벌기업의 경력, 재벌기업과의 네트워크가 그의 사업적 성공을 좌우할 것이다. 물론 국가 관료의 경력을 가진 사람들은 그런 이력, 즉 힘 있는 정부 부서 구성원과의 인맥이 사업적 성공을 좌우할 것이고, 이후 재취업에도 가장 중요한 영향을 미칠 것이다. 어느 경우든지 스스로의 자본력과 소속 직업집단의 유대보다는 중앙과 지방의 국가기관과 유력자, 그리고 전국적인 재벌 대기업과의 인적인 연계가 사업성공에 더욱 중요한 조건이었다.

3) '무계급 사회'에서의 자영업자: 보수성과 저항

1인 자영업자가 대다수를 차지하는 한국에서 사영업사 중 세급적으로는 부르주아, 계층적으로는 상류 측에 속한 사람은 극소수일 것이다. 결국 자영업자들이 프롤레타리아의 성격을 갖는가, 혹은 프티부르주아의 성격을 갖는가는 사회 전체의 계급구조와 정치적 지배질서, 문화적 재생산 구조 등과 관련되어 있다고 볼 수 있을 것이다.[18]

---

17) 재벌 대기업 소속 노동자와 그렇지 않은 노동자들 간에는 매우 실질적이고 심대한 칸막이가 존재한다. 한국 노동자들에게는 그들의 직종, 임금수준보다 어느 회사에 다니는가가 훨씬 중요하다. 민주노총이나 한국노총 역시 주로 전자의 노동자들을 대표하고 있다.

18) 하층자영업자의 경우 중간층, 중간계급의 속성을 갖고 있다고 보기는 어렵다. 게다가 프티부르주아라고 부를 정도로 개인주의 문화를 내면화하고 있다고 보기도 어렵다. 김영모도 이들을 소산층이라고 부르자고 제안하기도 했다.(김영모 1991, 13)

사회적으로 보더라도 앞에서 강조한 것처럼 자영업자는 가족, 연고집단, 지역사회라는 한국인들의 전통적인 관계망과 유대관계 내에서 경제, 사회활동을 하는 한국인의 전형이다. 한국인들의 사회관계에서 '가족'이나 연고 네트워크의 비중이 큰 만큼, '사업가로서 성공'을 열망하는 태도는 그들이 종사하는 직업영역에의 자부심이나 대자본의 시장 장악 시도 앞에 힘없이 몰락하게 되는 그들의 열악하고 불안한 경제적 처지에서 나오는 집합적 운명체로서의 연대감을 차단하고, 그들의 개별적 생존전략에 큰 영향을 행사한다.

지금까지의 거의 모든 정치의식 조사에서 거의 예외 없이 자영업자는 정치적으로 보수적인 입장을 드러내왔다. 이들은 자신을 '소유자'의 일원으로 간주하면서, 자본주의 시장경제질서를 지지하고 노조 및 노동운동에 대한 거부감을 갖고 있다. 2003년 당시 한국갤럽의 국민의식조사에 의하면 스스로를 '보수'라고 생각하는 사람이 자영업자 집단에서 가장 높았고(51.7%), 2012년 18대 총선에서도 자영업자들은 그 이전 선거에 비해 집권 보수정당을 지지하는 정도가 높았다.(전병유 외 2014)[19] 2014년 국민대통합위원회의 조사에서도 자신이 보수적이라고 답한 사람의 비율은 자영업자가 가장 높았다.(국민대통합위원회 2014, 22) 그런데 앞의 노동운동에 대한 태도 역시 비판적이라고 보는 사람의 비중도 자영업자 집단에서 가장 높았으며(93.2%) 노무현 대통령에 대해서도 가장 비판적이었다.(36.2%)[20] 그런데 앞의 한국갤럽 조

---

19) 물론 이 조사는 주로 소득에 따른 투표성향 조사이기 때문에 자영업자의 정치성향을 파악하는 데는 한계가 있다. 자영업자는 대체로 저소득층과 유사한 투표행태를 보인다.

20) 2003년 4월 말 『조선일보』의 의뢰에 따라 한국갤럽이 전국의 성인남녀 1041명을 대상으로 한 것이다.(유팔무 외 2005)

사에서 외환위기 이후 경제사정이 나빠졌다고 보는 사람의 비율도 자영업자 집단이 그 어떤 집단보다 높았다. 즉 자영업자들의 다수는 대자본의 골목시장 지배하에서 경제적으로 어려움을 겪고 있으면서도, 정치적으로는 여전히 보수적인 성향을 보이고 있는 셈이다.

2009년 서강대 사회과학연구소가 자영업자들을 대상으로 실시한 조사에 의하면 "나의 이익을 대변하는 정당이 있다."고 대답한 사람은 전체 조사자의 8.5%에 불과하고, "있다면 어느 정당입니까?"라는 질문에 대해 약 40%가 한나라당이라고 답했다. 자신의 정치성향에 대해서는 중도라고 답한 사람이 약 40% 정도이고, 보수가 약 35%, 진보가 약 25%에 해당되었다.(서강대 사회과학연구소 2010) 물론 응답한 자영업자의 대부분이 40대 이상이므로 이들의 보수성은 직업 효과보다는 연령 효과에 의한 것이라고 볼 수도 있다. 한편 2014년 민주정책연구원의 직업별 지지정당 조사에 의하면 자영업자 중 새누리당 지지자는 41.6%로서 당시 야당인 새정연 지지자 24.8%보다 월등히 높았다.(민주정책연구원 2014)

이들 지역사회에서의 중상층자영업자들은 여러 네트워크를 동원해서 지역 국회의원의 당선에 영향을 미쳐왔으며, 결과적으로 보수적인 여당의 지속적인 지배, 더 나아가 국가의 정치 이데올로기적 성격에도 영향을 미쳤다. 그런데 이들 지역사회의 중상층자영업자들이 자신의 사적 이익을 추구하기 위해 지역정치에 매우 큰 영향력을 미친다고 해서, 그것이 자영업자 전반의 조직적인 이익대변, 정책참여로 연결되는 것은 아니다. 그런 이유 때문에 앞의 조사에서 본 것처럼 압도적 다수의 자영업자들은 "지지하는 정당이 없다."고 답변한다.

마르크스가 강조한 것처럼 자영업자들이 대자본에 맞서서 그들만의 고유한 계급의 이익을 옹호하지도 못하고, 그들 간의 연대에도 매우 소극적이며, 극심한 경쟁에 노출되어 있다는 점에서, 이들의 의식과 실천은 경제적 이익충돌이나 계급분화가 사회정치적 세력화, 나아가 정치적 균열로 연결되지 못하는 한국사회의 현실을 가장 잘 보여준다. 우선 지역의 중상층자영업자들은 직업적 유대와 단결력에 기초해서 권력과 이익을 추구하는 것이 아니라 각종 권력기관과의 사적인 네트워크 구축을 동원한다. 반면에 중소상인, 영세자영업자들 역시 독자적인 이해 결집과 연대에 기초해서 특정 후보를 지지하거나 세력화를 꾀한 경우는 찾아보기 어렵다.[21] 그러나 사회적 지향이나 정치적 태도에서 영세자영업자들도 중상층자영업자들과 별로 차이가 없다. 이들은 노조 활동, 진보 세력에 대해서는 거부감을 갖고 있으며, 가족 연고에 의지하려는 경향을 갖고 있으며,[22] 사회이동에 대한 열망, 성취지향과 성공 가능성에 대한 기대 등을 갖고 있다.

그러나 2000년대 이후 건물주의 횡포, 카드회사의 할인율 문제, 감당할 수준을 넘어서는 임대료 상승, 그리고 국가의 일방적 재개발 정책 탓에 권리금도 제대로 받지 못하고 쫓겨나는 등 큰 피해를 입게 되면서 영세자영업자들이 처음으로 조직적인 행동을 시작했고, 여러 지역에서의 대형슈퍼(SSM) 입점 반대운동 등으로 나타났다.

결국 영세자영업자들이 경제적으로 비슷한 처지의 같은 자영업자들이나 비정규 노동자들과의 연대의식은 물론 자신과 대립점에 있는 대자본과 유사한 의식을 갖고 있다는 것은 '무계급' 현상이 현재의 자본주의 한국사회에서 여전히 지속되는 것을 보여준다. 이러한 무계급

---

21) 2014년 전남도지사 선거에서 영세자영업자들이 유통산업발전법 등을 발의한 이낙연 후보를 지지선언한 경우도 있었다.
22) 이들은 개인주의적이기는 하나 방어적 개인주의, 가족개체주의 지향을 갖는다. 개인주의의 다양한 양상, 개체주의와 개인주의의 관계 등은 좀 더 논의가 필요하다.

성, 원자화된 '대중사회'의 현상은 자본주의 이전의 전통과도 관련되어 있을 것이다. 일찍이 비트포겔(Wittfogel)이 말한 것처럼, 동양적 전제주의하의 소농들은 원자와 같은 존재들이었다.[23] 이들 간에서는 수평적·계급적 응집성이 약하다. 그래서 국가와의 수직적 관계 속에서 수직 상승을 통해 자신의 권력과 부를 획득하려는 경향이 있다. 근대화 과정에서 억압적 국가가 전통적 전제군주 국가를 대신함으로써 이러한 전통은 변형·연장되었다. 그래서 신분제가 철폐된 한국에서 대다수의 인구는 원자화된 '가족 개인'으로 존재했다. 이것이 헨더슨이 말한 '대중사회'의 현상이기도 하다. 물론 한국식 대중사회는 미국식 대중사회와 성격이 다른 형태의 국가에 의해 사회집단 간의 응집이 폭력적으로 해체된 무계급 사회다.

4. 프티부르주아 문화: 개인주의와 집단주의

1) 1997년 외환위기 이전

1960년대 이후 영세소농, 도시빈민, 육체노동자의 처지에 있었던 한국인들의 꿈은 자녀를 '좋은 대학'에 보내서 화이트칼라나 전문직 종사자로 만들거나, 중간층, 그리고 '사장', 즉 성공한 자영업자

---

23) 물론 사유재산의 개념이 발달하지 못했다는 비트포겔의 지적은 완전히 잘못된 것이다.(비트포겔 1991) 한국의 전통사회를 수력사회로 보는 비트포겔의 이론도 적절치 않다. 박병호(1985)는 조선조에서 소유관념이 확고하게 정착했다고 설명한다. 그러나 주종환(2008)은 박병호의 주장은 거꾸로 해석될 수 있다고 본다. 즉 하급소유권을 가진 농민들이 상급소유권을 주장하는 것으로 보자는 것이다.

가 되는 것이다. 그것은 모든 한국인들이 꿈꾼 계층상승의 두 경로였다.(Koo 1976) 그들에게 중간계급인 사무원이나 전문직, 그리고 자영업자는 지위의 상승을 의미했다. 그리고 학벌이라는 문화자본을 얻을 수 없을 경우에는 비록 수입은 좀 모자라더라도 임금노동자보다는 독립성과 자유를 줄 것으로 기대하는 자영업자가 되기를 원했다. 노동을 천시하는 문화적 전통과 노동운동을 좌익시하는 반공주의 정치문화하에서 노동자는 모두가 피하고 싶은 직업 혹은 신분이었으며, '사장'으로 가는 과도적 위치에 불과했다.

그래서 고도성장기였던 1960년대에서 1980년대까지 한국과 일본에서 농민은 물론 노동자들도 기회균등의 의식, 성취주의 지향이 매우 강했다. 한국의 경우 최근까지도 객관적으로는 노동자계급에 속하는 사람들 중 60% 이상이 자신은 중간층, 중산층이라고 생각했다. 일본의 경우에도 과거 노동자로서의 정체성을 갖고 있는 사람들의 83%(하층노동자 41%, 상층노동자 42%)가 중간계급이라고 생각했다.(Kunio 1966, 545) 그래서 압축성장을 겪었던 일본이나 한국에서 급격한 사회이동이 실제로 일어났고, 중산층화된 임노동자 화이트칼라가 형성되었기 때문에 이들은 노동자로서의 자각이나 정체성은 거의 갖지 않았고 지속적인 상승의 기대를 갖는 프티부르주아 의식을 갖고 있었다.

한국의 경우 자신의 과거, 그리고 그들의 지향하는 목표 등 모든 점에서 임노동자들의 정신세계는 프티부르주아 의식에 지배되고 있다. 현재 40대 이상 육체노동자의 대다수 부모들은 원래 소농 혹은 자영업자들이었다. 그래서 한국의 노동자들의 계급문화도 발육부전 상태이며 소소유자 문화에 의해 압도되고 있다. 1990년 한국노동연구원의 조사,[24] 1991년 본 연구자의 조사(1995)에서도 동일한 결과가 나왔다. 그리고 자영업자가 된 후에도 임노동자로 되돌아가려는 사람은 드물었다. 1990년대 초 최태룡의 조사에 의하면 자영업자가 된 동기는 기술이 없어서 26.8%, 독립성 24.9% 등을 들고 있으나 노동자 출신의 31%는 '독립성'을 들고 있다. 그리고 압도적 다수(90%)가 자영업을 계속하고 싶어 한다.(최태룡 1991, 100) 이는 종속에서 탈피하여 스스로 자신의 사업을 경영해보고 싶어 하는 마음이 1990년대까지 한국 노동자들에게 매우 강렬했다는 것을 말해준다.

특히 한 세대 만에 후발국에서 거의 선진자본주의의 문턱에 도달한 한국에서 임금노동자 중 조부가 임금노동자였던 사람은 거의 없다. 한편 한국의 자본주의 산업화가 식민지적 행정기구의 완비 이후에 일어났으며, 매우 짧은 기간에 이루어졌다는 점도 고려해야 한다. 한국의 경우 식민지, 후발산업화의 특성 때문에 행정도시가 산업도시에 앞서 형성되었고, 그래서 도시 중간층이 부분적으로 형성된 다음 산업화에 따라 임노동자층이 형성되었기 때문에, 노동자들은 출발부터 중간층의 이데올로기 영향 아래에 있었다. 청소년 시절, 즉 불과 한 세대 이전까지 이들은 영세소농의 가정에서 자랐으며, 부친의 직업도 대체로 자영농민이거나 도시 반프롤레타리아였다. 따라서 이들이 객관적으로 임노동자가 되었다고 하더라도, 프티부르주아의 정체성을 더욱 강하게 갖고 있을 가능성이 크다. 이들은 자영농-임노동자-자영업자의 이동경로를 거쳤기 때문에 노동시장 내에서 애초부터 안정된 지위나 직업의식, 그리고 사회의식을 갖고 있지 못하다. 한국의 재벌구조는 직종별·직업별 숙련 형성이나 직업의식 형성의 가능성을 차단한다. 그래서 자영업자로 몰린 과거의 임노동자 역시 노동자 의식

---

24) 1990년 당시에도 생산직의 48.6%, 사무직의 49%가 직장생활을 청산하고 장사나 사업을 하고 싶다(한국노동연구원, 1990)고 말했다.

도, 자영업자 의식도 불분명하거나 오히려 더 강한 자영업자 의식을 갖고 있을 가능성이 크다.[25]

현재의 50대 이상 제조업 노동자들의 대다수는 자영농인 부모를 둔 사람이고, 그들의 정신세계는 자영농 의식, 자영자 의식에 지배되고 있다. 과거의 자영농 의식이 근대화, 도시화, 산업화와 더불어 자영업자 의식으로 변화되었다. 그래서 훨씬 성취지향을 강하게 갖게 되었다. 현대그룹을 일으킨 정주영의 경우가 대표적이다. 그는 부지런한 농부인 부친 밑에서 부지런한 농부로서 일생을 마칠 수 없어서 탈출하였으나, 자영업자에서 만족하지 않고 기업가가 되었다.

이것은 독립 자영농민이 민주주의, 반공주의에 크게 영향을 준 미국과 비교해서 좀 더 깊이 있게 천착해볼 주제다. 유럽식 봉건주의와 직인들의 전통이 있는 일본에서는 기술자들의 직업적 응집성과 직업의식은 강하지만, 관인사회의 전통과 유교적 신분질서가 더 강고했던 한국에서는 직인들의 직업의식과 응집성도 약하고 그것이 오늘까지 연결된다. 그래서 역사적 배경과 경로는 다르지만 한국은 미국과 마찬가지로 프티부르주아 의식이 정치사회를 압도한다.[26] 일본의 경우를 보면 계층의식이 '하'에 속한다는 사람들이 능력주의를 더 지지하는 경향을 갖고 있다.[27] 이것은 자본주의 사회의 지배문화가 하층민들에게까지 침투한 결과라고 볼 수도 있다. 즉 자영농의 전통과 현재 노동자들의 소소유자 의식의 형성에는 국가, 교육제도, 자본주의 사

---

25) 재벌기업 소속 노동자와 그렇지 않은 노동자들 간에는 실질적인 칸막이가 존재한다.(장상수 2003)

26) Steinmetz and Wright(1989)는 자영업자가 미국의 문화와 사회의 구성에 중심적 위치를 차지한다고 주장한다. 자수성가의 신화와 아메리칸 드림이 그것일 것이다.

27) '상'에 속한 사람은 58.4%, 중은 60.0%이지만, 자신이 '하'에 속한다고 대답한 사람의 66.7%가 능력주의를 지지하고 있다.(三浦展, 2005)

회의 지배 이데올로기의 영향이 작용하고 있을 것이다.

본 연구자는 과거에 노동계급형성의 굴절, 좌절에 대해 한국의 억압적 정치체제, 형성기(1987년 대투쟁)의 선택, 기업별 노조의 자기재생산 메커니즘의 정착 등으로 노동자의 계급형성의 때 이른 좌초를 설명하였다.(김동춘 1995) 그러나 상황이 유동적이던 당시의 시점에서 본 연구자가 충분히 주목하지 못했던 점은 가족주의, 식민지 시기 이후 자영농의 열망, 교육과 학력자본을 통한 관직 획득과 지위상승 열망, 그리고 그와 관련된 소소유자 의식의 지속적 영향이다. 한국의 경우 산업화, 노동계급 형성이 본격화되기 이전인 식민지 시대, 더 거슬러 올라가면 조선시대에 이미 시험을 통한 권력과 부의 기회가 어느 정도 열려 있었고, 산업화 이전에 보통선거권이 도입되어 국민들이 개인 '유권자'로 호명되었다. 농지개혁 직후인 1950년대는 거의 모든 인구가 영세자영농으로 재편된 한국 역사에서 전무후무한 평등사회였다. 이러한 자영농 보편화, 교육기회 보편화의 시대가 1970년대 이후 산업화와 노동자 집단의 등장에 큰 영향을 미쳤을 것으로 볼 수 있다. 그것은 한국이 프티부르주아의 사회, 즉 성취의식, 경쟁의식이 매우 강한 '소사장' 지향의 사회였다는 의미다.

2) 1997년 이후 신자유주의하의 강요된 자영업자화와 그 결과

1997년 이후에 형성된 50대 이상의 자영업자는 과거와 다른 성격을 갖고 있다. 1997년 이후에는 직장에서 해고되어 자신의 의지와 무관하게 자영업자가 된 사람이 폭발적으로 늘어났다. 그래서 이 경우는 선택보다는 강제의 측면이 커졌다. 육체노동자나 화이트칼라 출신들이 자영업자로 유입되는 경향은 어느 나라나 마찬가지겠지만 한국의 경우 그 비율이 매우 높다.

고임금 제조업 노동자의 경우 자영업자로 창업하여 성공의 길을 걷기를 희망하고, 가정이나 사회에서는 과도한 사교육비 지출의 대열에 동참을 한다.[28] 이들은 사회에서 자신이 충분히 대접받지 못한 것은 능력의 부족, 구체적으로는 일류대학을 나오지 못했기 때문이라고 생각하고, 자녀들을 일류대학에 진학시키기 위해 모든 방법을 동원하는 경향이 있다. 이들은 도시 중산층의 소비문화도 그대로 답습한다.

그런데 현재 자영업자가 된 사람들의 이력을 보면 그들의 60%는 과거에 임금노동자인 적이 있었다.(박종서 외 2012) 이 경우 자영업자가 된 배경은 그의 가치관이나 지향보다는 기업 상용직에서 탈락된 것이 더 중요한 이유일 것이다. 미국과 한국의 자영업자 선택 동기를 보면 미국의 경우 자율성 추구라는 개인주의적인 가치관이 자영업의 선택에 영향을 미치지만, 한국의 경우 자율성 추구가 자영업 선택에 거의 영향을 주지 못하는 것으로 나타난다. 이는 한국의 대다수의 영세 자영업자가 원래 개인주의적이고 자율성을 추구하는 가치관을 갖고 있어서가 아니라, 달리 대안이 없어서 선택한 것임을 말해준다.(최문경 외 2005)

그러나 자영업자가 되는 과정이 자발적이건 비자발적이건 간에, 그들이 자영업자가 되는 과정이나 그 이후의 활동을 통해 갖게 된 이들

---

28) 이런 능력주의 경향은 특히 공업계 고등학교를 졸업한 정규직 노동자들에게서 강하게 나타났다.(『한겨레』 2012. 2. 20) 구미의 한 장비제조업체에서 일하는 김현수(가명, 21세, 남) 씨는 장비 제조 기술을 익혀 이 분야에서 장인(명장)에 오르는 게 꿈이다. 장인이 되면 남들에게서 인정받을 수 있고 대우도 더 나아질 것이라고 생각한다. "가진 자들은 결국 능력이 뛰어나기 때문에 격이 다른 수준으로 사는 것이죠. 저도 가진 자가 된다면 똑같이 가진 것을 지키기 위해 행동할 것이라는 생각이 듭니다. 돈을 많이 번 사람들은 합당한 능력과 이유가 있다고 생각해요."

의 의식과 행동은 크게 다르지 않다. 즉 자영업자를 꿈꾸어 그렇게 된 경우는 프티부르주아 의식, 즉 개인주의 성향이 더 강하겠지만, 어쩔 수 없이 그렇게 되었다고 하더라도 그들의 영리활동을 하는 근본적인 조건과 이웃 업자들과의 경쟁 등 일상의 활동, 성공과 실패의 경험 등 때문에 그들을 몰락으로 몰아넣은 재벌 대기업, 건물 소유자, 그리고 그들의 이익을 대변하는 정당에 대해 집단적으로 저항하기보다는 자신에게 권리주장을 하는 임시직 아르바이트 등 피고용자, 특히 노조의 활동에 대해 극히 부정적인 태도를 갖고 있다.(이병훈 외 2011, 260) 이것은 그들의 보수적 정치문화의 지배에 기인한 것이기도 하지만, 민주화 이후에도 거시정치적 차원에서의 자본과 노동의 매우 불균등한 역학관계가 그들의 의식과 행동, 행위선택에 큰 영향을 주었기 때문일 것이다.[29]

1990년대 이후에도 한국에서는 노동자들이 정치사회적으로 의미 있는 세력화를 이루어내지 못하는 반면, 반대로 1990년대 신자유주의의 헤게모니가 강화된 이후에도 한국의 재벌 대기업 등 자본가 계급은 여전히 정치와 사회를 헤게모니적으로 선도해나가지 못한다. 조직 노동 측의 대안이나 진보정당의 정책은 사회적으로 거의 주변에 머물러 있는 반면에, 정치사회적 여론형성에서 프티부르주아 지향의 지식인 집단, 시민사회단체의 역할이 여전히 중요하고, 중간층의 생각과 의사를 대변하고 있는 미디어의 역할이 더욱 커졌다.[30]

---

29) 이것은 프롤레타리아의 리더십이 상실될 경우 프티부르주아는 부르주아의 편에 서서 반동적인 체제의 등장에 침묵하게 된다는 마르크스의 주장과 통하는 점이다.(마르크스 1987, 125-138)

30) 구해근은 중간계급에 속한 사람들이 양대 계급의 이데올로기적 발전에 영향을 준다고 지적하였다.(구해근 1991, 148) 앞서 지적한 것처럼 후발산업화 국가에서 도시 중간층과 노동계급의 형성이 역전될 경우 중간계급의 지배력은 더 클 것이다.

1997년 이전까지도 중앙집권적인 국가의 의사결정과 조직노동의 힘과 대표성이 거의 없는 한국의 분단/냉전 자본주의하에서 모든 노동자, 영세자영업자 등 경제주체는 국가/자본의 합작에 의한 산업화의 주변적·부수적 세력으로 파편화되어 있었다. 즉 과거에는 국가가 모든 경제주체들이 '가족 개인'으로 적응할 것을 강요했지만, 1990년대 이후에는 시장의 힘이 아무런 여과 없이 작동하면서 모든 경제주체는 '시장화된 개인'으로 행동할 것을 요구받았다.(신경아 2013) 그래서 '가족 개인'은 이제 '시장화된 개인'으로 적응하기를 요구받고 있다.

　　그래서 자본/노동관계에서 시장논리, 경쟁주의 이데올로기가 압도하게 되면서 한국의 노동자들 다수도 자영업자들처럼 더욱더 '개인 경쟁력'을 향상시킬 것을 요구받았다. 중산층화된 대기업 정규직 육체노동자들은 더욱더 그런 경향이 있다. 물론 외환위기 이후 자영업자들이 대거 형성되었다가 파산하면서 이러한 의식에서 다소의 굴절이 나타났을 것이지만, 그렇다고 해서 이들이 '시장화된 개인주의'에서 벗어났다고 판단하기는 어렵다.

　　과거나 현재나 임노동자에서 자영업자로 변신한 사람들이 하나의 직업집단이나 계급으로 정체성을 갖지 못하고 있다는 사실은 1987년 대투쟁 이후 한국에서 크게 성장한 조직노동자 역시 '회사 직원' 이상의 계급으로서 존재감이나 정체성을 갖지 못하고 있다는 사실과 동전의 다른 면을 이룬다. 계급 정체성은 관계 혹은 작호작용 속에서 형성되는 법인데, 몰락하는 하층자영업자와 임노동자들 간에는 연대할 수 있는 정치사회적 관계가 제대로 형성되지 않았으며 끊임없이 유동하는 것이 현실이다. 이것은 바로 한국사회 전체의 계급, 계층 현상을 표현해준다. 즉 임금노동자들의 노동자계급 정체성 부재는 바로 프티부르주아 정치문화의 영향력, 그리고 자영업자들이 직업집단이나 기술 소유자로서 자부심이나 '개인주의' 가치관 역시 갖지 않고 있다는 것을 말해준다. 이는 신자유주의의 영향이 압도하는 데서 초래된 것이기도 하지만, 그 아래에는 한국의 정치사회에서 국가에 의해 시민사회의 수평적 연대가 반공주의의 '상징 폭력(symbolic violence)'과 이데올로기에 의해 억제되고 있는 조건이 여전히 작동하기 때문일 것이다.

1997년 이후 강요된 자영업자의 길을 걷는 수백만의 영세자영업자들이 연대를 통해서 공동의 이익을 추구하지 못하는 것, 정치의식에서도 자영업자나 임노동자들 간에 의미 있는 차이가 발생하지 않은 것도[31] 분단/준전쟁체제의 정치사회 질서가 한국의 경제적 이익의 균열을 정치적으로 균열로 연결되지 못하도록 차단하고 있기 때문이며, 사회 전반적으로 프티부르주아 의식이 지배하는 가운데, 신자유주의적인 비즈니스 논리가 더 압도하면서 그러한 경향이 더 커졌기 때문일 것이다. 원래 자영입자의 생활세계는 '원자화'와 '무계급성'이다. 그것이 한국의 정치사회적 조건과 맞물려 더욱 강화되었다고 볼 수 있다.

한국 노동자와 자영업자들의 소유자 의식은 근대 서구의 '개인주의'와 정말 다른 것일까? 고학력 전문직의 경우는 분명히 유사성이 있다. 그러나 1997년 이후 자영업자가 된 경우 어쩔 수 없이 자영업자가 된 예가 많기 때문에, 즉 그들이 원래 갖고 있던 가치지향, 직업의식은 약하고, 따라서 이들이 서구 근대의 개인주의 태도를 견지한다고 보기는 어렵다. 전문직 화이트칼라 자영업자들 역시 가족의 대표자라는 의식을 갖고 있다. 서구 사회과학에서는 계층·계급의 단위를 개

---

31) 최태룡(1991)도 이 점을 지적하고 있다.

인으로 보는 경향이 있지만, 한국에서는 '가족'단위로 보는 것이 적절하고, 이 점에서 가족 노동력에 주로 의존하는 이 자영업자들은 '가족개인'으로 존재한다. 결국 국가주의 전통, 가족중심주의를 고려하지 않고서 한국의 계급·계층질서를 파악하기는 어렵다.

5. 맺음말

자본가/노동자의 이분법 계급도식은 물론, 중간계급(구 중간계급과 신중간계급)을 포함한 삼분법적인 계급 도식도 한국사회에는 제대로 적용될 수 없다. 한국에서 정치·경제 모든 면에서 자본가 계급은 집합적 행위자로서 자기 이익을 추구하고 있으나, 그 나머지 모든 세력은 응집력을 보여주지 못한다. 오히려 임노동자층도 프티부르주아의 의식의 지배에서 벗어나지 못하고 있으며, 특히 하층자영업자는 비정규직 노동자와 유사한 처지에 있으며 채무자, 임차인이거나, 불안전 취업, 불안정한 수입과 불확실한 미래로 고통받고 있다. 그래서 한국의 이들 하층자영업자를 마르크스의 계급도식에 입각해서 구 중간계급, 중간층 혹은 프티부르주아로 부르는 것은 적절치 않다.[32] 약간의 생산수단만 갖고서 가족노동력이나 한두 명의 아르바이트생, 비정규 노동자를 고용한다는 점에서 이들은 소소유자, 즉 '소사장'의 측면을 갖고 있지만, 경제적으로 보면 이들 대다수는 정규직 임노동자보다 하층에 속한다.

---

32) 윤도현은 단절선으로 보면 한국에는 세 개의 계급이 존재한다고 본다. 자본가, 고임노동자와 상층자영업자, 그리고 이들 영세자영업자와 비정규직이 바로 그 세 집단이라는 것이다.(윤도현 2014, 92)

이들은 자본주의의 산업화, 자본의 집중과 집적 과정에서 탈락한 잔여 존재가 아니다. 특히 한국에서는 봉건제의 전통을 가진 유럽과 달리 산업화 이전부터 중앙집권적인 권력의 수직적인 지배하에서 보다 광범위한 영세소농이 존재했던 긴 역사가 있고, 농지개혁 이후에는 온 사회가 영세농으로 재편된 적도 있을뿐더러, 관직을 향한 이동의 열망이 '가족 개인'의 출세와 상승의 열망을 부추겼기 때문에, 온 사회는 소소유자 의식이 압도하는 경향이 있다.

과거나 현재나 자영업자들은 스스로 단결하기보다는 전통적 가족주의와 연고주의, 권력기관과의 연계를 통해 이익을 추구하려 한다. 그러나 중상층자영업자들이 이미 권력과의 연계를 독점하고 있고, 그들이 지역정치에서 독점적 이익을 추구하고 있는 데 반해, 이들 영세자영업자는 조직노동자들보다 사회적으로 더 배제된 존재가 되었다. 서비스업에 종사하는 영세자영업자들은 건물주의 횡포에 신음하는 현대적 형태의 소작인처럼 되었지만, 소소유자 의식 때문에 주로 보수적인 정치가나 정당에 표를 던지고 있다.

한국의 계급 간의 갈등, 특히 노동과 자본의 잠재적 갈등은 '가족 개인'의 교육을 통한 계층상승 열망으로 전이, 흡수되었다. 미국에서 계급 간의 갈등은 사업의 영역, 즉 자영업자들의 지위상승, 개인주의로 흡수되었다. 그래서 자수성가 의식이 지배하고 있는 미국에서는 좀바르트, 립셋(Lipset) 등이 말한 것처럼 사회주의 정치세력이 영향력을 상실했다.(Lipset 1996) 노동자 정당이 없다는 점에서 한국도 미국, 일본과 유사하다. 각 나라의 역사적 배경이나 구체적인 조건은 다르지만 결과는 비슷하다. 즉 사회 전반적으로 성공, 사회이동, 성취, 개인적 선택과 노력을 매우 중시하고 그것은 어느 정도 과거의 경험에 기초한다. 단 미국에서는 개인적 성취, 한국에서는 가족 성취로 차별화되어 있다. 그런데 미국 등 선진자본주의 국가에서는 그것이 소유자 의식, 개인주의, 자영업자 멘탈리티 등 문화적으로 뿌리내렸다. 한국에서 상승의 자격조건인 학력은 국가에 의해 제도적으로 보장되는 측면이 크다. 국가가 '가족 개인'의 성취를 유도하고, 개인적 선택을 거부하는 '집단행동'에 대해서는 엄한 처벌을 하였다. 그래서 한국의 소소유자 의식은 자본주의 질서는 물론 국가에 대해서도 순응적이다. 개인보다는 가족을 중시하고, 국가와 가족이 충돌하면 가족을 앞세운다.

21세기 현재 시점에서 하층자영업자, 비정규직 노동자, 도시빈민, 청년 실업자는 서로 순환 이동하는 거의 동일적인 사회적 범주가 되었다. 이들은 안정적 고용관계에 있지 않고, 스스로 자기개발, 창업과 성공의 주체가 돼라는 요구를 받고 있다. '개인주의 없는 개인', 가족·친족 질서에서는 떨어져 나왔지만, 개인으로 서지 못하는 주변적 존재, 이들이 한국인들의 다수를 점해가고 있다. 이들의 존재와 의식, 소소유자의 역사성과 현재성에 대한 이해는 한국사회의 오늘과 미래, 그리고 한국사회학, 계층계급론의 이해에서도 매우 중요한 부분을 차지하고 있으며, 탈서구중심주의 사회학 수립을 위한 핵심 연구과제다.

소사장, 즉 영세자영업자는 거주지와 사업의 공간이 일치하기 때문에 한국의 지역정치, 나아가 정치일반은 모두 한국의 소소유자 집단의 존재 및 의식과 직접적으로 연관되어 있다. 그래서 한국정치의 혁신, 한국 시민사회의 재구축 전망은 모두가 이들 영세자영업자가 어떻게 지역사회와 지역정치의 주체가 될 수 있는가의 문제와 직접 연관되어 있다.

2000년 이후 대기업 대형마트(SSM)의 골목시장 침투와 영세자영업자의 몰락이 가속화되면서, '을'들의 저항이 시작되었고, 그래서 영세

자영업자들의 조직화 작업과 저항이 활발해지고 있다. 그래서 마을 만들기 작업과 더불어 지역의 소비자, 비정규직 노동자들과의 연대활동도 모색되고 있다.[33] 자영업자들이 지역경제와 지역정치의 주체가 될 때, 한국사회는 큰 변화를 이룰 것이다.

---

33) 전국 을살리기 운동본부, 맘상모(맘편히 장사하고픈 상인모임), 전국유통상인연합회 등이 그것이다.

■ 참고문헌

강정일. 2004. 『서구중심주의를 넘어』. 서울: 아카넷.

구해근. 1991. "한국 중간계급연구의 이론적 · 방법론적 문제점." 서울대학교
　　　사회학연구회. 『사회계층: 이론과 실제』. 서울: 다산출판사.

공보처. 2002. "시민의식 국제비교조사".

국민대통합위원회. 2014. 『2014년 국민통합 국민의식조사 보고서』.

금재호 외. 2006. 『자영업의 실태와 정책과제』. 한국노동연구원.

김대호. 2008. "자영업자의 비율과 그 의미를 모르고 정치를 논하지 말
　　　라." 사회디자인연구소. 9월. http://www.socialdesign.kr/news/
　　　articleView.html?idxno=5775.

김동춘. 1995. 『한국사회 노동자연구』. 서울: 역사비평사.

김동춘. 2000. "한국의 근대성과 과잉교육열." 『근대의 그늘』. 서울: 당대.

김병조. 1986. "현대 한국의 구중간계급의 형성과 재생산." 『사회와 역사』 3,
　　　259-306.

김영모. 1997. "한국 자영인의 사회계층적 성격." 한국복지연구소. 『사회정책
　　　연구』. 제13집, 1-25.

드레이퍼, 할 저 · 정근식 역. 1986. 『계급과 혁명』. 서울: 사계절.

라이히, 빌헬름 저 · 황선길 역. 2006. 『파시즘의 대중심리』. 서울: 그린비.

마르크스, 칼 저 · 허교진 역. 1987. "프랑스에서의 계급투쟁." 『칼 마르크스
　　　프랑스 혁명사 3부작』. 서울: 소나무.

미야지마 히로시. 2013. 『나의 한국사 공부—한국사의 새로운 이해를 찾아
　　　서』. 서울: 너머북스.

미야지마 히로시, 배항섭, 조형근, 후지이 다케시. 2011. "'유교적 근대'를 통
　　　해 본 한국사." 역사문제연구소. 『역사문제연구』 26, 293-339.

민주정책연구원. 2014. "정당지지도에 따른 소상공인, 자영업자 정책에 대한

분석 및 대안"(www.idp.or.kr)(2월 20일).

박병호. 1985.『한국의 전통사회와 법』. 서울: 서울대학교 출판부.

박종서, 김지연. 2012. "자영업자의 직업경로와 정책적 함의." 한국보건사회 연구원,『보건복지포럼』제194호.

비트포겔, 칼 저·구종서 역. 1993.『동양적 전제주의―총체적 권력의 비교연구』. 서울: 법문사.

서강대사회과학연구소. 2010.『자영업자 정치인식 조사결과표』.

서강대학교현대정치연구소. 2011.『자영업자 정치인식 조사』.

신경아. 2013. "'시장화된 개인화'와 복지요구."『경제와 사회』통권 제98호.

신광영. 2004.『한국의 계급과 불평등』. 서울: 을유문화사.

신광영, 조돈문. 1994. "노동계급의 계급형성과 친족관계." 한국산업사회연구회 편.『계급과 한국사회』. 서울: 한울아카데미.

연합뉴스. 2015. 8. 11.

유경은. 2001. "구중간계급의 사회이동과 계급적 성격." 성균관대학교 석사 학위논문.

유팔무 외. 2005.『중산층의 몰락과 계급양극화』. 서울: 소화.

윤도현. 2014. "한국의 복지국가와 중간계급―자영업자 문제를 중심으로." 한국스칸디나비아학회.『스칸디나비아연구』제15호.

이병훈, 신재열. 2011. "자영자의 계층의식에 관한 연구." 비판사회학회.『경제와사회』통권 제92호.

이성균. 2006. "한국 자영업자의 사회적 자본과 소득수준." 한국사회학회.『한국사회학』제40집 5호.

이승렬, 최강식. 2007. "자영업 부문에 관한 한·일 비교연구."『노동정책연구』제7권 4호, 59-85.

이원진. 2011. "개인화(individualization)인가 계층화(stratification)인가? 생애사건과 사회계층이 빈곤진입에 미치는 영향."『한국사회학』45(2), 25-60

이재훈, 박현정. 2012. "'너희학교 학생들은 뽑지 않아' 말문 막혀도 … 분

노보다 실력쌓기."『한겨레』(2월 20일). http://www.hani.co.kr/arti/
society/society_general/519991.html.

장상수. 2003. "세대 내 계급이동." 한국사회학회. 『한국사회학』 제37집 2호.

전병유, 신진욱. 2014. "저소득층일수록 보수정당을 지지하는가?: 한국사회
에서 계층별 정당지지와 정책태도." 한국사회과학연구소. 『동향과 전
망』 통권 제91호.

전용일 외. 2012. 『생계형 자영업 실태 및 사회안전망 강화방안연구』. 고용노
동부.

정상호. 2001. "한국사회의 지역권력과 자영업 집단의 이익정치." 대구대학
교사회조사연구소. 『사회연구』 제2권 1호.

정상희. 2014. "정당지지도에 따른 소상공인 및 자영업자 정책에 대한 분석
및 대안." 민주정책연구원. 『이슈브리핑』 제32호.

주종환. 2008. "식민지 근대화론 비판―한국경제 근대화와 소농." 『뉴라이트
의 실체, 그리고 한나라당』. 서울: 일빛.

최문경, 이명진. 2005. "자영업 선택인가? 미국과 한국." 한국사회학회. 『한
국사회학』 제39집 1호.

최태룡. 1991. "구중간층의 자기정체화." 서울대학교사회학연구소. 『사회계
층―이론과 실제』. 서울: 다산출판사.

홍두승, 구해근. 1993. 『사회계층·계급론』. 서울: 다산출판사.

홍영림, 성호철. 2015. "음식점 종로, 노래방 마포, 헬스장은 관악서 잘됐다."
『조선일보』(10월 26일).

헨더슨, 그레고리 저·이종삼, 박행웅 역. 2000. 『소용돌이의 한국정치』. 서
울: 한울아카데미.

Amo, J. Mayer. 1975. "The Lower Middle Class as Historical Problem."
The Journal of Modern History. Vol. 47, No. 3(Sep.), 409-436.

Bechhofer, Frank and Brian and Elliott. 1985. "The Petite Bourgeoisie in
Late Capitalism." *Annual Review of Sociology*. 11. 181-207.

Bohenhold, Dieter and Udo Staber. 1991. "The Decline and Rise of Self-Employment." *Work, Employment and Society*. Vol. 5, No. 2(Jun.).

Form, William. 1982. "Self-Employed Manual Workers: Petty Bourgeois or Working Class." *Social Forces*. Vol. 60, No. 4(Jun.), 1050-1069.

Koo, Hagun. 1976. "Small Entrepreneurship in a Developing Society: Patterns of Labor Absorption and Social Mobility." *Social Forces*. Vol. 54, Issue. 4, 775-787

Kunio Odaka. 1966. "Middle Class in Japan." *Class Status and Power*. Bendix and Lipset eds.

Lipset, Seymour Martin. 1996. *American Exceptionalism*. New York: Norton.

Poulantzas, Nicos. 1974. *Classes in Contemporary Capitalism*. London: NLB.

Steinmetz, George and E. O. Wright. 1989. "The Fall and Rise of Petit Bourgeois: the Changing Patterns of Self-Employment of the Post-War United States." *American Journal of Sociology*. Vol. 94, No. 4(Mar.), 973-1018.

Ulrich, and Elisabeth Beck-Gernsheim. 2002. *Individualization: Institutionalized Individualism and its Social and Political Consequences*. Sage Publications: London, Thousand Oaks, New Dehli "individualization."

Yee, Jaeyeol. 1993. "THE FORMATION AND REPRODUCTION OF SELF-EMPLOYMENT IN A DEVELOPING ECONOMY; AN ANALYSIS OF JOB-SHIFT RATES IN THE SOUTH KOREAN URBAN LABOR MARKET." *Korea Journal of Population and Development*. 22, 1(July), 1-21.

三浦展. 2005. 『下流社會─新たな階層集團の出現』. 光文社新書.

탈서구중심주의에 대한 유교사회학적 모색

이영찬

1. 문제제기

유교사회학을 통한 탈서구중심주의 논의에는 기본적으로 현대 한국사회가 다중적 사회라는 전제가 깔려 있다. '탈서구'가 아니라 '탈서구중심'이라 말하는 것은 한국사회에 중심인 서구사회 이외에 다른 주변에 해당하는 사회가 존재하고 있다는 것이고, 그것은 아마 한국의 '전통사회'를 염두에 두었을 것이다. 한국사회 속의 전통영역은 역사적으로 외래문화를 토착화하면서 형성되었다. 멀리는 북방의 샤머니즘에서부터 유교, 불교, 도교가 우리의 전통이 되었고, 근대에는 서양사상이 도입되면서 우리 것의 일부로 정착되고 있다. 이들 외래문화는 한국사회에서 우리의 역사·문화적 현실과 정합성을 이루면서 상호공존과 혼융의 상태로 다중적·다층적으로 존재해왔다.

한국문화의 우월성은 이러한 다양한 문화(명) 간의 혼융이 큰 갈등적 대립 없이 조화를 이루면서 공존의 균형을 유지해온 것에서 찾을 수 있다. 유교사회학의 문제의식도 한국사회의 현실에 토대하면서 전통의 유교사회사상과 현대 서구사회학 간의 균형과 조화를 이룬 자생적 한국사회학을 정립하는 데 있다. 세계화의 대세는 서구중심주의를 정당화했지만 동시에 이에 대한 반항적 욕구를 자극하여 탈서구화를 각성하고 실천하는 계기를 제공하기도 했다. 한국에도 1990년 중반 이후 서구중심주의에 대한 반성이 본격적으로 다양한 학문분야에서 일어났다. 유교사회학도 한국사회학이 현대한국사회를 서구사회로 간주하고 서구중심주의에 경도되어 있는 현실에 문제를 제기하고 유교의 현대화를 통해 한국의 역사와 전통의 연속성 위에서 서구 사회학과 학문적 조화와 균형을 모색하는 데 목적을 두고 출발하였다.

탈서구중심주의에 대한 유교사회학적 모색도 한국사회의 다중성을 단순화시켜 이중성을 전제로 논의하고자 한다. 한국사회는 어느덧 중심에 자리한 '서구사회'와 주변에 밀려난 '유교사회(전통사회)'[1]가 이중구조를 형성하고 있다. 그러나 한국사회에서 근대 서구적 사회구조와 제도가 '중심'을 차지하고 있지만 여전히 전통적 제도와 관행이 '심층'에 존속하고 있다. 전통사회는 외재적으로 서구사회와 나란히 공존하기도 하지만 서구사회의 심층에서 내재적으로 작용한다. 외재적으로는 주로 일상의 생활세계와 비공식 부문, 관행의 영역에서, 그리고 관혼상제, 명절, 세시풍속 등을 통해 문화적 원형을 유지하면서 존재한다.

그리고 전통사회는 서구사회에 습합되어 현대적 변용을 이루기도 한다. 전통사회는 서구사회에 내재화되어 서구사회를 토착화시키는

---

1) 여기서 '유교사회'는 역사적 개념이라기보다 현대사회일지라도 유교적 가치가 실현되고 있는 사회적 공간을 말한다. 그에 대비되는 '서구사회' 개념도 마찬가지다.

토양으로 작용하기도 하였다. '유교자본주의', '유교민주주의' 개념 등에서 서구제도의 한국적 변용과 내재적 이중성을 엿볼 수 있다. 서구의 '민주주의', '자본주의'는 이미 우리의 일부(우리 것)가 되었지만, 그 안에는 유교문화가 습합되어 있어 유교 자본주의, 유교 민주주의라는 내재적 이중성을 갖는다. 현대 한국사회에서 전통적 혹은 유교적 이념과 가치, 제도와 관행은 뒤르켐이 말하는 '사회적 사실'로서 우리의 생각, 느낌, 행동을 외재적 규범으로 혹은 내재적 집합의식으로 여전히 구속력을 행사한다. 이와 같이 한국사회가 전통적 사회구조를 여전히 갖는다면 전통적 사회이론체계가 필요할 것이며 그것을 방기하고 탈서구중심주의를 논의하는 것은 대안 없는 구호에 그치는 일이 될 뿐이다. 우리는 유교의 사회사상과 성리학의 형이상학을 통하여 일련의 탈서구중심주의적 이론체계를 구성해보고자 한다.

2. 유교사회학의 이론적 지향

그렇다면 왜 유교인가? 그것은 우리의 전통과 역사 속에 샤머니즘부터 불교, 도교도 있지만 직접 역사적 연속성을 갖는 조선사회의 지배이념인 유교가 전통사상으로 큰 부분을 차지하고 있기 때문이다. 그렇다고 유교가 유일한 한국사회학의 이론적 소재라고 말할 수 없다. 유교는 우리 전통의 일부일 뿐 어떤 측면에서는 불교나 도교, 샤머니즘 등이 더욱 영향을 발휘하는 경우도 많다. 유교사회학의 정립은 자생적 한국사회학에 대한 학계의 다양한 논의 가운데 한 사례일 뿐이다.[2]

그리고 유교사회학의 이론구성은 유교 가운데 성리학에 주로 의존하였다. 공맹 이래 선진유교에 대한 다양한 해석(주자학, 양명학, 고증학 등)이 존재해왔다. 송대 이후 신유학의 사변적 해석이 선진유학의 실천성을 왜곡시켰다는 복고적 비판이 있었고, 신유학(주자학과 양명학 등) 간에도 긴 논쟁이 이어져 오기도 했다. 그럼에도 불구하고 유교사회학이 주자학을 방법론적 근거로 삼은 이유는 다음과 같다. 첫째, 조선사회에서 선진유교에 대한 다양한 해석이 시도되었음에도 불구하고 리기론과 심성론에 근거한 주자의 (사서)집주를 정통적 해석으로 인정했기 때문에 대표성을 인정할 수 있다. 둘째, 성리학은 불교와 도교 등의 형이상학과 우주론에 근거하였기 때문에 그것에는 전통사상인 유·불·도의 공통적인 세계관(자연관과 인간관)이 반영되어 있다. 셋째, 성리학은 유교사회학의 이론구성에 필요한 정교한 논리체계를 갖고 있었다. 자생적 이론체계를 정립하기 위해서는 사회사상을 논리적으로 체계화할 이론적 패러다임이 필요하다. 성리학의 형이상학과 자연학, 이를테면 리기적 우주론과 심성론, 음양·오행의 대대론(對待論)과 유행론(流行論) 등이 유교사회이론 구성에 유용한 패러다임을 제시하고 있다.[3]

---

2) 이미 1996년에 창립된 동양사회사상학회를 중심으로 『주역사회학』(김재범 2001), 『깨달음의 사회학』(홍승표 2002), 『불교사회학』(유승무 2010), 『삼수분화의 세계관』(우실하 2012) 등의 자생적 사회학에 대한 논의가 활발히 전개되고 있다.

3) 토머스 쿤은 "패러다임은 어느 주어진 과학자 사회의 구성원에 의해 공유되는 신념, 가치, 기술 등을 망라한 총체적 집합을 가리킨다. 다른 한편으로는 패러다임은 그런 집합에서 한 유형의 구성요소를 가리키는 것으로서 모형 또는 예제로서 사용되어, 정상과학의 구체적 수수께끼에 대한 풀이의 기초로서 명시적 규칙들을 대치할 수 있는 구체적 수수께끼 풀이를 나타낸다."고 했다.(Kuhn, Thomas S. 저·김영자 역 1992, 248) 여기서 쿤은 패러다임을 차원이 다른 두 개의 사유 틀로 보았는데, 하나는 '과학자 사회의 특정한 하위문화'란 의미이고, 다른 하나는 '과학 활동에서 참조할 모형'으로서의 의미다. 말하자면, '세계관으로서의 패러다임'과 '모델로서의 패러다임'이다. '세계관으로서의 패러다임'은 과학의 세계관적 토대를 말한다.

유교사회학의 이론적 지향에는 유교적 지식의 특징이 함축되어 있다. 유교적 지식은 규범적이며 실천적 앎을 강조한다. 서구의 근대적 지식이 진·선·미의 분리를 통하여 객관적인 지식을 추구하면서 과학을 발전시켰다. 유교는 그런 면에서 아직 미성숙한 초보적 단계에 머물러 있을 것으로 비칠지도 모른다. 그러나 유교적 지식이 갖는 장점은 오히려 주체와 객체, 존재와 가치, 앎과 실천을 분리하지 않는다는 점에 있다. 유교적 지식의 조건은 지행합일, 즉 지적 엄밀성과 더불어 그것의 실천성을 갖출 것을 요구한다. 유교사회학도 마찬가지로 유교적 지식을 추구하면서 규범적이고 실천지향적 지식을 강조하고 있다. 유교사회학은 유교적 이념과 가치를 현대적으로 재해석하여 현실정합적인 새로운 이론체계를 정립하고자 한다. 유교사회학은 단순히 학문의 '사제적' 역할에 머물지 않고 '예언자적' 역할을 일정 부분 자임하고자 한다. 그런 점에서 유교사회학은 실증적 방법을 통한 과학적 지식 추구에 매달려 있는 서구사회학의 한계, 즉 과학적 지식추구가 인간적 관심과 인간의 문제를 압도하는 데서 비롯하는 현대사회학의 위기를 극복할 대안적 성격을 갖는다.

한편, 한국사회학에서 유교사회학의 위상은 서구이론과 더불어 상호 '보완적' 입장을 갖는다. 유교사회학으로 서구사회학을 대체할 수 있다거나 현대사회의 모든 문제를 해석하고 해결할 수 있다고 생각하지 않는다. 서구사회학과 유교사회학은 양자택일적 관계가 아니라 상

세계관은 세계에 대한 인식, 가치, 신념 등 전반에 관여하지만, 다른 한편 하나의 과학이론을 정상과학으로 정당화시키는 역할을 한다. 한편 '모델로서의 패러다임'은 패러다임이 과학의 수수께끼 풀이를 위한 모형(model) 역할을 하는 측면을 말한다. 모델로서의 패러다임은 구체적인 문제 풀이에 적용되는 공식이자, 따를 만한 규칙이며, 참조해야 할 교과서를 의미한다.

호소통하고 보완적일 때 한국사회의 표층과 심층, 현대와 전통, 현실과 역사를 아우르는 통합적 '한국사회학'으로 거듭날 수 있을 것으로 본다. 유교사회학은 한국의 특수한 역사·문화적 현실에 대한 서구이론의 보편적 적용이 갖는 한계를 극복할 대안적 지혜를 추구한다. 그러나 유교사회학은 유교사회를 이상화하거나 복구하려는 반동적 이론이 될 수는 없으며, 탈서구중심주의를 지향하지만 완전한 탈서구주의를 주장하는 것이 아니다.

3. 탈서구중심주의 담론과 유교사회학

강정인 교수는 그의 저서 『서구중심주의를 넘어서』의 마지막 장의 마지막 절에서 '전통의 현대화'가 서구중심주의를 극복하기 위해 추구할 수 있는 유력한 학문적 대안이라는 점을 강조했다. 그는 "서구에서는 과거 전통으로부터 물려받은 사상적 자원에 대한 적극적이고 창조적인 재해석 및 재전유 과정을 통해, 근대사상이든 현대사상이든, 그 뿌리를 풍성하게 보존하고 확충해온 데 반해, 한국에서는 서구중심주의의 압도적인 영향을 받아 진행된 서구사상의 무분별한 수용, 그리고 끊임없는 전통의 파괴 및 단절 과정을 통해 (서구에서 수용한) 근·현대 사상마저도 뿌리를 내리지 못한 채 부유해왔다."고 지적했다.(강정인 2004, 506) 그리고 자신의 궁극적인 입장은 "전통사상과 서구사상의 균형적인 섭취를 강조하는 것이고 양자의 융합을 추구하는 것이다."라고 밝혔다.(강정인 2004, 513) 그러면서 전통사상이 서구중심주의의 학문적 대안이 될 수 있는 이유를 다음과 같이 들었다. "첫째, 동아시아의 문화적 유산(유교, 불교, 도교, 무교 등)은 인류문명의 보편적 자산으로서의 가치를 지니고 있기 때문에 서구의 발전된 사상과 '호환 가능성'을 확보할 수 있고 확보해야 한다. 둘째, 동아시아 문명은 서구문명이 보유하지 않은, 잠재적이고 현재적인 귀중한 자원을 보유하고 있기 때문에, 생태학적 비유를 사용한다면 생물다양성의 차원에서, 그것을 보존·확충·쇄신할 필요가 있다. 셋째, 그 유산이 우리의 정체성을 구성하고 있고 우리에게 친숙하기에 우리는 그 유산을 좀 더 효과적으로 계발할 수 있는 전략적 위치에 있다."고 했다.(강정인 2004, 513) 더 나아가 『교수신문』에서 국내학자들을 대상으로 실시한 설문조사에서 '서구세계에 대한 21세기의 대항 담론'으로 '서구를 끌어안는 동양적 사유'가 가장 높게 꼽혔다는 것을 소개하기도 했다.

그런데 강정인 교수의 『서구중심주의를 넘어서』에서 동아시아의 문화적 유산을 보존·확충·쇄신한 구체적 연구성과는 찾을 수 없었고, 탈서구중심주의 문제의식을 공유한 다른 저서들에서도 사정은 마찬가지였다. 그들은 다만 우리식의 이론을 모색하려는 의도를 공유했지만 전통사상을 적극적으로 섭취하려는 시도는 보이지 않았다. 이를테면, 신정완 교수가 서문을 쓴 『우리 안의 보편성』(신정완 외 2006) 속에도, 조희연 교수가 서문을 쓴 『우리 학문 속의 미국』(학술단체협의회 2003)에서도 동양사유가 학문의 탈서구중심주의, 탈식민지주의 자산 혹은 대안으로 등장한 곳은 없었다. 주로 (탈)서구중심주의의 이념, 문제의식, 역사적 전개, 전략, 방법론, 지역적 사례 등에 대한 서술과 서구중심주의의 문제점과 폐해, 이를 극복하고 '주체적', '독자적' 이론을 정립해야 한다는 당위성을 논증하는 데 몰두했지만 정작 그 대안을 창출하려는 시도는 아직 보이지 않았다.

유교사회학은 탈서구중심주의 대항담론으로 제기되었으며 서구의 근대학문이 고대 인문주의의 르네상스를 통해 탄생했듯이 유교(성리학)의 르네상스를 통해 탈근대(탈서구)적 대안을 모색하기 위해서였다. 지금 와서 보니 유교사회학적 담론은 강정인 교수의 '서구중심주의를 넘어서'가 끝나는 지점을 출발점으로 삼고 있었다.[4] 유교사회학은 '자생적' 한국사회학의 정립을 목표로 삼고 있다. 자생적 이론은 서구이론의 '한국화' 내지 '토착화'와는 이론적 지향점이 다르다. 서구이론의 한국화, 토착화는 서구이론의 이론적 뿌리(패러다임)는 간과하고 그 열매(이론적 결과)만 이용하는 것이다. 예컨대, "롤스의 정의론을 잘 소화하여 그 주요 이론과 가정들을 생산요소로 사용하거나 한국적 맥락에 맞도록 적절히 수정하여 활용할 수 있다면 ―컴퓨터 용어로 표현하여, 나름대로 일정한 호환 가능성을 확보하여 사용할 수 있다면 ― 그것은 귀중한 학문적 기여가 될 수 있다."고 보는 입장이다.(강정인 2004, 396) 이는 '서구인들의 문제의식을 우리의 상황에 비추어 재맥락화하는 작업'에 머문다.

유교사회학은 '서구이론의 한국화를 통한 재활용'이 아니라 '전통 사상(성리학)의 패러다임에 근거한 새로운 이론체계'다. '자생적인' 이론은 크게 두 가지 의미를 내포한다. 첫째, '자생적인' 이론이 되기 위해서는 우리의 전통, 역사, 문화적 토양에서 발아하고 성장한 이론이라는 의미다. 우리는 서구와 다른 세계관을 갖고 있고 다른 인식체계와 지적 논리를 갖고 있음을 인정해야 한다. 서구적 인식 틀과 논리체계, 그리고 이념과 사상에서 벗어나야 현대 한국사회에서 원형 혹은 변용으로 존재하는 전통적인 부분을 서구중심주의로 왜곡하지 않고 주체적으로 현대화할 수 있다. 둘째, 자생적인 '대안'이 될 수 있기 위

---

4) 필자는 『유교사회학』(2001)과 『유교사회학의 패러다임과 사회이론』(2008)을 통하여 유교의 세계관과 인식 틀을 대표하는 리기론과 음양오행론을 통해 유교적 패러다임을 구성하고 이에 토대한 유교사회사상의 이론화 작업을 시도했다.

해서는 어느 정도의 이론적인 완결성을 갖추어야 한다. 단순한 비교와 차이의 발견을 넘어서 이론이 토양으로 삼은 세계관, 인식 틀과 논리, 그리고 이념, 사상 등과 정합성과 통합성을 가져야 한다. 겉으로 유사한 개념, 이론이라도 뿌리가 다르면 의미도 다를 수밖에 없다. 이론이 자생성을 가질 때 드러난 식민지화는 물론 내재화된 식민주의적 지배에서 벗어난 주체적 이론이 될 수 있을 것으로 본다.

　유교사회학의 이론구성은 크게 두 차원의 유교(성리학적) 패러다임에 근거하였다. 유교 패러다임은 추상화의 수준에 따라 '리기적 패러다임'과 '음양오행적 패러다임'으로 구성할 수 있는데, 전자가 유교사회이론의 세계관적 토대라면, 후자는 유교사회이론이 의존하는 문법 체계라 할 수 있다.[5] 아래에서는 이를 유교 패러다임에 따른 몇 개의 유교사회학 이론을 소개하고자 한다. 소개할 세 사례는『유교사회학』에 실린 '방법론', '계층론' 장과 곧 발간할『최한기 측인론 연구』의 '서장'을 요약한 것이다.[6]

---

5) 유교사회학의 패러다임에 대해서는 졸저『유교사회학의 패러다임과 사회이론』(2008) 참조. 여기에서 유교사회학의 패러다임으로 '리기론적 세계관'과 '음양오행적 모델'을 제시하였다. 리기론적 세계관은 통일체적 세계관과 유기체적 세계관으로, 음양오행적 모델은 대대 모델과 유행 모델로 나누어 유교사회학 패러다임의 특징을 설명하였다. 통일체적 세계관은 변화와 불변의 시간적 통일, 부분과 전체의 공간적 통일, 본체와 현상의 존재적 통일, 선과 악의 가치적 통일로써 설명하였다. 유기체적 세계관은 相關的, 相因·相成的 관계, 相合的, 統體·部分者 관계, 相同的, 分化·統合의 관계, 統合的, 共生·共存으로 설명하였다. 그리고 對待 모델은 相對的 대대, 相合的 대대, 統合的 대대로 설명하였고, 流行 모델은 循環的 유행, 迭運的 유행, 時中的 유행으로 설명하였다.
6) 필자는 이들 패러다임에 입각해서『유교사회학』(2001)에서 유교사회학의 '방법론', '인성론', '계층론', '변동론', '일탈과 사회통제', '국가론', '음악론' 등을 구성했고,『유교사회학의 패러다임과 사회이론』(2008)에서는 유교사회학의 '신체론', '행위론', '규범론', '구조론', '제도론' 등을 제시하였다. 그리고 최근에는 한말 유학자 최한기

4. 유교사회학 이론

1) 유교사회학 방법론

유교에서 앎의 대상은 주희의 '격물치지론(格物致知論)'에서 가장 간명하게 표현된다. 즉 격물(格物)에서 이름(格)의 대상으로서의 '물(物)'과 치지(致知)에서 이룸(致)의 대상으로서의 '지(知)'다. 앎의 대상으로서의 물(物)과 지(知)는 서로 다른 앎의 동기와 수단을 갖는다. 우선 앎의 수단을 보면, 물에 대한 앎은 감각기능에 의해서 이루어지고, 지에 대한 앎은 마음의 기능에 의해서 이루어진다.

귀와 눈의 기능(耳目之官)은 생각하지 못하여 물건에 가리어지니, 물건(外物)이 물건(耳目)과 사귀면 거기에 끌려갈 뿐이요, 마음의 기능(心之官)은 생각할 수 있으니, 생각하면 얻고, 생각하지 못하면 얻지 못한다.[7]

마음이 있지 않으면 보아도 보이지 않으며, 들어도 들리지 않으며, 먹어도 그 맛을 알지 못한다.[8]

여기서 이목지관(耳目之官)은 감각의 기능을 갖고, 심지관(心之官)은 심사(心思)의 기능을 갖는다. 그리고 봄(視), 들음(聽), 먹음(食)은 이목지관의 기능이고, 알아봄(見), 알아들음(聞), 맛을 앎(味)은 심지관의 기능이다.

의 인물감평이론인 '측인론'에 관심을 기울이고 있다.

7) 『孟子』告子 上, 15장: 曰 耳目之官 不思而蔽於物 物交物 則引之而已矣 心之官則思 思則得之 不思則不得也 此天之所與我者.

8) 『大學』7장: 心不在焉 視而不見 聽而不聞 食而不知其味.

한편 물과 지에 대한 앎의 내용은 그 앎의 동기에 따라 달라진다. 감각기능(耳目之官)에 의한 인지내용은 인심(人心)이 추구하는 앎의 대상이고, 마음의 기능(心之官)에 의한 인식대상은 도심(道心)이 추구하는 앎의 대상이다.

마음의 허령지각(虛靈知覺)은 하나일 뿐인데, 인심과 도심의 다름이 있다고 한 것은 혹은 형기(形氣)의 사사로움에서 나오고, 혹은 성명(性命)의 올바른 것에서 근원하여, 지각한 것이 똑같지 않기 때문이다.[9]

인심과 도심은 두 개의 마음이 아니라, 그것이 추구하는 대상에 따라 달리 일어나는 한 마음의 두 측면이다. 도심은 성명(性命)에 근원하여 도리(道理)를 지각하는 마음이요, 인심은 육체의 욕구에 근거하여 사리(事理)를 지각하는 마음이다.

이상에서 볼 때, 유교적 앎의 내용은 이목지관과 심지관의 기능으로 얻어지는 앎과, 인심과 도심에서 발원하는 앎으로 이루어져 있음을 알 수 있다. 앎의 내용에 있어서의 차이는 자연히 앎에 이르는 방법의 차이를 가져온다. 이목지관의 기능으로 얻어지고 인심이 추구하는 바의 앎은 주희의 '격물(格物)'의 방법, 즉 '사물에 이르는 방법'이 요구되고, 심지관의 기능으로 얻어지고 도심이 추구하는 바의 앎은 '치지(致知)'의 방법, 즉 '앎을 이루는 방법'이 요구된다.

격물의 방법은 사물의 본질을 반영하는 사실 자료들을 광범하게 고찰하고 정확히 획득하는 것을 출발점으로 삼는다. 공자는 지식과 경

---

9) 『中庸』章句序: 心知虛靈知覺 一而已矣 而以爲有人心道心之異者 則以其或生於形氣之私 或原於性命之正 而所以爲知覺者不同.

험에 객관성을 높이기 위하여 다음과 같은 절차를 제시했다.

> 그 하는 것(以)을 보며(視), 그 이유(由)를 살피며(觀), 그 편안히 여김(安)
> 을 살펴본다면(察) 사람들이 어떻게 자신을 숨길 수 있겠는가! 사람들이
> 어찌 자신을 숨길 수 있겠는가![10]

여기서 시(視) · 관(觀) · 찰(察) · 청(聽)은 격물하는 방법이고, 이(以) · 유(由) · 안(安)은 격물의 대상이다. 공자에 따르면, 먼저 행위의 드러난 면을 지각하고(視), 그 행위의 동기나 이유를 세밀히 살피고(察), 나아가서 그 행위를 마음에 즐기는가(安)를 알 때 비로소 거짓이 없는 행위로 파악할 수 있다는 것이다. 주희(朱熹)는 "혹은 일에 뚜렷이 드러난 면을 생각하고, 혹은 심리의 은미한 면을 살피며, 혹은 문자 가운데에서 구하고, 혹은 강론의 때에도 탐구"[11]할 것을 제안하여 격물, 즉 '앎에 이르는' 방법을 보다 구체적으로 밝혔다.

한편 치지(致知)의 방법은 사물의 이치의 궁극을 깨닫는 것이다. 치지는 리의 궁극을 일관하여 터득하는 것을 말한다. 격물이 앎의 소이연을 얻는 방법이라면, 치지는 앎의 소당연을 이루는 방법을 말한다. 앎의 소이연은 객관적 사물에서 찾아지지만 앎의 소당연은 그것이 내 마음의 이치와 일치할 때 이루어질 수 있다. 그래서 주희는 "치지는 나로부터 말하고, 격물은 사물에 나아가 말한다."[12]라고 했다. 치지는 결국 마음에서 깨달음을 통해 '앎이 이루어지는' 것이다. 치지의 방법

---

10) 『論語』 爲政, 10장: 子曰 視其所以 觀其所由 察其所安 人焉廋哉 人焉廋哉.

11) 『大學或問』: 若其用力之方 則或考之事爲之著 或察之念慮之微 或求之文字之中 或索之講論之際.

12) 『朱子語類』 권 15: 致知 是自我而言 格物 是就物而言(義剛 錄).

으로 주희는 주일무적(主一無適)의 경(敬)을 강조한다. 경이란 일에 오로지(專一)하고 집중(主一)하여 방일(放逸)하지 않고, 삼가고 두려워하여 항상 깨어 있는 상태(常惺惺)다. 경은 본래의 마음을 보존(存心)하는 것이고, 흩어진 마음을 수렴(求放心)하는 것이다. 경을 통해 격물적 앎은 마음의 이치와 합일을 이루는 활연관통(豁然貫通)의 지적 비약을 이루게 되는데 이것이 치지적 앎이다. 이 앎은 마음에서 깨달아 이루어진 것인데, 이 앎을 이룬 마음을 주희는 진심(盡心)이라 했다.

지금까지 '앎을 이루는 방법'으로서 경에 의한 존심과 활연관통에 의한 진심을 살펴보았다. 존심과 진심은 자성의 방법이고 자각의 방법이다. 그런데 이 자성·자각은 외부에 대한 지각을 통한 반추에 의해 완성될 수 있는 방법이다. 경은 허무를 대상으로 하는 것이 아니라 일과 현상 속에서 추구해야 한다. 활연관통도 무지(無知)에서 나오는 것이 아니라 많은 노력과 성취가 쌓였을 때 일어날 수 있는 비약이다. 이렇게 볼 때, '앎을 이루는 방법'은 '앎에 이르는 방법'과 분리될 수 없다.

이제 이와 같은 유교의 방법론이 사회학 방법론에 갖는 의의를 살펴보자. 우선 유교 방법론에서 격물치지론은 경험론과 합리론을 중심으로 한 서구사회학 인식론에 새로운 시각을 제공한다. 경험론은 감각경험이 앎의 가장 기본적 조건이라는 입장이며, 합리론은 앎의 기본 조건이 합리적 이성이라고 보는 입장이다. 경험론과 합리론이 각기 감각과 이성에 근거함으로써 인식의 조건은 인간의 추상 능력의 한계를 벗어나지 못한다. 그러나 격물치지론은 인간 밖의 사물의 이치와 마음 안의 본성의 이치와의 합일을 추구한다. 격물치지론은 경험론과 합리론을 포함할 뿐만 아니라, 여기에는 '안과 밖의 일치', 즉 천리와 인성, 사리와 도리의 합일을 추구한다. '안과 밖의 일치'를 통해 유교적 경험론은 추상화로 인한 비현실성을 극복할 수 있고, 유교적 합리론이 주관적 상대성에 머물지 않게 한다. 격물은 단순히 경험적 사실을 추구하는 데 머무는 것이 아니다. 격물을 통한 앎은 끊임없이 일상생활 속에서 반성을 통해 이치를 체득해가기 때문에 현실에서 유리된 앎이 되지 않는다. 그리고 치지를 통해 얻은 앎은 주관적이고 상대적인 앎이 아니라 깨달음을 통한 보편적이고 궁극적인 앎이다.

그리고 유교사회학의 방법론에서는 도심(道心)에 의한 성명(性命)의 추구를 진정한 앎의 대상으로 보고 '앎을 이루는 방법'을 강조한다. 여기서 앎은 인간의 도덕적 본성과 분리하지 않으며, 수양을 통한 깨달음을 앎에 이르는 중요한 방법으로 강조한다. 그래서 유교방법론에서 앎의 주체와 대상은 분리되지 않으며, 사리(事理)와 심리(心理)가 합일하며, 앎이 경험에서 완성되는 체득에 의한 앎을 강조한다. 유교적 앎은 실천과 분리되지 않으며, 가치판단으로부터 자유롭지 않다. 그래서 항상 '인간적인 것'에 대한 규범적인 반성을 촉구하며, 지식과 구별되는 지혜, 즉 윤리적인 앎을 추구한다. 유교방법론이 갖는 의의를 좀 더 구체적으로 전개하면 다음과 같다.

첫째, 유교의 방법론은 인간의 본성과 이성의 이원성을 극복할 수 있는 가능성을 제시해준다. 유교에서 인식작용은 마음에서 일어나고 마음은 또한 본성이 발현되는 장소다. 따라서 본성의 자각은 곧 이성적 인식작용의 원인이자 결과가 된다.

둘째, 유교의 방법론은 지식과 행위의 이원성을 극복할 수 있는 가능성을 제시해준다. 유교에서 진정한 앎은 행함과 분리되지 않는다.

셋째, 유교의 방법론은 사리와 도리의 이원성을 극복할 수 있는 가능성을 제시해준다. 유교의 앎은 자연의 법칙과 인간의 행위원리의 일치에 있다. 자연에 대한 인간중심주의는 곧 자연에 의한 인간의 소외를 가져올 뿐이라고 본다.

넷째, 유교의 방법론은 사실과 가치의 이원성을 극복할 수 있는 가능성을 제시해준다. 유교에서 앎의 많은 부분은 시비(是非)의 판단으로 구성되어 있다. "주자(朱子)가 말하는 시비는 곧 선악의 판단이다. 옳음은 선이고 그름은 악이라는 것이다. 시비는 바로 도덕에서의 선악 관념이다. 이렇게 선악으로 시비를 논하는 것은 역시 진리관을 도덕관으로 귀결시키는 것이다."(방입천, 이기훈 역 1997, 174) 옳은 것은 곧 이치에 맞는 것이고, 이치에 맞는 것은 선한 것이기 때문이다.

마지막으로, 유교적 방법론은 앎과 깨달음의 이원성을 극복할 수 있는 가능성을 제시해준다. 유교적 앎의 궁극적인 목표는 주어진 사실 자체의 앎에 그치는 것이 아니라 사실적 지식을 바탕으로 활연관통을 통해 통일된 전체 이치를 깨닫는 것이다. 이것은 앎의 궁극적 목표이자 동시에 자신의 본성을 깨우치는 일이다.

2) 리기론적 불평등 이론

리기론에 의하면 모든 사물과 현상은 리와 기의 결합으로 이루어진다. 사회적 불평등도 하나의 사물(현상)로 볼 수 있다면 리적 불평등과 기적 불평등의 결합으로 이루어진다고 할 수 있다. 그리고 사회적 불평등 체계는 이 리·기적 불평등이 사회질서 속에서 하나의 신분체계로 구현되고 그것이 행위 규범인 예(禮)에 의해 정당화됨으로써 형성되는 것이다. 이 문제를 맹자의 '삼달존(三達尊)'에 대한 논의로부터 출발해보자. 맹자는 제(齊)나라의 왕이 빈사(賓師)인 자신을 예로써 대하지 않음을 보고 천하에 공통된 존경의 대상을 증자(曾子)의 말을 빌려와 언급하고 있다. 맹자가 말하기를 "증자께서 말씀하시기를

'진(晉)나라와 초(楚)나라의 부(富)함은 내 따를 수 없거니와, 저들이 그 부를 가지고 나를 대하면 나는 내 인(仁)으로써 대하며, 저들이 그 관작을 가지고 대하면 나는 내 의(義)를 가지고 대할 것이니, 내 어찌 부족할 것이 있겠는가?'라고 하셨으니, 이 어찌 불의(不義)인 것을 증자께서 말씀하셨겠는가? 이것도 혹 한 방법일 것이다. 천하에 달존(達尊)이 세 가지가 있으니, 관작이 하나요, 연치(年齒)가 하나요, 덕(德)이 하나다. 조정에는 관작만한 것이 없고, 향당에는 연치만한 것이 없고, 세상을 돕고 백성을 자라게 하는 데는 덕만한 것이 없으니, 어찌 그 한 가지를 소유하고서 둘을 가진 사람을 만홀히 할 수 있겠는가?"[13] 라고 말하였다. 맹자는 오직 관작(官爵)만 높은 제나라 왕이 덕과 연치가 많은 자신을 높이지 않는 것에 불만을 토로한 것이다. 여기서 맹자는 부·관작이라는 불평등 자원과 인·의라는 불평등 자원이 있으며, 마치 사물이 리·기의 어느 하나로만 이루어질 수 없듯이 이들 두 자원은 모두 사회적 지위 형성의 요소가 된다고 보았다. 맹자가 불평을 토로한 것은 왕이 부와 관작에 따른 예만을 따르고, 인·의에 따른 예를 소홀히 하는 데 있었다. 좀 더 확대하여 해석하면 맹자는 관작에 의한 정치 공동체, 연치에 의한 연줄 공동체, 덕에 의한 도덕 공동체를 상정하고 사회적 지위는 덕의 대소에 따른 위계와 혈연 혹은 지연의 친소에 따른 위계, 그리고 정치적 권력의 강약에 따른 위계로 다중적으로 구성되어 있음을 말해준다. 유교의 불평등 구조를 리·기론에 입각하여 다음과 같이 정리해볼 수 있을 것이다.

---

13) 『孟子』(公孫丑 下, 2장): 孟子 曰 豈謂是與 曾子曰 晉楚之富 不可及也 彼以其富 我以吾仁 彼以其爵 我以吾義 吾何慊乎哉 夫豈不義 而曾子言之 是或一道也 天下 有達尊 三 爵一, 齒一, 德一 朝廷 莫如爵 鄕黨 莫如齒 輔世長民 莫如德 惡得有其一 以慢其二哉.

(1) 리적(理的) 불평등

맹자의 삼달존에서 덕에 의한 지위는 리적 지위라 할 수 있고, 연치와 관작은 기적 지위라 할 수 있다. 리적 지위는 리(理)의 실현을 통해서 얻어지는 지위이며, 성인과 현인의 지위가 가장 전형적인 리적 지위다. 공자가 "태어나면서 아는 자, 배워서 아는 자, 애써 배워서 아는 자, 애써 배워도 알지 못하는 자"[14]라고 한 것이 리의 실현조건을 말한 것이라면 "도를 아는 자, 도를 좋아하는 자, 도를 즐거워하는 자"[15]는 리의 체득 정도를 말한 것이라 하겠다. 이것에 따라 "상지(上知), 하우(下愚)"[16]로 나누어진다. 성인과 현인은 상지에 속하는 지위인데, 이들 사이에도 엄연한 위계가 존재한다. 정자(程子)는 "중인(衆人)은 이것(人道)을 가지고 있되 알지 못하고, 현인(賢人)은 실천하되 다하지 못하니, 능히 그 형체를 채우는 것은 오직 성인(聖人)뿐이다."[17]라고 하여 성인, 현인, 중인으로 위계를 짓는다. 그리고 주자는 "음양오행의 조화의 색[賾, 깊은 道理]이라고 하는 것은 본래 리이다. 인의예지, 강유선악이라고 하는 것 또한 리다. 이 리를 본성으로 하여 편안히 여기는 사람은 성인이고, 이 리를 회복하여 지키는 사람은 현인이다."[18]라고 하여 보다 자세히 성인과 현인을 설명한다.

리적 위계는 맹자가 호생불해(浩生不害)의 물음에 대한 답변에서 가장 자세하게 설명하고 있다. "호생불해가 물었다. 악정자(樂正子)는 어

---

14) 『論語』(雍也 18): 子曰 知之者不如好之者 好之者不如樂之者.
15) 『論語』(雍也 18): 子曰 知之者不如好之者 好之者不如樂之者.
16) 『論語』(陽貨 3장): 子曰 唯上知與下愚 不移.
17) 『孟子』(盡心 上, 38장 註): 程子曰 衆人 有之而不知 賢人 踐之而未盡 能充其形 惟聖人也.
18) 『朱子大全』(권 78): 其爲陰陽五行造化之賾者 固此理也 其爲仁義禮智剛柔善惡者 亦此理也 性此理 而安焉者聖也 復此理 而執焉者賢也(中, 838쪽).

떠한 사람입니까? 맹자가 말하였다. 선인(善人)이며, 신인(信人)이다. 무엇을 선인이라 이르며, 무엇을 신인이라 이릅니까? 가욕(可欲)스러움을 선인이라 이르고, 선을 자기 몸에 소유함을 신인이라 이르고, 충실함을 미인(美人)이라 이르고, 충실하여 광휘함이 있음을 대인(大人)이라 이르고, 대인이면서 저절로 화(化)함을 성인(聖人)이라 이르고, 성스러워 알 수 없는 것을 신인(神人)이라 이른다. 악정자는 두 가지의 중간이요, 네 가지의 아래다."[19]라고 했다. 맹자는 인품과 덕성의 수양 정도(단계)에 따라 선인, 신인, 미인, 대인, 성인=신인으로 위계 지었다. 선인은 인에 뜻을 두고 악함이 없는 사람을 일컫고, 신인은 선함을 자신의 몸에 체득한 사람을 말한다. 그리고 미인은 선함이 온몸에 충만하여 그것이 밖으로 풍겨나오는 사람이다. 대인은 아름다움이 몸 안에 가득하여 사지에 드러나며 사업에 발로되어 덕업이 지극히 왕성한 사람을 말한다. 그리고 성인은 이제 인을 생각하지 않아도 행동이 저절로 도에 맞아서 인력으로 힘쓰지 않아도 얻어지는 상태를 말한다. 맹자의 리적 위계는 공자가 말한 '지지(知之), 호지(好之), 락지(樂之)'의 경지를 보다 구체적인 리적 지위로 표현한 것이라 할 수 있다.

이 리적 지위가 곧 사회적 지위와 일치하는 것은 아니지만, 도덕 공동체에서는 권위의 중요한 자원으로 작용하고 있다. 유교사회는 덕이 높은 것이 관작에서 오는 권력 못지않은 권위의 자원이 된다. 이러한 사실은 다음의 대목에서 엿볼 수 있다. 맹자가 말했다. "'또 군주가 그(선비)를 만나보고자 함은 어째서인가?' (만장(萬章)이 대답하였다.) '그 견문이 많기 때문이며 그 어질기 때문입니다.' '견문이 많기 때문이

---

19) 『孟子』(盡心 下, 25장): 浩生不害問曰 樂正子 何人也 孟子曰 善人也 信人也 何謂善 何謂信 曰 可欲之謂善 有諸己之謂信 充實之謂美 充實而有光輝之謂大 大而化之之 謂聖 成而不可知之之謂神, 樂正子 二之中 四之下也.

라면 천자도 스승을 부르지 않는데, 하물며 제후왕에 있어서랴! 어질기 때문이라면 내 현자를 만나보고자 하면서 불렀다는 말은 들어보지 못하였다.' '옛날에 노무공(魯繆公)이 자주 자사(子思)를 뵙고 말하기를 옛날에 천승(千乘)의 국군(國君)이 선비와 벗하였으니, 어떻습니까?' 하자, 자사(子思)가 기뻐하지 않으시며 말씀하시기를 옛사람의 말에 이르기를 '섬긴다'고는 하였을지언정 어찌 '벗한다'고 하였겠습니까? 하셨으니, 자사께서 기뻐하지 않으신 것은, 어찌 지위로 보면 그대는 군주요, 나는 신하이니, 내 어찌 감히 군주와 벗할 수 있으며, 덕으로 보면 그대는 나를 섬기는 자이니, 어찌 나와 더불어 벗할 수 있으리오 라고 생각하신 것이 아니시겠는가? 천승의 군주가 더불어 벗하기를 구하여도 될 수 없는데, 하물며 함부로 부를 수 있단 말인가!"[20] 맹자의 언급에서 알 수 있듯이 덕은 관작의 위계를 뛰어넘는 권위의 자원으로 작용한다. 이렇게 도덕적 위계가 사회적 지위 형성에 중요한 요인이 된다는 점에서 유교사회의 도덕 공동체적 특성이 잘 드러난다.

(2) 기적(氣的) 불평등

반면 기적 지위는 현실의 제도 속에서 구현된 사회적 지위를 말한다. 이 지위는 권력과 부의 차이로서 현실에서 드러나는 지위다. 기적 지위는 권력을 직접 행사하는 직책을 갖고 덕과 재능을 실천에 옮길 수 있는 지위다. 공자가 "성인을 내가 만나볼 수 없으면, 군자만이

---

20) 『孟子』(萬章 下, 7장): 且君之欲見之也 何爲也哉 曰 爲其多聞也 爲其賢也 曰 爲其多聞也 則天子 不召師 而況諸侯乎 爲其賢也 則吾未聞欲見賢而召之也 繆公 亟見於子思 曰 古 千乘之國 以友士 何如 子思不悅曰 古之人 有言曰 事之云乎 豈曰友之云乎 子思之不悅也 豈不曰 以位則子 君也 我 臣也 何敢與君友也 以德則子 事我者也 奚可以與我友 千乘之君 求與之友 而不可得也 而況可召與.

라도 만나보면 된다."[21]라고 한 데 대해, 주자는 성인을 신명불측함을 두고 부르고, 군자는 재덕이 출중함을 두고 이름한다고 한 것에 미루어 성인이 리적 지위의 이상형이라면, 군자는 기적 지위의 이상형이라 볼 수 있다. 리적 지위인 성인은 현실적 지위가 아니지만, 군자는 재덕(才德)을 현실에 실천하는 기적 지위라 볼 수 있다. 기적 지위에는 기질에 바탕하는 재(才)가 요구된다. "재(才)는 재질(才質)이며 재능(才能)이다. 재질은 재료(才料)이며 바탕이 되는 것으로 체(體)라는 점에서 말한 것이다. 재능은 일을 할 수 있는 것이다. 같은 일에 대해 어떤 사람은 능력을 잘 발휘하는 데 반해 어떤 사람은 전혀 발휘하지 못한다. 이것은 재가 같지 않은 것으로 용(用)이라는 점에서 말한 것이다."[22] 재는 인간의 재질이며 또한 재능이라는 점에서 곧 인간의 기다. 그래서 이천(伊川)은 '기(氣)가 맑으면 재가 맑고 기가 탁하면 재가 탁하다.'라고 했다. 이 기=재의 차이는 덕과 더불어 사회적 지위를 형성하는 다른 한 요소다. 사물에 있어서 리·기의 관계처럼 기적 지위는 백성을 덕화(德化)할 현실적 직책으로 구성되어 있고, 리적 지위가 스스로를 전개하고 구현하는 토대가 된다. 그래서 기적 지위에는 이미 덕과 재가 결합되어 있고 그 직책을 수행하는 리적 지위의 지도에 따른다.

기적 지위는 전체적으로 볼 때 천자가 위계의 정상을 차지하고 그 아래로 공·후·백·자·남의 봉건적 군주가 있고, 각 군주는 다시 경·대부·사·민을 거느리고 있다. 이들 지위 간의 위계는 정치적 권력뿐만 아니라 경제적 부에서도 일정한 차별을 가진다. "천자(天子)가

---

21) 『論語』(述而, 25장): 子曰 聖人 吾不得而見之矣 得見君子者 斯可矣.
22) 『北溪字義』(才): 才是才質才能 才質猶言材料質幹 是以體言 才能是會做事的 同這件事有人會發揮得 有人全發揮不去 便是才不同 是以用言.

한 위(位)요, 공(公)이 한 위요, 후(侯)가 한 위요, 백(伯)이 한 위요, 자(子)·남(男)이 똑같이 한 위이니, 모두 다섯 등급이다. 군(君)이 한 위요, 경(卿)이 한 위요, 대부(大夫)가 한 위요, 상사(上士)가 한 위요, 중사(中士)가 한 위요, 하사(下士)가 한 위이니, 모두 여섯 등급이다. 천자의 제도는 땅(토지)이 방(方) 천(千) 리(里)요, 공·후는 모두 방 백 리요, 백은 70리요, 자와 남은 50리이니, 모두 네 등급이다. 채 50리가 못되는 나라는 천자에게 직접 통하지 못하여 제후에게 붙으니, 이것을 부용국(附庸國)이라 한다."[23] 기적 지위는 이와 같이 관작과 봉록의 위계로 드러나지만, 그 위계는 또한 덕과 재능의 위계와 일치할 때 정당화된다. 이들 기적 지위에서 볼 때 우선 군주의 지위의 정당성은 덕이 주요한 기준이 됨을 볼 수 있다. 맹자가 말하기를 "요·순은 본성대로 하신 것이요, 탕·무는 실천하신 것이요, 오패는 빌린 것이다."[24]라 했다. 요순은 기가 맑고 치우치지 않아서 기에 의해 본성이 왜곡되지 않고 노력하지 않더라도 본성대로 다스릴 수 있는 군주이고, 탕무는 몸을 닦고 도를 실행함으로써 기질의 욕망으로부터 마침내 본성을 회복한 군주이고, 오패는 기질의 욕망에 굴복하여 단지 인의의 이름을 빌려 자신의 탐욕을 채우는 군주다. 따라서 요순과 탕무는 성군으로서 왕도정치를 펴는 왕의 권력을 갖게 되고, 오패는 일개 범부로서 패도정치를 펴기 때문에 시역의 대상이 된다고 했다. 이렇게 군주는 덕에 따라 권위의 차이를 보인다.

---

23) 『孟子』(萬章, 下 2장): 天子一位 公一位 侯一位 伯一位 子男同一位 凡五等也 君一位 卿一位 大夫一位 上士一位 中士一位 下士一位 凡六等 天子之制 地方千里 公侯皆方百里 伯 七十里 子男 五十里 凡四等 不能五十里 不達於天子 附於諸侯 曰附庸.

24) 『孟子』(盡心, 上 30장): 孟子曰 堯舜 性之也 湯武 身之也 五覇 假之也.

앞에서 보았듯이 기적 지위는 권력과 더불어 재능이 중요한 권위의 자원이 된다. 공자가 관리(士)를 평가한 것에서 이를 볼 수 있다. 공자는 선비의 등급을 셋으로 나누었다. "자공(子貢)이 공자에게 사(士)에 대하여 물었다. 공자가 대답하기를 '몸가짐에 부끄러움이 있으며 사방에 사신(使臣)으로 가서는 군주의 명(命)을 욕되게 하지 않으면 사(士)라고 이를 만하다.' '감히 그 다음을 묻겠습니다.' 하자, '종족들이 효성스럽다고 칭찬하고 향당에서 공손하다고 칭찬하는 인물이다.'라고 하셨다. '감히 그 다음을 묻겠습니다.' 하자, '말을 반드시 미덥게 하고 행실을 과단성 있게 하는 것은 국량이 좁은 소인이나, 그래도 또한 그 다음이 될 만하다.'라고 하셨다."[25] 공자는 지조(志)가 있어 부끄러움을 알고 더불어 재능을 갖춘 선비를 가장 높은 등급으로 평가했고, 지조는 높지 않으나 재능을 갖춘 선비를 그 다음으로, 그리고 지조와 재주는 적으나 그 행위를 그르치지 않고 스스로 지키는 선비를 끝으로 두었다. 공자는 덕과 재능을 고루 갖춘 사람, 재능만 갖춘 사람, 행동을 바르게 하는 사람의 순으로 선비의 등급을 매겼다. 이처럼 군주든 관리든 간에 기적 지위는 권력과 부를 향유하는 현실적 지위이지만, 그것은 덕과 재능의 실현에 의해 비로소 정당화되는 지위다.

이상에서 살펴본 리적 지위와 기적 지위와의 관계는 맹자가 천작(天爵)·인작(人爵)이란 개념으로 잘 설명해준다. 맹자가 말하기를 "천작이 있으며, 인작이 있으니, 인의(仁義)와 충신(忠信)을 행하고 선(善)을 즐거워하며 게을리하지 않음은 이 천작이요, 공경과 대부는 이 인

---

25) 『論語』(子路, 20장): 子貢問曰 何如 斯可謂之士矣 子曰 行己有恥 使於四方 不辱君命 可謂士矣 曰 敢問其次 曰 宗族稱孝焉 鄕黨稱弟焉 曰 敢問其次 曰 言必信 行必果 硜硜然小人哉 抑亦可以爲次矣.

작이다. 옛 사람은 그 천작을 닦음에 인작이 뒤따랐다. 지금 사람들은 천작을 닦아서 인작을 요구하고, 이미 인작을 얻고서는 천작을 버리니, 이것은 의혹됨이 심한 자다. 끝내는 반드시 인작마저 잃을 뿐이다."[26]라고 했다. 여기서 천작은 리적 지위이고 인작은 기적 지위다. 사회적 지위는 인작으로 구성되지만 인작은 천작을 닦음으로 부차적으로 따르는 것이다. 천작은 인작의 수단이 아니라 조건이 된다. 따라서 리적 지위를 닦는 것이 우선이고 기적 지위는 리적 지위에 부차적으로 수반되는 지위다. 이상에서 볼 때, 유교에서 보는 사회적 지위의 자원은 인간의 리, 즉 도덕적 본성의 체현에서 오는 덕과 인간의 기, 즉 기질에 근거한 재다. 사회적 지위는 이러한 덕에 근거한 리적 지위와 재에 근거한 기적 지위가 결합하여 현실적·사회적 지위로 형성된 것이고, 그 지위의 이상형이 곧 군자의 지위가 되는 것이다. 군자는 마치 기가 리를 따르듯이 사회적 지위를 추구함에 있어 천작을 닦아 인작이 따르게 하는 것을 이상으로 삼는다.

(3) 유교 불평등이론의 현대적 의의

리기론적 불평등 이론은 조선사회의 불평등 현상을 이해하는 데 유용한 이론적 도구가 될 수 있다. 조선사회의 신분제는 문반(리적 신분)과 무반(기적 신분)의 양반, 사(勞心者, 리적 신분)·농·공·상(勞力者, 기적 신분제) 직업, 사대부(기적 신분)와 산림처사(리적 신분)의 지위 등이 결합하여 이루어졌다고 볼 수 있다. 리적 지위가 대체로 덕과 천작의 지위라면, 기적 지위는 재능과 인작의 지위에 속한다 할 수 있겠다.

---

26) 『孟子』(告子 上, 16장): 孟子曰 有天爵者 有人爵者 仁義忠信樂善不倦 此天爵也 公卿大夫 此人爵也 古之人修其天爵 而人爵從之 今之人 修其天爵 以要人爵 旣得人爵 而棄其天爵 則惑之甚者也 終亦必亡而已矣.

현대사회학에서 불평등에 대한 논의는 크게 계층론과 계급론, 구조
기능주의 이론과 갈등론의 관점에서 논의되어왔다. 그리고 불평등 원
인으로 일반적으로 부, 권력, 명예 등을 들고 있고, 근래에는 조직, 지
식·정보, 사회적 배제 등이 꼽히기도 한다. 그러나 유교에서 불평등
자원은 궁극적으로는 덕의 체현에 근거를 두고 있다. 권력과 부 등 현
대사회학 이론에서 논의되는 불평등 자원이 물질적·객관적인 자원
인 것과는 달리 덕은 인격적·도덕적 자원이다. 현대 사회는 권력, 부,
명예의 차이에 따른 불평등이 지배적임에도 불구하고 이들 물질적·
객관적인 자원과는 다른 덕의 차이에 따른 인격적 불평등이 존재하는
것도 엄연한 사실이다. 이는 아직도 한국사회에는 유교적 도덕 공동
체가 적지 않은 영향력을 행사하면서 남아 있기 때문일 것이다. '사람
의 씀씀이'도 중요하지만 이에 앞서 '사람의 됨됨이'는 사회적 관계에
서 매우 중시되며, 공적인 위계와 상관없이 타인의 자발적인 공감, 설
득, 복종을 얻어낼 수 있다. 요컨대 한국사회에 '사회지도층'이란 도덕
적 계층이 실체로서 언급되고 있으며, 이들 사회 지도층에게 특히 엄
격한 도덕성을 요구하고 있다는 사실은 덕이 여전히 불평등의 중요한
자원이 되고 있음을 말해준다. 그리고 현대 한국사회의 불평등 개념에
는 서구사회학의 불평등 개념인 상(류)층, 중산층, 하(류)층 등의 계층
개념과 자본가 계급, 중간계급, 노동자 계급의 계급 개념으로 포용할
수 없는 개념들이 존재한다. 통용되고 있는 '특권층-서민층'이란 개념
에도 전통사회의 귀족양반과 일반백성의 뉘앙스가 내포되어 있다.

3) 최한기의 인물평가(대인지각) 이론

혜강(惠岡) 최한기(崔漢綺, 1803~1877)는 당시 유학자들이 외도라 경

계했던 관상학과 유가의 지인 및 도가의 재능주의를 비판적으로 종합한 측인론이란 인물감평이론을 제시하였다. '측인(測人)'은 유가의 '지인(知人)'과 관상가의 '상인(相人)'에 대비되는 개념이다. 최한기는 지인은 공리공담적 인물감평이며 상인은 혹세무민적 인물감평이라 비판하면서 증험 가능하면서도 유용한 실학적 인물감평 이론을 제시하고자 하였다. 이를 위해 그는 '추측'의 방법을 인물감평에 도입하였는데, 곧 인물에 대해 감각기관으로 지각한 내용을 미루어(推) 지각할 수 없는 내용을 헤아리는(測) 방법이다. '측인'이란 말은 최한기의 초기 저서 『추측록(推測錄)』에서 사람에 대한 추측의 방법으로 제시된 '추기측인(推己測人)', 즉 '자신을 미루어 남을 헤아리는' 실증적 인물감평 방법에서 비롯되었다 할 수 있다. 최한기는 그의 말년의 저서 『인정(人政)』에서 '측인문(測人門)'을 저술하여 측인이론을 넓게 펼쳤다. 여기서 그는 측인을 '사람의 일정하지 않은 선악을 분별하고 그의 수많은 견문에 대한 시비를 증험하는 일'이라 정의하며 이를 통해 '사랑하면서도 그 악을 알고 미워하면서도 그 선을 아는 것'을 요체로 삼는다고 하였다.

최한기는 조선 후기 혼란한 정국과 서구열강의 위협을 기존의 학문에 대한 반성과 서구 학문의 주체적 수용을 통해 극복해나가야 한다고 믿었다. 그의 학문적 관심은 실로 방대하여 철학, 정치, 사회, 천문, 지리, 수학, 의학, 농학, 공학 등의 분야를 포괄하며 이를 자신의 기학이라는 학문체계 속에 편입시켰다. 그의 철학은 '기일원론' 내지 '유기론', '유기론적 유물론' 등으로 불리고, 또한 그의 학문적 성과는 '실학과 개화사상의 가교(架橋)', '개항 이전의 동도서기론(東道西器論)', '동도서기론을 극복한 개화사상의 원류', '동양의 유학과 서양과학의 결합' 등으로 평가되고 있다. 측인론에는 이러한 기학의 학문적 지향이 반영되어 있다.(이종란 2005, 151)

최한기는 만년(1860년)에 그의 지식과 사상을 집대성하여 『인정(人政)』을 저술하고 우주자연과 조화를 이룬 이상적인 사회 건설을 구상하였다. 그는 '인정'을 자연의 대질서인 '대정(大政)'이 인간사회의 질서로 실현되는 정치로 규정하고 하늘과 인간이 일통(一統)으로 소통하는 정치를 이상으로 삼았다. 그리고 '인정'의 구현은 인간을 바로 헤아려(測人), 교화시키고(敎人), 이들을 선발하여(選人), 적절히 임용하여 씀(用人)으로써 실현될 수 있다고 보았다. 그중에서 측인, 즉 사람에 대한 헤아림이 인정의 출발점이 되며 인정의 관건이 된다고 보았다. 측인이 올바로 되어야 교인과 선인은 물론 적절한 용인이 이루어지고, 적절한 용인을 통해 인정을 실현할 수 있기 때문이다. 인정은 인기(人氣)가 대기(大氣)를 승순하도록 다스리는 정치란 의미를 갖고 있다.

최한기는 측인론을 인정의 실현을 위한 첫 관문(測人門)으로 제기했지만 그의 인물감평 사상에는 인정이 실현되는 세상, 즉 대동(大同)의 사회에 대한 이상이 반영되어 있다. 어떤 사회에서 사람을 헤아리는 목적과 방식에는 그 사회의 문화적 가치가 반영되어 있기 마련이다. 측인론에는 인정이 실현되는 대동사회의 문화적 가치가 반영되어 있고, 그래서 인물감평도 대동사회가 요구하는 인간의 조건을 이상적인 기준으로 삼고 있다고 하겠다.

최한기가 말하는 대동의 사회는 천인운화가 실현되는 사회를 말한다. 천인운화란 인기(人氣)가 천기(天氣)를 승순하여 일통을 이룬 운화, 즉 대기운화(大氣運化), 통민운화(統民運化), 일신운화(一身運化)가 하나로 소통하는 운화를 말한다. 일신운화가 인간 개체의 성장노쇠의 원리라면, 통민운화는 상호 교접하는 사회적 삶의 규범이며, 대기운화는 자연사물의 운행법칙에 해당한다고 볼 수 있다.[27] 대동의 사회는 대기의 운화를 이어받고 일신의 운화를 통섭하는 통민의 운화가 실현되는 사회다. 측인론은 대기의 운화를 승순하고 일신의 운화를 실천할 수 있는 능력을 가진 사람, 대기와 인기를 소통할 조건을 갖춘 사람, 즉 천인운화를 체득한 사람을 인물감평의 이상적인 기준으로 삼았다.

천인운화의 체득은 대기의 본성을 인기에 실현함으로써 성취될 수 있다. 최한기는 우주만물이 공유하는 기의 본성(宇宙萬物所同之性)을 활·동·운·화(活·動·運·化)라고 밝혔다. 활·동·운·화는 생생한 기운(生氣)이 항상 움직여서(常動) 두루 운행하여(周運) 크게 변화(大化)하는 본성을 갖는다. 그것이 대기의 본성으로 작용할 때는 뭇 별의 운행과 사시 변화의 법칙이 되고 인기의 본성으로 작용할 때는 인륜상도(倫常)의 근거가 된다. 활동운화가 인기에 구현되면 각각 존양추측(存養推測), 건순일신(健順日新), 도량주선(度量周旋), 변화화융(變化和融)이라는 인도의 조리로 나타난다.[28] 이 조리는 대기의 활동운화가 실현된 것이며 이것의 체득 정도가 곧 그 사람의 식량(識量)과 덕량(德量)을 결정한다. 측인의 목적은 식량과 덕량에 따른 인격을 감평하는 것이다.

인기가 대기를 승순하는 데는 선천적인 기질과 후천적인 학습에 의해 영향을 받는다. 선천적인 기질은 하늘의 기와 땅의 토질, 그리고 부모의 정혈에 의해 형성되는 것이며 이것은 증감되지 않는 불변적 요소다. 후천적인 학습은 공부의 정도에 따라 변동되는 요소다. 인

---

27) 『인정』「교인문5」(四性三等): 大氣運化 隨地月日星之轉 而年月日時 有常度 統民運化 有禮律綱紀 而殆亂盛衰 有遷移 一身運化 有少壯衰老 而利鈍成敗 有乘除.

28) 『기학』(2-64): 以活動運化 分皙於功夫條理 活乃尊養推測 動乃健順日新 運乃度量周旋 化乃變通和融 惟此功夫之活動運化 因一身固有之活動運化 承大氣之活動運化 天人一致 事物一貫.

간이 천인운화를 이루기 위해서는 천지와 부모로부터 타고난 기질을 잘 양육하고 기질의 결함이나 부족함이 있을 때는 공부를 통해 변통할 필요가 있는 것이다. 이 점이 최한기의 측인학이 관상학과 같이 단지 길흉화복을 점치며 혹세무민하는 '낭유학(稂莠學)'이 아니라 자신을 미루어보는(推己) 수기의 학문이 되는 까닭이다. 그리고 측인의 방법에서 성리학과 같이 무형의 도덕적 본성보다는 유형의 기질과 형모를 중시함으로써 있어도 그만 없어도 그만인 '췌마학(揣摩學)'이 아니라 실용적인 실학이 될 수 있었다.

최한기는 측인의 범주로 기품(氣稟), 심덕(心德), 체용(體容), 문견(聞見), 처지(處地) 등을 제시하였다. 기품은 사람이 태어날 때 천지의 기운을 받고 타고난 본래의 기(氣)로서 인물의 바탕이 된다. 기품에는 강약(强弱)과 청탁(淸濁)의 구분이 있다. 심덕은 학문과 수행을 통해 마음에 얻은 바의 덕을 말한다. 심덕에는 성위(誠僞), 순박(純駁)의 구분이 있다. 기가 형체를 이룬 것을 체(體)라 하고, 마음이 밖으로 나타난 것을 용(容)이라 하는데, 이 둘을 합해서 체용이라 했다. 체용에는 후박(厚薄), 미추(美醜)의 구분이 있다. 문견은 감각기관을 통해 받아들인 것을 분별하여 취하고 버릴 줄 아는 능력을 말한다. 문견에는 주비(周比), 아속(雅俗)의 구분이 있다. 그리고 처지는 인물감평에서 고려해야 할 사회적 지위와 처해 있는 상황적 조건이다. 처지에는 귀천(貴賤)과 부빈(富貧)의 구분이 있다.[29] 이 범주들은 측인의 범주이지만 동시에 이상적인 인격이 갖추어야 할 조건이기도 하다. 이것은 인

---

29) 『인정』「측인문7」(감평): 先察氣稟之强弱淸濁, 次觀心德之誠僞純駁, 次視體容之厚薄醜美, 聞見之周比雅俗, 處地之貴賤貧富, 而這間分數多寡, 自有消長, 殆不可以一槩論也, 且才局生於氣稟, 應變生於心德, 風度生於體容, 經綸生於聞見, 措施生於處地, 是可以溯流推源, 見子知母矣.

간의 신체와 정신, 지성과 도덕성, 지식과 실천 등이 통합된 전인격적 인간의 조건이 되기 때문이다. 이상적인 인격은 이들 범주 사이에 천인운화가 실현됨으로써 완성될 수 있다. 범주들 간에 다소 중복의 여지는 있지만, 대체로 심덕은 일신운화 차원에서 천인운화가 실현된 것이라면, 체용은 통민운화 차원에서, 그리고 기품은 대기운화 차원에서 천인운화가 실현된 것이라 할 수 있다.

이렇게 최한기의 측인은 현대 서구의 사회심리학의 대인지각 방법과 비교하면 훨씬 다층적이고 종합적인 인물감평 방법임을 알 수 있다. 사회심리학적 대인지각 방법은 자신의 심적 기제에 의존한 성격 분석적 지각에 제한되어 있다. 최한기의 측인법은 유교의 지인과 관상학의 상인, 그리고 도가의 재능주의 등을 비판적으로 수용하였다. 지인은 사람의 선악이나 우열을 주관적으로 단정하여 객관성이 없다는 단점이 있지만 도덕성과 인도를 인물감평의 중요한 요인으로 간주하고 있다. 상인은 얼굴과 체형 등 외형적인 모습에 한정하여 길흉을 점치는 편협하고 비합리적인 방법이지만 인물감평에서 징험할 수 있는 기틀을 갖고 있다. 측인은 이들 지인과 상인의 방법을 비판적으로 종합하고 타고난 신기를 참작함으로써 도가의 재능주의를 수용하였다. 측인법은 측인의 대상을 일신, 통민, 대기운화의 차원에서 일통적으로 감평하고, 측인의 방법에 있어서는 도덕 중심적인 유가의 지인과 외모 관찰에 의존하는 관상가의 상인과 더불어 도가 성향의 재능주의를 종합하였다.

측인론의 천인운화 일통적 범주나 유가, 관상가, 도가의 종합적 방법에 내포된 근본이념은 '일통적 소통'으로 특징지을 수 있다. 예컨대, 측인에서 '기품'의 범주는 신체라는 생리적·물리적 특성을 감안하면 인물의 대기운화의 차원이라 할 수 있다. 기품은 천지의 기와 부모의 정기와 혈기에 직접적으로 영향을 받기 때문이다. 그런데 기품은 품부받은 바 기의 청탁, 수박에 따라 심덕에 영향을 준다. 심덕은 학문을 통하여 얻는데, 기품에 따라 학문의 성실성과 조예의 깊이에 차이가 난다. 그 차이는 보고 듣고, 분별하여 취하고 버리는 '문견'에도 반영된다. 이로써 범주 간의 소통적 통합을 엿볼 수 있다. 그리고 측인 방법에서 볼 때, 기품은 관상가들이 용모를 통하여 관찰하고자 하는 주요한 감평대상이다. 측인은 형색(形色)과 언행(言行)을 통해 기품을 관찰하지만 이로써 길흉을 점치기보다는 일에 대한 재국(才局), 즉 재능과 능력을 감평하는 데 목적을 둔다. 그래서 기품의 범주는 문견의 범주와 상관되어 있고, 관상가의 상인과 도가의 재능주의와도 소통되어 있다. 이렇듯 기품을 포함한 심덕, 체용, 문견, 처지 등의 모든 감평 범주들은 그것이 실현되는 운화의 차원 간에, 또한 감평의 방법 간에 상호 소통적 통합을 이루고 있음을 볼 수 있다. 이러한 범주적·방법적 소통은 측인론의 다원적·종합적 인물평가 특성을 잘 드러내고 있다.

최한기의 소통적·통합적 측인론은 탈근대적 인간관의 함의를 내포하고 있다. 데카르트에서 비롯된 근대적 인간관은 많은 점에서 최한기가 상정하는 인간관과는 다른 본질을 갖고 있다. 근대적 인간은 '사유하는 실체(res cogitans)'로서 인간 이외의 '연장하는 실체(res extensa)'인 모든 사물과 완전히 독립하여 존재하며 주체가 언제나 통합되어 있고 일관성을 가진 실체였다. 그러나 니체(Nietzsche) 이후 다수의 포스트모던 사상가들은 근대적 인간관을 부정하고 인간에 대한 새로운 견해를 제기했다. 그들이 말하는 포스트모던적 인간은 세계와 분리된 독립된 존재도 아니며, 이성적 능력을 갖추고 자율성을 향유하는 독자적 존재도 아니다. 탈근대적 자아는 사회적 상황이나 역사적 조건, 사회구조의 변화에 따라 끊임없이 재생산되는 외부와 항상 소통하는 가변적인 자아다.

최한기의 측인론이 기학에 이론적 배경을 두고 있고, 기학이 서구의 과학적 이론과 성과를 흡수하였기 때문에 측인론에는 전통적 인간관과 근대적 인간관이 통합되어 있다. 또한 측인론은 유교, 관상학, 도교의 인간관이 종합됨으로써 이성중심의 합리적 인물보다는 신체와 도덕성, 재능이 통합된 인물을 감평하고자 한다. 그리고 기학적 인간은 일신운화와 통민운화, 대기운화가 체화된 존재다. 인간은 '자아개별화(self-individualation)'된 독립된 존재가 아니라 대기운화와 통민운화, 그리고 일신운화와의 소통의 맥락 속에 있는 열려 있는 존재다. 기학적 인간은 데카르트에게서 보듯 대상이 저편에서 마주 선 주체가 아니라 대상과 자신 안에서 소통하는 비주체적 존재다. 인물을 구성하는 '기품'에서는 대기운화와의 소통이 이루어지고 '덕성'에서는 통민운화와의 소통이 이루어진다. 즉 인물은 자연과 사회와의 소통의 산물일 뿐 그것과 분리되거나 대립적인 존재가 아니다.

측인론에서 인간을 삼층운화의 통합과 소통의 산물로 간주함으로써 기학적 인간은 몸과 마음, 지성과 덕성이 소통되는 전인격인 인간을 지향한다. 기학에서 인식의 주체를 마음(心) 대신 신기(神氣)라 했다. 신기는 대기의 신령스런 영역이며 신체의 기와 본질적으로 동일하다. 신기는 신체의 일부이며 마음의 기능을 갖는다는 점에서 몸과 마음의 경계가 해체된다. 그리고 기학에서 문견은 견문지지(見聞之知)에 속하고 심덕은 덕성지지(德性之知)에 속한다고 볼 수 있는데, 이들은 기질변화를 통해 통합된다. 최한기는 지식과 도덕성은 서로 무관하며 지식의 축적이 도덕성을 높일 것이라는 '자연주의적 오류(naturalistic fallacy)'를 기학의 인간과 자연의 일통적 세계관 안에서 해명할 수 있었다. 즉 지식은 신기에 축적되어 기질의 변화를 가져오고 기질의 변화를 통해 신기에 우주자연의 유행지리가 습염됨으로써 지성이 덕성으로 전화된다. 지식이 몸을 변화시키고 이로써 자연스럽게 도덕성이 체화된다는 것이다. 측인론의 소통적 인간관은 몸과 마음을 이원화하고 지식과 도덕성을 분리시키는 근대적 인간관과 이로부터 파생되는 소외되고 분열된 인간성을 극복하는 데 시사하는 바가 많다.

최한기의 기학은 조선의 실학적 이상을 공유하면서도 독창적 방법론과 일관된 이론체계를 정립하였다는 점에서 한국학의 효시라 해도 과언이 아닐 것이다. 나아가 측인론은 기학에 토대한 인물감평 이론으로서 토착적 한국학 이론 정립의 가능성을 보여준다는 점에서 의미가 있다. 측인론에서는 전통적 윤리와 근대적 과학의 이념이 통합되고 지배층의 유교와 민중의 관상학의 방법이 소통하였다. 측인학의 이념과 방법은 한국의 현대 생활세계에서 익숙하며 토착적 인물평가 이론으로 주목할 충분한 가치가 있다. 우리는 서구 학문의 이론만 수입해 맹신할 것이 아니라 한국인의 역사와 문화를 반영한 자생적 이론의 생산이 필요하다. 최한기의 측인론은 고유의 이론적 정체성과 보편적 방법론을 확보하고 있다는 점에서 한국학 발전의 하나의 이정표로 삼을 만하다 하겠다. 최한기의 기학적 인간관에 토대한 측인론을 인물감평 방법으로 주목하는 이유는 다음과 같다.

첫째, 최한기의 측인론은 전인격적 인물평가를 지향하고 있다. 측인론은 유가의 지인이 주목하는 행사의 '도덕성'과 도가의 재능주의가 주목하는 '재능'과 관상학의 상인이 주목하는 타고난 인물의 '기품'을 측인의 범주로 삼는다는 점에서 전인격적 인물감평법이라 평가할 수 있다. 측인론은 현대 사회심리학의 대인지각이 원론적 인간관에 근거하여 개인의 성격이나 능력 등 인격의 일부에 대한 전문화된 평가가 이루어지고 있는 것에 비해 통합적 인격평가란 장점을 갖고 있다.

둘째, 최한기의 측인론은 객관적인 성격분석 차원에만 머무는 것이 아니라 인물에 대한 예언적 평가를 어느 정도 포함하고 있다. 그것은 그의 측인이 일정 부분 관상학에 의존하고 있고, 그래서 생물학적으로 타고난 항상적 요소에 기초하기 때문이다. 측인의 예언적 기능은 보다 안정적인 근거 위에서 대인지각을 가능하게 하며 관상학적 인식 모델은 주관적인 편견을 배제하는 데 일정 부분 기여할 수 있다.

셋째, 최한기의 측인론에는 한국의 전통문화가 잘 반영되어 있다. 측인론은 유교의 지인론과 관상학의 상인학을 내포하는데, 지인론이 전통사회의 지배층 문화인 유교문화를 반영했다면 상인학은 피지배층인 민중의 기층문화와 밀착되어 있었다. 따라서 그의 측인론은 전통사회 전체 신분층 문화를 모두 포함하고 있다 하겠다.

넷째, 최한기의 인물감평법은 매우 체계적이다. 최한기의 인물감평 영역과 차원, 그리고 감평요인과 방법은 매우 포괄적이면서도 실증적이다. 그의 인물감평 영역은 용모, 행사, 인도 등 언행과 도덕성을 포함하고, 감평 차원은 단순한 감각적 경험에 머물지 않고 마음의 덕성과 나아가 타고난 기질의 청탁까지 다원적이다. 이러한 최한기의 인물감평법은 사회심리학의 대인지각 이론과 방법론의 지평을 넓히는 데 시사하는 점이 많다.

다섯째, 최한기의 인물감평법은 현대 한국인들의 인물감평 관행과도 매우 친화적이다. 최근 관상학과 연계한 캐릭터 표현과 분석에 관한 많은 연구에서 보듯이 관상학적 관점은 캐릭터의 성격과 능력, 도덕성 등을 평가하는 문화적 토대로 작용하고 있음을 본다. 최한기의 인물평가 이론은 한국적 문화 풍토에서 관행적으로 이루어지는 인물평가를 이해하는 데 많은 도움을 받을 수 있을 것이다.

5. 맺는 말

한국사회에서 탈서구중심주의에 대한 비판적 성찰은 동양적 혹은 한국의 전통적 사상에서 출발하지 않았고, 오히려 서구의 급진적 이론의 확산에 편승하여 이루어진 측면이 강하다. 1970년대 산업화, 1980년대 민주화와 1990년대 세계화의 물결은 서구화를 당연시하고 서구세계를 모방의 대상으로 삼아 이루어졌다. 학계의 주류도 신자유주의적·자본주의적 세계관과 패러다임을 표준과 전제로 삼았는데 이에 대한 비판적 자각에서 식민지론, 종족이론, 오리엔탈리즘 등의 논의가 시작되었다. 우리 학계의 탈서구중심주의에 대한 논의도 이러한 서구 학계의 급진주의적 비판과 반성에 편승하여 한국 학계의 식민지화된 현실을 자성하는 계기로 삼았다. 그러나 유교사회학적 입장에서 볼 때 이러한 급진적 시각에 편승한 탈서구중심주의를 위한 논의는 또 다른 서구중심주의로 대체될 뿐이고 우리의 전통적 혹은 유교적 패러다임에 입각한 이론체계에 대한 논의의 기회를 박탈했을 뿐이다. 이로써 비판의 논리와 정당성은 확보할 수 있었지만 탈서구중심주의를 위한 독자적인 대안을 제시할 수는 없었기 때문이다.

필자는 유교 내지 성리학의 사회사상과 논리체계에 근거한 주체적이고 자생적인 유교사회학적 이론 구성을 시도했다. 사회학 '방법론'에서 서구사회학이 '앎에 이르는 방법'을 엄밀히 하는 데 집중했다면, 유교사회학은 '앎을 이루는 방법'에 가치를 두고 있었다. 서구의 과학적 지식이 주체와 분리된 대상에 대한 객관적·과학적 앎을 추구한 반면, 유교적 앎은 깨달음에 의한 앎, 체득에 의한 앎, 윤리적인 앎을 진정한 앎으로 여겼다.

유교사회학적 '계층론'은 현대사회에서 권력, 부, 신분 등의 물질적·객관적인 자원에 의한 불평등이 공동체적 삶을 황폐하게 할 수 있음을 지적했다. 유교에서는 인격적·도덕적 자원으로서 덕(德)의 차이에 따른 계층 혹은 덕에 의해 지지되는 계층의 필요성을 강조했다.

한편 최한기의 인물평가 이론은 한국의 전통적 인간관에 근거하고 있고, 따라서 현대 심리학의 대인지각 이론에 비해 한국의 문화적 풍토가 잘 반영된 이론임을 알 수 있었다. 이들 이론은 가설 수준으로 아직 한국사회 현실에 대한 경험적·실증적 검증을 남겨두고 있다. 유교사회학은 이론적 정교화를 통해 객관성과 보편성을 확보해나가야 할 많은 숙제를 안고 있지만, 한국사회에 대해 주체적 시각으로 심층적인 접근을 시도함으로써 탈서구중심주의를 위한 새로운 이론적 지평을 제시했다는 점에서 의의를 찾을 수 있을 것이다.

■참고문헌

『論語』

『孟子』

『大學』

『中庸』

『大學或問』

『朱子語類』

『朱子大全』

『北溪字義』

『人政』

『氣學』

강정인. 2004.『서구중심주의를 넘어서』. 파주: 아카넷.

김재범. 2001.『주역사회학』. 서울: 예문서원.

방입천 저·이기훈 역. 1997.『문제로 보는 중국철학―인식의 문제』. 서울: 예
　　문서원.

신정완 외. 2006.『우리 안의 보편성』. 파주: 한울.

우실하. 2012.『삼수분화의 세계관』. 고양: 소나무.

유승무. 2010.『불교사회학』. 고양: 박종철출판사.

이영찬. 2001.『유교사회학』. 서울: 예문서원.

이영찬. 2008.『유교사회학의 패러다임과 사회이론』. 서울: 예문서원.

이종란. 2005. "최한기 인식이론의 성격." 예문동양사상연구원·김용헌 편.
　　『혜강 최한기』. 서울: 예문서원.

학술단체협의회 엮음. 2003.『우리 학문 속의 미국』. 파주: 한울.

홍승표. 2002.『깨달음의 사회학』. 서울: 예문서원.

Kuhn, Thomas S. 저·김영자 역. 1992.『과학혁명의 구조』. 서울: 동아출판사.

심리학

한국심리학계의 탈서구중심적 연구동향 I : 그 대두 배경[1]

조긍호

　우리나라에 서구식의 현대심리학이 도입된 것은 일제 치하인 1924년 경성제국대학의 창설과 더불어 법문학부 철학과 내에 심리학전공이 설치되면서부터였다.[2] 당시 경성제대 심리학전공의 교수들[3]은 "주

---

1) 이 글은 본래 이어지는 글(한국심리학계의 탈서구중심적 연구동향 II: 그 연구 내용)과 함께 하나의 논문(한국심리학계의 탈서구중심적 연구동향: 문화관련 연구와 유학심리학의 연구를 중심으로)으로 작성되어, 2015년 12월 5일 "서강대 SSK 탈서구중심주의 연구단"이 주최한 심포지움에서 발표한 것이다. 이 심포지움에서 발표된 논문들을 책으로 엮어내는 과정에서, 필자의 논문 양이 너무 많아 한 책으로 묶이는 다른 논문들과의 형평성이 깨지게 되니, 적당한 양의 두 논문으로 쪼개어달라는 편집자의 간절한 요청이 있어, 내키지는 않으나 약간의 첨삭을 가하여 이 책에서와 같이 두 개의 논문으로 나누게 되었다. 원래 하나의 글이던 것을 둘로 나누어놓고 보니, 짜임새가 매우 부족한 글이 되고 말았다. 원논문을 보고자 하는 독자는 위 심포지움의 초록집(경제·인문사회연구회 편, **서구중심주의에 대한 우리 학문의 이론적 대응**, pp. 63-101)을 참고할 것.

2) 당시 경성(京城)제대에는 법문학부 철학과 내에 철학·심리학·미학의 세 전공이 설치되었는데, 이는 일본의 동경(東京)제대나 경도(京都)제대의 학제를 그대로 따온 것이었다.

3) 하야미 히로시(速水滉), 구로다 료우(黑田亮), 후꾸도미 이찌로(福富一郎), 야마노 도시다께(天野利武), 와다 요헤이(和田陽平). 이 중 하야미 히로시는 1926년 초대

로 일본의 동경제국대학 심리학과 출신이었다. 이들 일본인 교수들은
라이프치히(Leipzig)의 분트(Wilhelm Wundt) 연구실이나 베를린(Berlin)
대학 철학과에서 심리학을 공부한 사람들이어서, 독일심리학의 학
풍을 그대로 이어받은 사람들이다. 그러므로 해방 전 한국심리학은
분트의 구성주의심리학, 그리고 코프카(Kurt Koffka), 쾰러(Wolfgang
Köhler) 및 레빈(Kurt Lewin) 등이 주장한 형태주의심리학이 주류를 이
루고 있었다 …… 이와 같은 경성제국대학의 심리학 학풍은 비단 경
성제국대학뿐만 아니라 전체 일본심리학의 사조이기도 하였다."[4] 이
렇게 광복 이전 우리나라에 처음 도입된 심리학은 철저하게 일본인들
이 받아들인 독일심리학 일색이었다.[5]

이 시기에 배출된 한국인 심리학자는 겨우 12명뿐이었는데,[6] 이들
중 경성제대와 일본의 각 대학에서 심리학을 공부한 사람들이 주로
1945년 광복 이후 한국의 심리학 교육과 연구를 주도하였다. 그러므
로 광복 이후에도 당분간 한국의 심리학은 여전히 일본인들에게서 전
수받은 독일심리학이 주류를 이루고 있었다고 볼 수 있다.

그러나 미군정의 실시와 곧이은 한국전쟁의 여파로 한국사회 전반

법문학부장을 역임했고, 1936년에는 경성제국대학 총장에 취임하였다. [한국심리
학회 편. (1996). **한국심리학회 50년사.** 서울: 교육과학사. pp. 10-11.]
4) 정양은. (2000). **한국의 학술 연구: 심리학.** 서울: 대한민국 학술원. pp. 12-13.
5) 1924년 개교한 경성제대의 심리학실험실은 라이프치히 대학에 있는 분트의 심리학
실험실의 구조나 설비를 본뜬 것으로, 당시 심리학실험실로는 동양 최고의 시설이
었을 뿐만 아니라 일본의 동경제대나 경도제대의 심리학실험실을 능가하는 것이었
다. (한국심리학회 편, 1996, 전게서, p. 10.)
6) 이 중 경성제대 철학과에서 심리학을 전공한 사람이 6명(임석재, 윤태림, 이진숙,
이의철, 이본녕, 서명원), 일본의 각 대학에서 심리학을 전공한 사람이 3명(성백선,
방현모, 고순덕), 그리고 미국과 유럽에서 심리학을 공부한 사람이 3명(염광섭, 이
관용, 이재완)이었다. (정양은, 2000, 전게서, pp. 14-16; 한국심리학회 편, 1996,
전게서, pp. 11-12.)

에 미국의 영향이 물밀듯이 밀어닥치면서 이러한 경향에 제동이 걸리게 되었다. 실용주의철학에 바탕을 두고 있는 기능주의심리학과 과학주의의 기치를 내건 행동주의심리학 같은 미국심리학이 서서히 구성주의와 형태주의에 기초한 독일심리학을 밀어내는 상황이 조성되었던 것이다. 하지만 1960년대까지만 해도 우리나라에서 심리학과가 설치된 대학은 서울대·중앙대·이화여대·성균관대·고려대뿐으로, 심리학 교수의 수도 전부 합하여 20여 명에 불과하였으며, 이 다섯 대학에서 1960년대 말까지 20여 년 동안 배출된 심리학석사의 수가 채 80명이 되지 않을 정도로[7] 심리학 연구의 상황은 열악하였다. 그러니까 광복 이후 1960년대 말까지의 한국심리학은 독일심리학의 퇴조와 미국심리학의 부상을 특징으로, 일제로부터 시작된 심리학 교육과 연구의 명맥이 겨우 유지되고 있었던 시대라 할 수 있을 것이다.

그러다가 1970년대부터 한국심리학계의 상황은 급격히 달라지기 시작하였다. 이 시기에 이렇게 한국심리학계의 상황이 급변하게 된 가장 커다란 배경으로는 1970년대 말부터 당시 군사정부의 대학 회유 및 팽창정책의 여파로 전국의 대학에 심리학과가 우후죽순처럼 창설되어, 심리학의 외연이 급격히 확장되었다는 사실을 들 수 있다.[8] 게다가 1960년대 중반부터 많은 학생이 구미 각국, 특히 미국 대학의 심리학과에 유학하여 박사학위를 받고 돌아와,[9] 기존의 국내 대학 심

---

7) 한국심리학회 편, 1996, 전게서, p. 31, 표 1-3.

8) 1996년에 이르면 32개 대학이 심리학과를 보유하게 되었으며(정양은, 2000, 전게서, p. 56, 표 1-2), 오늘날에는 50개 이상의 대학에서 심리학 전공자를 배출하고 있는 실정이다.

9) 외국 대학의 심리학과에서 박사학위를 받은 한국인은 1960년대까지만 해도 5~6명에 불과하였으나, 그 이후 폭발적으로 증가하여 1970년대 29명, 1980년대 49명, 1990년대 초반에 75명에 이르고 있으며, 오늘날에는 그 수를 파악하기 힘들 정도

리학과에서 박사학위를 받은 사람들과 함께 새로 생긴 각 대학 심리학과의 교수진을 구성하여,[10] 심리학의 교육과 연구의 중추를 담당하고 있다. 앞에서 언급하였듯이, 광복 이후 한국심리학계는 일본이 받아들인 독일심리학의 영향에서 벗어나 미국심리학으로 방향 선회를 하고 있었을 뿐만 아니라, 이렇게 미국의 대학에서 박사학위를 받은 학자들이 대거 심리학 교육과 연구의 중심세력이 되었다는 사실은, 1970년대 이후 한국의 심리학이 미국심리학 일색으로 길들여졌다는 점을 방증한다 할 수 있을 것이다.

이상에서 보듯이, 한국의 심리학계는 출발 초기부터 서구중심적 경향에 깊이 물들어 있었다고 볼 수 있다. 물론 그 추종 대상은 세계 정세의 변동에 따라 독일에서 미국으로 크게 방향 선회를 하였으나, 어쨌든 강한 서구중심주의가 한국심리학계의 주류를 형성하고 있었던 것은 사실이었다. 물론 이는 심리학뿐만 아니라 한국의 거의 모든 학문분야의 공통된 현상일 터이지만.

그러나 그동안 한국의 심리학계가 서구중심주의에 마냥 안주하고 있었던 것만은 아니다. 한국사회와 한국의 전통사상에 대한 관심이 늘어나면서 한국인의 정체성과 특징을 심리학적으로 접근해보려는

다. 그런데 이들 중 대부분(1970년대 이후 133명, 전체의 87%)은 미국의 대학에서 학위를 받았다. (한국심리학회 편, 1996, 전게서, pp. 547-556.)

10) 같은 시기(1960년대~1996년) 국내 대학 심리학과에서 박사학위를 받은 사람 수는 외국에서 박사학위를 받은 사람(153명)과 비슷한 167명이었다. (한국심리학회 편, 1996, 전게서, pp. 541-547.) 이들도 미국 박사들과 마찬가지로 대체로 각 대학 심리학과의 교수로 활약하였는데, 이는 2000년 현재 전국의 32개 심리학과에 재직하고 있던 교수들(179명) 중 국내 박사가 87명, 외국 대학의 학위자가 92명이라는 사실이 이를 입증한다. 즉 "전국의 심리학과 교수를 국내출신 박사와 외국출신 박사가 각기 약 절반씩 차지"(정양은, 2000, 전게서, pp. 57-58.)하고 있었던 것이다.

경향이 꾸준히 이어져왔던 것이다. 이러한 경향은 1970년대부터 시작되어 1980년대와 1990년대에 본격적으로 자리를 잡게 된다.[11] 이 글에서는 한국심리학계에서 전개된 이러한 탈서구중심적 연구 경향이 대두된 이론적 및 현실적인 배경을 살펴봄으로써, 이어지는 글에서 그 연구 내용을 구체적으로 진술하기 위한 바탕으로 삼고자 한다.

탈서구중심적 연구 경향 대두의 배경

현대심리학은 1879년 독일의 분트가 라이프치히 대학에 심리학실험실을 설립하면서부터 시작되었다. 본래 철학자이자 생리학자였던 분트는 인간이 인식한 외계 사물에 대한 관념의 구성요소를 실증적인 관찰을 통해 과학적으로 밝혀내는 것이 바로 심리학의 핵심 연구내용이라 보았다. 이러한 연구주제는 인간과 외계를 이분하고, 인식주체인 인간이 인식대상인 외계를 인식하는 과정과 그 결과적인 내용을 탐색하려는, 플라톤으로부터 이어지는 서구의 관념철학으로부터 비롯되는 것이라 볼 수 있다. 이렇게 현대 과학적 심리학은 출발 초기부터 서구철학의 맥락에 근거하고 있어서, 서구중심적인 학문이 될 수밖에 없었다. 물론 당시에는 이러한 서구중심적인 시각이 곧 인간 이해의 보편적인 시각이라는 인식이 팽배하였고, "서구중심적"이라는 용어는 그 자체 성립할 수조차 없었다고 볼 수 있다.

---

11) 이러한 사실은 1970년대 중반부터 2000년까지 한국에서의 심리학 연구의 총본산인 한국심리학회의 심포지움이나 세미나에서 한국인과 한국사회 관련 주제들이 꾸준히 증가해왔다는 사실에서 잘 드러난다. 한국심리학회나 그 분과학회에서 이 시기 개최한 관련 심포지움과 세미나에 관해서는 주 92 참조.

그러나 오늘날에는 "서구중심적"이라는 용어가 전혀 낯설지 않으며, 다양한 분야에서 실제로 사용되고 있다. 심리학계에서도 서구의 심리학, 특히 미국심리학이 인간 일반을 이해하기 위한 보편심리학일 수는 없고, 이는 단지 서구 또는 미국의 문화특수적인 심리학일 수밖에 없다는 인식이 팽배해 있는 실정이다. 그리하여 현재 비서구 지역에서는 탈서구중심주의가 심리학계의 중요한 흐름으로 진행되고 있으며, 한국의 심리학계는 어쩌면 이러한 흐름을 선도하는 상황에 있다고 볼 수 있다.[12]

1. 행동주의의 퇴조와 형태주의의 재생: 미국심리학의 위상 하락

심리학계에 불어닥친 탈서구중심의 연구 경향은 우선 1960년대에 일어난 인지혁명(認知革命, cognitive revolution)으로 인해 미국심리학의 위상이 하락되었다는 사실로부터 시작된다. 1910년대 독일과 미국의 심리학계에서는 종래의 구성주의(독일)와 기능주의(미국) 심리학을 비판하고 새로운 학파가 등장하여 심리학 연구의 흐름을 주도하게 되었다. "흔히 이 두 운동 ―형태심리학(Gestalt psychology)과 행동주의(behaviorism)― 은 동시대에 일어났다고 일컬어진다. 그 까닭은 현대 형태심리학의 출발이 1912년 6월에 발표된 베르트하이머(Max

---

12) 심리학계에서 탈서구중심주의 경향의 연구가 가장 두드러진 분야는 1980년대 이후 본격적으로 진행되고 있는 문화비교심리학의 분야인데, 한국심리학회에서는 이미 1990년 7월 9~13일 *Individualism-Collectivism: Psychocultural Perspectives from East and West*라는 국제학술회의를 개최할 정도로 이 분야에 대한 관심과 연구열이 높아져 있었다. (한국심리학회 편, 1996, 전게서, p. 51.) 이 국제회의는 시기적으로나 규모 면에서 전 세계적으로 몇 손가락 이내에 꼽힐 정도로 중요한 문화비교심리학 분야의 국제학술회의였다.

Wertheimer)의 운동지각에 관한 논문으로부터 비롯되었으며, 행동주의는 1913년 3월에 출간된 왓슨(John B. Watson)의 '행동주의자가 보는 심리학'이라는 논문으로부터 출범되었기 때문이다."[13]

이 두 학파 중 형태심리학은 당시 독일심리학계를 지배하고 있었던 분트를 중심으로 하는 구성주의심리학의 요소(要素)주의적인 관점을 비판하면서, 의식의 전체성(全體性)을 부르짖고 등장한 혁신운동이었다. 이 운동의 주도자들은 베르트하이머를 비롯한 코프카와 쾰러의 세 사람이었으며,[14] 성격 및 사회심리학자인 레빈도 이들의 주장에 적극 동조하였다.[15] 이들은 1930년대 초반까지 독일에서 활약하다가,

---

13) Boring, E. G. (1950). *A history of experimental psychology* (2nd ed). New York: Appleton-Century-Crofts. p. 587: 이 글에 나오는 베르트하이머와 왓슨의 논문은 다음의 것들이다;
Wertheimer, M. (1912). Experimentelle Studien über das Sehen von Bewegungen. *Zeitschrift für Psychologie, 61,* 161-265.;
Watson, J. B. (1913). Psychology as the behaviorist views it. *Psychological Review, 20,* 158-177.

14) Brennan, J. F. (1982). *History and systems of psychology.* Englewood Cliffs, NJ: Prentice-Hall. [홍대식 역. (1988). **심리학의 역사와 체계.** 서울: 박영사. p. 223.]; Hearst, E. (1979). One hundred years: Themes and perspectives. In E. Hearst. *The first century of experimental psychology* (pp. 1-37). Hillsdale, NJ: Lawrence Erlbaum. p. 30; Hochberg, J. (1979). Sensation and perception. In E. Hearst. *The first century of experimental psychology* (pp. 89-145). Hillsdale, NJ: Lawrence Erlbaum. p. 111; Leathy, T. H. (1997). *A history of psychology: Main currents in psychological thought* (4th ed.). Upper Saddle River, NJ: Prentice-Hall. p. 210: Boring(1950, 전게서, p. 594)은 이 세 사람 사이의 관계에 대하여 "이 셋 중 나이가 가장 많았던 베르트하이머는 이 운동의 창시자이자 지도자였으며, 나머지 두 사람은 그의 탁월성을 널리 알리는 데 기여했다고 볼 수 있다. 그는 셋 중 가장 적은 저술과 논문을 발표하였으나, 비록 출판된 논문과 저술의 양은 적었을지라도 그 영향은 가장 컸다"고 기술하고 있다.

15) Brennan, 1982/1988, 전게서, pp. 229-231.

1930년대 중반 이후 나치의 박해를 피해 미국으로 망명하여 미국 대학에서 연구를 계속하였다.[16]

그러나 당시 미국심리학은 왓슨이 창시한 행동주의심리학 일색이어서, 의식의 전체성을 내성(內省, introspection) 방법을 통해 탐구하고자 하는 독일계 망명학자들의 형태주의심리학이 미국심리학계에서 받아들여지는 데에는 상당한 한계가 있었다. 왓슨은 1913년에 발표한 행동주의의 선언문 같은 논문에서 심리학이 진정한 실증과학이 되기 위해서는 인간에게 있어서 실증적으로 관찰하고 측정할 수 있는 것 —행동(行動, behavior)— 만을 연구대상으로 삼아야 하며, 또한 객관적인 관찰과 측정이 가능한 자연과학적인 연구방법 —실험(實驗, experiment)— 을 적극적으로 도입해야 한다고 주장하였다.[17] 이렇게 그는 의식에서 행동으로의 연구대상의 방향 선회와 내성에서 실험으로의 연구방법의 전환을 통해서라야 심리학이 비로소 과학이 될 수 있다고 소리를 높였다. 그는 인간은 외계의 자극(刺戟, stimulus)을 받고 이에 반응(反應, response)하는 기계체계일 뿐이어서, 동물과 아무

---

16) 베르트하이머는 1933년 미국으로 망명하여 뉴욕시에 있는 New School for Social Research의 교수가 되어 1943년 죽을 때까지 머물렀으며, 쾰러는 1935년 독일을 떠나 Swarthmore College의 교수가 되어 1967년에 사망하였다. 코프카는 1927년에 Smith College의 교수가 되어 1941년 죽을 때까지 근무하였고, 레빈은 1935년 University of Iowa의 교수가 되었다가 1944년 MIT의 교수가 되어 1947년 죽을 때까지 머물렀다. (Brennan, 1982/1988, 전게서, pp. 223-231.)

17) 연구대상으로서의 행동과 연구방법으로서의 실험에 대한 왓슨의 강조는 그 (Watson, 1913, p. 158)의 다음과 같은 진술 속에 잘 드러나 있다: "행동주의자의 관점에서 보면, 심리학은 순전히 자연과학의 객관적인 실험 분과가 되어야 하며, 그 이론적 목표는 행동의 예측과 통제에 두어야 한다. 내성은 결코 심리학의 기본적인 방법이 될 수 없으며, 그 자료의 과학적인 가치가 결단코 의식에 기초한 해석에 의존하여 얻어질 수는 없다. 심리학이 절대로 의식에 대해 언급하지 말아야 할 때가 온 것이다."

런 차이가 없다고 보았다.[18] 이러한 왓슨의 주장은 미국의 심리학자들에 의해 전폭적으로 받아들여져, 1960년대에 인지혁명에 의해 그 기세가 꺾이기까지 반세기 이상 동안 미국심리학, 아니 전체 심리학계의 지배적인 흐름이 되었다.

행동주의에 따르면, 인간의 행동이란 외적인 자극에 대해 과거에 학습된 행동습관이 드러나는 외적인 반응일 뿐이므로, 외적인 자극을 체계적으로 변화시킨 후에 나타나는 반응을 관찰하고 기록함으로써 행동 배후의 인과관계, 곧 자극-반응 관계(S-R relationship)를 과학적으로 분석할 수 있으며, 이것이 바로 과학으로서의 심리학의 연구내용이 되어야 한다는 것이다. 이렇게 행동주의는 인간 내부의 의식이나 마음 같은 관찰 불가능한 개념은 철저히 배격하고 인간을 오로지 외부 환경 자극에 대한 반응의 체계로 환원하여 이해하려는 환경환원주의, 인간과 동물의 차이를 인정하지 않고 모두 자극-반응의 기계체계로 환원하여 이해하려는 수동적 기계론, 현재의 행동을 과거 학습의 산물로만 보는 철저한 과거회귀주의, 그리고 실험법만을 심리학의 방법론으로 인정하는 과학제일주의를 기반으로 하고 있는 학파인 것이다.

"이러한 행동주의의 시대에 의식이나 마음은 심리학계에서 폐기처분되어, 심리학자들이 이러한 개인 내적 구성물의 의미를 함축하고 있는 단어를 더 이상 심리학의 용어로 사용하지 않게 되었다."[19] 그러

---

18) 1913년에 발표한 행동주의 선언의 첫머리에서 그(Watson, 1913, p. 158)는 "행동주의자는 동물 행동의 단위적인 도식을 찾아내려는 노력을 함에 있어서 인간과 짐승 사이에 아무런 차이가 없다고 여긴다"고 기술하고 있다.

19) 조긍호. (2008). **선진유학사상의 심리학적 함의**. 서울: 서강대학교 출판부. p. 192.

나 의식이나 마음 같은 인간 내적 측면을 배제하고 순전히 외적인 행동만을 연구대상으로 삼는 심리학이 과연 심리학일 수 있을까 하는 인식이 서서히 심리학계에 팽배하면서, 종래의 S-R관계가 아니라 중간에 유기체변인(organismic variable)을 끼워넣은 S-O-R관계를 연구하자는 소위 신행동주의(neo-behaviorism)가 등장하기도 하였다. 게다가 1950년대를 거쳐 1960년대 초반에 이르러 사고(思考) 과정과 같은 인지(認知)에 대한 관심이 되살아나면서, 의식과 마음의 문제가 다시 심리학의 전면에 부활하게 되었다. 이러한 인지에 대한 관심의 부활은 미국심리학계에서 행동주의가 퇴조하는 대신, 수면 밑으로 가라앉아 근근이 명맥만 유지하고 있던 형태심리학의 소생을 의미하는 것이었다.[20]

심리학계에서 1960년대에 인지에 대한 관심이 되살아난 데에는, 첫째 자극-반응의 개념틀로 언어 습득과 언어 사용 현상을 설명하려는 시도들이 실패로 끝나고 말았다는 사실, 둘째 지식과 기술 습득에 관한 연구들을 통해 정보처리(information processing)라는 새로운 접근법이 도입되었다는 사실, 그리고 셋째 컴퓨터의 출현과 발달로 인해 자극과 반응 사이에 개재하고 있는 것으로 추정되기는 하지만 겉으로는 관찰할 수 없는 정신과정을 추적하여 연구할 수 있는 방법이 개발되었다는 사실이 놓여 있다.[21]

이러한 배경에서 되살아난 인지 과정에 대한 관심은 1960년대 미국심리학계를 중심으로 전개된 인지혁명을 초래하였다. 인지혁명의 결

20) Mandler, G. (2007). *history of modern experimental psychology*. Cambridge, MA: The MIT Press. pp. 93-107.
21) Fiske, S. T., & Taylor, S. E. (1991). *Social cognition* (2nd ed.). New York: McGraw-Hill. pp. 7-9.

과 지·정·의 세 측면의 인간 의식 가운데 인지를 중심으로 하고, 나머지는 인지의 부속체계 또는 하위체계로 보려는 인지심리학이 미국을 위시한 서구심리학의 핵심 조류를 형성하게 되었다.

이 시기의 인지혁명은 심리학계에 패러다임 전환(paradigm shift)을 몰고 온 것으로, 행동주의의 발상지인 미국에서 발생하여 행동주의의 한계를 여실히 노정하였다는 점에서 특유한 미국적 사건이라 평가할 수 있다. 이는 1930년대 중반 형태심리학자들이 대거 망명한 이래 미국이 전 세계 심리학 연구의 중심지가 되기는 하였으나, 미국심리학은 미국이라는 하나의 국가에 국한되는 것일 뿐 국제적 또는 보편적인 심리학일 수는 없다는 인식을 심어주었다.[22] 이러한 미국심리학의 위상 하락을 여실히 보여준 사건으로 대표적인 행동주의심리학자인 스키너(B. F. Skinner)와 언어학자인 촘스키(Noam Chomsky) 사이의 언어습득에 관한 논쟁[23]에서, 1960년대와 1970년대의 언어심리학자들뿐만 아니라 당대의 지식인 대다수가 촘스키를 지지하였다[24]는 사실을 들 수 있다. 여하튼 인지혁명이 몰고 온 행동주의의 퇴조로 인하여 미국심리학의 위상이 하락되고 미국심리학의 연구 경향에 대한 맹목적인 추종의 경향이 사라지게 되었는데, 이는 심리학계에 탈서구중심

---

22) Mandler, 2007, 전게서, p. 165.

23) 이는 Skinner의 언어행동에 관한 1957년 저술(*Verbal behavior*. Acton, MI: Copley Publishing Group.)에 대해 Chomsky가 1959년에 장문의 논문(A review of B. F. Skinner's Verbal Behavior. *Language*, *35*, 26-58.)을 통해 비판함으로써 그 후 수년간 양자 사이에 촉발된 논쟁으로, 당시 지식인 사회의 일반적인 평가는 Skinner의 조작적 조건형성에 의한 언어습득이론보다는 Chomsky의 언어습득 및 생성의 선천적 능력설이 옳다는 것이었다. 이는 심리학계에서 행동주의의 퇴조를 몰고 온 상징적인 사건이었다.

24) 이정모. (2009). **인지과학: 학문 간 융합의 원리와 응용**. 서울: 성균관대학교 출판부. p. 497.

적 연구 경향이 태동되는 원인(遠因)이 되었다고 볼 수 있을 것이다.

2. 탈근대사조의 대두와 문화에의 관심 고조: 기존 심리학의 보편성에 대한 회의의 확산

심리학계에 탈서구중심적 연구의 경향을 몰고 온 가장 직접적인 계기가 된 것으로는 단순히 미국심리학의 위상이 하락되었다는 점 이외에 심리학자들 사이에 문화에 대한 관심이 부쩍 높아졌다는 사실을 들 수 있다. 종래까지만 해도 문화의 문제는 사회학이나 인류학의 고유한 영역일 뿐 심리학과는 관계가 없는 연구주제로 인식되고 있었다. 이는 전통적으로 심리학이 보편주의의 관점에서 "여기에서 지금 현재(here and now)" 벌어지고 있는 개인의 행동, 곧 개인을 둘러싸고 있는 직접적인 환경 내에서 현재 일어나고 있는 행동을 주요 연구대상으로 삼아왔을 뿐이기 때문이었다. 여기에서 지금 현재 벌어지고 있는 개인 행동의 단위적 도식만이 인간 행동의 보편적인 원리라 할수 있다는 것이 종래까지의 심리학, 특히 행동주의심리학자들의 기본 신조였다. 따라서 그들은 좀 더 넓은 공간과 시간에 걸친 인간 행동의 문제에는 비교적 소홀할 수밖에 없었다.

그러나 1970년대를 거치면서 인문사회과학계에 탈근대주의(postmodernism)의 사조가 도입되고[25] 동시에 진화론(進化論)에 대한 관심

---

25) 탈근대주의는 인간 존재의 비합리성을 기반으로 하여 나타난 사조로, 얼핏 생각하면 이는 문예비평과 같은 인문학 분야의 전유물일 뿐 심리학과는 관계가 없다고 여겨질 수 있다. 그러나 이는 1960년대 말부터 사회심리학에서 전개된 귀인편향(attributional bias)과 사회추론(social inference)에 관한 연구들을 통해 인간의 인지과정이 17세기 이래의 근대주의(modernism)에서 가정하던 바와 같이 합리적으로 이루어지는 것이 아니라 다분히 비합리적으로 전개된다는 사실이 밝혀짐으로

이 불붙기 시작하자, 심리학자들 사이에 시·공간적인 관심의 확대현상이 나타나면서 심리학의 연구는 종래까지의 "여기에서 지금 현재"라는 좁은 틀에서 벗어나게 되었다. 이 중 진화론에 바탕을 둔 진화심리학(evolutionary psychology)의 태동이 심리학자들의 관심을 "지금 현재"에서 "인류 발생 초기부터"로 넓혀 시간적 차원에서의 심리학의 지평 확대를 가져왔다면, 탈근대주의는 심리학자들의 관심을 "여기"뿐만 아니라 "저기"로까지 넓혀 심리학의 공간적 지평 확대를 초래함으로써 문화의 문제를 심리학의 연구영역으로 끌어들이는 계기를마련하였다.

오늘날의 대표적인 과학철학자이자 문명비평가인 툴민(Stephen Toulmin)에 따르면, 17세기로부터 20세기로 이어진 근대성(modernity)의 핵심은 인간의 이성과 합리성(rationality)에 대한 확신에 있었으며, 이 이성주의 또는 합리주의(rationalism)의 시대에는 이전의 인문주의(humanism)의 시대에 중시하던 수사학(구전, 口傳)·특수성·국지성·일시성(시의적절성)의 추구로부터 형식논리학(기록)·보편성·일반성·항구성의 추구로 관심이 옮겨졌다고 한다.[26] 그러나 1960년대와 1970년대를 거치면서 이러한 인간의 합리성에 대한 확신은 흔들리기 시작했고,[27] 1980년대의 문명사는 이성주의가 퇴조하고 다시 인문주의가

씨, 인간 존재의 합리성에 대한 서구 근대사회의 믿음이 깨지게 되었다는 사실에 바탕을 두고 태동된 사조라 할 수 있다. 이러한 맥락에서 심리학, 특히 현대 사회심리학은 탈근대주의가 태동된 온상이라 볼 수 있을 것이다.

26) Toulmin, S. (1990). *Cosmopolis: The hidden agenda of modernity*. New York: Free Press. [이종흡 역. (1997). **코스모폴리스: 근대의 숨은 이야깃거리들**. 마산: 경남대학교 출판부. pp. 57-67.]

27) 과학적·실증적 자료를 통해 인간의 합리성에 대한 회의를 몰고 온 것이 바로 주 25에서 언급한 바와 같은 귀인편향과 사회추론 등의 사회인지 과정에 관한 심리학적 연구들이다.

부활하는 대전환기를 맞이하고 있다고 그는 주장한다. 즉 인간의 특성을 파악하는 핵심이 합리성에서 적합성(reasonableness)으로 달라졌고, 그 결과 다시 구전적이고 구체적인 것, 특수한 것, 국지적인 것, 그리고 일시적이고 시의적절한 것의 추구에로 관심이 옮겨지고 있으며, 이것이 탈근대성(post-modernity)의 특징이 되고 있다는 것이다. 말하자면, 이러한 탈근대적 사회에서는 보편적이고 항구적이며 절대적인 일반원리보다는 구체적이고 시공간적인 제약을 받으며 상대적인 특수원리들에 관심을 기울이게 되었으며, 따라서 합리성에 근거를 두고 지금까지 추구해왔던 보편성·항구성 및 절대성의 해체가 탈근대 사회의 특징이라는 것이다.[28] 이러한 탈근대주의의 태동과 더불어 심리학계 내에서도 사회심리학자들을 중심으로 인간 행동 및 심성을 지배하는 항구적이고 보편적인 일반원리보다는 구체적이고 국지적이며 상대적인 특수원리에 대한 관심이 나타나기 시작했는데, 그러한 국지적이며 상대적인 특수원리에의 관심은, 다양한 사회집단들 사이의 차이, 곧 인간 행동과 심성에 미치는 서로 다른 문화의 영향에 주목하게 만듦으로써, 심리학적 지평의 공간 확대를 가져오게 되었다.

심리학계에서 이러한 문화에 대한 관심이 구상화하여 나타나기 시작한 것은 네덜란드의 사회심리학자인 호프스테드(Geert Hofstede)의 대규모 연구 이후다. 호프스테드는 다국적 거대기업인 IBM에 근무하는 53개 문화권 11만 7000여 명의 종업원에게 작업 목표 및 가치와 관련된 "작업관련가치 조사(work-related values survey)"를 실시하고 그 결과를 분석하여, 국가 또는 문화 사이의 차이를 드러내는 네 가지 요

---

28) Toulmin, 1990/1997, 전게서, pp. 302-311: 이 구절은 필자의 선행저술[조긍호, (1998). **유학심리학: 맹자·순자 편.** 서울: 나남출판. pp. 50-51.]에서 옮겨온 것임.

인구조를 확인해내었다.[29] 이들은 "권력거리(power distance: 사회 내의 권력 분포의 불평등의 지표)", "개인주의(individualism: 개인의 자유와 선택을 중시하고, 개인을 집단보다 중시하며, 개인 사이의 구속력이 느슨한 정도의 지표)", "남성성(masculinity: 자기주장·경쟁·물질적 성공 등의 남성적 가치를 선호하는 정도의 지표)", 그리고 "불확실성 회피(uncertainty avoidance: 불확실한 상황이나 미지의 상황으로 인해 위협을 느끼는 정도의 지표)"의 네 요인이었다.

이 네 요인 가운데 이후의 연구자들이 문화차를 가장 잘 드러낼 것으로 보고 주목한 요인이 "개인주의-집단주의(Individualism-Collectivism)"의 차원이었다. "호프스테드가 제시한 이 차원은 문화차를 조직화하는 지배적인 양식으로서, 그 이후 지속되는 20여 년 동안 급속하게 팽창된 많은 문화 및 문화비교 연구들을 유도하고 촉진했다는 점에서 중요한 위치를 가진다."[30] 문화비교심리학의 연구에서 이

---

29) Hofstede, G. (1980). *Culture's consequences: International differences in work-related values*. Beverly Hills, CA: Sage: 이 연구의 대상은 모두 IBM이라는 같은 회사에 근무하는 사람들이었으므로, 근로조건이나 학력 및 연령 등은 대체로 비슷하고 단지 국적만 다르다는 사실에 비추어보면, 이 조사에서 드러나는 차이는 곧 국가 또는 문화의 차이를 반영하는 것으로 볼 수 있다는 것이 호프스테드의 생각이었다. 또한 그는 국가 사이의 차이를 부각시키기 위하여, 각 문항에 대한 개인별 점수가 아니라 응답자들의 국가별 평균치를 기초자료로 하여 분석하는 생태학적 분석(ecological analysis)을 실시하였는데, 이 점이 바로 그의 연구로 하여금 문화비교심리학 분야에서 시원적인 작업으로서의 가치를 지니게 하는 주요 요인이 되고 있다.

30) Oyserman, Coon, & Kemmelmeier, 2002, p. 3: 이들보다 앞서 Kagitcibasi (1994, p. 52)는 1980년대 말까지의 문화비교 연구들을 개관하면서 "1980년대는 문화비교심리학에서 개인주의-집단주의의 시대였다"라고 진술하고 있으며, "지금까지의 이 분야의 연구활동을 기준으로 하여 볼 때, 개인주의-집단주의 차원은 앞으로의 연구에서도 중심축이 될 것"(Kagitcibasi, 1997, p. 39)으로 전망하고 있다.

렇게 개인주의-집단주의의 분류체계에 관심이 집중된 데에는 이론적 요인과 현실적 요인을 생각해볼 수 있다.[31]

이론적 요인으로는 우선 이 분류체계가 "문화의 심층구조 원리 (deep structure principle of culture)"[32]로서 전 세계에 걸친 다양한 문화들 사이의 차이를 설명하는 보편적인 원칙이 될 수 있을 것이라는 기대를 유발하였을 뿐만 아니라, 이 분류체계로 개인주의와 경제발전 사이에 밀접한 관계를 설정함으로써[33] 경제발전 같은 사회현상을 성취동기나 근대화 성향 같은 심리적 특성을 통해 설명하려는 사회과학자들의 오랜 관심사를 부추길 수 있었다는 점을 들 수 있다. 더군다나 이 체계가 퇴니스(Ferdinand Tönnies)의 "공동사회(Gemeinschaft)-이익사회(Gesellschaft)"의 분류체계[34]와 같이 전통적으로 사회과학자들에게 익숙하거나 상식적인 문화 분류체계와 공통점이 많을뿐더러, 하나의 설명수단으로서 단순성과 포괄성을 지니고 있어서 과학이론에 요구되는 "절약의 법칙(law of parsimony)"에 잘 부합하였다는 점도 연구자들의 관심을 끌어 모으는 요인이 되었다.

이러한 이론적인 요인 이외에 개인주의-집단주의의 분류체계에 연구자들의 관심이 집중된 현실적인 배경을 생각해볼 수 있다. 우선 보통 문화차라고 하면 제일 먼저 떠오르는 것이 동·서의 차이인데, 호

---

31) 이러한 요인들에 대해서는 필자[조긍호. (2012). **사회관계론의 동·서 비교: 새로운 심리학의 가능성 탐색 II**. 서울: 서강대학교 출판부. pp. 32-40.]와 Kagitcibasi(1997, pp. 3-10) 참조.

32) Greenfield, 2000, pp. 229-231.

33) Hofstede, 1980, 전게서, pp. 165-169.; Hofstede, G. (1991). *Cultures and organizations: Software of the mind*. London: McGraw-Hill. [차재호·나은영 역. (1995). **세계의 문화와 조직**. 서울: 학지사. pp. 116-119.]

34) Tönnies, F. (1887/1957). *Community and society* (C. P. Loomis, Trans.). East Lansing, MI: Michigan State University Press.

프스테드가 제시한 네 차원 가운데 동아시아가 하나로 묶이고 서구가 그 반대쪽 극단에 모이는 것은 개인주의-집단주의 차원이 유일하다는 사실을 들 수 있다.[35] 이러한 맥락에서 개인주의-집단주의 차원

---

35) 호프스테드의 자료에서 보면, 개인주의-집단주의 차원에서는 미국(1위)·호주(2위)·영국(3위)·캐나다(4/5위)·네덜란드(4/5위)·뉴질랜드(6위)·이탈리아(7위)·벨기에(8위)·덴마크(9위)·스웨덴(10/11위)·프랑스(10/11위)·아일랜드(12위)·노르웨이(13위)·스위스(14위)·독일(15위) 같은 서구의 국가들이 개인주의의 극단으로 묶이고, 대만(44위)·한국(43위)·싱가포르(40위)·홍콩(37위)·일본(22/23위) 같은 동아시아 유교권 국가들이 강한 집단주의 문화권으로 묶이고 있다.(Hofstede, 1991/1995, 전게서, p. 87, 표 3.1) 이에 비해 권력거리 차원에서는 오스트리아(53위)·덴마크(51위)·뉴질랜드(50위) 같은 서구의 국가들이 권력거리가 적은 사회에 속하고, 싱가포르(13위)·홍콩(15/16위)은 권력거리가 큰 나라에 속하지만, 그 외에 한국(27/28위)·대만(29/30위)·일본(33위)은 스페인(31위)·이탈리아(34위)·미국(38위)·캐나다(39위)·네덜란드(40위)·오스트리아(41위) 같은 나라와 함께 중간 정도의 성향을 보이고 있으며, 서구의 핵심의 하나인 프랑스(15/16위)는 권력거리가 매우 큰 사회로 드러나고 있어, 동·서 국가 사이에 일관된 양상을 찾기 힘들다.(Hofstede, 1991/1995, 전게서, p. 52, 표 2.1) 남성성 차원에서도 오스트리아(2위)·이탈리아(4/5위)·스위스(4/5위)·영국(9/10위)·독일(9/10위)·미국(15위)·호주(16위)·뉴질랜드(17위) 같은 국가는 일본(1위)과 함께 매우 남성적인 문화를 보이고 있는 것으로 드러나고 있으나, 같은 서구에 속하는 스웨덴(53위)·노르웨이(52위)·네덜란드(51위)·덴마크(50위)·핀란드(47위) 등은 극단적인 여성적 문화의 보유국으로 드러나고 있으며, 홍콩(18/19위)·싱가포르(28위)·대만(32/33위)·프랑스(35/36위)·스페인(37/38위)·한국(41위) 같은 나라는 중간에서 여성적인 쪽으로 치우친 결과를 보이고 있다.(Hofstede, 1991/1995, 전게서, p. 128, 표 4.1) 불확실성 회피 차원에서는 벨기에(5/6위)·프랑스(10/15위)·스페인(10/15위)·이탈리아(23위)·독일(29위) 같은 서구의 국가들이 일본(7위)·한국(16/17위)·대만(26위) 같은 동아시아 국가들과 함께 불확실성 회피 경향이 강한 문화를 보이고 있으며, 핀란드(31/32위)·스위스(33위)·네덜란드(35위)·호주(37위)·노르웨이(38위)·뉴질랜드(39/40위)·캐나다(41/42위)·미국(43위)은 중간 정도에 속하고, 영국(47/48위)·스웨덴(40/50위)·덴마크(51위)는 홍콩(49/50위)·싱가포르(53위)와 함께 불확실성에 대한 용인 정도가 매우 큰 문화를 보유하고 있는 것으로 드러나고 있다.(Hofstede, 1991/1995, 전게서, p. 169, 표 5.1)

은 동·서의 문화차를 비교하는 유일한 핵심차원으로 등장하게 되었던 것이다.[36] 게다가 현대 학문 연구의 총본산이라 할 미국은 권력거리 차원에서 40점(38위), 남성성 차원에서 62점(15위), 불확실성 회피 차원에서 46점(43위)으로 대체로 중간 정도에 머무르고 있음에 반해 개인주의 차원에서는 91점으로 부동의 1위를 차지하고 있어, 미국의 학자들이 개인주의-집단주의 차원에 관심이 집중될 수밖에 없었다는 점도 이 차원이 문화비교 연구의 중심축으로 떠오른 까닭의 일단이라 짐작할 수 있다.[37]

이와 더불어, 문화비교 연구에서는 대조되는 문화권에서 상응하는 자료를 수집하는 작업이 필수적으로 요구되는바, 한국·일본·중국·대만·홍콩·싱가포르 같은 동아시아 유교권 집단주의 사회의 경우, 같은 집단주의 문화를 보유하고 있는 과테말라·에콰도르·파나마·베네수엘라·콜롬비아·코스타리카·페루 같은 남미나 인도네시아·

---

36) 서구사회에 개인주의문화가 조성되고, 동아시아사회에 집단주의문화가 조성된 역사적·사상적 배경에 관해서는 각각 필자의 선행저서[조긍호. (2006). **이상적 인간형론의 동·서 비교: 새로운 심리학의 가능성 탐색** I. 서울: 지식산업사. pp. 89-193; 조긍호. (2007). **동아시아 집단주의의 유학사상적 배경: 심리학적 접근.** 서울: 지식산업사.]를 참조할 것.

37) 개인주의가 미국의 국가적 가치와 이상으로 여겨져온 것은 오래전부터다. 이미 "남북전쟁이 끝날 즈음부터 개인주의는 미국인의 이념 사전에서 중요한 위치를 차지하였다."(Lukes, 1973, p. 28) Arieli(1964, pp. 345-346)는 "개인주의는 미국의 특징적인 태도, 행동유형과 열망에 대한 합리화를 제공해주었다. 이는 과거와 현재뿐만 아니라, 미래의 통합과 진보에 대하여 조망하도록 해주고 있다. 이는 이질성 속의 통합이라는 미국의 특이한 사회적 및 정치적 조직을 설명할 수 있는 이념이며, 미국식 경험과 조화를 이루는 사회조직의 이상을 보여주고 있는 것이다. 무엇보다도 개인주의는 미국이라는 국가의식의 가장 핵심적인 특징인 보편주의와 이상주의를 드러내는 것이다"라고 진술하여, 개인주의가 미국 국가정체성의 핵심임을 천명하고 있다. 이러한 맥락에서 미국 학자들이 개인주의에 대해 쏟는 관심의 크기를 짐작해볼 수 있다.

파키스탄 · 태국 · 말레이시아 · 필리핀 같은 동남아시아 국가들에 비해 미국에서 유학한 학자들이 절대적으로 많으므로,[38] 미국의 연구자들이 이들 동아시아 유교권 집단주의 사회의 연구자들과 손잡고 연구할 수 있는 여건이 성숙되어 있었다는 사실도, 개인주의-집단주의 체계가 동 · 서 문화비교 연구의 중심 차원으로 떠오르는 과정에서 현실적으로 중요하게 작용하였으리라고 추론해볼 수 있다.

이와 같은 배경에서 지금까지의 문화비교 연구들에서는 주로 미국 · 캐나다 · 호주 같은 서구의 국가를 개인주의문화권의 대표로 잡고, 이와 대비되는 집단주의문화권의 대표로 한국 · 중국 · 일본 같은 동아시아 유교권 국가를 잡아, 이 두 지역인들의 심성과 행동의 특징을 대조하고 분석하는 연구들이 주류를 이루어왔던 것이다.[39]

이러한 문화비교 연구들을 통해 각 문화권, 특히 개인주의문화와 집단주의문화 사이의 다양한 차이가 밝혀짐으로써, 기존에 어느 사회에나 일관되게 적용될 것이라고 인식되어왔던 많은 심리학 원리들

---

38) 1980년대 이후의 미국유학생 통계를 보면, 동아시아 국가들의 미국유학생 수는 대체로 동남아시아 국가들의 2~5배, 남미 국가들의 2~7배에 이르고 있으며, 해가 지날수록 그 차이는 더욱 커지고 있는 실정이다. 국가별 미국유학생 수의 순위는 연도에 따라 조금씩 차이가 있지만, 1990년대에 들어서면서는 대체로 중국 · 한국 · 일본 · 대만이 순서대로 1 · 2 · 3 · 4위를 점하는 것으로 드러나고 있다. 이러한 통계 자료에서 유추해보면, 한국 · 중국 · 대만 · 일본 같은 동아시아 유교권 국가의 학생들 중 미국에서 고등교육을 받고 귀국하여 본국의 대학이나 연구기관에서 활동하는 연구자의 수는, 같은 집단주의 문화권에 속하는 동남아시아나 남미의 국가들과는 비교할 수 없을 정도로 많을 것이다. 그러므로 미국의 연구자들이 문화비교 연구의 파트너를 찾을 경우, 동아시아 지역이 동남아시아나 남미 지역보다 압도적으로 유리할 것임은 명약관화한 사실인 것이다.(조긍호, 2012, 전게서, p. 39, 주 32 참조.)

39) Kagitcibasi, 1997; Oyserman et al., 2002; Triandis, 1995.

의 보편성에 대한 회의가 확산되었다.[40] 즉 기존의 심리학에서 보편적인 것으로 여겨져온 많은 원리들이 실상은 서구인, 특히 미국 중산층 백인 대학생들이 가지고 있는 고도의 개인중심적 인간관에 기초한 문화특수적인 것일 뿐,[41] 관계중심적 인간관을 가지고 있는 문화권에도 일관적으로 적용되는 원리는 아니라는 사실[42]을 심리학자들이 인식하게 되었던 것이다.

기존의 심리학계에서 자명한 보편적인 원리로 받아들여졌으나, 동양과 같은 서구 이외의 타문화권에서는 적용되지 않는 것으로 밝혀진 대표적인 현상으로 피아제(Jean Piaget)의 인지능력의 발달 원리[43]를

---

40) 이 부분은 대체로 필자의 선행저서[조긍호. (2003). **한국인 이해의 개념틀**. 서울: 나남출판. pp. 31-41.]에서 따온 것임.

41) 이러한 사실을 김의철(Kim, 2000, pp. 284-285)은 다음과 같이 지적하고 있다: "이러한 (서구심리학의 보편성) 가정은 대부분의 이론들이 미국에서 주로 대학생들을 대상으로 하여 개발된 것이라는 점에서 특히 문제가 있다. 환언하면, 전 세계 인구의 1%에도 못 미치는 사람들에게서 검증된 이론을 보편적인 것이라 가정해왔던 것이다. (사정이 이러한 데에도 불구하고, 기존의 서구) 심리학자들이 보편성을 주장하는 것은 심리학의 미성숙성을 드러내는 일에 불과한 것이다."(괄호 안은 필자의 삽입)

42) 이러한 점은 현대 미국 사회심리학의 핵심적인 연구 30개를 선정하여 이스라엘에서 재검한 Amir와 Sharon(1987)의 연구에서, 6개에서만 동일한 결과가 나왔고, 4개에서는 부분적으로만 결과가 반복되었을 뿐임에 반해, 20개에서는 완전히 반대되는 결과가 얻어졌다는 보고에서 잘 드러나고 있다.

43) 인지 발달의 이상적인 종착점을 가설 연역적 사고(hypothetico-deductive thinking)가 가능한 서구식 과학적·논리적 사고의 유형으로 잡고(Greenfield, 1976, 2000), 인간의 인지 능력은 사고 이전의 감각·운동 도식 단계(sensory-motor schema stage)와 논리적 사고 이전의 전조작 도식 단계(pre-operational schema stage)를 거쳐, 구체적 사고 및 추론 양식(concrete operational schema stage)으로부터 추상적 사고 및 추론 양식(formal operational schema stage)으로 발달해간다는 원리.

들 수 있다. 밀러(Joan Miller)의 집중적인 연구[44]에 의하면, 미국인은 연령이 증가함에 따라 개인이 가진 성향을 추상화하여 이에서 행동의 원인을 찾는 경향이 유의미하게 증가하지만, 인도인은 연령의 증가에 따라 외적 상황을 더욱 구체화하여 이에서 행동의 원인을 찾는 경향이 증가한다. 이러한 결과는 기존의 연구들에서 가정했던 바와 같은 인지 발달의 원리(구체적 추론 양식에서 추상적 추론 양식으로 발달한다는 원리)의 보편성에 의문을 제기하기에 충분한 것이다.[45] 이러한 결과들은 기존의 연구들에서 밝혀진 원리들은 바로 자율적 · 자기결정적 · 독립적인 개인을 이상형으로 보아, 개인이 보유하고 있는 성향[46]이 궁

---

44) Miller, 1984, 1986, 1987, 1991, 2002; Miller & Bersoff, 1992, 1994; Miller, Bersoff, & Harwood, 1990; Miller & Luthar, 1989 등: 이 분야의 시원적인 연구에서 그녀(Miller, 1984)는 미국과 인도의 8살 · 11살 · 15살짜리 아동들과 성인들에게 개인적으로 잘 아는 어떤 사람이 최근에 했던 일탈 행동(deviant behavior)과 친사회 행동(prosocial behavior)을 두 가지씩 들고, 그 사람이 왜 그런 행동을 했겠는지 설명해보도록 하였다. 그녀는 각 참가자들이 제시한 설명을 성격 · 가치 · 태도 · 기호 · 능력 등 행위자의 일반적 성향 요인과 사회적 및 시 · 공간적 위치와 관계된 규범과 규제 등 상황 요인으로 나누어 분석해보았다. 그 결과, 미국인은 낮은 연령 집단에서는 구체적인 상황에서 행동의 원인을 찾는 구체적 추론 경향이 더 강하다가, 연령이 증가하면서 성격이나 가치관 등의 내적 성향에서 행동의 원인을 찾는 추상적 추론 경향이 더 강하여, Piaget의 이론을 뒷받침하고 있었다. 그러나 인도인은 연령 증가에 따라 추상적 추론 양식뿐만 아니라 구체적 추론 양식도 증가하고 있으며, 연령이 증가할수록 구체적 추론 양식이 차지하는 비율이 훨씬 커지고 있었다. 이는 인도인에게 있어서는 연령 증가와 더불어 사람이 처하고 있는 사회적 및 시 · 공간적인 위치 등에 관한 정보를 더욱 분화하여 사고함을 의미하는 것으로, Piaget의 이론과는 반대되는 결과인 것이다.

45) Greenfield(2000, p. 232)는 Piaget의 인지능력 발달의 원리에 대한 이러한 회의를 다음과 같이 단적으로 표현하고 있다: "모든 문화에서 인지 발달의 이상적인 종착점으로 (Piaget의 이론에서 가정하듯이) 서구식 과학자를 잡고 있는 것은 아니다. (이와는 달리) 실제로 많은 문화에서는 사회적 지능과 지혜를 최고 수준의 인지 형태로 보고 있는 것이다."(괄호 안은 필자의 삽입)

46) 이는 구체적 행동을 유발하는 개인 내적인 경향성 또는 근거로서, 다양한 행동으

극적인 행위의 원천이며, 이들은 기본적으로 삶의 목표인 자기완성의 근거가 된다는 서구, 특히 미국식 개인주의 인간관[47]의 반영일 뿐임을 드러내주고 있는 것이다.

　이러한 관점에서 보면, 미국심리학으로 대표되는 기존의 서구심리학의 이론들은 시·공간을 뛰어넘어 누구에게나 일관적으로 적용되는 보편적인 원리가 아니라 "어느 다른 지역에서 개발된 이론이나 마찬가지로 토착심리학(indigenous psychology)의 한 가지일 뿐"[48]이다. 곧 미국심리학으로 대표되는 전통적 심리학은 미국 또는 서구라는 지역적 한계에서 탈맥락화하지 못하고, "자기 자신의 관점(서구식 개인주의의 관점)에 함몰되어 대상을 인식하는 자아중심성"[49]에서 벗어나지 못하고 있었던 것이다.[50] 이러한 서구의 자아중심성에서 벗어나서 인간의 역사적·문화적 존재구속성(存在拘束性)이라는 인간 행동의 본질을 정확히 이해하기 위해서는 심리학이 탈서구중심화(脫西歐中心化)할 필요가 제기되며, 이러한 맥락에서 1980년대 이후 본격적으로 전개된 문화비교심리학이 이론적으로나 현실적으로 가지는 가치를 찾아볼

　　로부터 추상화하여 얻어지는 가설적 구성 개념이다. 이러한 성향의 추론은 귀납 및 연역의 논리적 추론 능력을 배경으로 하는 것이다.(Miller, 1984)

47) Gergen & Gergen, 1988; Gilligan, 1982; Greenfield, 2000; Kim, 1995, 2000; Markus & Kitamaya, 1991; Nisbett, 2003; Sampson, 1977, 1989.

48) Greenfield, 2000, p. 231: 이러한 점을 지적하여 Yang(2000)은 "현재의 심리학은 서구로부터 나온 일종의 토착심리학일 뿐"(p. 245)이라거나 "미국의 주류 심리학은 세계에서 가장 거대한 토착심리학"(p. 250)이라 진술하고 있다.

49) 이수원, 1990, p. 63.(괄호 안은 필자의 삽입)

50) 이러한 사실을 Yang(1997, p. 69)은 다음과 같이 설득력 있게 진술하고 있다: "세계에서 가장 발달한 북미의 심리학은 그 자체 태생적으로 토착심리학의 한 종류일 수밖에 없다. 이는 그 주요 개념·이론·방법 및 발견들이 원래, 그리고 자발적으로 어느 정도 유럽의 지적 전통, 엄격하게는 주로 미국사회의 문화적 및 사회철학적 기반 위에서 배태된 것이라는 의미에서 그러하다."

수 있는 것이다.[51]

3. 아시아적 가치 담론의 대두: 유학사상에 대한 관심의 증폭

아시아는 보통 무슬림의 중동(사우디아라비아·이란·이라크·시리아·요르단 등), 힌두교와 불교 및 무슬림의 동남아시아(인도·파키스탄·태국·캄보디아·라오스·미얀마·인도네시아·말레이시아 등), 그리고 유학사상의 동아시아(중국·대만·한국·일본·홍콩·싱가포르 등)의 세 지역으로 구분하지만, 모두 강한 집단주의문화를 보유하고 있는 것으로 알려져 있다.[52] 이 중에서 개인주의와 대비되는 집단주의문화의 특징에 대한 문화비교 연구들에서는 주로 동아시아 유교권 국가들을 대상으로 하여 연구가 진행되어왔다. 그 까닭의 일단은 앞에서도 지적했듯이, 미국의 문화비교 연구자들과 공동연구를 수행할 자격을 갖춘 연구자들(미국식 학문 관행에 익숙하고, 영어에 능통한 미국유학생 출신들)이 다른 어떤 지역보다 동아시아 지역에 몰려 있다는 점에서 찾을 수 있다. 그러나 그것보다 더욱 중요한 요인으로는 1980년대 이후 서구인, 특히 미국인들 사이에 동아시아와 그 사상적 배경인 유학사상에 대한 관심이 부쩍 높아졌다는 사실을 들 수 있다.

1980년대에 서구의 사회과학계에서는 "아시아적 가치(Asian Values)" 논의를 중심으로 하는 동아시아 담론이 활발하게 전개되었

---

51) 우리나라에서도 1980년대 중반 이후부터 한국인과 서구인(특히 미국인)의 같은 상황에 대한 행동의 차이를 대조하거나 아니면 한국인의 문화성향 집단별 차이를 대조하는 문화비교 연구들이 많이 이루어지고 있는데, 이러한 연구들은 한국심리학계에서의 탈서구중심적 연구동향을 드러내는 한 가지 예로 볼 수 있다.

52) Hofstede, 1991/1995, 전게서, p. 87, 표 3.1.

다.[53] 이러한 동아시아 담론이 등장하게 된 배경은 정치 · 경제 · 문화적으로 다양하지만, 가장 중요한 것은 역시 1970~1980년대에 일본을 비롯한 한국 · 대만 · 홍콩 · 싱가포르 등 이른바 동아시아 "4소룡(four small dragons)"의 눈부신 경제발전을 들 수 있다. 1960년대에 일본과 동아시아의 국민총생산(GDP) 누계는 전 세계의 4%에 지나지 않았지만, 1990년대 중반 이 지역 국가들의 국민총생산 누계는 전 세계의 24%에 이르고 있다. 이렇게 동아시아가 눈부신 경제발전을 이루던 시기에 서구는 경제적으로 침체하고 있었다. 참고로 1960년대에 미국 · 캐나다 · 멕시코 등 북미의 국민총생산 누계는 전 세계의 37%나 되었지만, 1990년대 중반에는 24%로 떨어져 동아시아 지역 국가들과 같은 수준이 되고 있다.[54] 이렇게 동아시아는 그 경제적 비중만으로도 자기 목소리를 내면서 일정한 역할을 할 수 있을 정도로 성장하여, 단시간 내에 화려하게 세계 무대에 등장했던 것이다.

동아시아가 이렇게 급격한 경제 성장을 이루자 그 배경에 대한 설명이론 창출의 필요성이 서구 사회과학계에 부상되었다. 프로테스탄트 윤리가 자본주의 발전의 원동력으로, 아시아에서는 그러한 기독교적 윤리체계가 없었기 때문에 자본주의가 발전하지 못했다는 베버(Max Weber)류의 동아시아 정체론은 "서구적인 것 이외에서는 발전이나 성장이란 어휘의 실천은 불가능한 것"[55]으로 믿게 했는데, 대체로 이러한 관점을 지지하고 있던 서구인들에게 동아시아의 눈부신 경제 성장은 그 자체 신선한 충격이었던 것이다. 그들은 이러한 지적 도

---

53) 이러한 아시아적 가치 논의에 대해서는 필자의 선행저술(조긍호, 2007, 전게서, pp. 465-477) 참조.
54) Mahbubani, 1995, pp. 100-101.
55) 김광억, 1998, p. 5.

전에 직면하여 그 해답을 동아시아의 사상적 배경에서 찾으려 하였는데, 그 결과 나타난 것이 "아시아적 발전 모형"이라는 개념이다.

이들 서구의 학자들은 일본과 동아시아 4소룡 ―한국·대만·홍콩·싱가포르― 이 모두 유교문화권에 속한다는 점에 근거를 두고, 유교적 가치가 이 지역 경제 발전의 원동력이 되었다는 설명체계를 제시하였다. "곧 유교문화에 내재한 강한 리더십, 검약과 절제 의식, 높은 교육열, 가족주의적 인간관계, 협동과 근면 등의 문화적 요인이 이 지역 경제 발전의 원동력이 되었다는 것이다."[56] 이 시기 서구의 학자들은 서구 사회가 지속적인 경제 침체에서 벗어날 수 있는 방안을 이러한 아시아적 발전 모형에서 찾아보려 시도하기도 하였으며, 이러한 동아시아 발전 모형에 고무된 일군의 동아시아권 학자들은 한 걸음 더 나아가 기독교 윤리가 자본주의와 결합되었듯이 유교적 가치가 자본주의와 결합하여 경제 발전을 이룰 수 있었다는 "유교자본주의론"을 제시하기도 하였다.[57] 이렇게 동아시아의 급속한 경제 발전은 서구인들에게는 동아시아에 대한 관심의 고조를, 그리고 동아시아인 자신에게는 더 이상 세계사의 주변인이 아니라 당당한 주역이 될 수 있다는 자신감을 불러일으켰던 것이다.[58]

게다가 합리성과 진보라는 근대적 가치를 잣대로 한 서구 근대사회가 겪게 된 극단적 이기주의, 환경 파괴, 가치관의 부재, 인간 소외, 정신건강 지표의 하락, 범죄율의 증가 등 제반 사회문제의 누적으로 인해 촉발된 탈근대사조의 논쟁과정에서, 이를 치유할 수 있는 대안을 다원주의와 도덕주의 및 인간중심의 가치체계를 강조하는 유학의

---

56) 이승환, 2000, pp. 198-199.
57) 이승환, 2000, pp. 199-200.
58) 강정인, 2002, p. 229.

공동체주의에서 찾아보려는 움직임이 동아시아가 급속한 경제 발전을 이루던 비슷한 시기에 서구 사회에서 대두된 것도 동아시아 담론이 전개된 중요한 배경으로 볼 수 있다.[59]

그러나 서구인들의 아시아적 가치, 특히 유학적 가치에 대한 담론이 항상 유학예찬론으로 이어지기만 했던 것은 아니다. 유학사상이 서구에 본격적으로 전해진 것은 17~18세기 예수회 선교사들에 의해서였다. 초기에 예수회 선교사들이 주로 보고한 것은 그들이 최선으로 생각했던 공자 개인의 사상과 이상적인 유교사상이었다. 그러나 얼마 뒤 유학에 미친 불교의 영향 등 유학의 후세 형태와 중국의 전제 정치에 대해 유럽인들이 더 많은 것을 알게 되면서, 유럽인들 사이에 유학과 중국에 대한 환상은 깨지게 되었다.[60] 더군다나 18세기 말엽 산업혁명의 성공에 이은 상업자본의 팽창과 함께 전개된 아시아를 비롯한 비서구 지역에 대한 제국주의적 침탈이 이어지면서, 동아시아와 유학사상에 대한 관점은 폄하론 일색으로 굳어지게 되었다. 이 시기에 전개된 유학폄하론은 동아시아 지역에 대한 자기들의 제국주의적 침탈을 정당화하기 위한 목적에 기인한 바가 크다. 그러다가 1980년대 동아시아가 비약적인 경제 발전을 이루자 다시 유학예찬론이 "아시아적 가치 담론"이라는 형태로 고개를 들기 시작했던 것이다.[61]

이처럼 서구인들의 동아시아와 유학에 대한 논의는 자신들의 관심으로부터 출발하여, 같은 사료를 놓고도 자신에게 미치는 이해관계와

---

59) 길희성, 1998; 이광세, 1998; 이승환, 1998; 조혜인, 1998; de Barry, 1983/1998; Hall & Ames, 1987.

60) Creel, H. G. (1949). *Confucius: The man and the myth.* [이성규 역. (1999). **공자: 인간과 신화.** 서울: 지식산업사. pp. 306-333.]

61) 이승환, 1998, pp. 365-366.

자기들의 목적에 따라 폄하와 예찬의 양극을 달렸다.[62] 가장 비근한 예로, 동아시아 발전 모형에 따라 유학적 가치가 동아시아 경제 발전의 원동력이라고 찬양하던 그들이 1990년대 중반 동아시아에 경제 위기가 닥치자 유학적 가치가 이러한 경제 위기의 주범이라고 몰아세웠으며, 한국 같은 나라에서 불과 3~4년 내에 IMF체제를 극복하고 경제 회복을 이루자 다시 유학예찬론을 들먹였던 것이다.[63] 이러한 사실은 동아시아의 학자들로 하여금 서구인들이 제기한 "아시아적 가치" 논쟁은 서구인의 시각에서 서구인의 구미에 맞추어 진행된 서구중심적인 논의에 불과하며, 결국은 아시아를 주변부화(周邊部化) 또는 타자화(他者化)할 위험이 다분한 시도라는 경계심을 갖게 하기에 충분하다. 그러나 어쨌든 이러한 논의들은 동아시아를 관심의 초점에 놓음으로써, 동아시아의 학자들에게 스스로에 대한 반성과 함께 서구중심주의의 미망에서 깨어나는 계기를 제공해준 것만은 틀림없는 사실인 것이다.

4. 유학에 내재한 심리학체계에의 개안(開眼): 유학의 인간중심주의와 심성론(心性論)

세계에서 유례를 찾을 수 없을 정도로 급속하고도 눈부신 경제 발전은 동아시아인, 특히 1960년대 초반까지만 해도 세계 최빈국이었던 한국인들에게 스스로에 대한 자신감을 회복하게 해준 획기적인 사건이었다. 이제는 스스로가 세계사의 당당한 주역의 일원이라는 인식을 한

---

62) 서구인들이 제기한 유학예찬론과 폄하론에 대해서는 필자의 선행저술(조긍호, 1998, 전게서, pp. 33-41.) 참조.
63) 이승환, 2000, p. 198; 조긍호, 2007, 전게서, pp. 467-469.

국인들은 갖기 시작하였다. 이제 한국인들은 소극적인 패배의식에서 벗어나, 스스로의 운명을 결정하는 것은 자기 자신뿐이라는 굳건한 주인의식을 갖게 되었다. 이러한 자신감이 구체적으로 나타나기 시작한 것이 1970년대 말부터 불기 시작한 "우리 것 찾기" 열풍이었다.

이러한 우리 것 찾기 열풍은 우리 문화의 정체성 확인을 위해 그 사상적 배경을 확인하는 작업으로 확산되었다. 샤머니즘·불교·유학 등 많은 전통 종교 및 사상체계로 관심이 기울어졌는데,[64] 그중에서도 조선조에 들어와서는 말할 것도 없고 고려 광종(光宗)의 과거제 실시 이후 약 1000여 년 동안 우리나라 문화의 원형을 형성해온 유학사상[65]에 학자들의 관심이 집중되었다. 심리학계에서도 1960년대 말과 1970년대 초부터 현대심리학적 연구 내용을 유학경전의 내용과 결부시켜 해석하거나,[66] 한국인에게 끼친 유교문화의 영향을 탐구하거나,[67] 또는 유학사상으로부터 서구와는 다른 새로운 심리학의 가능성을 도출해보려는 작업들[68]이 꾸준히 이어져왔다.

유학사상과 심리학의 관련성에 관한 이러한 초기의 연구들을 거쳐, 이 분야의 심리학자들은 유학사상이 철학의 체계일 뿐만 아니라, 기본적으로는 인간이 본유적으로 갖추고 있는 심성(心性)에 관한 논의를 바탕으로 하고 있는 인간중심적이고 현실적인 삶의 이론체계라는 점

---

64) 이러한 연구 중 불교에 주목한 초기의 연구들로는 김기석(1969), 윤호균(1970) 및 이동식(1974)의 연구들이 있으며, 샤머니즘에 관한 연구는 비교적 늦은 시기의 오수성(1997)의 것을 제외하면 거의 찾아보기 힘들다.
65) 한국을 위시한 동아시아인들의 집단주의적 심성과 행동을 조성한 배후에 유학사상이 놓여 있다는 사실은 필자의 선행저술(조긍호, 2003, 2007) 참조.
66) 예: 김성태, 1976; 이상로, 1974 등.
67) 예: 윤태림, 1969, 1970 등.
68) 예: 정양은, 1970, 1972, 1976 등.

에서 심리학의 체계일 수도 있다는 확신을 가지게 되었다. 이러한 맥락에 서면 심성론, 곧 인성론(人性論)을 바탕으로 한 유학사상과 그것이 가지는 심리학적 함의에 관한 연구들을 통해 동아시아인들의 심성과 행동을 적실(適實)하게 이해하기 위한 이론체계가 도출될 것이라는 전망을 해볼 수 있을 것이다. 동아시아 사회는 오랜 기간 동안 유학사상을 치국의 이념으로 삼아왔을 뿐만 아니라, 오늘날에도 "마음의 유교적 습성들(the Confucian habits of the heart)"[69]은 동아시아인들의 삶의 자세와 태도 및 행동양식 속에 그대로 반영되고 있기 때문이다.[70] 우리나라에서 전개되고 있는 유학심리학 분야의 최근 연구들은 이러한 측면에 관심을 기울이고 있다.[71]

"동아시아인의 삶의 기반이 되어온 유학사상은 인간 존재의 사회적 도덕적 특성[人性論]을 전제로 하여, 이러한 존재 특성을 지닌 인간이 지향해야 할 이상적 상태[君子論·聖人論]를 정립한 다음, 이러한 이상적 인간의 사회적인 삶의 모습[道德實踐論·禮論]과 이상적 인간의 상태에 도달하기 위해 개인적으로 노력해야 할 바[修養論]를 제시한 이

---

69) Tu, Wei-Ming, 1996, p. 343.

70) 중국의 경우에는 한(漢) 무제(武帝)가 과거제를 실시한 이래 2000여 년 동안, 우리나라의 경우에는 고려 광종의 과거제 실시 이후 1000여 년 동안, 일본의 경우에는 에도막부(江戶幕府) 이후 400여 년 동안 유학을 치국의 이념으로 삼아왔다. 동아시아 사회에서 이렇게 오랜 역사를 가지고 있는 유학사상은 과거의 유물이 아니라, 현대 동아시아인의 실제적인 삶에 깊이 뿌리를 내리고 있는 현재성을 가지고 있다. 즉 "유교는 결코 박물관의 박제품이 아니라, 우리 사회에 살아 있는 역동적 기제"(최영진, 2000, p. 24)인 것이다. 동아시아 사회의 과거와 현재의 유학사상의 위상에 대해서는 필자의 선행저술(조긍호, 2007, 전게서, pp. 34-52; 2008, 전게서, pp. 28-42; 2012, 전게서, pp. 83-103) 참조.

71) 이러한 예로는 정양은(1970, 1972, 1976), 김성태(1976, 1982/1989), 한덕웅(1994, 2003) 및 필자(조긍호, 1998, 2003, 2006, 2007, 2008, 2012)의 연구들을 들 수 있다.

론체계라 할 수 있다."[72] 이 중에서 유학사상의 골격을 구성하고 있는 이론체계는 인성론이다. 인성론은 인간이 우주 내에서 차지하는 독특한 위상을 인간이 태어날 때부터 갖추고 있는, 그리하여 다른 생물체와는 구별되는 인간의 본성에서 찾아보려는 이론체계로서, 유학사상이 성립하고 있는 논리적 바탕인 것이다.[73]

인간은 태어나면서부터 도덕성·지성·욕구·감정의 네 가지 본유적인 특성을 갖추고 있다는 것이 유학자들이 주장하는 인성론의 요지다. 유학자들은 이 네 가지 본유적인 특성 중에서 인간을 다른 생물체와 구별 짓는 가장 핵심적인 특성을 도덕성이라고 본다. 즉 도덕성이 인간의 가장 중핵적인 본성이어서, 우주 내에서 인간의 독특한 위상은 바로 다른 생물체들은 갖추고 있지 못한 도덕성을 인간만이 본유적으로 갖추고 있다는 점에서 찾아야 한다는 것이다.[74] 유학의 다른 모든 이론체계는 기본적으로 이러한 인성론에서 파생된다.[75]

유학의 이러한 덕성우월론은 인간 삶의 목표를 스스로에게 갖추어져 있는 도덕성의 자각과 실천으로 보게 만든다. 곧 유학자들은 실생활에서 이러한 목표를 이룬 사람이 군자 또는 성인인데[군자론·성인론], 이러한 이상적 인간의 사회생활의 참모습은 도덕 실천에서 찾을 수밖에 없으며[도덕실천론·예론], 따라서 동물적이고 이기적인 욕구와

---

72) 조긍호, 2012, 전게서, pp. 103-104.

73) 김충렬, 1982, pp. 170, 172-175; 馮友蘭, 1948/1977, pp. 105-107; Needham, 1969/1986, Vol. II, pp. 21-29.

74) 유학의 이러한 사분체계론은 인간의 본성이 지성·욕구·감정의 세 가지로 구성되며, 다른 생물체와 구별되는 인간만의 특징은 지성에서 찾을 수 있다는 플라톤으로부터 이어지는 서구의 뿌리 깊은 삼분체계론과는 다르다. 동·서의 심리구성체론의 차이와 그 심리학적 의미에 대해서는 필자의 선행저술(조긍호, 2008, 전게서, pp. 105-202) 참조.

75) 김충렬, 1982, pp. 170, 180-182.

감정의 억제를 통한 자기수양이 도덕성의 자기본유성을 인식하고 이상적 인간이 되는 핵심[수양론]이라고 본다. 이와 같이 유학은 시종일관 심성론 중심의 이론체계이며, 그러한 점에서 철저하게 인간중심주의에 기울어져 있는 사상체계인 것이다.

고대 그리스인들이 "직접 삶과 거리가 먼 추상적인 세계를 동경"함으로써 "형이상학적 본체론을 철학의 주제로 하여, 사변적이고 논리적인 인식론을 발전"시킨 데 반해, 중국인은 "농경에 영향을 주는 자연현상의 질서와 작용을 터득하는 데 관심을 기울여 …… 구체적이고도 삶에 절실한 문제를 철학을 통해 해결하려고 했으므로, 자연히 경험적이고 공리적인 윤리관이 주축을 이루게 되었다." 이러한 차이에서 유학이 "미리부터 인간 쪽으로 자연을 이해하려 하고, 재빨리 인간 자신의 내면을 성찰하기 시작하여 그의 본질적인 인성문제에 논의를 집중"해온 사실을 이해할 수 있다. "특히 인간중심의 현세긍정적인 유가(儒家)에 있어서 인성론은 일체의 선결문제"였던 것이다.[76]

이와 같이 한국인을 비롯한 동아시아인의 삶의 바탕이 되어온 유학사상은 처음부터 인간의 본유적인 특성, 곧 인성론을 중핵으로 하는 인간중심적인 이론체계일 수밖에 없었다. 이러한 맥락에서 유학사상은 근본적으로 심리학적인 이론체계로 정리할 수 있다. 앞에서도 지적하였듯이, 우리나라의 심리학자들이 이러한 관점에서 유학사상을 심리학적으로 탐구하기 시작한 것은 일찍이 1960~1970년대부터였다. 이러한 연구들은 태생적으로 서구추종적이자 서구의존적이었던 한국의 심리학계가 서구중심주의에서 벗어나, 스스로의 문화적 정체성을 확인하고 심리학 연구의 지평을 넓히고자 하는 노력의 표출이었

---

76) 김충렬, 1982, pp. 169-170.

던 셈이다.

한국심리학계에서의 탈서구중심적 연구의 두 갈래

이러한 맥락에서 전개된 한국심리학계에서의 탈서구중심적인 연구
들은 두 가지 방향으로 진행되어왔다. 그 하나는 문화가 인간의 심성
과 행동에 미치는 영향에 관한 관심의 부상과 더불어 개인주의문화권
에 살고 있는 서구인과 달리 집단주의문화권에 살고 있는 동아시아
인, 특히 한국인의 행동 및 심성의 실제적이고도 현실적인 특징을 밝
혀냄으로써, 한국인을 포함하는 동아시아인들의 심리적 정체성을 확
인해보고자 하는 문화비교심리학의 연구들이다. 또 하나는 동아시아
집단주의문화의 배경에 유학사상이 놓여 있다는 사실을 이론적으로
검증해내고 이에 내포되어 있는 심리학적 함의를 도출함으로써, 한국
문화의 사상적 정체성을 확인함은 물론 서구심리학을 대치할 수 있는
새로운 유학심리학의 가능성을 탐색해보고자 하는 연구들이다.[77]

1. 문화관련 심리학의 연구

이 중에서 문화관련 연구들은 앞에서 고찰한 탈서구중심적 연구의
대두 배경 중 전자의 두 가지(미국심리학의 위상 하락과 기존 심리학의 보
편성에 대한 회의의 확산)에서 연유되고 있는 연구의 동향이다. 이러한
배경에서 1980년대 이후 한국심리학계에서도 문화가 인간 행동과 심

---

77) 필자의 선행저술(조긍호, 2003, 전게서, pp. 74-100) 참조.

성에 미치는 영향에 대한 관심이 늘어나고 있으며, 특히 동양 내지는 한국의 문화 전통 안에서 서구심리학을 대치할 수 있는 새로운 심리학의 가능성을 모색하거나 그 연구의 가능성을 탐색해보려는 경향이 점증하고 있는 것이다.

이러한 문화관련 학술대회 중의 백미는 "한국심리학회"가 "개인주의-집단주의: 동·서양 심리학의 만남(Individualism-Collectivism: Psychocultural Perspectives from East and West)"이라는 주제로 1990년 7월 9일부터 13일까지 개최한 국제학술대회다. 이 학술대회는 "한국심리학회"가 1946년 창립된 이래 최초로 개최한 국제학술회의였다. 앞 절에서도 언급하였듯이 "개인주의-집단주의"는 당시 한창 부상하던 문화비교심리학의 대표적인 이론으로 전 세계 학자들의 연구관심을 이어주는 고리가 되는 주제인 데다가, 집단주의문화의 중심국 중의 하나이면서 비약적인 경제 발전으로 인해 세계인의 주목을 받고 있었던 한국에서 개최되는 학술회의라는 점에서 이 대회는 전 세계 많은 학자들의 이목을 끌었다. 그리하여 이 대회에는 국제학계에 익히 잘 알려진 학자들[78]을 비롯한 21개국 67명의 학자와 250여 명의 국내학자 및 대학원생들이 참가하여, 4일에 걸쳐 국외 21편, 국내 52편 등 총 76편의 논문을 발표하는 성황을 이루었으며, 이 대회에서 발표된 논문들의 일부는 두 권의 영문 책[79]으로 발간되었다. 이 국제

---

78) 이 학술대회에는 J. Berry, H. Triandis, C. Cagitcibasi, Y. Poortinga, S. Schwarz 및 D. Sinha 등 문화비교심리학계의 연구를 선도하던 학자들이 참가하여, 각자의 논문을 발표하였다.

79) Kim, U., Triandis, H. C., Kagitcibasi, C., Choi, S., & Yoon, G. (Eds.) (1994). *Individualism and collectivism: Theory, method, and applications.* Thousand Oaks, CA: Sage.; Yoon, G. & Choi, S. (Eds.) (1994). *Psychology of the Korean people: Collectivism and individualism.* Seoul: Dong-A Publishing & Printing

학술회의는 사회심리학자들뿐만 아니라 국내의 심리학자들 모두에게 "문화라는 변인의 중요성을 부각시켜 매우 큰 영향"을 미쳤으며,[80] 사회심리학계에서는 문화관련 논문들의 폭증을 몰고 왔던 것이다.[81]

이렇게 문화비교심리학의 대두와 부상에 힘입어, 1990년대 이후 현대 심리학적인 방법을 동원하여 한국문화와 한국인의 행동과 심리적 특성 사이의 관계를 분석한 연구들은 크게 세 가지 영역으로 나눌 수 있다.

첫째는 한국에서의 문화관련 심리학의 현상을 파악하고, 이를 기초로 한 한국적 문화심리학의 내용과 방법론을 탐색해보고자 하는 작업들이다.

둘째는 한국인의 집단주의적 행동과 심리적 특징을 서구 개인주의 문화인과 비교하여 분석하거나, 우리 사회 안의 여러 문화성향집단 사이의 차이를 비교하여 분석하는 문화비교 연구들이다.

셋째는 한국인의 토착적인 행동이나 심리 내용을 찾아내어 분석함으로써, 한국인의 고유한 특성을 찾아보고자 하는 연구들이다.

2. 전통사상의 심리학적 연구

문화관련 연구들의 출간은 이렇게 1990년대 이후로 집중되지만, 우리나라에서 탈서구중심적인 심리학연구의 또 한 축을 이루는 동양심리 관련 연구들, 곧 유학이나 불교의 경전에서 심리학적 함의를 도출하거나 이러한 전통사상이 한국인에게 미친 영향을 분석하거나 또는

Co.
80) 한국심리학회 편, 1996, 전게서, p. 51.
81) 장성수, 2000; 조긍호, 1995.

동양의 전통사상을 기초로 하여 서구심리학과는 다른 새로운 심리학을 구성할 수 있는 가능성을 탐색해보려는 연구들은 일찍이 1960년대[82]와 1970년대[83]부터 이루어져왔다. 그러니까 한국심리학계에서 탈서구중심적 연구의 동향은 이와 같은 전통사상의 심리학화 작업들로부터 비롯되었다고 할 수 있다.

이러한 전통사상의 심리학적 함의를 분석하려는 연구들은 위에서 고찰한 탈서구중심적 연구 대두의 배경 중 후자의 두 가지(아시아적 가치 담론의 대두와 유학에 내재한 심리학체계에의 개안)에서 연유하는 연구의 동향이라고 볼 수 있다. 즉 동아시아 유교권 국가들의 비약적 경제성장으로 인해 한국인을 비롯한 동아시아인들이 가지게 된 스스로에 대한 자신감이 자신들의 문화적 정체성으로부터 심리학의 연구문제를 도출해보고자 하는 움직임을 발동시켰던 것이다.

이러한 전통사상에 관한 심리학적 연구들은 주로 유학사상의 심리학적 함의에 관한 연구들이 주류를 이루고 있다. 불교사상의 심리학적 함의에 관한 연구들은 양도 적고 그 역사도 일천할 뿐만 아니라,[84] 그 연구분야도 상담심리학이라는 한정된 분야에 국한되어 있으며, 기타 도교나 샤머니즘에 관한 연구들은 거의 전무한 실정이다.[85] 이에 비해 유학사상의 심리학적 함의에 관한 연구들은 연구의 역사도 오래되었을 뿐만 아니라 양도 많으며, 연구의 분야도 심리학의 전 분야에 걸쳐 있다.[86]

---

82) 예: 김기석, 1969; 윤태림, 1969.
83) 예: 김성태, 1976; 윤태림, 1970; 윤호균, 1970; 이상로, 1974; 이의철, 1979; 정양은, 1970, 1972, 1976; 조대경, 1976.
84) 권석만, 2000, p. 143.
85) 조긍호, 2003, p. 85.
86) 조긍호, 2003, p. 85.

한국심리학계에서 유학사상의 심리학적 연구에 관심을 보이기 시작한 것은 비교적 오래되었으나,[87] 이 분야의 연구가 본격적으로 전개된 것은 1970년대부터였다. 지금까지 이루어진 이러한 연구들은 대체로 세 가지 방향으로 그 가닥을 요약해볼 수 있다.

  첫째는 유학의 고전에 대한 심리학적 해석 작업이다. 이러한 작업에는 유학 고전에서 다루어지고 있는 심리적 사실들을 서양의 현대심리학에서 찾아진 사실들과 결부시켜 해석하거나 또는 같은 사실에 대한 양자의 입장의 차이를 찾아보려는 작업과, 유학의 경전이나 사상가의 학설 가운데 심리학설에 관련되는 것을 찾아 현대심리학의 관점에서 조망하여 새로운 이론으로 정립해보고자 하는 작업들이 포괄된다. 이러한 유학 고전의 심리학적 해석 작업은 지금까지 가장 활발하게 연구가 이루어진 분야다.

  둘째는 동·서양의 문화전통 내에서 인간을 파악하는 입장의 차이를 전반적으로 대비해봄으로써, 유학사상에 기초한 동양적 심리학의 가능성에 대한 이론적 기초를 탐색해보려는 작업이다. 1970년대에 시작된 이러한 작업은 비록 그 수는 적을지라도 이론적인 측면에서 주목할 만한 성과가 쌓이고 있으며, 2000년대 이후에 들어서면서 눈에 띄는 작업이 이루어지고 있다.

  셋째는 한국사회에서 유교문화의 영향을 받아서 형성된 문화 수준의 특징을 찾아내고, 이것이 현대 한국인의 심리와 행동에 미친 영향을 분석하고자 하는 연구다. 이는 사회학이나 인류학 등의 주요 관심영역이었는데, 심리학계에서도 1960년대 말부터 연구가 시작되어

  ---

  87) 한덕웅(2001, p. 449)에 의하면, 1950년대 초반에 유학심리학을 연구할 필요성을 인식하여, 학부에서 동양심리학 강좌를 교과목으로 넣은 대학(서울대·성균관대)도 있었다고 한다.

1990년대에 들어서면서 많은 학자들의 관심이 모이고 있는 분야다.

탈서구중심적 심리학 연구의 현 주소

한국심리학계에서 이러한 탈서구중심적 연구의 논문들은 주로 "한
국심리학회"의 공식적인 기관지인 『한국심리학회지: 일반』[88]과 "한국
심리학회 산하 사회 및 성격심리학회"의 기관지인 『한국심리학회지:
사회 및 성격』[89]에 주로 게재된다. 2000년도까지 이 두 잡지에 실린
사회심리학 관련 논문 총 333편을 분석해보면, "문화와 동양심리" 관
련 논문이 34편으로 전체의 10.2%를 차지하여, 36편씩으로 각각 전
체의 10.8%를 차지하고 있는 "대인지각과 귀인" 및 "고정관념과 편
견"과 함께 한국사회심리학계의 3대 연구영역을 형성하고 있음을 알
수 있다.[90] 특기할 만한 사실은 "문화와 동양심리" 관련 논문들은 이
두 공식적인 학술지에 1990년도 이후부터 등장하기 시작하여, 1990
년 이후만 놓고 본다면 전체 사회심리학 관련 논문의 16.0%로 가장

---

88) 이 학술지는 "한국심리학회" 최초의 공식학술지로, 1968년에 『한국심리학회지』라
   는 명칭으로 창간되었다가, 1989년부터 『한국심리학회지: 일반』으로 명칭을 바꾸
   어 "한국심리학회"에서 출간하고 있다. 이 학술지에는 심리학 전 분야의 이론 및
   실험 논문이 실린다.
89) 이 학술지는 본래 일부 사회심리학 연구자들의 동인지 형태로 1982년 창간된 『사
   회심리학연구』를 모태로 하여 1984년부터 "한국심리학회 산하 사회심리학회"의
   공식적인 학술지로 이관되어 같은 이름으로 출간되다가, 1989년부터 『한국심리학
   회지: 사회』로 명칭을 바꾸어 출간되었으나, 1997년부터는 "사회심리학회"의 명칭
   이 "사회 및 성격심리학회"로 바뀜에 따라 『한국심리학회지: 사회 및 성격』으로 개
   명하여 "한국심리학회 산하 사회 및 성격심리학회"에서 출간하고 있다.
90) 장성수, 2000, pp. 221, 표 3-1; 224; 226-229.

많이 연구되는 분야로 성장하였다는 사실이다.

 "문화와 동양심리" 분야 가운데 문화관련 연구물은 1990년대 이후부터 쏟아져 나왔는데, 이에는 1980년대부터 "한국사회심리학의 정체성 내지는 고유성을 확립하고자 하는 일부 사회심리학자들의 관심"[91]이 부쩍 높아졌다는 배경이 놓여 있다. 한국의 문화전통과 한국인의 행동 및 심리적 특성 사이의 관계에 대한 이러한 관심의 증가 현상은 1980년대 중반 이후 한국문화 또는 한국인의 특성에 대한 주제로 한국심리학회나 그 산하 분과학회에서 개최한 심포지움이나 세미나가 계속되고 있다는 사실에서 단적으로 드러나고 있다.[92]

 이렇게 "문화 및 동양심리"와 관련된 탈서구중심적 연구들이 1990년대 이후의 한국심리학계, 그중에서도 사회심리학계의 가장 중심적인 연구분야로 성장하고 있다는 사실은 오늘날 이 분야에 대한 관심이 한국심리학계의 움직일 수 없는 "시대정신(Zeitgeist)"임을 의미한다고 볼 수 있을 것이다.

---

91) 장성수, 2000, p. 228.
92) 한국심리학회에서의 이러한 움직임은 이미 1976년 10월에 "한국사회와 심리학"이라는 심포지움을 개최한 데에서 비롯되어, 1980년대 중반부터 본격적으로 전개되고 있다. 1980년대 중반부터 2000년까지 한국심리학회 또는 그 산하 분과학회에서 개최한 한국인 또는 한국사회 관련 심포지움이나 세미나는 다음과 같다.(한국심리학회 편, 1996, 전게서, pp. 68-79; 조긍호, 2003, 전게서, p. 75): "한국 가족관계에서의 갈등"(1984년 7월); "한국인의 인간관계"(1984년 10월); "인간이해의 동·서 비교"(1986년 7월); "심리학에서 본 지역감정"(1988년 6월); "한국인의 행동특성과 가치관: 근로의식"(1992년 10월); "남·북의 장벽을 넘어서: 통일과 심리적 화합"(1993년 6월); "한국인의 특성: 심리학적 탐색"(1993년 10월); "일상화된 국민의식과 행동의 문제점: 심리학적 접근"(1994년 5월); "심리학에서의 문화비교 연구"(1996년 2월); "한국인의 건강에 관한 종합학문적 접근"(1996년 6월); "동양심리학의 모색"(1997년 10월); "문화와 심리학"(1999년 8월); "한국심리학의 정체성과 도전: 토착심리학과 문화심리학적 접근"(2000년 10월).

심리학계에서 이러한 탈서구중심적 작업이 가지는 학문적 가치는, 1980년대에 들어서면서 시작되어 이제는 분명하여진, 인간의 삶은 필연적으로 그들이 살고 있는 사회와 문화의 구속성으로부터 벗어날 수 없다는 사실로부터 도출된다. 인간의 문화구속성이 흔들릴 수 없는 진리라는 이러한 사실은 1980년대 이래 전개되어온 문화비교심리학의 연구결과들이 웅변적으로 증명해주고 있다.

이러한 문화비교심리학의 연구결과들에 비추어보면, 현대 서구심리학은 서구인의 시각에서 서구인의 삶의 과정과 경험을 중심으로 탐색해온 서구의 문화특수적인 심리학일 뿐이라는 한계를 지닌다는 사실이 분명히 드러난다. 종래까지 보편주의의 관점에서 서구심리학을 보편심리학으로 간주해왔던 시각은 다만 서구인들이 빠져 있었던 그들의 자기중심주의(ethnocentrism)의 반영일 뿐이었던 것이다. 현재는 이러한 서구중심주의에서 탈피하여 글자 그대로의 보편심리학을 구축하려는 노력이 절실하게 필요한 시점이다.

■ 참고문헌

강정인 (2002). 세계화·정보화와 동아문명의 정체성: 서구중심주의와 아시아적 가치. **한국정치외교사논총, 24(2)**, 211-238.

권석만 (2000). 불교와 한국 심리학 연구. 대한민국 학술원 편, **한국의 학술연구: 심리학** (pp. 141-148). 서울: 대한민국 학술원.

길희성 (1998). **철학과 철학사: 해석학적 동양철학의 길**. 한국철학회 1998년도 춘계 학술 발표회 주제 논문.

김광억 (1998). 동아시아 담론의 문화적 의미. **정신문화연구, 21(1)**, 3-25.

김기석 (1969). 禪의 심리학적 일 고찰. **한국심리학회지, 1(2)**, 37-41.

김성태 (1976). **성숙인격론**. 서울: 고려대학교 출판부.

김성태 (1989). **경과 주의**(증보판). 서울: 고려대학교 출판부. (초판, 1982).

김충렬 (1982). 동양 인성론의 서설. 한국동양철학회 편, **동양철학의 본체론과 인성론** (pp.169-184). 서울: 연세대학교 출판부.

오수성 (1997). 한국 무속의 심리학적 이해. 한국심리학회 편, **동양심리학의 모색** (1997년도 추계심포지움 자료집, pp. 145-153). 서울: 한국심리학회.

윤태림 (1969). **한국인의 성격**. 서울: 현대교육총서 출판사.

윤태림 (1970). **한국인**. 서울: 현암사.

윤호균 (1970). Buddhism and counseling. **한국심리학회지, 1(3)**, 103-115.

이광세 (1998). **동양과 서양: 두 지평선의 융합**. 서울: 길.

이동식 (1974). **한국인의 주체성과 도**. 서울: 일지사.

이상로 (1974). **조선 성리학자들의 심리학설 연구: 정도전·권근·유승조·이황·기대승·이이를 중심으로**. 박사학위 논문, 계명대학교.

이수원 (1990). 내면화: 사회적 지식의 형성. **한국심리학회지: 일반, 9(1)**, 54-73.

이승환 (1998). 후기 근대 유학담론의 두 유형: 뚜웨이밍(杜維明)과 에임스

(Roger Ames)를 중심으로. **동아연구** (서강대학교 동아연구소), **35**, 363-416.

이승환 (2000). '아시아적 가치' 논쟁과 유교문화의 미래. **퇴계학, 11**, 197-226.

이의철 (1979). 순자의 심리설. **한국심리학회지, 2(2)**, 119-131.

이정모 (2009). **인지과학: 학문 간 융합의 원리와 응용**. 서울: 성균관대학교 출판부.

장성수 (2000). 한국의 사회심리학 연구. 대한민국 학술원 편, **한국의 학술 연구: 심리학** (pp. 219-235). 서울: 대한민국 학술원.

정양은 (1970). 감정론의 비교연구: 사회적 감정을 중심으로. **한국심리학회 지, 1(3)**, 77-90.

정양은 (1972). 비반성적 의식차원에서의 사회적 소여에 관한 일 고찰. **한국 심리학회지, 1(5)**, 별책.

정양은 (1976). 심리구조이론의 동·서비교. **한국심리학회지, 2(2)**, 68-79.

정양은 (2000). **한국의 학술 연구: 심리학**. 서울: 대한민국 학술원.

조긍호 (1995, 8월). **한국사회심리학계의 연구 경향**. 연변 국제 학술회의 발 표논문, 연변, 중국.

조긍호 (1998). **유학심리학: 맹자·순자 편**. 서울: 나남출판.

조긍호 (2003). **한국인 이해의 개념틀**. 서울: 나남출판.

조긍호 (2006). **이상적 인간형론의 동·서 비교: 새로운 심리학의 가능성 탐 색 I**. 서울: 지식산업사.

조긍호 (2007). **동아시아 집단주의의 유학사상적 배경: 심리학적 접근**. 서울: 지식산업사.

조긍호 (2008). **선진유학사상의 심리학적 함의**. 서울: 서강대학교 출판부.

조긍호 (2012). **사회관계론의 동·서 비교: 새로운 심리학의 가능성 탐색 II**. 서울: 서강대학교 출판부.

조긍호 (2015). 한국심리학계의 탈서구중심적 연구동향: 문화관련 연구와 유 학심리학의 연구를 중심으로. 경제·인문사회연구회 편, **서구중심주의**

에 대한 우리 학문의 이론적 대응 (pp. 63-101). 서울: 인문 · 경제사회
연구회.

조대경 (1976). 기에 관하여: Biofeedback과의 관련성을 중심으로. **한국심리
학회지**, **2(2)**, 80-88.

조혜인 (1998). 유교와 포스트모더니즘: 베버 유교관의 지양을 통한 전향적
대화. **동아연구** (서강대학교 동아연구소), **35**, 301-361.

최영진 (2000). 90년대 한국사회의 유교담론 분석. 성균관대학교 유학 · 동양
학부 편, **동아시아의 유교문화와 미래적 전망** (pp. 20-32). 서울: 성균
관대학교 유학 · 동양학부.

馮友蘭 (1948). *A short history of Chinese philosophy*. 臺北: 雙葉書店. [정
인재 역. (1977). **중국철학사**. 서울: 형설출판사.]

한국심리학회 편 (1996). **한국심리학회 50년사**. 서울: 교육과학사.

한덕웅 (1994). **퇴계심리학**. 서울: 성균관대학교 출판부.

한덕웅 (2001). 한국의 유교문화에 관한 심리학 연구의 비판적 개관. **한국심
리학회지: 일반**, **20(2)**, 449-479.

한덕웅 (2003). **한국유학심리학: 한국유학의 심리학설과 유교문화에 관한 심
리학적 접근**. 서울: 시그마프레스.

Amir, Y., & Sharon, I. (1987). Are social psychological law cross-
culturally valid? *Journal of Cross-Cultural Psychology*, *18*, 383-470.

Arieli, Y. (1964). *Individualism and nationalism in American ideology*.
Cambridge, MA: Harvard University Press.

Boring, E. G. (1950). *A history of experimental psychology* (2nd ed.).
New York: Appleton-Century-Crofts (1st ed. in 1929.)

Brennan, J. F. (1982). *History and systems of psychology*. Englewood
Cliffs, NJ: Prentice-Hall. [홍대식 역. (1988). **심리학의 역사와 체계**. 서
울: 박영사.]

Chomsky, N. (1959). A review of B. F. Skinner's Verbal Behavior.

Language, 35, 26-58.

Creel, H. G. (1949). *Confucius: The man and the myth.* [이성규 역. (1999). **공자: 인간과 신화.** 서울: 지식산업사.]

de Barry, Wm. T. (1983). *The liberal tradition in China.* Hong Kong: The Chinese University of Hong Kong Press. [표정훈 역. (1998). **중국의 "자유" 전통.** 서울: 이산.]

Fiske, S. T., & Taylor, S. E. (1991). *Social cognition* (2nd ed.). New York: McGraw-Hill.

Gergen, K. J., & Gergen, M. M. (1988). Narrative and the self as relationships. In L. Berkowitz (Ed.), *Advances in experimental social psychology* (Vol. 21, pp. 17-56). New York: Academic Press.

Gilligan, C. (1982). *In a different voice: Psychological theory and woman's development.* Cambridge, MA: Harvard University Press.

Greenfield, P. M. (1976). Cross-cultural research and Piagetian theory: Paradox and progress. In K. F. Riegel & J. A. Meacham (Eds.), *The developing individual in a changing world* (Vol. 1, pp. 322-333). Paris: Hague.

Greenfield, P. M. (2000). Three approaches to the psychology of culture: Where do they come from? Where can they go? *Asian Journal of Social Psychology, 3,* 223-240.

Hall, D., & Ames, R. (1987). *Thinking through Confucius.* Albany, NY: State University of New York Press.

Hearst, E. (1979). One hundred years: Themes and perspectives. In E. Hearst, *The first century of experimental psychology* (pp. 1-37). Hillsdale, NJ: Lawrence Erlbaum.

Hochberg, J. (1979). Sensation and perception. In E. Hearst, *The first century of experimental psychology* (pp. 89-145). Hillsdale, NJ: Lawrence Erlbaum.

Hofstede, G. (1980). *Culture's consequences: International differences in work-related values.* Beverly Hills, CA: Sage.

Hofstede, G. (1991). *Cultures and organizations: Software of the mind.* London: McGraw-Hill. [차재호 · 나은영 역. (1995). 세계의 문화와 조직. 서울: 학지사.]

Kagitcibasi, C. (1994). A critical appraisal of individualism and collectivism: Toward a new formulation. In U. Kim, H. C. Triandis, C. Kagitcibasi, S. C. Choi, & G. Yoon (Eds.), *Individualism and collectivism: Theory, method, and applications* (pp. 52-65). Thousand Oaks, CA: Sage.

Kagitcibasi, C. (1997). Individualism and collectivism. In J. W. Berry, M. H. Segall, & C. Kagitcibasi (Eds.), *Handbook of cross-cultural psychology* (2nd ed., Vol. 3, pp. 1-49). Boston, MA: Allyn & Bacon.

Kim, U. (1995). *Individualism and collectivism: A psychological, cultural and ecological analysis.* Nordic Institute of Asian Studies (NIAS) Report Series, No. 21, Copenhagen, Denmark: NIAS Books.

Kim, U. (2000). Indigenous, cultural, and cross-cultural psychology: A theoretical, conceptual, and epistemological analysis. *Asian Journal of Social Psychology, 3,* 265-287.

Kim, U., Triandis, H. C., Kagitcibasi, C., Choi, S. C., & Yoon, G. (Eds.) (1994). *Individualism and collectivism: Theory, method, and applications.* Thousand Oaks, CA: Sage.

Lukes, S. (1973). *Individualism.* New York: Harper & Row.

Mahbubani, K. (1995). The Pacific way. *Foreign Affairs, 74: 1* (Jan./ Feb.), 100-111.

Mandler, G. (2007). *A history of modern experimental psychology.* Cambridge, MA: The MIT Press.

Markus, H. R., & Kitayama, S. (1991). Culture and the self: Implications for cognition, emotion, and motivation. *Psychological Review, 98,* 224-253.

Miller, J. G. (1984). Culture and the development of everyday social explanation. *Journal of Personality and Social Psychology, 46,* 961-978.

Miller, J. G. (1986). Early cross-cultural commonalities in social explanation. *Developmental Psychology, 22,* 514-520.

Miller, J. G. (1987). Cultural influence on the development of conceptual differentiation in person description. *British Journal of Developmental Psychology, 5,* 309-310.

Miller, J. G. (1991). A cultural perspective on the morality of beneficence and interpersonal responsibility. *International and Intercultural Communication Annual, 15,* 11-23.

Miller, J. G. (2002). Bringing culture to basic psychological theory—Beyond individualism and collectivism: Comment on Oyserman et al. (2002). *Psychological Bulletin, 128,* 97-109.

Miller, J. G., & Bersoff, D. M. (1992). Cultural and moral judgement: How are conflicts between justice and interpersonal responsibilities resolved? *Journal of Personality and Social Psychology, 62,* 541-554.

Miller, J. G., & Bersoff, D. M. (1994). Cultural influences on the moral status of reciprocity and the discounting of endogenous motivation. *Personality and Social Psychology Bulletin, 20,* 592-602.

Miller, J. G., Bersoff, D. M., & Harwood, R. L. (1990). Perceptions of social responsibilities in India and the United States: Moral imperatives or personal decision? *Journal of Personality and Social Psychology, 58,* 33-47.

Miller, J. G., & Luthar, S. (1989). Issues of interpersonal responsibility and accountability: A comparison of Indians' and Americans' moral judgement. *Social Cognition, 3*, 237-261.

Needham, J. (1969). *Science and civilization in China* (3 Vols.). Cambridge, England: Cambridge University Press. [이석호 · 이철주 · 임정대 역. (1986). **중국의 과학과 문명** (Vol. 1~3). 서울: 을유문화사.]

Nisbett, R. E. (2003) *The geography of thought: How Asians and Westerners think differently ... and why.* New York: Free Press.

Oyserman, D., Coon, H. M., & Kemmelmeier, M. (2002). Rethinking individualism and collectivism: Evaluation of theoretical assumptions and meta-analyses. *Psychological Bulletin, 128*, 3-72.

Sampson, E. E. (1977). Psychology and the American ideal. *Journal of Personality and Social Psychology, 32*, 762-782.

Sampson, E. E. (1989). The challenge of social change for psychology: Globalization and psychology's theory of the person. *American Psychologist, 44*, 914-921.

Skinner, B. F. (1959). *Verbal behavior.* Acton, MI: Copley Publishing Group.

Tönnies, F. (1887/1957). *Community and society* (C. P. Loomis, Trans.). East Lansing, MI: Michigan State University Press.

Toulmin, S. (1990). *Cosmopolis: The hidden agenda of modernity.* New York: Free Press. [이종흡 역. (1997). **코스모폴리스: 근대의 숨은 이야 깃거리들.** 마산: 경남대학교 출판부.]

Triandis, H. C. (1995). *Individualism and collectivism.* Boulder, CO: Westview.

Tu, Wei-Ming (1996). *Confucian tradition in East Asian modernity.* Cambridge, MA: Harvard University Press.

Watson, J. B. (1913). Psychology as the behaviorist views it. *Psychological Review, 20*, 158-177.

Wertheimer, M. (1912). Experimentelle Studien über das Sehen von Bewegungen. *Zeitschrift für Psychologie, 61,* 161-265.

Yang, K. S. (1997). Indigenizing Westernized Chinese psychology. In M. H. Bond (Ed.), *Working at the interface of cultures: Eighteen lives in social science* (pp. 62-76). London: Routledge.

Yang, K. S. (2000). Monocultural and cross-cultural indigenous approaches: The royal road to the development of a balanced global psychology. *Asian Journal of Social Psychology, 3,* 241-263.

Yoon, G., & Choi, S. C. (Eds.) (1994). *Psychology of the Korean people: Collectivism and individualism.* Seoul: Dong-A Publishing & Printing Co.

한국심리학계의 탈서구중심적 연구동향 II: 그 연구 내용[1]

조긍호

한국의 심리학계에서는 일찍이 1960~1970년대부터 전통사상의 심리학적 해석 작업을 벌여왔을 뿐만 아니라, 1980년대 후반에 이르러서는 문화관련 심리학의 연구를 본격적으로 전개할 정도로 탈서구중심적 연구의 동향이 무르익고 있었다. 그리하여 1990년대 이후 한국의 심리학계, 특히 사회심리학계에서는 "문화와 동양심리"가 가장 활

---

[1] 이 글은 본래 앞선 글(한국심리학계의 탈서구중심적 연구동향 I : 그 대두 배경)과 함께 하나의 논문(한국심리학계의 탈서구중심적 연구동향: 문화관련 연구와 유학심리학의 연구를 중심으로)으로 작성되어, 2015년 12월 5일 "서강대 SSK 탈서구중심주의 연구단"이 주최한 심포지움에서 발표한 것이다. 이 심포지움에서 발표된 논문들을 책으로 엮어내는 과정에서, 필자의 논문 양이 너무 많아 한 책으로 묶이는 다른 논문들과의 형평성이 깨지게 되니, 적당한 양의 두 논문으로 쪼개어달라는 편집자의 간절한 요청이 있어, 내키지는 않았으나 약간의 첨삭을 가하여 이 책에서와 같이 두 개의 논문으로 나누게 되었다. 원래 하나의 글이던 것을 둘로 나누어놓고 보니, 짜임새가 매우 부족한 글이 되고 말았다. 원논문을 보고자 하는 독자는 위 심포지움의 초록집(경제·인문사회연구회 편, **서구중심주의에 대한 우리 학문의 이론적 대응**, pp. 63-101)을 참고할 것.

발하게 연구가 이루어지는 분야로 성장하였다.[2]

　이러한 탈서구중심적 연구의 배경에는 1960년대에 인지혁명의 여파로 행동주의가 퇴조하면서 보편심리학으로 여겨졌던 서구, 특히 미국심리학의 위상이 하락되었다는 사실, 1980년대 탈근대사조의 대두와 함께 문화에의 관심이 높아진 결과 문화비교 연구들이 폭발적으로 이루어지면서, 종래까지 흔들릴 수 없는 진리로 간주되던, 인간 행동과 심성에 관한 서구심리학에서 밝혀진 원리들의 보편성에 대한 회의가 확산되었다는 사실, 1970년대를 거치면서 동아시아 유교권 국가들의 눈부신 경제 성장으로 대두된 아시아적 가치 담론의 결과로 유학사상에 대한 관심이 증폭되었다는 사실, 그리고 동아시아인들 스스로 자신들의 문화전통에 대해 자신감이 높아짐으로써 유학의 연구열이 고조되고, 결과적으로 인성론 중심의 유학에 내재한 심리학체계에 눈을 뜨게 되었다는 사실들이 놓여 있다.

　한국심리학계에서 전개된 이러한 탈서구중심적 연구들은 크게 두 방향으로 이루어졌다. 그 하나는 종래까지는 사회학이나 인류학의 연구주제로 인식되어 외면하던 문화가 인간 심성과 행동에 미치는 영향에 대해 심리학자들이 관심을 기울이기 시작하면서, 서구 개인주의문화권과 동아시아 집단주의문화권에 살고 있는 사람들의 행동과 심성의 실제적이고도 현실적인 특징을 밝혀냄으로써, 한국인을 포함하는 동아시아인들의 심리적 정체성을 확인해보고자 하는 문화비교심리학의 연구들이다. 또 하나는 동아시아 집단주의문화의 배경에 유학사상이 놓여 있다는 사실을 이론적으로 검증해내고, 유학의 경전들에 내포되어 있는 심리학적 함의를 도출함으로써, 한국문화의 사상적 정체

---

2) 장성수, 2000, p. 228.

성을 확인함은 물론 서구심리학을 대치할 수 있는 새로운 유학심리학의 가능성을 탐색해보고자 하는 연구들이다.

이 글에서는 한국의 심리학계에 탈서구중심적 연구의 경향이 대두된 배경을 살펴본 앞선 글에 이어, 한국심리학계에서 전개된 이러한 탈서구중심적 연구 경향을 문화관련 심리학의 연구와 전통사상의 심리학화 작업으로 나누어 개관해보고,[3] 이어서 이러한 연구들의 공과(功過)와 앞으로의 전망에 대해 논의해보기로 하겠다.

문화관련 심리학의 연구

문화비교심리학의 대두와 부상에 힘입어, 1990년대 이후 현대 심리학적인 방법을 동원하여 한국문화 및 한국인의 행동과 심리적 특성 사이의 관계를 분석한 연구들은 크게 세 가지 영역으로 나눌 수 있다. 첫째는 한국에서의 문화관련 심리학의 현상 파악과 이를 기초로 한 한국적 문화심리학의 내용 및 방법론 탐색 작업이다. 둘째는 한국인의 집단주의적 행동과 심리적 특징을 서구 개인주의문화인과 비교하여 분석하거나, 우리 사회 안의 여러 문화성향집단 사이의 차이를 비교하여 분석하는 문화비교 연구다. 셋째는 한국인의 토착적인 행동이나 심리 내용을 찾아내어 분석하는 한국인의 고유한 특성에 관한 연구다.

---

3) 이 두 분야의 연구들은 주로 필자의 선행저술(조긍호, 2003a, **한국인 이해의 개념틀**, 서울: 나남출판, pp. 74-100)의 개관을 기초로 하여 그 내용을 대체로 옮겨오되, 이에 약간의 새로운 자료와 이러한 연구들의 문제점 및 그 의의에 대한 평가를 첨가하여 재구성하였다.

1. 문화관련 심리학의 이론화 작업

우리나라에서 1990년대에 들어서면서부터 활발히 이루어져온 문화관련 심리학의 성격 규정과 이론화 작업은 대체로 기존 서구심리학의 보편성에 대한 회의로부터 시작하여, 이 문제와 관련한 기존 한국심리학계의 반성 및 앞으로의 과제 등을 집중적으로 탐색하여 왔다. 이러한 작업의 중심 연구자는 한규석(1991a, 1999)과 최상진(1999a, 2000a; 최상진·한규석, 1998, 2000)이다. 한규석(1991a)은 기존의 한국심리학이 문화특수성을 무시하고, 서구심리학을 무분별하게 받아들이는 경향이 있었음을 지적하고, 집단주의-개인주의의 개념틀 등 문화비교 연구에서 이루어진 성과들에 터해 인간 행동에 미치는 문화의 영향을 고려하는 새로운 연구방향을 설정할 필요성이 있음을 지적하고 있으며, 또 다른 논문에서는(한규석, 1999) 이러한 방향에서 한국심리학계에서 그동안 이루어진 연구들을 개관하고 있다.

최상진(1999a; 최상진·한규석, 1998)도 기존 서구심리학의 한계 인식으로부터 문화관련 심리학의 연구 필요성을 도출하고 있는데, 그는 이러한 관점에서 한국과 같은 비서구 문화권에서 지향해야 할 연구는 토착심리학이라는 입장을 제시하고 있다. 그(최상진, 2000a, 2000b, 2011)는 그동안 자신이 해온 한국의 토착적인 심리학적 개념들(정·우리성·한·화·심정·체면·눈치·의례성·핑계·의리·팔자)에 관한 연구성과를 정리하여 제시함으로써, 이러한 주장에 설득력을 더하고 있다.

이상과 같은 기존의 한국심리학계에의 반성과 이를 통한 새로운 연구방향의 설정이라는 명제는, 1990년대 이후 "문화와 동양심리" 관련 연구물이 사회심리학계에서 가장 많이 발표되고 있다는 사실에 비추어보면,[4] 이 시대 한국 사회심리학계의 "시대정신(Zeitgeist)"이 되어 있다고 보아도 지나친 말은 아닐 것이다. 이러한 연구들은 서구심리학에 지나치게 경도되고 있었던 기존 한국심리학 연구에 대한 반성을 토대로 새로운 한국심리학의 정체성을 모색해보자는 기치를 모토로 내세우고 있었다. 그러나 그들이 거둔 성과는 대체로 서구에서 진행되고 있는 문화관련 심리학의 동향 소개(?) 또는 이론적 소개(?)에 머물고 있을 뿐, 원래 내세웠던 목표에는 한참 못 미치는 수준에 그치고 말았다는 느낌이 강하다.

2. 문화비교 연구

지난 20여 년 동안 문화관련 심리학에서 문화비교 연구의 기본틀로 삼아온 것은 "개인주의-집단주의"의 분류 체계였다. 이러한 배경에서 한국심리학계에서 이루어진 문화비교 연구들도 대체로 개인주의-집단주의의 기본틀을 중심으로 이루어졌다. 그동안 한국심리학계에서 이루어진 문화비교 연구들은 크게 개인주의-집단주의 문화의 특징을 개괄적으로 비교한 연구, 한국과 대비되는 개인주의문화권의 국가로 미국을 잡아 두 집단의 행동과 심리적 특징의 차이를 직접 대비하는 연구 및 한국사회 내에서의 여러 집단 간 차이 또는 문화성향집단 간의 차이 분석을 통해 개인주의와 집단주의의 특징을 대비하고자 하는 연구들로 나누어볼 수 있다.

---

4) 장성수, 2000, pp. 221의 표 3-1, 227-229.

1) 개인주의-집단주의 특징 개괄 연구

두 문화유형에 따른 행동 및 심리적 차이를 우리나라에서 개관한 연구는 한규석(1991b)으로부터 비롯되었다. 그는 문화유형에 따라 "나"의 의미, 내·외집단 구분, 동조 행동, 자기 노출 등에 차이가 있음을 개괄하였다. 그러나 이 논문은 아직까지 서구에서도 이 두 문화유형의 차이를 조감할 수 있는 이론적 틀이 제시되기 이전의 개관논문이어서,[5] 두 문화유형의 차이를 개관하기 위한 통일된 이론적 관점

---

[5] 서구심리학계에서 "개인주의-집단주의" 문화의 차이를 가져오는 원천에 대한 이론을 처음 제시한 것은 Markus와 Kitayama(1991)였다. 그들은 서구 개인주의 사회인과 동아시아 집단주의 사회인이 가지고 있는 전형적인 자기관(self construal)의 차이가 두 문화의 차이를 유발한다는 이론을 제시하였다. 즉 서구 사회에서는 자기를 타인과 구획되는 경계를 가지고 있는 "독립적인 자기(independent self)"로 인식하는 데 반해, 동아시아 사회에서는 자기를 타인, 특히 내집단의 타인과 연계되어 있는 관계 속의 존재, 곧 "상호의존적 자기(interdependent self)"로 인식하며, 이러한 자기관의 차이가 두 문화권 사람들의 인지·정서·동기 등 제반 행동과 심리적인 특성에 차이를 유발하게 된다는 것이다.

이어서 Triandis(1995)는 당시까지 이루어진 문화비교 연구들을 개관하여, 개인주의와 집단주의 문화 사이에 자기규정(개체성-연계성), 목표우선성(개인목표 우선-집단목표 우선), 행위원동력(개인 내적 속성-역할이나 의무), 관계중시 여부(내집단과 거리두기-내집단에의 귀속)의 네 측면에서 차이를 보인다는 사실을 밝혔다.

이들 이외에 Nisbett(2003)은 고대 그리스와 중국의 생태조건과 생산양식의 차이 및 이로부터 도출되는 사회화 강조점의 차이에서부터 서구인과 동아시아인이 세상사를 인식하고 조직화하는 인지양식(cognitive style)의 차이를 도출해내고, 이러한 인지양식의 차이가 서구와 동아시아에 각각 개인주의와 집단주의 문화가 조성된 원천이라는 이론을 제시하였다. 즉 서구 사회에서는 인간을 포함하는 각각의 개별적인 실체들의 속성을 파악하는 것이 세상사를 이해하는 기본이라는 관점에서 "분석적 사고(analytic thinking)"의 양식이 지배적인 사고양식으로 조성되었고, 동아시아 사회에서는 사람을 포함하는 제반 사물들의 상호의존적인 관계를 파악하는 것이 세상사를 이해하는 지름길이라는 관점에서 "총체적 사고(holistic thinking)"의 양식이 지배적인 사고양식으로 조성되었으며, 이러한 사고양식의 차이가 개인주의와 집단주의 사회인의 제반 차이를 유발하게 되었다는 것이다.

이들 중 Triandis(1995)의 관점은 어떤 논리적 근거에서 연역된 이론이라기보다는

을 제시하지 못한 흠이 있다.

필자(조긍호, 1993, 1996, 1997a, 1999a, 2000, 2012)는 문화유형에 따라 인간관에 차이가 나게 되고, 이에 따라 두 문화유형에서 강조하는 세 차원의 차이가 유발된다는 관점에서, 두 문화유형과 행동 및 심리적 특징의 관계를 개괄하고 있다. 필자는 개인주의와 집단주의 문화의 차이는 근본적으로 사회 구성의 단위를 개체로서의 독립적인 개체로 보느냐(개인주의), 아니면 사람들 사이의 관계와 가족 같은 일차집단으로 보느냐(집단주의) 하는 데에 있다는 입장에서 출발한다. 이러한 사회 구성의 기본단위에 대한 인식의 차이는 결국 인간을 파악하는 세 차원의 입장의 차이를 가져오게 되고, 이러한 인간관의 차이는 곧바로 주의의 초점, 자기표현의 양식 및 행위가변성과 자기향상의 방안의 측면에서의 강조점의 차이를 유발하여, 개인주의문화와 집단주의문화의 제반 차이가 나타나게 된다고 본다.[6]

많은 실증적 연구의 결과들을 귀납하여 종합해낸 것으로, 이후의 연구들을 이끄는 이론적 가치가 부족하다는 단점이 있다. 그리하여 이 분야의 많은 연구자들은 자기들이 밝혀낸 개인주의-집단주의 문화의 차이들을 Markus와 Kitayama(1991) 또는 Nisbett(2003)의 이론적 틀에 기대어 해석하는 경향을 보인다.

6) 이러한 관점은 서구 개인주의문화의 사상적 배경인 자유주의(liberalism)와 동아시아 집단주의문화의 배경인 유학사상에서 내세우는 가치들로부터 인간의 존재의의 출처, 인간의 중핵특성, 이러한 중핵특성의 존재양식 등 세 차원에서 인간을 파악하는 입장의 문화권 간 차이가 도출된다는 사실에 대한 추론으로부터 유래한다. 17세기 서구의 자유주의자들은 자유와 권리, 이성과 진보, 평등과 존엄의 가치를 중시하는데, 이로부터 개체성에서 인간의 존재의의를 찾아 인간을 자유와 권리의 보유자로 보는 입장이 도출되고, 이러한 인간의 가장 중핵적인 특성을 이성으로 보아 인간을 이성의 주체로 보는 관점이 나오며, 이러한 이성의 능력은 누구나 태어나면서부터 완비된 상태로 갖추고 있다는 생각에서 인간을 완비된 실체로 개념화하는 인간관을 갖추게 된다. 이에 비해 유학사상에서는 사회성, 도덕성, 가소성을 중시하는 입장에서, 인간의 존재의의를 사회적 관계에서 찾아 인간을 사회적 관계체로 보는 관점을 지니게 되고, 인간의 중핵특성을 도덕성에서 찾아 인간을 덕성

필자는 이러한 세 차원의 강조점의 차이를 통해 개인주의문화와 집단주의문화의 대인평가와 귀인(조긍호, 1993, 1996), 정서(조긍호, 1997a), 동기(조긍호, 1999a, 2000) 및 사회관계(조긍호, 2012) 등 여러 측면에서 나타나는 제반 차이들을 정리하고 있다.[7] 두 문화에서의 행동 및 심리적 특징의 차이를 개관한 이러한 연구들은 두 문화의 차이에 관한 구체적이거나 새로운 정보를 덧붙여주지는 못했지만, "개인주의-집단주의"의 차이를 조감하는 기본틀을 부각시켜 제시함으로써, 두 문화유형이 조성된 사상적 배경을 탐색하는 하나의 시각을 제공하는 역할을 수행해왔다고 볼 수 있다.

2) 두 문화 사이의 차이 비교 연구

문화비교 연구의 중핵은 서로 다른 두 문화권에서 같은 차원의 심리적 개념에 대한 반응 또는 행동에서 어떠한 차이가 나타나는가를 살펴보는 것이다. 집단주의와 개인주의 문화비교 연구에서도 한국과 같은 특징적인 집단주의문화의 성원들과 미국과 같은 특징적인 개인

의 주체로 보게 되며, 인간을 소인(小人)의 상태에서 태어나 도덕적 완성을 이룬 군자(君子)를 지향해가는 존재, 곧 무한한 가능체로 파악하는 인간관을 갖추게 된다. 이러한 세 차원의 인간관의 차이로부터 주의의 초점(자기-관계 상대방), 추구목표(자기이익-집단이익) 및 자기향상의 방안(장점확충-단점개선) 차원에서의 강조점(독립성 · 자율성 · 독특성-연계성 · 조화성 · 유사성/자기주장-자기억제/일관성 · 안정성-가변성 · 유연성)의 차이가 나오게 된다는 것이 필자의 생각이다. 이에 대한 자세한 내용은 필자의 선행저술(조긍호, 2007a, **동아시아 집단주의의 유학사상적 배경**, 서울: 지식산업사, pp. 53-142; 2008, **선진유학사상의 심리학적 함의**, 서울: 서강대학교 출판부, pp. 43-95; 2012, **사회관계론의 동 · 서 비교: 새로운 심리학의 가능성 탐색 II**, 서울: 서강대학교 출판부, pp. 48-140)을 참조할 것.
7) 이러한 문화비교 연구의 종합적 개관에 대해서는 필자의 선행저술(조긍호, 2003a; 2006, **이상적 인간형론의 동 · 서 비교: 새로운 심리학의 가능성 탐색 I**, 서울: 지식산업사, pp. 57-78; 2007a; 2012, pp. 143-290)을 참조할 것.

주의문화의 성원들이 보이는 동일한 대상에 대한 반응의 차이를 비교해보는 것이 가장 일반적인 연구의 틀이다.

우리나라에서도 많지는 않지만, 이러한 직접적인 문화비교 연구들이 이루어졌다. 이종한(1992)은 한국과 미국의 성인들에게서 공동체의식을 조사하여, 한국인들이 미국인들보다 가족 모임·동창회·향우회 등 비자발적 집단에 더 많이 소속되고, 더 강한 공동체의식을 느낌을 밝혀내었다. 정태연(2001)은 한국과 미국의 대학생에게서 성격특성의 극단성과 사회선희도가 행동일관성에 미치는 영향을 비교한 결과, 미국 학생들은 더 극단적인 행동일수록 일관적이라고 평가하였으나, 한국 학생들은 사회적으로 바람직한 행동일수록 일관적이라고 평가함을 발견하였다. 이러한 연구들은 한국인의 집단주의적 특징(스스로 선택하지 않은 귀속 집단에의 공동체의식과 사회규범·요구·기대에의 일관성 유지 경향)을 잘 드러내주고 있다.

최근에 최인철(1999; Choi, 2002)과 그 동료들(Choi & Choi, 2002; Choi, Dalal, & Kim-Prieto, 2000; Choi, Dalal, Kim-Prieto, & Park, 2001; Choi & Nisbett, 1998, 2000; Choi, Nistett, & Norenzayan, 1999; Choi, Nisbett, & Smith, 1997; Nisbett, Peng, Choi, & Norenzayan, 2001)은 한국·중국·일본 등 동아시아인과 미국·캐나다 등 서구인들의 인지양식과 그 과정에 근본적인 차이가 있음을 밝히는 일련의 연구를 수행하였다. 이들은 자기들의 연구에서 찾아낸 결과들을 집단주의-개인주의의 틀에 따라 해석하지 않고, 동아시아인의 통합적·전체적·변증법적 사고양식과 서구인의 범주적·분석적·모순율적 사고양식의 차이에서 연유하는 것으로 본다는 점에서 새로운 이론적 관점을 제공하고 있다. 즉 이들은 두 문화권의 사고양식에 질적인 차이가 있다고 봄으로써, 문화차를 양적인 차이뿐만 아니라 질적인 차이로도 보며,

행동이나 사고내용의 차이뿐만 아니라 사고과정의 차이로도 보는 입장을 전개하고 있는 것이다.

3) 단일 문화 내의 문화 연구

흔히 문화비교 연구는 국가 간의 비교가 필수적인 것 같지만, 이는 잘못된 생각이다.[8] 단일 문화 내에서 이루어진 연구일지라도 문화비교에 관한 이론을 다루고 있거나, 찾아낸 결과가 문화비교의 함의가 크다면, 이는 문화비교 연구라 할 수 있다.

우리나라에서 한국인만을 대상으로 한 문화관련 연구 중 가장 많이 이루어진 것은 한국인의 가치관의 변화에 관한 연구들이다.(나은영·민경환, 1998; 나은영·차재호, 1999; 박광배·김미숙, 1992; 이종한, 2000; 차재호·장영수, 1992; 차재호·정지원, 1993; 한규석·신수진, 1999; 한성열·안창일, 1990; Cha, 1994) 이러한 연구들에서는 한국인들은 구세대일수록 집단주의적인 경향이 강하고, 젊은 세대일수록 개인주의적인 경향이 점차 증가하여, 세대차가 크게 나타나고 있다는 사실이 공통적으로 밝혀지고 있다. 즉 한국사회는 현재 전반적으로는 아직 집단주의의 경향이 강하지만, 문제영역에 따라서는 개인주의의 가치와 집단주의의 가치가 혼재하는 역동적인 상황에 놓여 있다는 것이다.

단일 문화 내에서 이루어진 문화비교 연구들은 두 문화성향을 측정하는 척도들을 사용하여 연구참여자들을 집단중심성향자와 개인중심

---

8) *Journal of Cross-Cultural Psychology*는 문화비교 연구를 전문으로 다루는 학술지인데, 이 학술지에 수록된 연구들 중 국가 간 비교가 이루어진 것은 32.5%에 불과하고, 단일 문화 내에서 이루어진 연구도 32.6%에 이른다.(Smith, 1995: 한규석, 1997, p. 92에서 재인용) 이에 비추어보면, 둘 이상의 문화 간의 비교만이 문화비교 연구의 기본은 아니다.

성향자로 나누고, 동일 차원의 대상에 대한 이들의 반응 차이를 비교하는 설계들로 연구가 이루어졌다. 예를 들면, 한규석과 오점조(1993)는 아동들을 두레성향자(집단중심성향자)와 홀로성향자(개인중심성향자)로 나누어 그들의 교류 양상을 비교하고 있으며, 고재홍(2001)은 대학생과 회사원들을 이 두 문화성향집단으로 나누어 그들의 공동작업 성과에 대한 분배양식의 차이를 분석하고 있다.

이러한 연구들 중 집중적인 수렴연구가 이루어진 것이 두 가지 있어 눈길을 끈다. 그 하나는 공정조망과 인정조망에 근거해서 도움행동과 분배행동을 할 때의 차이를 분석한 이수원과 장성수(이수원·이헌남, 1993; 장성수·이수원·정진곤, 1990; 장성수·이헌남, 1989)의 연구들이다. 그들은 공정과 인정이 갈등하는 상황(예: 친구의 노부모가 교통위반을 한 것을 목격한 교통경찰)에서 공정을 선호하는 사람(예: 교통위반 스티커를 발부해야 한다는 판단)과 인정을 선호하는 사람(예: 묵인하고 모른 체해야 한다는 판단)을 나누었을 때, 전자는 후자보다 타인의 호의에 대해 물질적 보상을 하려 하거나 자기가 타인에게 베푼 호의에 대해서도 물질적 보상을 받으려 하며, 공동성과를 분배할 때에도 형평분배를 선호함을 밝혀내었다. 이러한 결과에 기초로 그들은 개인주의문화의 성원들은 공정조망에 근거해서 상호작용을 하고, 집단주의문화의 성원들은 인정조망에 터해서 상호작용을 한다는 입장을 제시하고 있다.

집중적인 수렴연구의 또 다른 예는 필자(조긍호, 2002, 2003b, 2005; 조긍호·김소연, 1998; 조긍호·김은진, 2001; 조긍호·김지연·최경순, 2009; 조긍호·김지용, 2001; 조긍호·김지용·홍미화·김지현, 2002; 조긍호·명정완, 2001; 조긍호·이재영, 2007)의 연구들이다. 이 연구들에서 고등학생과 대학생 또는 회사원들을 집단중심성향자와 개인중심성향자로 나누었을 때, 전자는 후자보다 겸양귀인 경향이 강하고, 동조행동을 더 많이 하며, 여러 문제에 대한 의견의 허구적 합의성 지각 경향은 더 높고, 자신의 능력에 대한 허구적 독특성 지각 경향은 낮음이 밝혀졌다. 또한 전자는 후자보다 공적 자의식 수준은 높고, 사적 자의식 수준은 낮으며, 또 타인에의 공감 수준과 분노통제의 수준 또한 높음이 밝혀졌다. 뿐만 아니라 전자는 후자보다 이차통제의 경향은 높고 일차통제의 경향은 낮으며, 도덕적 지향성도 높은 수준에 이르고 있음이 드러났다. 이들은 모두 집단주의와 개인주의 문화의 특징적인 차이와 일치하는 결과들로서, 단일 문화 내의 문화비교 연구들의 가치를 잘 드러내고 있다.

3. 한국인의 고유한 특징 연구

한국인의 고유한 행동 및 심리적인 특징을 찾아 이를 심리학적으로 분석하려는 연구의 효시는 윤태림(1969, 1970)의 연구를 들 수 있다. 그는 한국인의 사고방식과 성격의 특징을 한국인의 체질인류학적 특징 · 풍토 · 언어 · 전통사상 및 사회경제적 조건 등의 측면에서 분석하고 있다. 그러나 그가 제시하고 있는 자료와 이를 통해 도출해낸 결론 사이에 논리적 · 실증적 연결이 거의 없을 뿐만 아니라, "한국인을 은연중에 서양인과 비교하면서 단지 다르다는 것을 보여주는 것이 아니라, 못하다는 함축을 곳곳에서 던지고"[9] 있어, 객관적인 연구의 자세도 견지하고 있지 못하다는 아쉬움을 남기고 있다.

한국인의 삶 속에서 독특하게 나타난다고 여겨지는 행동 특성들에

---

9) 한규석, 1999, p. 114.

서 심리학적 개념을 이끌어내고, 이를 토착심리학의 관점에서 분석하고 있는 대표적인 연구자는 최상진(2000a, 2000b, 2011)이다. 그는 "한국인의 삶 속에서, 그리고 일상의 언어적 생활 속에서 보편화된 '말언어'나 '말 개념'을 심리학적 개념으로 구성"[10]하려는 시도에서, 한국의 토착적 현상들에 대한 사회표상적 분석(최상진, 1990)을 집중적으로 하고 있다. 지금까지 그가 분석한 토착적 현상 또는 개념들은 정(情)(최상진·이장주, 1999; 최상진·김지영·김기범, 2000a), 우리성(weness)(최상진, 1993a; Choi, S. C. & Choi, S. H., 1994), 한(恨)(최상진, 1991), 화병(최상진·이요행, 1995), 심정(心情)(최상진·김기범, 1999; Choi, S. C. & Kim, 1998), 체면(體面)(최상진·김기범, 2000; 최상진·유승엽, 1992), 눈치(최상진·진승범, 1995), 의례성(儀禮性)(최상진·유승엽, 1994), 핑계(최상진·임영식·유승엽, 1991), 의리(義理)(최상진·김미희·박정열·김기범, 2000), 팔자(八字)(최상진·김지영·김기범, 2000b) 등 열한 가지에 이른다.

이러한 연구들을 바탕으로 최상진(1993b, 1997, 2000b)은 심정심리학과 당사자심리학의 논리가 "한국인의 심리학을 구성하는 차별적 핵심 사상이 될 수 있음을 제기하였다."[11] 그에 따르면, 한국인의 사회적 인간관계에서 개인들은 상호 독립적인 존재가 아니라, 서로 정을 바탕으로 하나가 되는 "우리"로 지향하는 존재들이고, 따라서 이러한 인간관계의 그물망 속에서 개인들은 항상 상호작용의 객관적인 "제삼자"가 아니라 "당사자"들이므로, 당사자들의 심정 읽기가 한국인의 특징을 이해하는 핵심이라는 것이다. 한국 토착심리학의 발전을 위해서는, 이러한 그의 주장이 앞으로의 연구를 통해 실증적인 근거를 마

---

10) 최상진, 2000a, p. 26.
11) 한규석, 1999, p. 114.

련함으로써, 더욱 이론적으로 세련화될 필요가 있을 것으로 보인다.

　그러나 이러한 한국인의 토착행동에 관한 연구들은 그 이론적 중요성에도 불구하고 몇 가지 심각한 문제점을 지니고 있는 것으로 보인다. 우선 이러한 연구들의 문제정리 또는 비교의 시각이 과학적 연구의 기반인 객관성을 결여하고, 어떤 때는 명시적으로나 암묵적으로 지나친 자기비하에 빠져 있거나(예: 윤태림의 연구) 또는 지나친 자기도취(예: 최상진의 연구)에 빠져 있다는 점이다. 다음으로는 이러한 연구들에서 한국인의 토착적 특성이라고 간주되고 있는 내용들이 과연 한국인만의 특징인지에 대한 실증적 자료 또는 논리적 설득력이 떨어진다는 점이다. 예를 들면, 체면중시 행동이나 핑계찾기 또는 눈치보기가 과연 한국인만의 고유한 행동 특성인지에 대한 객관적인 자료가 제시됨이 없이, 이들이 한국인의 고유한 특성이라는 사실이 암묵적으로 전제된 상황에서 논의가 진행되고 있다. 마지막으로 이러한 연구들의 문제전개 방식이 주로 사회표상의 확인에 그치는 등 연구방법이 매우 협소하다는 사실이다. 이 분야의 연구들이 그 이론적 중요성에 부응하는 성과를 거두기 위해서는, 앞으로 이러한 문제점들을 고려하여 좀 더 폭넓고 객관적인 시각과 방법을 동원한 연구가 이루어져야 할 것이다.

전통사상의 심리학화 작업

　이는 전통사상과 동양 고전에서 다루어지고 있는 심리적 현상들을 서구심리학에서 찾아진 사실들과 결부시켜 해석함으로써, 같은 현상을 보는 양자의 입장의 공통점과 차이점을 밝혀보려는 작업 및 동양 고전의 해석을 기초로 동·서양의 문화전통 내에서 인간을 파악하는 입장의 차이를 전반적으로 대비해봄으로써, 동양심리학의 가능성에 관한 이론적 기초를 탐색해보려는 작업이다. 이러한 작업들 중 불교 사상의 심리학적 연구는 주로 상담심리학(예: 권석만, 1997, 1998; 김기석, 1969, 1978; 김정호, 1994; 윤호균, 1970, 1982a, 1982b, 1999, 2014; 이동식, 1974; 이장호, 1990)이라는 한정된 분야에서 연구가 이루어졌으며, 연구의 양도 비교적 적다.[12] 또한 도교(박지선·최인철, 2002)와 전통 샤머니즘(오수성, 1997)의 심리학화 작업은 거의 이루어져 있지 않은 실정이다. 이에 비해, 유학사상의 심리학화 작업은 상대적으로 연구물도 많고, 연구자도 사회·인지·적응·성격·발달·산업/조직 등 심리학의 거의 전 분야에 걸쳐 있다. 이러한 배경에서 이 책에서는 유학사상에 대한 심리학적 연구들을 중심으로 전통사상의 심리학화 작업을 개관해보기로 하겠다.

한국심리학계에서 유학사상의 심리학적 연구에 본격적으로 관심을 보이기 시작한 것은 1970년대에 들어서면서부터였는데, 지금까지 이루어진 이러한 연구들은 대체로 세 가지 방향으로 그 가닥을 요약해볼 수 있다.

첫째는 유학 고전에 대한 심리학적 해석 작업이다. 이러한 작업에는 유학 고전에서 다루어지고 있는 심리적 사실들을 서양의 현대심리학에서 찾아진 사실들과 결부시켜 해석하거나 또는 같은 사실에 대한

---

12) 불교에 대한 심리학적 연구가 본격화된 시기도 비교적 늦은데, 권석만(2000, p. 143)에 따르면 "불교에 대한 주제가 심리학회 차원의 공식적인 학술대회에서 논의된 것은 1997년 한국심리학회의 추계심포지움부터"다. 이렇게 본격적인 연구의 역사가 일천한 데에서 불교사상에 대한 심리학적 연구의 양이 적은 까닭을 찾아볼 수 있을 것이다.

양자의 입장의 차이를 찾아보려는 작업과, 유학의 경전이나 사상가의 학설 가운데 심리학설에 관련되는 것을 찾아 현대심리학의 관점에서 조망하여 새로운 이론으로 정립해보고자 하는 작업들이 포괄된다. 이러한 유학 고전의 심리학적 해석 작업은 지금까지 가장 활발하게 연구가 이루어진 분야다.

둘째는 동·서양의 문화전통 내에서 인간을 파악하는 입장의 차이를 전반적으로 대비해봄으로써, 유학사상에 기초한 동양적 심리학의 가능성에 대한 이론적 기초를 탐색해보려는 작업이다. 1970년대에 시작된 이러한 작업은 그 수는 비록 적을지라도, 이론적인 측면에서 주목할 만한 성과가 쌓이고 있다.

셋째는 한국사회에서 유교의 영향을 받아 형성된 문화 수준의 특징을 찾아내고, 이것이 현대 한국인의 심리와 행동에 미친 영향을 분석해보려는 연구다. 이는 1960년대 말부터 연구가 시작되어 1990년대에 들어서면서 많은 학자들의 관심이 모이고 있는 분야다.

1. 유학 고전에 대한 심리학적 해석 작업

유학 고전의 독서 작업을 통해 유학사상에 드러나 있는 심리적 사실들을 현대심리학의 연구결과와 결부시켜 해석하거나, 유학의 경전이나 구체적인 사상가의 저술에서 심리학적 관련이 깊은 체계를 찾아내어 심리학설화하는 작업은 1970년대 이후 연구물이 많이 축적되어왔으며, 그중에는 상당히 비중 있는 연구물이 제시되기도 하였다. 이러한 작업들을 정리하는 데에는 여러 가지 관점이 제시될 수 있겠지만, 여기에서는 이러한 작업들에서 다루고 있는 고전이나 사상가의 시대 구분에 따라, 유학사상의 뿌리인 공자·맹자·순자 등 진(秦) 통일 이전 시대[先秦 시대] 유학자들의 경전에 대한 독서 작업과 신유학(新儒學)의 한 갈래인 조선조 성리학(性理學) 체계의 독서 작업으로 나누어 고찰해보기로 한다.

1) 선진유학(先秦儒學) 고전의 독서 작업

이 분야 연구의 효시는 이의철(1979)의 연구다. 그는 『순자(荀子)』의 심리학적 해석 작업을 통해, 이 분야의 연구를 개척하였다. 이러한 시원적인 연구 이래 활발한 연구가 이루어져왔는데, 예로써 임능빈(1991)은 『논어(論語)』에 제시되고 있는 성숙인격의 이론을 현대 인본주의 심리학자들의 자기실현 이론과 결부시켜 해석해내고 있으며, 성영신 등(1993)은 『논어』와 『맹자(孟子)』에서 물·욕·이·녹(物·欲·利·祿) 등에 관해 언급하고 있는 내용들을 찾아내어, 유학사상에서 보는 물질관과 소비행동을 분석하고 있다. 1990년대에 활발하게 이루어진 이 분야의 연구 중에서는 선진유학사상의 심리학적 함의를 분석하여 이를 바탕으로 새로운 연구문제를 발굴하려 한 이수원(1999)과 필자(조긍호, 1990, 1991, 1994, 1995, 1997b, 1998a, 1998b, 1999b)의 연구가 특히 눈길을 끈다.

이수원(1999)은 『중용(中庸)』의 심리학설화 작업에 몰두하였다. 그는 사회관계의 갈등 상황에 초점을 맞추어 중용사상을 해석하였다. 그에 따르면, 사회관계의 갈등은 시(是)나 비(非), 또는 호(好)나 오(惡)의 어느 한쪽에 서서 상대방을 바라볼 때 나타나는 것으로, 중용이란 상대방의 입장에 서서 생각해보는 역지사지(易地思之)의 과정을 거쳐서 시와 비 또는 호와 오의 대립을 넘어서는 인식 차원의 전환이 이루어지고, 결과적으로 새로운 가치가 창출되는 과정으로 이해할 수 있다는 것이다. 이러한 인식 차원의 전환, 즉 중용의 상태는 역지사지의 과정을 통해 상반된 두 가치를 통합함으로써 이루어지는 것이며, 이것이 바로 중용의 심리학적 의미라는 것이 그의 해석이다. 이렇게 중용을 갈등 상황에 적용한 새로운 해석은 선진유학의 가장 중요한 경전의 하나인『중용』의 사상을 심리학적으로 연구하는 계기가 될 뿐만 아니라, 승-승(勝-勝, win-win)의 방법으로 갈등을 해결하는 구체적인 방안을 제공받을 수 있다는 점에서, 갈등의 사회심리학 분야의 새로운 이론 정립을 위한 토대를 마련해주는 획기적인 작업이다.

중용이라는 선진유학 사상을 갈등이라는 구체적인 문제 상황과 결부하여 심리학설화하려는 이러한 작업과는 달리, 필자는『맹자』(조긍호, 1990, 1991)와『순자』(조긍호, 1994, 1995, 1997b, 1998b)를 꼼꼼하게 읽어 심리학의 관점에서 면밀하게 해석하고, 이를 기초로 맹자와 순자가 보는 인간이해의 틀을 찾아내어, 이를 통해 현대심리학을 조감해봄으로써, 새로운 심리학의 연구문제를 발굴하거나, 문제에 접근하는 새로운 시각을 도출해내려는 일련의 작업을 수행하였다. 그의 연구는 "특히 맹자나 순자의 심리학설을 찾아내어서 대조하고 특징점을 밝히기 위하여, 이들의 심리학설뿐만 아니라 각자의 전체 사상체계를 개관하고, 그 안에서 심리학설의 위상을 자리매김하는 방법으로 논의가 이루어졌다."[13]

필자(조긍호, 1998a, 1999b, 2008)는 맹자와 순자 및 선진유학의 사상체계에서 심리학적 함의가 깊은 체계를 인성론(人性論), 군자론(君子

---

13) 한덕웅, 2001a, p. 457: 더 나아가 한덕웅(2001a, p. 458)은 이러한 일련의 작업에 대해 "서로 대조되는 두 초기 유학사상가들의 심리학설을 검토할 수 있는 함의가 논의됨으로써, 그 후에 형성되고 발전된 여러 유형의 유학심리학들을 역사적으로 이해할 수 있는 초석을 마련하였다. 또한 이 연구는 두 유학사상가의 심리학설을 경전 해석에 근거를 두고 체계화함으로써, 유학심리학사의 연구에도 기여하게 되었다"고 진술하고 있다.

論), 도덕실천론(道德實踐論), 그리고 수양론(修養論) 등 네 분야의 이론 체계로 보고, 각각으로부터 서양의 현대심리학과는 다른 새로운 심리학의 연구문제를 도출해내고 있다. 우선 선진유학의 인성론으로부터는 지·정·의(知·情·意)의 3분 체계의 심성구조론을 근간으로 하는 현대심리학과는 달리, 덕·지·정·의(德·知·情·意)의 4분 체계의 심성구조론을 도출해내고, 덕성(德性)의 심리학(心理學)이 중요한 심리학의 문제로 연구되어야 할 분야라는 사실을 이끌어내고 있다. 군자론으로부터는 개인의 자기실현을 이상적 인간의 핵심으로 보는 현대심리학의 연구 경향과는 달리, 사회적 책무의 자임(自任)과 완수가 이상적 인간의 핵심 특징이라고 보아, 인간의 사회적 존재 특성을 강조하는 이론체계를 이끌어내고 있다. 이어서 도덕실천론으로부터는 지금까지 심리학에서 도외시해온 사회적 역할의 수용과 수행이 사회관계론 연구의 핵심과제가 되어야 한다는 사실을 이끌어내고 있으며, 수양론으로부터는 욕구와 감정의 절제와 바람직한 방향으로의 전화(轉化)를 핵으로 하는 자기통제(自己統制)의 독특한 자기이론체계를 새로운 심리학의 연구문제로 도출해내고 있다.

2) 성리학 체계의 심리학설화 작업

우리나라에서 받아들인 유학은 주희(朱熹, 1130~1200) 이후 신유학의 한 갈래인 성리학의 체계이었으며, 조선 시대에는 이를 국가 경영의 최고이념으로 삼고 지속적으로 장려하여 왔다. 따라서 한국의 유학사는 곧 성리학사라고 할 수 있다. 이러한 배경에서 한국의 심리학계에서도 선진유학의 심리학설화 작업보다는 성리학의 심리학설화 작업이 훨씬 많은 학자들에 의해 광범위하게 추진되어왔으며, 그 결과 학문적으로나 실제적으로 크게 영향을 끼친 중요한 업적들이 많이 쌓여 있다. 이러한 연구들은 성격 및 적응심리학적 접근의 연구들, 경(敬) 사상의 심리학설화 연구들, 사단칠정론(四端七情論)의 심리학설화 연구들 및 성리학 체계를 인간 행동의 일반이론모형으로 정립하고자 하는 연구들이 주류를 이루고 있다.

성격 및 적응심리학적 작업　조선조 성리학자들의 저술에서 심리학설과 관련된 내용을 찾아, 이를 성격심리학과 결부시켜 해석하려는 시도는 이상로(1974)에 의해 처음 이루어졌다. 그(1979)는 이어서 성격구조의 역동에 관한 성리학과 현대심리학의 입장을 비교하고 있으며, 성리학의 입장에서 적응문제를 바라보는 접근(이상로, 1980)을 소개하기도 하였다.

이상로에 이어 이 분야의 연구는 임능빈(1981a, 1981b, 1982, 1983, 1995)에 의해 집중적으로 이루어졌다. 그는 조선조 성리학자 중 주로 퇴계 이황(退溪 李滉)과 율곡 이이(栗谷 李珥)의 사상체계를 중심으로 성리학 이론을 다루면서, 성격 및 적응심리학적 함의를 추출해내려는 연구들을 계속 발표하였다. 그는 퇴계와 율곡을 통해 본 성리학 체계는 기본적으로 도덕적 인격체를 지향하는 체계이어서, 도덕성을 성격체계의 핵심에 놓는 이론체계라는 특징을 갖는다고 보고, 그 성격 및 적응심리학적 함의를 도출해내려 하였다. 뿐만 아니라, 그는 퇴계와 율곡의 이론과 언행의 기록으로부터 상담과 심리치료의 이론이나 실제에 활용할 수 있는 시사점을 모색하고자 했다. "그 가운데 퇴계와 율곡의 사상에서도 행위의 실천을 강조하고 있는 점에 근거를 두고 행동 치료와 조화되는 요소가 있음을 지적하기도 하였다."[14]

---

14) 한덕웅, 2001a, p. 454.

한 예로, 그(1981a)는 퇴계의 언행록이나 서간문에서 개인상담과 가족상담에 관련된 상담 사례를 찾아내서 이를 현대 정신치료의 관점에서 분석하여, 퇴계가 특히 적응과정에서의 정서 통제의 문제를 중시했음을 밝혀냄으로써, 퇴계 사상의 적응심리학적 함의를 발굴해내고 있다.

이렇게 성격 및 적응심리학의 관점에서 성리학의 이론체계에 접근하는 연구들 중 가장 많은 관심의 대상이 되었던 것은 김성태(1976)의 성숙인격론(成熟人格論)에 관한 연구다. 그는 서구심리학에서 전개된 이상적 인간형에 관한 연구들을 개관하고, 이를 경(敬) 사상에 토대를 둔 성리학의 이상적 인간형과 비교·고찰하는 연구를 수행하였다.

경(敬) 사상의 심리학설화 작업   이기적 욕구에 물든 인심(人心)을 버리고 천리를 간직한 도심(道心)을 지향해나가는 것이 사람의 할 일이라고 보는 체계가 바로 성리학인데, 여기서 사람의 욕심을 버리고[遏人欲] 천리를 보존하는[存天理] 방법으로 제시되는 것이 바로 경(敬) 상태에 머무르는 거경(居敬)이다. 이러한 경은 마음의 주재로서 온갖 일의 근본이 되는 것이어서, 이는 성인이 되는 길, 곧 성학(聖學)의 처음이자 마지막이 되는 요체라는 데에 성리학자들의 의견이 일치하고 있다. 따라서 성리학의 심리학설화 작업을 위해서는 경 사상의 심리학설화가 필수적으로 요청되는 작업인 것이다. 이러한 경 사상의 심리학설화 작업은 김성태(1976, 1989, 1990)와 한덕웅(1994)에 의해 주목받는 저술이 출간되었다.

김성태(1989)는 여러 성리학자들의 거경(居敬)에 관한 논의를 종합하여, "경 공부로 얻어지는 상태 또는 경 공부라는 것은 마음의 안정성, 집중성 및 객관적 태도를 주된 요인으로 지니고 있는 주의과정에 가까운 것"[15]이라고 보아, 경을 현대심리학에서의 주의(注意)와 경계(警戒)과정과 결부시켜 해석해내고 있다. 이 연구는 성리학의 핵심 이론인 경 사상을 현대 인지심리학의 관점에서 분석하고, 이를 통해 경 상태를 실증적으로 연구할 수 있는 계기를 제공해주고 있다는 점에서 커다란 의의를 지닌다.

그(김성태, 1976)는 이보다 앞서 여러 성리학자들의 심리학설에 근거를 두고, 성숙인격(成熟人格)의 특징을 규명한 바 있다. 이 연구는 성리학의 성숙인격을 경 사상과 연결지어 찾아내고, 이를 서양심리학에서 제시된 성숙성격의 이론과 결부시켜, 양자 간의 유사점과 차이점을 부각시켰다. 또한 이 연구에서는 성숙인격의 실제 모형으로 충무공 이순신(忠武公 李舜臣)과 월남 이상재(月南 李商在)를 들어서 그들의 언행록을 직접 분석함으로써, 이 연구 내용의 실제 적용 가능성을 보여주고 있다. 또한 그(김성태, 1990)는 주의 및 경계과정으로 경 사상을 해석하는 자기의 이론을 한국문화의 특징을 분석하는 작업으로까지 확장하고 있다.

거경(居敬)을 주의 집중과 관련짓는 김성태의 입장에 대해 한덕웅(1994)은, 이는 경을 너무 좁게 개념화하는 것이라 보고, 이를 심적 자기조절(心的 自己調節)의 전체 과정과 연결 짓는 이론을 제시하고 있다. 그에 의하면 "경 상태는 주의 분산 없는 주의 집중의 기능과 관련해서 사물 지각이나 판단에서의 주관적 오류를 극복토록 하는 인지적 기능도 지니지만, 인간의 목표 추구 활동을 활성화하고 행동적 표출을 자신의 판단에 일치시키도록 방향 지어주는 동기적 기능도 지닌다. 그리고 행동 결과를 목표 설정에서 마련된 기준과 비교함으로써

---

15) 김성태, 1989, **경과 주의(증보판)**, 서울: 고려대학교 출판부, p. 163.

환류하는 기능도 지닌다."[16] 이러한 관점에서 그는 거경은 인간 행동의 전 과정에서 조절 기능을 하게 된다는 이론을 제기하고 있다.

사단칠정론(四端七情論)의 심리학설화 작업 　조선의 온 성리학계는 16세기 중엽부터 근 3세기 동안 사단칠정론의 논쟁에 휩쓸렸다. 여기서 사단(四端)은 『맹자』에 제시된 측은·수오·사양·시비(惻隱·羞惡·辭讓·是非)의 네 가지 착한 마음을 가리키고, 칠정(七情)은 『예기(禮記)』에 처음 나오는 희·노·애·구·애·오·욕(喜·怒·哀·懼·愛·惡·欲)의 일곱 가지 정서를 가리킨다.

　사단칠정론은 이러한 사단과 칠정의 발동을 이기론(理氣論)의 관점에서 해석하는 입장의 차이에서 유래된 논쟁이다. 이러한 사단·칠정에 관한 심리학적 연구의 효시는 정양은(1970)에 의해 이루어졌다. 그는 선악의 가치 차원을 떠나서 사단과 칠정의 정서를 유발하는 자극 조건을 심리학적 문제로 제기하고 있다. 그는 사단은 인간관계에서 이루어지는 사회적인 정이고, 칠정은 물리적 환경 자극에 대한 반응으로서의 비사회적인 정이라 보고 있다. 그렇다면 칠정은 인간관계에서는 유발될 수 없는가? 그는 그렇지 않다고 본다. 인간관계에서 인간의 심적 속성의 자극에 대한 반응으로서의 정은 사단이지만, 인간의 신체라는 물리적 존재의 자극에 대한 반응으로서의 정은 칠정이 된다는 것이다. 또한 이 논문에서 그는 서양의 정서심리학에서 제기된 여러 이론적 쟁점들과 관련해서 사단·칠정으로부터 어떤 시사를 얻을 수 있는지를 폭넓게 논의하고 있다.

　정양은의 시원적인 연구에 이어 이 문제를 집중적으로 고찰하고

---

16) 한덕웅, 1994, **퇴계심리학**, 서울: 성균관대학교 출판부, p. 93.

있는 심리학자는 한덕웅(1994, 1996, 1997, 1998, 2000, 2001b)이다. 그 (1994)는 퇴계의 사단칠정론을 정서의 과정설로 보고, 이론이나 실증 연구에 관련된 문제점과 연구과제를 논의하였다. 그(1994)는 선악의 가치 차원을 떠나서 사단과 칠정을 유발하는 자극 조건을 찾아보려 했던 정양은(1970)과는 달리, 환경 자극의 차이에서 사단·칠정을 구분하여 보는 입장과 두 정서에 대한 선악 차원을 결부시켜 두 입장의 보완을 시도하고 있다. 즉 "사단은 순선(純善)으로 가정되고, 칠정은 미정(未定)이므로, 사단은 대인관계에서만 우세하게 나타나는 선한 정서이고, 칠정은 사물이나 대인관계에서 나타나는 선하거나 선하지 않은 정서들을 지칭한다"[17]고 볼 수 있다는 것이다.

한덕웅(1996, 1997, 1998, 2000, 2001b, 2003)은 또한 사단·칠정에 관한 성리학적 논쟁에서 주요 논점이 되었거나 암묵적으로 전제되고 있었던 논점들을 심리학의 실증 가설화하고, 이를 실증적인 연구를 거쳐 검증해내는 일련의 작업을 통해, 동양심리학의 실증화 작업을 선도하고 있다. 한 예로, 그(2001b)는 우리나라 대학생들은 사단 정서는 그 유발 상황에 관계없이 선한 것으로 생각하지만, 칠정의 정서에 대해서는 상황에 따라 선할 수도 있고 또 악할 수도 있는 정서로 받아들이고 있으며, 전체적으로는 사단을 칠정보다 훨씬 선한 정서로 인식하고 있음을 밝혀내었다. 이는 사단은 순선(純善)의 정서이지만, 칠정은 선악 미정(善惡 未定)의 정서라는 성리학자들의 입론의 실증적인 타당성을 입증하고 있는 연구라고 볼 수 있다.

---

17) 한덕웅, 1994, 전게서, p. 221.

성리학 체계의 일반행동모형화 작업   성리학은 일상생활에서 끊임없이 자기를 점검하여, 사람이 본유적으로 태어난 선한 상태를 간직하고 기름으로써, 사회생활에 확충하고자 하는 실천의 체계다. 따라서 이는 자극의 수용과 처리 및 이에 반응하는 전체 과정에 걸친 심적 자기조절에 관한 이론이라 볼 수 있다. 이러한 관점에서 최근에 한덕웅은 퇴계와 율곡 및 다산 정약용(茶山 丁若鏞) 등 조선조 성리학사에서 핵심적인 사상가의 이론체계로부터 인간 행동에 관한 성리학적 일반모형을 정립해내려는 야심찬 작업을 추진하여 왔다.

한덕웅(1994, 1999, 2003)에 따르면, 성리학에서는 인의예지(仁義禮智)의 사덕(四德)을 갖춘 이상적 목표 상태 설정[存心·養性]→올바른 행위를 하려는 마음갖춤새 유발[道心]→사회적 자극에 당면해서 선한 정서 경험[四端]→당위적 사회행동 규범[五倫]에 의한 사회행위→사회적 환경 속에서의 사회관계에 긍정적인 영향→성리학적 기준에 의한 환류 및 평가[省察]→존심(存心)·양성(養性) 상태로의 재환류의 과정을 거쳐, 사회관계에서 군자(君子)와 성인(聖人) 같은 이상적 인간의 상태에 도달하게 되는 것으로 개념화하고 있다는 것이다.

이에 비해, 본래의 선한 상태를 간직하지 못하면[放心·失心] 욕구에 휘둘리게 되고[人心], 결과적으로 사회적 자극에 당면해서 선하지 못한 정서[七情]를 경험하거나 당위적 사회행동 규칙을 따르지 못하게 됨으로써, 사회관계에 악영향이 끼쳐지게 되고, 마침내는 성리학적 기준에 의한 환류와 평가가 이루어지지 못하는 악순환을 겪게 된다는 것이다.

따라서 일상생활에서 개인은 존심·양성 → 도심(道心) → 사단(四端) → 오륜(五倫)에 합당한 행위 → 올바른 사회관계 형성 → 성찰(省察) → 존심·양성의 행위과정을 따르도록 노력해야 한다는 것이 성리학에서 제시하는 심적 자기조절의 논리체계라는 것이다.

한덕웅(1994, 1999, 2003)은 이 모형을 실증적으로 검토할 수 있는 방안에 대해서도 언급하고 있는데, 이러한 연구는 성리학의 심학(心學)체계를 현대심리학적으로 해석하여 인간 행동에 관한 성리학적 일반모형을 정립시키려 한 시도로, 앞으로의 전개가 주목되고 있다.

2. 동양심리학의 이론적 기초에 관한 연구

동·서양의 문화전통의 차이를 전반적으로 대비하여, 서양심리학과는 다른 동양적 심리학의 가능성에 관한 이론적 기초를 탐색하는 작업은 동·서의 문화전통의 차이와 현대심리학 연구의 기초가 되고 있는 철학적 배경에 대한 폭넓은 이해가 선행되어야 가능하다는 점에서 아주 어려운 작업이고, 따라서 연구성과도 그리 많지 않은 실정이다. 이 분야에서는 정양은(1970, 1972, 1976, 1986; Chung, 1994, 1996)과 필자(조긍호, 2006, 2008, 2012)의 일련의 작업이 특히 눈길을 끈다. 이 중에서 정양은의 작업은 동·서의 철학적 전통 안에서 심리적 사실과 마음[心]에 관한 관점의 차이를 도출하고, 이러한 차이에서 서구심리학과는 다른 새로운 동양심리학의 가능성을 탐색해보려는 다분히 철학적인 색채를 띠는 작업이다. 이에 비해 필자의 작업은 서구 개인주의와 동아시아 집단주의의 차이를 양자의 인간관의 차이에 귀결 지어 분석하고, 이러한 인간관의 차이는 각각 그 사상적 배경인 자유주의와 유학사상에서 도출되는 것이라는 맥락에서, 동아시아 집단주의의 사상적 배경인 선진유학사상으로부터 심리학적 함의를 도출하여, 서구심리학과는 다른 새로운 유학심리학의 가능성을 정립해보려는 시도다.

1) 심리적 사실의 동·서 차이 도출 작업

일련의 작업에서의 정양은의 문제의식은, 현대심리학의 연구대상이 되어온 관념·경험·의식 및 심리작용 등의 심리적 사실과 이의 주재자로서의 심(心)을 보는 동양의 유교 및 불교의 입장과 현대심리학의 이론적 배경인 서양의 인식론 철학의 입장이 아주 다르다는 사실을 밝혀냄으로써, 동양심리학의 이론적 기초를 정립해보고자 하는 것이었다. 그에 따르면, 서양의 인식론 철학에서는 외적 대상과의 경험을 통해 얻어지는 관념과 의식 내용이 마음을 구성하는 질료이며, 이러한 질료로서의 관념과 의식 및 이를 추상화해내는 과정으로서의 심리작용이 기본적인 심리적 사실이라고 간주한다. 이러한 배경에서 현대심리학에서는 마음의 질료로서의 경험의 결과적 내용과 경험의 과정을 연구대상으로 삼게 되었다는 것이다. 그러나 유교나 불교 같은 동양의 사상에서는 관념이나 의식은 "허구적이고 망상적인 것이며, 마음에 의하여 인위적으로 만들어진 것이라 생각했으므로, 관념적인 심리적 허상에 떨어지지 말고 인간의 심성(心性) 자체를 체득할 것을 권하고 있다"[18]고 그는 주장한다.

이렇게 서구심리학은 인식론에서 제기되는 문제를 실증적으로 해명하려는 데에서 출발했으므로 현상이나 표상 또는 상상과 같은 인간 외적 사물에 관심을 갖는 데 반하여, 동양사상의 중심은 인간 외적 요소를 탈피한 인간의 본성에 관한 사색에 있었다는 것이다. 따라서 "심성 내에 있는 모든 인간 외적, 즉 이방적(異邦的, moi-etranger) 존재들을 제거한 다음에 남는 것을 자아(自我) 또는 아(我, Self)라 부르며, 따라서 이 Self를 밝히는 것이 심리학의 본령이라 생각하는 것이 동양

---

18) 정양은, 1976. p. 74.

적 사상"이라는 것이다. 그러나 인식론 철학에서 출발한 서구심리학에서는 "인식과 관계되지 않는 문제는 심리학의 영역에서 중요시되지 않았고, 따라서 Self의 문제도 심리학의 문제로서 중요성을 지니지 못하였다"[19]고 그는 지적하고 있다.

이렇게 모든 경험의 주재자로서의 원존재[我]에 관한 연구가 동양적 심리학의 핵심 내용이 되어야 한다는 것이 그의 일관된 주장이다. 이러한 관점에서 그(Chung, 1994, 1996)는 서양은 "신중심문화(God culture)"와 "과학중심문화(science culture)"라고 개념화할 수 있지만, 동양은 "보편아중심문화(universal I-ness culture)"라고 볼 수 있으며, 이러한 문화 배경에 따라 동·서양인의 심리와 행동의 차이가 빚어지게 된다는 주장을 펴고 있기도 하다.

2) 유학심리학의 체계 도출 작업

필자(조긍호, 1998a, 1999b, 2007a, 2008)는 『논어』 및 『맹자』와 『순자』의 비교·고찰을 통해 선진유학사상에서 심리학적 관련이 깊은 이론 체계는 인간의 본유적인 심성 내용에 관한 인성론, 이러한 현실적인 인간이 도달할 수 있는 이상적 상태에 관한 군자론, 이러한 이상적 인간의 실제적인 삶의 모습에 관한 도덕실천론, 그리고 인성론에서 정위한 바의 현실적인 인간이 군자론에서 설정한 바의 이상적 상태에 도달하기 위한 방법론의 체계인 수양론의 네 가지로 정리할 수 있으며, 각각으로부터 서구심리학과는 다른 심리구성체론, 이상적 인간형론, 사회관계론, 자기발전론을 도출할 수 있다고 보았다. 그(조긍호, 2007a, 2008)는 유학심리학의 체계가 서구심리학의 그것과 달라지는

---

19) 정양은, 1976. p. 75.

근원은 서구 개인주의의 사상적 배경인 자유주의와 동아시아 집단주의의 배경인 유학사상에서 인간을 파악하는 입장의 차이[20]로부터 도출되는 것임을 논구하고 있다.

이러한 맥락에서 그는 서구철학과 그 산물인 서구 현대심리학의 심리구성체론, 이상적 인간형론, 사회관계론, 자기이론을 유학사상에서 도출되는 그것들과 비교·고찰해보면, 현대 서구심리학과는 다른 새로운 유학심리학의 체계를 구성할 수 있을 것이라 보고, 각각에 관한 동·서 비교 작업(조긍호, 2006, 2012)을 해오고 있다. 그는 이러한 작업을 통해 현대 서구심리학과 대비되는 새로운 "유학심리학의 체계"가 구성될 수 있을 것이라고 주장한다. 이러한 작업은 앞서 언급한 정양은의 작업과 함께 서구와 대비되는 동양심리학의 가능성과 그 내용을 탈서구중심주의의 입장에서 탐구하는 좋은 예가 될 것이다.

3. 유교문화가 한국인에게 끼친 영향에 관한 연구

조선조 이후 성리학이 국가 경영의 최고이념으로 부각되면서 유학사상은 일반 민중의 생활뿐만 아니라 한국인의 문화전통과 의식 구조에 광범위한 영향을 미쳐왔다. 이러한 배경에서 한국인의 문화적 정체성 확인이라는 기치 아래, 유교문화가 한국문화나 한국인의 심리와 행동에 미친 영향을 다루는 연구들이 많이 이루어졌는데, 이러한 연구들은 그 방법론과 주안점의 측면에서 세 분야로 나누어볼 수 있다. 이들은 전통적인 문헌분석의 연구들, 유교문화의 영향을 현대심

---

20) 이에 관해서는 필자의 선행저술(조긍호, 2007a, pp. 53-142; 2008, pp. 25-104) 및 이 글의 주 6을 참조할 것.

리학의 방법론을 원용하여 심층적으로 분석하려 한 연구들, 그리고 현대 동아시아인, 특히 한국인의 인지·정서·동기 등 제반 영역에서의 실제적인 행동 특징을 유학사상에서 도출되는 인지·정서·동기에 관한 이론체계와 결부시켜 그 정합성을 분석함으로써, 유교문화가 한국인에게 미친 영향을 이론적으로 고찰하려는 연구들이다.

1) 문헌고찰 연구

심리학자로서 이 문제를 처음으로 다루고 있는 사람은 윤태림(1969, 1970)이다. 그는 한국인의 사고방식과 성격에 미친 유교문화의 특징으로 개인의 자유보다 권위를 앞세우는 자아 말살, 가부장적인 가족 중심주의(윤태림, 1969), 계층의식, 인간관계 중시, 관존민비, 권위 존중, 체면 중시, 과거지향성(윤태림, 1970) 등을 들고 있다. 그러나 그는 이 연구들에서 유교문화의 이러한 특징들이 한국인의 사고방식과 성격의 어떤 측면에 어떤 심리적 과정을 통해 영향을 끼치고 있는지에 대해서는 분석하지 않고 있다. 또한 유교문화의 영향을 지나치게 부정적인 측면에 기울어져서 보고 있는 것도 그의 연구의 문제점이다.

윤태림의 시원적인 연구 이후, 문화나 사회 수준의 분석이 아니라, 한국인의 심리와 행동 특징을 개인심리학 수준에서 분석한 연구들도 1980년대 이후 이루어지고 있다. 차재호(1980, 1994)는 한국인에 의한 한국인의 특성 추론은 그 방법에 신빙성이 없기 때문에, 지난 100여 년 동안 한국을 방문하거나 한국에서 생활했던 외국인들을 대리관찰자로 하여, 그들이 관찰한 한국인의 지속적인 행동 특성, 신념과 태도 및 가치관을 정리하였다. 이 중 그가 유교와 관련 있는 것이라고 본 특징들은 "행동 특성"으로 눈치 보기, 의존심, 명분의 존중, 상하의 구별, 감정과 의욕의 억제, 추리력과 창조력의 결여, 높은 향학심,

"신념과 태도"로 상하의식, 경로사상, 존사(尊師)사상, 조상 숭배, 기술 천시, 충효사상, 질투나 잔인함에 대한 부정, 그리고 "가치"로 효, 학문 숭상, 아들과 자손 번창, 조상 숭배 등이다.[21] 이 연구는 자료수집 과정의 객관성은 엄격히 유지되고 있으나, 이러한 행동·신념·가치들이 유교문화의 영향이라는 논거가 부족하고, 또 유교문화의 어떤 측면이 어떤 심리적 과정을 통해 이들을 낳게 되었는지에 대한 분석이 이루어지고 있지 못하다는 한계를 가지고 있다.[22]

2) 실증적 · 사회표상적 연구

유교문화가 한국인의 행동과 심리에 끼친 영향을 좀 더 심층적으로 분석한 연구로는 이수원(1984, 1987; 이수원·이헌남, 1993; 장성수·이수원·정진곤, 1990)과 최상진(1999b, 2000b)의 연구를 들 수 있다. 이수원(1987)은 가족 간의 인간관계를 중시하는 유학사상의 영향을 받아 한국인은 사회적 상호작용의 장면에서 개인 간의 "공정한 교환"보다는 "인정"을 중시하게 되었음을 서구의 사회교환이론과의 대비를 통해 개념화해내었다. 한국인이 이렇게 대인관계에서 인정을 중시하는 특징을 보인다는 사실을 그는, 한국인들에게 있어서는 개인의 권리를 존중하는 "정의"의 원리가 지배적인 도덕률이 아니라, 집단의 화합을 강조하는 "선행"의 원리가 지배적인 도덕률로 작용한다는 연구(이수원·이헌남, 1993)와 한국인은 공동작업의 성과를 분배하는 장면에서 경쟁에 따른 생산성의 제고를 도모하려는 형평원칙보다는 집단원 간의 조화를 도모하려는 균등원칙에 따른 분배를 선호한다는 연구(장성

---

21) 차재호, 1994, **문화설계의 심리학**, 서울: 서울대학교 출판부, pp. 125-127.
22) 한덕웅, 2001a, p. 463.

수·이수원·정진곤, 1990)를 통해 실증적으로 밝혀내고 있다.

한국인에게서 토착적인 행동 특성을 찾아, 이를 토착심리학의 관점에서 분석하는 최상진(1999b, 2000b, 2011)의 연구는 이 분야의 연구에서 독특한 입지를 갖는다. 그는 우리성·체면·눈치·핑계·의례성·부자유친 성정 등을 한국인에게 고유한 사회행동으로 보고, 이러한 행동들에 대한 사회적 표상을 실증적으로 검증하고 있다. 이러한 한국인의 토착적 행동 중에서 그가 유교문화의 영향으로 인한 행동이라고 명시적으로 밝히고 있는 것은 의례성과 부자유친 성정이다. 이중 의례성은 "유교문화에서 예의 중시, 신분 서열 강조, 권위주위, 당위와 명분 중시 의식이 강조되었기 때문에 한국인의 의식 속에 형식주의가 발달하게 되었으며, 이러한 형식주의의 속성으로 본심·실질과 괴리된 허식, 허례, 체면, 자기억제 및 은폐, 인사치레 등의 현상이 보편화되었고, 그 결과로 나타나는 것들이 표리부동, 이중성, 거짓말 등"[23) 의례성 추구 행동이라고 그는 분석하고 있다.

또한 그가 부자유친 성정이라고 부르는 현상은 한국의 부모-자녀의 관계에서는 서구의 부모-자녀 관계에서 나타나는 동정 혹은 공감과는 다른 강한 일체감과 동일체의식을 갖는다는 사실을 의미하는 것이다. 그는 이 현상이 "한국의 유교문화적 전통과 밀접히 관련되어 있거나, 이에서 연유된 감정일 수 있다"[24)고 가정한다. 그는 이 현상에 관한 실증적 조사를 통해 부모는 자녀에 대해서 유친, 불신, 혈육의식, 희생 및 근심의 심리를 보임에 비해, 자녀는 부모에게 유친, 불신, 보호의식, 측은감 및 부담감의 심리를 보임을 밝혀, 부모와 자녀가 상대

---

23) 최상진, 2000b, **한국인 심리학**, 서울: 중앙대학교 출판부, p. 245.
24) 최상진, 2000b, 전게서, p. 274.

방에 대해 갖는 심리적 내용이 대체로 비슷한 구조를 가짐을 확인하였다. "부자유친 성정을 다룬 최상진의 이 연구는 자녀의 효도와 부모의 자애를 근간으로 하는 유교의 부모-자녀 관계의 윤리를 심리학에서 실증연구로 다룬 좋은 예로 볼 수 있다."[25]

이렇게 이수원과 최상진의 연구들은 유교문화의 영향을 받은 한국인의 심리와 행동에 실증적으로 접근하는 좋은 방법을 제공하고 있다. 그러나 유교문화가 한국인의 행동에 끼친 영향을 연구할 때에는 "어떤 심리 요인이 어떤 근거에서 유교문화의 어떤 요소와 어떻게 연결되는지"[26]를 논리적으로뿐만 아니라 실증적으로도 밝혀내야 한다는 사실에 입각해보면, 이러한 연구들도 일정한 한계를 보이고 있으며, 이는 앞으로의 연구들의 과제로 남아 있다고 하겠다. 한덕웅은 이러한 관점에서 유교문화가 어떤 과정을 통해 한국인의 집단 간 갈등해결, 정서, 건강관련 행동, 성취동기, 가치관, 리더십, 조직문화 및 문화설계에 어떻게 영향을 미쳤는가를 논리적으로 천착하고, 이를 실증적으로 검증할 수 있는 연구 방안을 제시한 바 있다.[27]

3) 이론적 분석 연구

이상의 연구들, 특히 문헌고찰 연구들은 한국인들의 부정적 측면에만 초점을 맞추고 있는 점도 문제이지만, 이러한 연구들이 안고 있는 더욱 심각한 문제점은 유학의 어떤 측면이 어떤 심리적 과정을 거쳐 현재의 행동을 낳게 되었는지에 관한 분석이 전혀 없다는 사실이다.

---

25) 한덕웅, 2001a, p. 465.
26) 한덕웅, 2001a, p. 465.
27) 한덕웅, 1994, 전게서, pp. 231-300; 2003, **한국 유학심리학**, 서울: 시그마프레스, pp. 373-594.

기존의 연구들이 이러한 문제점을 안고 있는 데에는 다음과 같은 몇 가지 사실이 원인으로 놓여 있는 것으로 보인다.

첫째는 유교문화가 동아시아인, 특히 한국인에게 끼친 영향을 분석하기 위한 일관되는 기본틀이 없이, 논자 나름대로 유학 경전의 이 구절 저 구절을 이런저런 행동 특징과 순전히 자의적으로 연결지어 해석하려 했다는 점이다. 둘째는 현대 동아시아인, 특히 한국인의 행동과 심성의 특징에 관한 실증적 자료를 수집함이 없이, 대부분 근거도 희박한 일상적인 편견에 기대어 분석이 이루어지고 있다는 점이다. 그리고 셋째는 인간 심성에 관한 유학적 이론체계에 대한 철저한 탐색이 없이, 상식적인 수준에서 논의가 전개되고 있다는 점이다.

이러한 문제점에서 탈피하고 유교문화가 한국인에게 끼친 영향을 제대로 분석하기 위해서는 현대 한국인의 인지 · 정서 · 동기 등 제반 행동과 심성 특징에 관한 실제적인 실증적 자료가 있어야 할 뿐만 아니라, 유학사상에서 인지 · 정서 · 동기 같은 인간의 심성에 관한 이론체계들을 도출한 다음, 이 두 자료(현대 한국인의 실제적인 행동 특징에 관한 실증적 자료와 인간 심성의 인지 · 정서 · 동기적 측면에 관한 유학의 이론체계) 사이에 논리적 정합성이 있는지를 정밀하게 분석해보아야 한다. 그리하여 필자(조긍호, 1996, 1997a, 2000, 2003a, 2007a, 2007b)는 현대 문화비교심리학에서 실증적으로 밝혀낸 연구결과들을 개관하여, 인지 · 정서 · 동기의 측면에서 현대 동아시아인, 특히 한국인이 드러내는 심성과 행동의 특징을 있는 그대로 찾아낸 다음, 『논어』 · 『맹자』 · 『순자』 같은 선진유학의 경전과 퇴계(退溪)와 율곡(栗谷) 등 조선조 성리학자들의 저술에서 인지 · 정서 · 동기 같은 인간의 심성과 행동에 관한 이론체계를 도출하고, 이어서 이 두 자료 사이에 논리적인 정합성이 있는지를 살펴보았다.

이는 한국인의 구체적인 어떤 개별 행동이 유교문화의 구체적으로 어떤 개별적인 측면의 영향으로 인한 것인지를 다만 상식적인 수준에서 연결 지어 보려는 이전의 연구 경향과는 달리, 유학의 경전에서 인간 심성의 구성 요소(예: 인지·정서·동기)를 이해하는 이론체계를 찾아내어 이것과 현대 한국인의 행동 특성을 결부시킴으로써, 한국인 행동 특성을 이해하는 개념틀을 구성해봄은 물론, 한국인에게 끼친 유교문화의 영향을 이론적으로 분석하려는 시도다. 물론 이러한 연구들에서는 집단주의-개인주의 문화차의 비교 연구에서 얻어진 집단주의문화의 행동 특징을 잠정적으로 한국인의 전체 행동 특성으로 간주하는 제한점을 가지고 있어서, 앞으로 구체적인 한국인의 행동 특징에 대한 실증적 연구들을 통해 그 타당성이 입증되어야 한다는 숙제를 안고 있다.

회고와 전망: 새로운 방향 모색을 위하여

지금까지 행동주의의 퇴조로 인한 미국심리학의 위상 하락, 탈근대사조의 대두로 인한 문화에의 관심 부상과 기존 심리학의 보편성에 대한 회의의 확산, 아시아적 가치 담론의 대두와 유학사상에 대한 관심의 증폭, 그리고 유학에 내재한 심리학체계에의 개안 등이 탈서구중심적 연구 경향이 대두된 배경이라는 사실을 기초로, 1960년대 이후 한국심리학계에서 전개된 탈서구중심적 연구의 내용들을 개관하였다. 이러한 탈서구중심적 심리학연구들은 크게 두 종류로 구분할 수 있는데, 그 하나는 전자의 두 가지 배경에서 연유한 것으로, 개인주의-집단주의의 대비를 통한 문화비교 연구 및 한국인의 고유한 행동과 심성을 탐색하려는 토착심리학적 연구를 포괄하는 문화관련 심리학의 연구들이고, 또 하나는 후자의 두 가지 배경에서 연유한 것인데, 유학의 경전에 내포된 심리학적 함의를 찾아내거나 유교문화가 한국인에게 끼친 영향을 분석하려는 유학사상에 대한 심리학적 연구들이다.

1. 회고와 반성

이 중 문화관련 연구들은 서구심리학계에서 인간 행동의 문화구속성에 관한 관심이 폭증한 데에서 영향을 받아 1990년대부터 활발하게 진행되었다. 이 분야의 연구들은 우리나라 학자들이 한국인들을 대상으로 하되, 대체로 서구 학자들의 연구 관심과 방법론을 그대로 받아들여 연구를 진행하였다는 점에서, 과연 탈서구중심적 연구라고 부를 수 있는지 하는 의문이 드는 것이 사실이다.

그러나 이 분야의 연구들 중 일부는 분명히 주목할 만한 탈서구중심적 경향을 보이고 있다. 그 예로, 한국인의 고유한 심성과 행동 특성을 토착심리학적으로 분석한 최상진(2000a, 2000b, 2011)의 연구들과 개인주의-집단주의의 문화차를 개관하기 위한 개념틀을 서구 자유주의와 동아시아 유학사상에서 인간을 파악하는 관점의 차이로부터 도출한 필자(조긍호, 2003a, 2006, 2007a, 2012)의 연구들을 들 수 있다.

물론 이러한 연구들도 그 자체 문제와 한계를 보이고 있는 것이 사실이다. 즉 전자는 지나치게 사회표상적 측면에만 관심이 집중되고 있을 뿐만 아니라 이러한 연구들에서 한국인에게 고유한 특징이라고 제시되는 행동들이 과연 한국인만의 토착적인 것인지에 대한 논거와 설득력이 부족하다는 점, 그리고 후자는 서구와 동아시아 사회의 지배적인 인간관의 대비에 몰두하면서 양자 사이의 상호포괄성과 유사성을 지나치게 도외시하였다는 점 등의 문제점을 갖는 것으로 지적할 수 있다. 그렇지만 한국심리학계의 일천한 역사와 그동안 이를 지배해왔던 외세의존적 상황을 놓고 볼 때, 비록 소수의 연구자들에 의해서이긴 하지만, 이 정도로나마 새로운 이론화와 문제발굴을 위한 노력이 집중적으로 이루어졌다는 사실은 고무적인 일이 아닐 수 없다.

한국심리학계에서 이루어진 탈서구중심적 연구경향을 주도하고 있는 또 하나의 분야는 이미 1960년대 말부터 진행되어온 전통사상의 심리학화 작업, 특히 유학사상의 심리학적 독서와 그 심리학설화와 관련된 연구들이다. 그러나 이러한 연구들 중 상당 부분이 서구심리학의 개념을 유학 경전의 일부 내용을 동원하여 해석하는 수준에 그치고 있다는 점에서,[28] 이러한 연구들을 과연 탈서구중심적 연구라고 간주할 수 있는지 의구심이 들기도 한다.

이렇게 단순히 서구심리학의 개념을 유학적으로 해석하는 연구들이 다수를 점하고 있기는 하지만, 그러나 이 분야에는 확실히 서구

---

28) 필자(조긍호, 1998a, **유학심리학: 맹자·순자 편**, 서울: 나남출판, pp. 58-60)는 고전을 읽는 구체적인 방법에는 현대심리학에서 찾아진 현상 중 유사한 것을 유학 고전에서 찾아 단순히 연결 지으려는 열거적 연결형(列擧的 連結型), 현대심리학에서 찾아진 원리나 현상 중 유사한 것을 유학 고전에서 찾아 그 차이를 부각시키고 이에 유학적 변인을 새로이 첨가하는 대조적 첨가형(對照的 添加型), 유학 고전 속에 드러난 인간이해의 틀을 찾아내고 이를 통해 현대심리학을 조감해봄으로써 새로운 연구문제를 도출해내는 연역적 구성형(演繹的 構成型)의 방법이 있다고 보고, 이 세 가지 고전 독서의 방법 중 전자의 두 가지는 자기비하 또는 자기존대의 미망에 빠져 있는 미성숙한 독서방법이고, 마지막의 연역적 구성형이 가장 객관적이고 성숙된 독서방법이라며, 이러한 연역적 구성형의 방법으로 고전들을 읽어내야 그 심리학적 함의를 정확하게 파악할 수 있다고 보고 있다. 이러한 관점에서면, 지금까지 이루어진 상당 부분의 연구들은 전자의 두 가지 방법으로 유학의 고전을 대해온 것으로 판단된다.

심리학계에서는 찾기 힘든 문제의식을 보이는 탈서구중심적 연구 업적들이 많이 쌓이고 있다. 그 예로는 정양은(1970, 1972, 1976, 1986; Chung, 1994, 1996), 김성태(1976, 1982/1989, 1990), 한덕웅(1994, 1999, 2003), 이수원(1999), 그리고 필자(조긍호, 1998a, 2006, 2007a, 2008, 2012)의 연구들을 들 수 있는데, 이들의 연구는 단순히 서구심리학의 개념을 유학적으로 해석하거나 서구심리학의 개념과 유학사상의 그 것을 피상적으로 대조하는 수준에 그치지 않고, 동·서의 철학적 및 심리학적 문제의식의 차이를 분석하여 서구심리학과는 다른 새로운 심리학의 구성을 지향하고 있다는 공통점을 지니고 있다.

이들은 심리적 사실에 관한 또는 심(心) 그 자체에 관한 유학사상의 관점을 통해 유학심리학의 가능성을 도출하려 하거나(정양은의 연구), 유학사상의 인성론·군자론·도덕실천론·수양론에 걸친 심리학적 함의를 분석하고, 각 영역의 동·서 이론의 비교를 통해 새로운 유학심리학의 체계를 도출하려 하는(조긍호의 연구) 등 서구심리학과는 다른 새로운 심리학의 가능성을 유학사상을 바탕으로 모색하려 한다. 또한 이들은 성리학의 핵심개념인 거경(居敬)을 통해 서구와 다른 유학적 이상인(理想人)의 도상(圖像)을 그려내거나(김성태의 연구), 퇴계(退溪)의 거경사상으로부터 심적 자기조절의 이론을 도출하고, 이어서 사단칠정(四端七情) 같은 성리학의 핵심개념의 문제를 실증적으로 접근할 수 있는 방안을 제시하거나(한덕웅의 연구), 또는 중용(中庸)사상을 기반으로 인식차원의 전환을 통한 태도변화의 과정을 조명함으로써 현대심리학으로 개념화하기 힘든 문제영역에 접근할 수 있는 유학심리학적 방안을 모색하는(이수원의 연구) 등으로 유학 경전의 단순한 해석이나 대조를 넘어서서, 유학으로부터 새로운 문제를 발굴하거나 문제에 접근하는 새로운 시각을 도출해내고 있다.

물론 이들의 연구도 심리학적 분석의 이론적 기반이 취약하거나 지나친 단순화와 과일반화의 위험을 안고 있다는 문제점을 지니고 있다. 그러나 서구철학에 기반을 두고 있는 현대 서구심리학만이 보편심리학이 될 수는 없다는 전제에서, 서구철학과 다른 문제의식과 인간관 위에 구축되고 있는 유학사상으로부터 새로운 심리학을 도출해내거나, 이를 바탕으로 하여 도출되는 새로운 문제내용을 새로운 방안을 통해 접근해보려는 이들의 문제의식은 탈서구중심적 연구의 전형으로 주목할 만하다 하겠다.

2. 전망과 과제

우리나라에 현대적인 의미의 심리학이 도입된 지 90년이 지났고, 그 중심 연구단체인 한국심리학회가 설립된 지는 70년 정도 되었다.[29] 이렇게 일천한 한국심리학계의 역사를 놓고 볼 때, 전통사상의 심리학화 작업들이 이미 1960년대 말부터 나타나기 시작하여, 탈서구중심주의를 표방하는 연구의 역사가 어언 50여 년이나 되었다는 사실은 경이로운 일이 아닐 수 없다.

그러나 이렇게 탈서구중심적 경향의 연구들의 역사가 오래되었다고 해서 한국의 심리학계가 전반적으로 탈서구중심화되었다고 볼 수는 없다. 한국과 미국의 대학생 및 상담수련생들[30]에게 아시아적 가

---

29) 우리나라에 현대심리학이 소개되고 가르쳐진 것은 1924년 설립된 경성제국대학에 심리학전공이 설치되면서부터였고, 한국심리학회는 광복 다음해인 1946년에 창설되었다.

30) 이들은 대학원에서 상담심리학 전공으로 석사학위를 마친 다음, 박사학위 과정을 이수하거나 전문상담자가 되기 위해 수련을 받는 사람들로, 최소한 6년 이상 심리학 교육을 받은 경력자들이다.

치(집단주의적 가치) 검사와 서구적 가치(개인주의적 가치) 검사를 실시한 결과(Yon, 2012)에서 보면, 한국심리학계에서 서구중심적 연구와 훈련의 경향이 얼마나 강고하게 지속되고 있는지를 잘 드러내준다.

아시아적 가치 수준에서 한국(평균 3.91)과 미국(3.89)의 대학생들은 아무런 차이를 보이고 있지 않으나, 상담수련자들의 아시아적 가치 수준은 한국(3.59)의 경우가 오히려 미국(3.81)보다 낮다. 이는 아시아적 가치 수준에서 미국의 대학생과 상담수련자 사이에는 아무런 차이가 없으나, 한국에서는 상담수련자의 아시아적 가치 수준이 대학생들의 그것보다 유의미하게 낮음을 의미하는 결과다. 이에 비해, 서구적 가치 수준에서 한국의 대학생들(4.69)은 미국의 대학생들(5.21)보다 유의미하게 낮은 경향을 보이는데, 상담수련생들의 서구적 가치 수준은 한국(4.89)이나 미국(4.80)과 아무런 차이가 없다. 즉 미국인들의 서구적 가치 수준은 대학생들이 상담수련자보다 유의미하게 높지만, 한국에서는 상담수련자들의 서구적 가치 수준이 일반대학생보다 높은 경향을 보이고 있는 것이다.

미국의 경우, 아시아적 문화 가치(집단주의적 가치) 수준에서는 대학생일반과 상담수련자 사이에 차이가 없으나, 서구적 문화 가치(개인주의적 가치) 수준에서는 대학생일반이 상담수련자들보다 훨씬 높다는 이러한 결과는, 미국의 상담교육이나 상담활동은 개인주의적 가치가 미치는 부작용의 해소(?)에 관심을 기울이고 있음을 의미하는 것으로 해석할 수 있다. 반면에 한국의 경우, 아시아적 문화 가치(집단주의적 가치) 수준에서는 대학생일반이 상담수련자들보다 높으나, 서구적 문화 가치(개인주의적 가치) 수준에서는 상담수련자들이 대학생일반보다 높아, 한국의 상담교육 또는 상담활동은 미국보다도 더욱 개인주의적 모형에 의존하고 있음을 의미하는 것으로 보인다.

이러한 결과는 아직까지도 한국의 심리학계에서는 서구식 교육과 훈련이 주를 이루고 있으며, 따라서 한국의 심리학계에서는 아직 서구의존적이거나 서구중심적인 연구와 훈련의 경향이 지배적이라는 사실을 암시해준다. 게다가 전통사상의 심리학화 작업을 필두로 한 한국심리학계에서의 탈서구중심적 연구의 경향을 이끌고 있는 연구자들은 극소수에 머물고 있을 뿐만 아니라, 이들도 대체로 이미 고인(故人)이 되었거나(예: 김성태·정양은·이동식·이수원·최상진 등) 대학에서 정년퇴임한 학자들(예: 한덕웅·윤호균·조긍호 등)[31]이어서, 연구의 생산성이 떨어질 수밖에 없다는 점에서, 한국의 심리학계가 서구중심성에서 탈피하는 일은 당분간 힘들 것으로 보인다.

현대 서구심리학은 고대 그리스 시대 이래 전개되어온 서구철학을 기반으로 하여 구축된 학문이다. 이러한 서구심리학의 바탕에는 세상사와 인간 존재 및 인간의 삶에 관한 서구인의 이해체계가 놓여 있다. 그러나 이러한 서구철학이 세상사와 인간 존재 및 인간의 삶에 대한 보편적으로 타당한 이론체계라고는 볼 수 없다. 동아시아를 오랫동안 지배해왔던 유학사상은 서구철학과는 다른 인간관을 바탕으로 세상사와 인간 삶의 과정을 이해하려는 이론체계다. 이렇게 세상사와 인간 존재에 대한 인식이 달라지면, 인간 삶의 양식이 달라질 수밖에 없는 것이다. 이것이 지금까지의 문화비교심리학의 연구결과들에서 밝

---

31) 이들 중 고인이 된 이동식과 대학에서 정년퇴임한 윤호균은 상담심리학자로서, 불교사상에 바탕을 둔 한국적 또는 동양적 상담의 모형을 창안하여 활발한 활동을 벌여왔거나 현재 벌이고 있는 학자들로, 이 글에서는 유학사상을 위주로 하여 전통사상의 심리학화 작업을 살펴보았기에 언급되지 않았었다. 그러나 "한국심리학계에서의 탈서구중심적 연구동향의 개관"이라는 본고의 목표에 비추어보면, 이들의 업적을 간과하기는 힘들다.

혀졌듯이 서구인과 동아시아인들이 사회인지와 정서 및 동기 등 제반 심성과 행동 특징에서 결코 동화되기 힘든 차이를 드러내는 까닭이다.

지난 세기의 말엽에 들어서면서 동아시아는 정치·경제적으로, 나아가 문화적으로 더 이상 세계사의 주변부가 아니라 당당한 주역의 일원으로 부상하였다. 이제 동아시아인들은 학문적으로도 그들의 높아진 위상에 걸맞은 자세로 임할 때가 되었다. 동아시아 사회를 오랫동안 지배해왔던 전통사상의 체계에 대한 이해를 통해 새로운 동양심리학의 체계를 정립하는 일이야말로 동아시아의 위상에 부합하는 작업이 될 것이다. 이러한 작업은 "문명 충돌"의 물결이 거세게 밀어닥치고 있는 하필 이 시대에 이 땅에 태어나 심리학을 공부한 사람들에게 주어지는 학문적인 소명(召命)일 것이다.

이 글에서 계속 강조하고 있는 바와 같이 이렇게 동아시아 문화전통을 바탕으로 한 심리학체계를 새로이 구축하는 일은 서구중심주의에서 벗어나는 일로서의 가치만을 가지는 작업은 아니다. 이는 서구심리학과 함께 글자 그대로의 보편심리학을 구성하는 하나의 축을 세우는 작업이다. 그런 의미에서 이는 아무리 어렵더라도 기필코 이루어내야 할 우리의 숙명(?) 같은 것이다.

■ 참고문헌

고재홍 (2001). 집단주의-개인주의 성향에 따른 분배규범의 선호 차이. **한국 심리학회지: 사회 및 성격, 15(3)**, 1-16.

권석만 (1997). 인지치료의 관점에서 본 불교. **심리학의 연구문제** (서울대학 교 심리학과), **4**, 279-321.

권석만 (1998). 불교 수행법에 대한 심리학적 고찰. **심리학의 연구문제** (서울 대학교 심리학과), **5**, 99-142.

권석만 (2000). 불교와 한국 심리학 연구. 대한민국 학술원 편, **한국의 학술 연구: 심리학** (pp. 141-148). 서울: 대한민국 학술원.

김기석 (1969). 禪의 심리학적 일 고찰. **한국심리학회지, 1(2)**, 37-41.

김기석 (1978). 명상의 심리학적 일 고찰. **행동과학연구** (고려대학교 행동과 학연구소), **3**, 1-23.

김성태 (1976). **성숙인격론**. 서울: 고려대학교 출판부.

김성태 (1989). **경과 주의** (증보판). 서울: 고려대학교 출판부(초판, 1982).

김성태 (1990). 경사상과 한국문화. 한국심리학회 편, **1990년도 연차학술대 회 학술발표초록** (pp. v-xvi). 서울: 한국심리학회.

김정호 (1994). 구조주의 심리학과 불교의 사념처 수행의 비교. **한국심리학 회지: 일반, 13(1)**, 186-206.

나은영 · 민경환 (1998). 한국문화의 이중성과 세대차의 근원에 관한 이론적 고찰 및 기존자료 재해석. **한국심리학회지: 사회문제, 4(1)**, 75-93.

나은영 · 차재호 (1999). 1970년대와 1990년대 간의 한국인의 가치관 변화와 세대차 증감. **한국심리학회지: 사회 및 성격, 13(2)**, 37-60.

박광배 · 김미숙 (1992). 한국청소년의 집단주의적 가치체계: 가족관을 중심 으로. **한국심리학회지: 사회, 6(2)**, 62-75.

박지선 · 최인철 (2002). 죽음에 대한 생각이 우리를 훌륭한 시민으로 만드는

가? **한국심리학회지: 사회 및 성격, 16(1)**, 75-89.

성영신·김철민·서정희·박종구·박은아 (1993). 논어와 맹자에 나타난 물질관과 소비행동. 한국심리학회 편, **한국인의 특성: 심리학적 탐색** (1993년도 추계심포지움 자료집, pp. 81-100). 서울: 한국심리학회.

오수성 (1997). 한국 무속의 심리학적 이해. 한국심리학회 편, **동양심리학의 모색** (1997년도 추계심포지움 자료집, pp. 145-153). 서울: 한국심리학회.

윤태림 (1969). **한국인의 성격**. 서울: 현대교육총서 출판사.

윤태림 (1970). **한국인**. 서울: 현암사.

윤호균 (1970). Buddhism and counseling. **한국심리학회지, 1(3)**, 103-115.

윤호균 (1982a). 정신분석, 인간중심의 상담 및 불교의 비교 I: 인간 및 심리적 문제에 대한 견해. **임상심리학회지, 3**, 35-47.

윤호균 (1982b). 정신분석, 인간중심의 상담 및 불교의 비교 II: 인간 및 심리적 문제에 대한 견해. **임상심리학회지, 3**, 49-63.

윤호균 (1999). 불교의 연기론과 상담. 최상진·윤호균·한덕웅·조긍호·이수원. **동양심리학:서구심리학에 대한 대안 모색** (pp. 327-375). 서울: 지식산업사.

윤호균 (2014). 온마음상담과 불교적 성찰. 한자경 편, **깨달음: 궁극인가 과정인가** (pp. 297-343). 서울: 운주사.

이동식 (1974). **한국인의 주체성과 도**. 서울: 일지사.

이상로 (1974). **조선 성리학자들의 심리학설 연구: 정도전·권근·유승조·이황·기대승·이이를 중심으로**. 박사학위 논문, 계명대학교.

이상로 (1979). 성격구조와 역동론에 관한 동·서양의 비교 고찰. **김학수박사 화갑기념 교육논총**. 대구: 김학수박사 화갑기념논총 준비위원회.

이상로 (1980). 성격 및 적응지도의 새로운 접근. **학생생활연구** (관동대학교), **1**, 29-48.

이수원 (1984). 한국인의 인간관계 구조와 정. **교육논총** (한양대학교 교육문제연구소), **1**, 95-125.

이수원 (1987). 한국인의 인간관계와 정공간. 한국심리학회 편, **현대 산업사**

회와 인간적응 (1987년도 심포지움 자료집, pp. 131-142). 서울: 한국심리학회.

이수원 (1999). 중용의 심리학적 접근. 최상진 · 윤호균 · 한덕웅 · 조긍호 · 이수원. **동양심리학: 서구심리학에 대한 대안 모색** (pp. 287-326). 서울: 지식산업사.

이수원 · 이헌남 (1993). 한국인의 인정에 관한 사회심리학적 이해. 한국심리학회 편, **한국인의 특성: 심리학적 탐색** (1993년도 심포지움 자료집, pp. 63-79). 서울: 한국심리학회.

이의철 (1979). 순자의 심리설. **한국심리학회지, 2(2)**, 119-131.

이장호 (1990). Comparisons of Oriental and Western approaches to counseling and guidance. **한국심리학회지: 상담과 심리치료, 3(1)**, 1-8.

이종한 (1992). 공동체의식에 관한 개인주의-집단주의 관점에서의 비교 문화적 분석. **한국심리학회지: 사회, 6(2)**, 76-93.

이종한 (2000). 한국인의 대인관계의 심리사회적 특성: 집단주의적 성향과 개인주의적 성향으로의 변화. **한국심리학회지: 사회문제, 6(3)**, 201-219.

임능빈 (1981a). 퇴계의 도덕심리학적 일 연구. **성곡논총, 12**, 72-147.

임능빈 (1981b). 율곡의 도덕심리학적 일 연구. **부산대학교 논문집, 20**, 233-255.

임능빈 (1982). 율곡의 정신위생론에 관한 일 연구. **사회과학대학논총** (부산대학교), **1**, 289-300.

임능빈 (1983). **성리학의 적응심리학적 접근: 퇴계와 율곡을 중심으로.** 박사학위 논문, 서울대학교.

임능빈 (1991). 성격이론의 일 연구: 유교를 중심으로. **사회과학대학논총** (부산대학교), **10(1)**. [임능빈 편(1995), **동양사상과 심리학** (pp. 55-76). 서울: 성원사.]

임능빈 (1995). 심경연구: 성격과 정서통제를 중심으로. 임능빈 편, **동양사상**

과 **심리학** (pp.157-177). 서울: 성원사.

장성수 (2000). 한국의 사회심리학 연구. 대한민국 학술원 편, **한국의 학술 연구: 심리학** (pp. 219-235). 서울: 대한민국 학술원.

장성수 · 이수원 · 정진곤 (1990). 한국인의 인간관계에 나타난 분배정의에 관한 연구. **교육논총** (한양대학교 한국교육문제연구소), **3**, 217-265.

장성수 · 이헌남 (1989). 공정조망과 인정조망에 따른 도움행동의 결정 요인. **한국심리학회지: 사회**, **4**(2), 129-145.

정양은 (1970). 감정론의 비교연구: 사회적 감정을 중심으로. **한국심리학회 지**, **1**(3), 77-90.

정양은 (1972). 비반성적 의식차원에서의 사회적 소여에 관한 일 고찰. **한국 심리학회지**, **1**(5), 별책.

정양은 (1976). 심리구조이론의 동 · 서비교. **한국심리학회지**, **2**(2), 68-79.

정양은 (1986). 심리적 사실에 관한 동 · 서비교. **사회심리학연구**, **3**(1), 1-16.

정태연 (2001). 성격특질차원에서의 행동일관성에 나타난 한국문화의 특성. **한국심리학회지: 일반**, **20**(2), 279-303.

조긍호 (1990). 맹자에 나타난 심리학적 함의(I): 인성론을 중심으로. **한국심 리학회지: 사회**, **5**(1), 59-81.

조긍호 (1991). 맹자에 나타난 심리학적 함의(II): 교육론과 도덕실천론을 중심으로. **한국심리학회지: 사회**, **6**(1), 73-108.

조긍호 (1993). 대인평가의 문화 간 차이: 대인평가 이원모형의 확대 시론. **한국심리학회지: 사회**, **7**(1), 124-149.

조긍호 (1994). 순자에 나타난 심리학적 함의(I): 천인관계론에 기초한 연구 방향의 정초. **한국심리학회지: 사회**, **8**(1), 34-54.

조긍호 (1995b). 순자에 나타난 심리학적 함의(II): 인성론을 중심으로. **한국 심리학회지: 사회**, **9**(1), 1-25.

조긍호 (1996). 문화유형과 타인이해 양상의 차이. **한국심리학회지: 일반**, **15**(1), 104-139.

조긍호 (1997a). 문화유형과 정서의 차이: 한국인의 정서 이해를 위한 시론.

심리과학 (서울대학교 심리과학연구소), 6(2), 1-43.

조긍호 (1997b). 순자에 나타난 심리학적 함의(III): 예론을 중심으로. 한국심리학회지: 사회 및 성격, 11(2), 1-27.

조긍호 (1998a). 유학심리학: 맹자 · 순자 편. 서울: 나남출판.

조긍호 (1998b). 순자에 나타난 심리학적 함의(IV): 수양론을 중심으로. 한국심리학회지: 사회 및 성격, 12(2), 9-37.

조긍호 (1999a). 문화유형에 따른 동기의 차이. 한국심리학회지: 사회 및 성격, 13(2), 233-273.

조긍호 (1999b). 선진유학에서 도출되는 심리학의 문제. 최상진 · 윤호균 · 한덕웅 · 조긍호 · 이수원. 동양심리학: 서구심리학에 대한 대안 모색 (pp. 31-161). 서울: 지식산업사.

조긍호 (2000). 문화유형과 동기의 차이: 한국인의 동기 이해를 위한 시론. 한국심리학회지: 사회 및 성격, 14(2), 83-122.

조긍호 (2002). 문화성향과 허구적 독특성 지각 경향. 한국심리학회지: 사회 및 성격, 16(1), 91-111.

조긍호 (2003a). 한국인 이해의 개념틀. 서울: 나남출판.

조긍호 (2003b). 문화성향과 통제양식. 한국심리학회지: 사회 및 성격, 17(2), 85-106.

조긍호 (2005). 문화성향에 따른 유사성 판단의 비대칭성. 한국심리학회지: 사회 및 성격, 19(1), 45-63.

조긍호 (2006). 이상적 인간형론의 동 · 서 비교: 새로운 심리학의 가능성 탐색 I. 서울: 지식산업사.

조긍호 (2007a). 동아시아 집단주의의 유학사상적 배경: 심리학적 접근. 서울: 지식산업사.

조긍호 (2007b). 동아시아 집단주의와 유학사상: 그 관련성의 심리학적 탐색. 한국심리학회지: 사회 및 성격, 21(4), 21-53.

조긍호 (2008). 선진유학사상의 심리학적 함의. 서울: 서강대학교 출판부.

조긍호 (2012). 사회관계론의 동 · 서 비교: 새로운 심리학의 가능성 탐색 II.

서울: 서강대학교 출판부.

조긍호 (2015). 한국심리학계의 탈서구중심적 연구 동향: 문화관련 연구와 유학심리학의 연구를 중심으로. 경제·인문사회연구회 편, **서구중심주의에 대한 우리 학문의 이론적 대응** (pp. 63-101). 서울: 인문·경제사회연구회.

조긍호·김소연 (1998). 겸양편향자의 선호 현상. **한국심리학회지: 사회 및 성격, 12(1)**, 169-189.

조긍호·김은진 (2001). 문화성향과 동조행동. **한국심리학회지: 사회 및 성격, 15(1)**, 139-165.

조긍호·김지연·최경순 (2009). 문화성향과 분노통제: 분노수준과 공감의 매개효과를 중심으로. **한국심리학회지: 사회 및 성격, 23(1)**, 69-90.

조긍호·김지용 (2001). 문화성향, 자의식의 유형 및 공감수준. 한국 사회 및 성격심리학회 편, **2001년도 동계학술대회 논문집** (pp. 33-40). 서울: 한국 사회 및 성격심리학회.

조긍호·김지용·홍미화·김지현 (2002). 문화성향과 공감 및 고독의 수준. **한국심리학회지: 사회 및 성격, 16(3)**, 15-34.

조긍호·명정완 (2001). 문화성향과 자의식의 유형. **한국심리학회지: 사회 및 성격, 15(2)**, 111-139.

조긍호·이재영 (2007). 문화성향, 성역할 정체감 및 도덕적 지향성. **한국심리학회지: 사회 및 성격, 21(1)**, 105-126.

차재호 (1980). 한국인의 성격과 의식. 한상복·차재호·이문웅·양춘·안병만·신유근. **문화의 연속과 변화에 관한 연구**. 서울: 한국사회과학연구협의회.

차재호 (1994). **문화설계의 심리학**. 서울: 서울대학교 출판부.

차재호·장영수 (1992). 한국 대학생들의 중요한 가치. **한국심리학회지: 사회, 6(2)**, 123-136.

차재호·정지원 (1993). 현대 한국 사회에서의 집합주의. **한국심리학회지: 사회, 7(1)**, 150-163.

최상진 (1990). 사회적 표상이론에 대한 한 고찰. **한국심리학회지: 일반**, 9(1), 74-86.

최상진 (1991). '한'의 사회심리학적 개념화 시도. 한국심리학회 편, **1991년도 학술발표대회 논문집** (pp. 339-350). 서울: 한국심리학회.

최상진 (1993a). 한국인과 일본인의 '우리'의식 비교. 한국심리학회 편, **1993 년도 학술발표대회 논문집** (pp. 229-244). 서울: 한국심리학회.

최상진 (1993b). 한국인의 심정심리학: 정과 한에 대한 현상학적 한 이해. 한국심리학회 편, **한국인의 특성: 심리학적 탐색** (1993년도 추계심포지움 자료집, pp. 3-22). 서울: 한국심리학회.

최상진 (1997). 당사자 심리학과 제3자 심리학. 한국심리학회 편, **동양심리학의 모색** (1997년도 추계심포지움 자료집, pp. 131-143). 서울: 한국심리학회.

최상진 (1999a). 문화심리학: 그 당위성, 이론적 배경, 과제 및 전망. 한국심리학회·한국 사회 및 성격심리학회 편, **문화와 심리학** (한국심리학회 1999년도 하계심포지움 자료집, pp. 1-20). 서울: 한국 사회 및 성격심리학회.

최상진 (1999b). 한국인의 마음. 최상진·윤호균·한덕웅·조긍호·이수원. **동양심리학: 서구심리학에 대한 대안 모색** (pp. 377-479). 서울: 지식산업사.

최상진 (2000a). 한국 문화심리학의 이론과 실제: 지난 20여년 간의 심리학 연구를 통해서 얻은 문화심리학적 경험. **한국심리학회지: 사회문제**, 6(3), 25-40.

최상진 (2000b). **한국인 심리학**. 서울: 중앙대학교 출판부.

최상진 (2011). **한국인의 심리학**. 서울: 학지사.

최상진·김기범 (1999). 한국인의 심정심리: 심정의 성격, 발생 과정, 교류 양식 및 형태. **한국심리학회지: 일반**, 18(1), 1-16.

최상진·김기범 (2000). 체면의 심리적 구조. **한국심리학회지: 사회 및 성격**, 14(1), 185-202.

최상진 · 김미희 · 박정열 · 김기범 (2000). 대학생들의 의리 의식 및 의리 행동에 대한 성격 분석. 한국 사회 및 성격심리학회 편, **2000년도 하계 학술발표대회 논문집** (pp. 72-83). 서울: 한국 사회 및 성격심리학회.

최상진 · 김지영 · 김기범 (2000a). 정(미운정 · 고운정)의 심리적 구조, 행위 및 기능 간의 구조적 관계 분석. **한국심리학회지: 사회 및 성격, 14(1),** 203-222.

최상진 · 김지영 · 김기범 (2000b). 한국인의 자기 신세 조망 양식. 한국 사회 및 성격심리학회 편, **2000년도 하계 학술발표대회 논문집** (pp. 10-22). 서울: 한국 사회 및 성격심리학회.

최상진 · 유승엽 (1992). 한국인의 체면에 관한 사회심리학적 한 분석. **한국심리학회지: 사회, 6(2),** 137-157.

최상진 · 유승엽 (1994). 한국인의 의례적 언행과 그 기능. 한국심리학회 편, **1994년도 학술발표대회 논문집** (pp. 369-385). 서울: 한국심리학회.

최상진 · 이요행 (1995). 한국인 홧병의 심리학적 개념화 시도. 한국심리학회 편, **1995년도 학술발표대회 논문집** (pp. 327-338). 서울: 한국심리학회.

최상진 · 이장주 (1999). 정의 심리적 구조와 사회문화적 기능 분석. **한국심리학회지: 사회 및 성격, 13(1),** 219-233.

최상진 · 임영식 · 유승엽 (1991). 핑계의 귀인/인식론적 분석. 한국심리학회 편, **1991년도 학술발표대회 논문집** (pp. 339-410). 서울: 한국심리학회.

최상진 · 진승범 (1995). 한국인의 눈치의 심리적 표상 체계: 대학생을 중심으로. 한국심리학회 편, **1995년도 학술발표대회 논문집** (pp. 511-521). 서울: 한국심리학회.

최상진 · 한규석 (1998). 심리학에서의 객관성, 보편성 및 사회성의 오류: 문화심리학의 도전. **한국심리학회지: 일반, 17(1),** 13-96.

최상진 · 한규석 (2000). 문화심리학적 연구방법론. **한국심리학회지: 사회 및 성격, 14(2),** 123-144.

최인철 (1999). 비현실적 낙관론에 미치는 가용성 휴리스틱의 영향. 고재홍 · 구자숙 · 김혜숙 · 나은영 · 남기덕 · 박재현 · 안미영 · 이석재 · 이진환 ·

최인철 · 홍기원. **현대 사회심리학 연구** (pp. 125-150). 서울: 시그마프레스.

한규석 (1991a). 사회심리학 이론의 문화특수성: 한국인의 사회심리학 연구를 위한 고찰. **한국심리학회지: 사회, 6(1)**, 132-155.

한규석 (1991b). 집단주의-개인주의 이론의 현황과 그 전망. **한국심리학회지: 일반, 10(1)**, 1-19.

한규석 (1997). 사회심리학에서의 문화 비교 연구: 현황 및 세계화 속의 과제. 한국심리학회 학술위원회 편, **심리학에서의 비교문화 연구** (pp. 87-172). 서울: 성원사.

한규석 (1999). 한국적 심리학의 전개 현황과 과제. 한국심리학회 편, **문화와 심리학** (1999년도 하계심포지움 자료집, pp. 103-127). 서울: 한국심리학회.

한규석 · 신수진 (1999). 한국인의 선호가치 변화: 수직적 집단주의에서 수평적 개인주의로. **한국심리학회지: 사회 및 성격, 13(2)**, 293-310.

한규석 · 오점조 (1993). 아동의 교류 양상에 대한 분석: 집단주의-개인주의 이론의 적용. **한국심리학회지: 사회 및 성격, 13(2)**, 293-310.

한덕웅 (1994). **퇴계심리학**. 서울: 성균관대학교 출판부.

한덕웅 (1996). 대인관계에서 4단7정 정서의 발생경험. 한국심리학회 편, **1996년도 학술대회 발표논문집** (pp. 389-409). 서울: 한국심리학회.

한덕웅 (1997). 한국유학의 4단7정 정서설에 관한 심리학적 실증연구. 한국심리학회 편, **1997년도 학술대회 발표논문집** (pp. 331-359). 서울: 한국심리학회.

한덕웅 (1998). 4단7정 정서 경험의 사회심리학적 기능. 한국심리학회 편, **1998년도 학술대회 발표논문집** (pp. 503-522). 서울: 한국심리학회.

한덕웅 (1999). 한국 유학의 심리학. 최상진 · 윤호균 · 한덕웅 · 조긍호 · 이수원. **동양심리학: 서구심리학에 대한 대안 모색** (pp. 163-286). 서울: 지식산업사.

한덕웅 (2000). 대인관계에서 4단7정 정서의 경험. **한국심리학회지: 사회 및**

성격, **14(2)**, 145-166.

한덕웅 (2001a). 한국의 유교문화에 관한 심리학 연구의 비판적 개관. **한국심리학회지: 일반, 20(2)**, 449-479.

한덕웅 (2001b). 한국유학의 4단7정 정서설에 관한 심리학적 실증연구. **한국심리학회지: 일반, 20(1)**, 1-40.

한덕웅 (2003). **한국유학심리학: 한국유학의 심리학설과 유교문화에 관한 심리학적 접근.** 서울: 시그마프레스.

한성열 · 안창일 (1990). 집단주의와 나이 · 교육 · 결혼 및 주거 형태와의 관계. **한국심리학회지: 사회, 5(1)**, 116-128.

Cha, J. H. (1994). Changes in value, belief, and behavior of the Koreans over the past 100 years. **한국심리학회지: 사회, 8(1)**, 40-58.

Choi, I. (2002). *Who trusts fortune telling? Self-concept clarity and the Barnum effect.* Unpublished manuscript, Seoul National University, Seoul, Korea.

Choi, I., & Choi, Y. (2002). Culture and self-concept flexibility. *Personality and Social Psychology Bulletin, 28*, 1508-1517.

Choi, I., Dalal, R., & Kim-Prieto, C. (2000). *Information search in causal attribution: Analytic versus hislistic.* Unpublished manuscript, Seoul National University, Seoul, Korea.

Choi, I., Dalal, R., Kim-Prieto, C., & Park, H. (2001). *Culture and judgment of causal relevance: Inclusion versus exclusion.* Unpublished manuscript, Seoul National University, Seoul, Korea.

Choi, I., & Nisbett, R. E. (1998). Situational salience and cultural differences in the correspondence bias and actor-observer bias. *Personality and Social Psychology Bulletin, 24*, 949-960.

Choi, I., & Nisbett, R. E. (2000). The cultural psychology of surprise: Holistict theories and recognition of contradiction. *Journal of*

Personality and Social Psychology, 79, 890-905.

Choi, I., Nisbett, R. E., & Norenzayan, A. (1999). Causal attribution across cultures., Variation and universality. *Psychological Bulletin, 125*, 47-63.

Choi, I., Nisbett, R. E., & Smith, E. E. (1997) Culture, categorization and inductive reasoning. *Cognition, 65*, 15-32.

Choi, S. C., & Choi, S. H. (1994) We-ness: A Korean discourse of collectivism. In G. Yoon & S. C. Choi (Eds.), *Psychology of the Korean people: Collectivism and individualism* (pp. 57-84) Seoul: Dong-A.

Choi, S. C., & Kim, J. W. (1998). "Shim-cheong" psychology as a cultural psychological approach to collective meaning construction. 한국심리학회지: 사회 및 성격, **12(2)**, 79-96.

Chung, Y. E. (1994). Void and non-conscious processing. In G. Yoon & S. C. Choi (Eds.), *Psychology of the Korean People: Collectivism and individualism* (pp. 3-14) Seoul: Dong-A.

Chung, Y. E. (1996, June). *Harmonizing Eastern and Western world view: Psychological and cultural analysis.* Paper presented at the Korean Psychological Association's 50th Anniversary International Conference—Mind, Machine & Environment: Facing the Challenges of the 21st Century. Seoul, Korea.

Markus, H. R., & Kitayama, S. (1991). Culture and the self: Implications for cognition, emotion, and motivation. *Psychological Review, 98*, 224-253.

Nisbett, R. E. (2003). *The geography of thought: How Asians and Westerners think differently … and why.* New York: Free Press.

Nisbett, R. E., Peng, K., Choi, I., & Norenzayan, A. (2001). Culture and systems of thought: Holistic vs. analytic cognition. *Psychological*

Review, 108, 291-310.

Smith, P. (1995). Journal of Cross-Cultural Psychology: Looking to the future. *Journal of Cross-Cultural Psychology, 26*, 588-590.

Triandis, H. C. (1995). *Individualism and collectivism*. Boulder, CO: Westview.

Yon, K. J. (2012). *College students' and counselor trainees' perceptions of psychologically healthy person: A comparative study on cultural values between the United States and South Korea*. Doctoral Dissertation, The University of Minnesota.

서양사학

한국서양사학계의 탈서구중심주의 연구현황과 향후 과제

강성호

1. 세계화 시기에 다시 보는 서구중심주의 세계사

신자유주의적 세계화의 가속화, 미국과 소련중심 세계체제의 균열, 기상이변과 환경 생태계의 위기 등과 같은 거대한 문제들이 '산사태' 처럼 쏟아지는 세계적 격동기에 우리는 살고 있다.[1] 19세기 후반 제국

---

[1] 이 글은 이번 발표주제와 관련하여 그동안 발표된 다음 글들을 재구성하고 최근 연구성과를 더하여 작성되었다. 강성호. 2008. "전지구적 세계체제로 본 세계사와 동아시아사: 안드레 군더 프랑크." 『역사비평』 82(봄); 강성호. 2008. "유럽중심주 의와 포스트모더니즘을 넘어―라틴아메리카 '근대성/식민성 연구그룹'의 탈식민전 략." 『역사비평』 84(여름); 강성호. 2009. "『유럽중심주의 세계사를 넘어 세계사들 로』를 말한다." 『유럽중심주의 세계사를 넘어 세계사들로』. 푸른역사; 강성호. "글 로벌 히스토리는 가능한가?." 『내일을 여는 역사』 40; 강성호. 2010. "유럽중심주의 세계사에 대한 비판과 반비판을 넘어." 『역사학연구』 39; 강성호. 2010. "식민주의 이후의 식민성―미국의 세계전략과 푸에르토리코." 『서양사론』 106; 강성호. 2011. "'빅히스토리'로 다시 보는 인류사; 데이비드 크리스천을 중심으로." 『내일을 여는 역사』 42; 강성호. 2011. "이슬람역사로 다시 본 세계사: 마셜 호지슨을 중심으로." 호남사학회 2011년 춘계정기발표회(4월 22일); 강성호. 2013. "한국 서양사 연구의

주의 시대 이후 교통과 통신의 발달뿐만 아니라 자본주의적 생산체계의 세계적 연관이 확산 심화되면서 세계화가 가속화되고 있다. 이런 상황은 세계 역사 전체를 제대로 담아낼 세계사의 출현을 요청한다.[2]

동시에 현 시기 세계화 과정은 신자유주의적 방식으로 진행되고 있다. 이로 인해 선진국과 개발도상국 사이의 격차 심화, 중간층 축소로 인한 계급 양극화, 교류활성화로 인한 인종과 이민 갈등 증대, 크리스트교와 이슬람교 같은 세계 종교 사이의 대립 격화 등이 나타나고 있다. 따라서 세계화 과정은 교류가 확대되었다는 점에서는 긍정적이나 선진국 중심으로 진행되었다는 점에서는 부정적인 측면을 지닌다.

1991년 소련붕괴 이후 냉전체제가 해체되었다. 전후 세계를 압도했던 냉전체제 해체는 이데올로기적·냉전적 역사서술에서 벗어나 세계사를 구체적 역사사실에 근거해서 더 다양하고 풍부하게 볼 수 있게 해주었다. 냉전체제 해체 이후 세계질서는 미국중심으로 재편되지 않고 미국, 유럽, 동아시아, 아프리카, 이베로-아메리카 등으로 다원화되고 있다.

한국서양사학계도 신자유주의적 세계화라는 시대적 상황을 비판하면서 서구중심주의 세계사를 재해석하고 대안적 세계화를 제시하려는 노력을 체계적으로 진행해야 할 필요가 있었다. 이러한 노력의 일환으로 이 글은 먼저 세계사학계에서 대두되고 있는 탈서구중심주의

현황과 전망: 유럽중심주의 서양사를 넘어 세계사로." 『내일을 여는 역사』 50(봄);
강성호. 2013. "지구화시대에 같이 나가야 할 세계사와 한국사." 『역사와 문화』 26.
2) 강성호. 2013. "한국 서양사 연구의 현황과 전망: 유럽중심주의 서양사를 넘어 세계사로." 『내일을 여는 역사』 50(봄), pp. 181-184; 강성호. 2010. "유럽중심주의 세계사에 대한 비판과 반비판을 넘어." 『역사학연구』 39, p. 217.

세계사 연구의 동향을 살펴보고, 이어 한국서양사학계의 탈서구중심주의 연구현황과 해결과제를 살펴보고자 한다.

2. 탈서구중심주의 세계사의 대두

1991년 소련붕괴 이후 냉전체제가 해체되었다. 전후 세계를 압도했던 서구중심 냉전체제 해체는 이데올로기적·냉전적 역사서술에서 벗어나 세계사를 구체적 역사사실에 근거해서 더 다양하고 풍부하게 볼 수 있게 해준다. 냉전체제 해체 이후 세계는 미국, 유럽, 동아시아, 이슬람 세계 등으로 다원화되고 있기 때문이다. 이러한 상황에서 서구중심주의 세계사에서 벗어나 동아시아사, 이슬람사, 이베로-아메리카사, 아프리카사[3] 등의 관점에서 새롭게 세계사를 보려는 시도들이 활발하게 진행되고 있다.

---

3) 매닝(Patrick Manning)은 아프리카의 입장에서 아프리카 역사를 이해할 것을 주문하고 있다. 매닝은 오랫동안 아프리카인 이동을 연구해왔는데 최근 『아프리카 디아스포라: 문화를 통한 역사』(2010)에서 아프리카인 이동과정을 6만 년 전부터 최근까지 다루고 있다. 매닝은 아프리카인 이동과정을 노예제 이전, 노예제 기간, 노예제 이후 세 시기 모두에 걸쳐 균형 있게 연구하였다. 아프리카인은 노예제 이전에 북아프리카, 지중해, 근동으로 대규모로 이동했다. 노예제 기간 동안 수백만 명이 아메리카로 강제 이주되었다. 노예제 종식 이후 아프리카인들은 세계 곳곳에 자리잡고 있다. 매닝은 이러한 과정을 통해 아프리카인의 근대적 이동이 단순히 '희생물(victims)'이 아니라 '에이전트(agents)'였음을 보여주고자 했다. 매닝은 이러한 아프리카사 연구를 매개로 하여 서구중심주의적 세계사를 비판적으로 재구성하려고 노력하였다.(Patrick Manning, *The African Diaspora: A History Through Culture*(2010))

2-1. 동아시아에서 다시 본 세계사

20세기 중반 이후 한국, 일본, 중국 등으로 이루어진 동아시아가 세계무대에 재등장하면서 유럽중심주의 세계사 대신에 동아시아중심의 새로운 세계사가 주목받고 있다. 이와 관련해서 큰 관심을 끌었던 책이 프랑크(Andre Gunder Frank)의 『리오리엔트』다.[4] 프랑크가 제기한 유럽중심주의 세계사에 대한 비판은 2005년 그가 사망한 이후에도 지속되고 있다. 2006년 8월 몬트리올에서 열린 미국 세계체제 학회는 프랑크의 세계체제론을 대회의 주요 주제의 가운데 하나로 선정하였다. 또한 2008년 4월 미국 피츠버그 대학에서 '안드레 군더 프랑크의 비판적 사회과학의 유산'이라는 국제학술대회에서 유럽중심주의 세계사에 대한 그의 비판이 핵심 주제 중 하나로 다루어졌다.

프랑크는 I. 월러스틴의 "근대 자본주의 세계-체제론"과 차별화되는 새로운 세계체제론을 제시하고자 했다. 그는 월러스틴과 다르게 근대 유럽중심의 세계체제 이전에 세계체제가 존재했다고 주장했다. 더 나아가 그는 1800년 이전의 세계체제에서 중국을 중심으로 한 동아시아가 중심부 역할을 했다고 분석했다. 그는 15~19세기 세계체제의 중심은 유럽이 아니라 아시아, 특히 중국 쪽에 있었다는 점을 역설하였다. 그는 아시아가 1750년 내지 1800년까지 인구와 생산측면뿐만 아니라 생산성, 경쟁력, 무역을 통한 자본축적 측면에서도 세계경제체제에서 유럽을 앞지르고 있었다고 주장했다.

프랑크는 1800년을 전후로 하여 아시아가 유럽과의 경쟁에서 밀려

---

4) 강성호. 2008. "전지구적 세계체제로 본 세계사와 동아시아사: 안드레 군더 프랑크." 『역사비평』 82(봄) 참조.

난 것은 오히려 그때까지 경제에서 성공을 거두었기 때문이라고 분석하였다. 아시아는 유럽에서 유입되는 화폐를 자금으로 삼아 18세기 상당 기간 동안 지속되었던 장기 성장국면에 잘 대처하고 있었기 때문에 새로운 생산과정에 대한 투자와 기술개발에 대거 뛰어들 필요성을 느끼지 못했고, 이에 비해 후발주자인 유럽과 미국은 아시아를 따라잡기 위해 전력투구할 수밖에 없었고 그 결과 성공하게 되었다는 것이다. 그는 말년에 서구의 헤게모니가 약해지면서 아시아가 다시 세계의 중심으로 부각되고 있다고 파악했다. 아시아의 재등장 과정에서 일본을 중시했던 케네디(Paul Kennedy)와 다르게 그는 중국을 중심에 놓았다.

또한 프랑크는 『리오리엔트』에서 마르크스와 마르크스주의 역사가들이 지녔던 서구중심주의에 대해 강하게 비판하였다. 그는 그들이 본질적이라고 주장하는 몇몇 특성들은 오직 유럽에서만 찾아볼 수 있기 때문에 유럽예외주의라고 비판하였다. 마르크스주의 경제사가들이 1950년대 이후 여러 차례 '서양의 발흥'과 '자본주의 발전'의 원천에 대해 벌인 논쟁과 해석들이 서구중심주의 틀 내에서 진행되었다는 것이다.

프랑크는 마르크스주의자들이 서구중심주의를 벗어나지 못했던 이유를 크게 세 가지로 비판했다. 첫째, 그들은 한 사회가 다른 사회와의 관계를 통해 어떻게 형성되는지에 대해 의식하지 못했고, 사회들이 단일 세계경제에 어떻게 참여하여 형성되는지를 몰랐기 때문에 진정한 세계 전체적 관점에서 역사를 볼 수 없었다. 둘째, 그들은 현실 세계경제/세계체제보다는 유럽예외주의에 필수적인 '기원', '원인', '자연', '메커니즘', '본질'을 탐구했고, 그 결과 그들은 현실 역사에서 아무런 토대를 찾을 수 없는 '본질주의적 예외주의'에 빠져버렸다. 셋째,

그들은 유럽 이외의 다른 지역의 역사 발전과정을 부인함으로써 보편적인 이론적 관점을 지니지 못했고, 이와 관련해서 대표적인 것으로 마르크스의 아시아 생산양식론을 들 수 있다. 프랑크는 마르크스주의의 이러한 관점을 일종의 서구중심주의를 벗어나지 못한 "붉은 색을 칠한 오리엔탈리즘"이라고 비판하였다.

프랑크의 『리오리엔트』는 그동안 무시되어왔던 아시아를 세계사 속에서 복원하고, 서구중심주의 세계사의 허상을 폭로함으로써 서구중심주의 세계사인식을 극복하는 데 큰 기여를 하였다. 동시에 서구중심주의 세계사를 비판하는 프랑크의 시도는 몇 가지 점에서 보완해야 할 문제점을 안고 있다. 프랑크의 새로운 시도는 다음 세 가지 문제점들을 해결할 수 있을 때 보다 튼튼하게 뿌리를 내릴 수 있을 것이다.

첫째, 연구방법론과 관련하여, 한 지역보다 세계전체를, 근대라는 특정 시기보다 전체시기를, 그리고 정치, 군사, 외교, 문화보다 경제분야를 지나치게 강조함으로써 프랑크 주장의 설득력이 떨어지고 있다. 세계전체를 강조하다 보니 각 지역의 특성이 무시되고, 역사발전 전체시기를 강조하다 보니 근대 시기의 특수성이 사라지고, 경제영역의 분석에만 치중하다 보니 총체적이고 균형적인 역사파악이 어렵게 되고, 그러다 보니 그의 기존 서구중심주의 세계사에 대한 비판도 설득력이 떨어지게 되는 것이다.

둘째, 프랑크는 기본적으로 세계사를 다양성 속에서 통일성을 보려고 했기 때문에 특정 지역만을 우대하려고 하지는 않았다. 그러나 서구중심주의 세계사를 비판하는 과정에서 지나치게 아시아를 강조함으로써 새로운 형태의 '아시아중심주의'를 야기할 우려가 크다. 또한 아시아를 분석하는 가운데서 중국을 중심으로 분석이 이루어지면서 만주지역, 한국 등이 거의 다루어지지 않으면서 실제로 '중국중심주의'가 나타나고 있는 것도 문제다. 지나친 '아시아중심주의'나 '중국중심주의'에 빠지지 않도록 아시아 내부의 다양한 역사적 경험에 대한 연구축적과 아시아와 아프로-유럽 지역 사이의 다양한 교류와 상호작용에 대한 연구를 지속적으로 진행해나갈 필요가 있다.

셋째, 프랑크는 서구중심 근대자본주의 세계체제를 비판하면서 근대자본주의 세계체제의 중심이 유럽에서 동아시아로 이동하는 것을 환영한다. 그러나 프랑크의 비판은 근대자본주의 체제가 안고 있는 근본적인 내부모순을 해결하는 방안으로 이어지지는 않는다. 그런 점에서 근대 유럽의 자본주의 세계체제의 제국주의적 팽창과정의 문제뿐만 아니라 그 내부의 계급적·구조적 모순을 해결할 방안을 동시에 모색해야 한다는 비판에 귀를 기울일 필요가 있다.

2-2. 이슬람 문명에서 다시 본 세계사

시카고 대학 사학과 교수였던 호지슨은 이슬람 문명을 세계사적으로 재해석하고자 하였다.[5] 호지슨의 주저인 『마셜 호지슨의 세계사론』을 중심으로 하여 호지슨의 세계사 연구방법론과 이슬람 역사에 대한 재평가의 의의와 한계를 같이 다루어보려 한다. 이슬람사 재평가에 대한 호지슨의 기여로 크게 두 가지를 들 수 있다. 첫 번째는 이슬람의 중간시기에 대해 주목한 점이다. 두 번째는 그의 근대사(1500년 이후)와 그 안에서 유럽의 위치를 재평가한 것을 들 수 있다.

호지슨은 무슬림 신도가 아니었고 미국 퀘이커 교도였다. 그는 금

---

5) 강성호. 2016. "세계사로 본 이슬람사와 반 서구중심주의: 마셜 호지슨을 중심으로." 『호서사학』 79 참조.

욕적 성격, 비타협적인 채식주의, 그리고 좌파적 정치신조를 지녔다. 세부사항에 대해 크게 천착하고, 일에 대한 의욕이 강하고 참을 줄 모르는 성격 때문에 주변동료들과 잘 지내지 못했다. 그가 1968년 47세의 젊은 나이로 죽었을 때, 이러한 성격으로 인해 그의 작업을 이어나갈 학파를 남기지 못했던 것으로 보인다. 사망할 당시 그의 주저인 『이슬람의 모험』은 약 3분의 2 정도 작업이 끝난 상황에 지나지 않았다. 그의 협력자인 스미스가 남은 원고를 편집하여 1974년 『이슬람의 모험』 세 권을 출판하였다.

호지슨의 새로운 관점은 기존의 서구 이슬람학의 오리엔탈리즘적 전통에 대한 비판과 반성에서 시작되었다. 기존의 대표적 이슬람학 연구자들인 베커(Carl H. Becker), 그루네바움(Gustav von Grunebaum) 등은 이슬람 문화가 초기에는 번영했지만 후기 근대 사회에서는 후퇴했다고 본다는 점에서 전형적인 오리엔탈리스트였다. 그들은 유럽과 이슬람 사회가 그리스-로마 문명이라는 공동의 뿌리에서 출발했지만, 유럽이 르네상스와 종교개혁을 기점으로 근대화를 이룬 데 비해 이슬람 사회는 중세에서 벗어나지 못해 낙후되었다고 보았다.

호지슨은 기존의 세계사 서술이 서구중심주의적 편향에 빠져 있다고 비판하였다. 첫째, 유럽을 세계사의 중심으로 보는 관점은 문제가 있다고 보았다. 세계사의 실제 진행과정을 보면, 유럽은 아프로-유라시아의 농경적 도시문명의 가장자리에 위치하였고, 1800년경에야 세계무대의 중심부에 부상했다고 보기 때문이다. 둘째, 용어상의 문제와 관련하여 서양이나 서구에 대비하여 그 나머지 세계를 동양이나 아시아같이 축소하여 개념을 사용하는 것은 부당하다고 지적하였다. 셋째, 지도와 관련하여 남반구를 서구중심적으로 왜곡하는 메르카토르 도법의 무의식적인 인종차별을 비판하였다.

세계사 저술에서 호지슨의 중요한 초점은 유럽사와 이슬람사 등을 세계사의 맥락 속으로 되돌려놓음으로써, 세계사를 탈서구중심주의 관점에서 재해석하는 것이었다. 인류 전체의 이야기를 편향적이고 서구적인 관점에서 벗어나 전 지구적 관점에서 할 수 있다는 가능성이 호지슨을 매료시켰다.

세계사에 대한 호지슨의 주요한 기여로 '하나의 거대한 역사복합체' 인 '아프로-유라시아 사회'라는 개념을 들 수 있다. 이 사회는 농경이 시작된 이래 산업혁명 때까지 계속 성장하면서 지역을 초월하여 아프리카와 유라시아 대륙에 존재했다고 가정되는 거대 사회였다. 호지슨은 아프로-유라시아 반구를 다시 유럽, 중동, 인도, 동아시아로 나누었고, 이러한 구분은 기원전 약 1000년경부터 서기 1800년 정도까지는 상당히 현실에 부합된다고 보았다. 이들 지역의 각각에는 대체로 연속적인 전통을 지닌 중심지역이 있었고, 그 주변지역에 지속적으로 문화적 영향력을 발휘하면서 3000년 이상 문화적으로 발전했다는 것이다. 또한 이 모든 지역들은 함께 상호작용하면서 문화적으로 발전하는 하나의 거대한 역사복합체를 이루었다. 호지슨은 이 책과 그의 사후 출판된『마셜 호지슨의 세계사론』에서 '반구적 간지역적 접근 (hemishphere interregional approach)'이라는 새로운 세계사 연구방법론을 제창하였다. 이러한 접근법은 중세시기의 유럽과 이슬람사와의 상호작용을 다루었던 피렌느(H. Pirenne)와 볼린(S. Bolin)의 영향을 강하게 받았다. 호지슨은 아프로-유라시아 역사 복합체 속에서 뚜렷한 경계선을 긋는 것이 불가능하다고 생각하였다. 그에게 있어 아프로-유라시아 문명지대는 지역 간 교류의 장이었기 때문이다.

그는 이 아프로-유라시아 역사복합체에서 이슬람 사회가 지속적으로 발전해나가는 과정을 통일적으로 파악하고자 하였다. 이는 그의 통일적인 시대구분에 잘 나타나 있다. 그 시대구분에 따르면, 700년 이전은 초창기, 700~1000년은 압바스 고전시대, 1000~1250년은 중간시기 전반, 1250~1500년은 중간시기 후반, 1500~1800년은 오스만, 사파비, 무굴 3대 제국의 시대, 그리고 1800년 이후는 이슬람사가 쇠퇴하면서 유럽이 주도권을 쥐는 근대시기였다. 이러한 시대구분은 이슬람권 문화가 초기 칼리프국의 융성이 끝난 후 혹은 늦어도 13세기 몽골의 침입 이후에 쇠퇴하거나 붕괴했다고 보는 시각을 전면 부인한다.

호지슨은 이슬람 세계가 초기에만 발전하고 그 이후에는 정체되었다는 견해를 전면적으로 부인하면서 1000~1500년 사이의 중간기 동안 이슬람 사회가 크게 팽창했다는 점을 강조하였다. 1000년경부터 무슬림 신앙과 그에 부수적인 문화의 영역이 거의 모든 방향으로 쉴새 없이 팽창하였고, 그 결과 16세기가 되면 이슬람의 영역은 거의 세 배로 늘어나게 되었다는 호지슨의 주장은 타당하다고 볼 수 있다.

그러면 어떤 요인으로 인해 이슬람 영역이 지속적으로 팽창할 수 있었을까? 이에 대한 답으로 호지슨은 이슬람 사회가 상업과 도시공동체를 강조하여 지역 간 교류에 개방적이었던 점과 평등주의적 세계시민적인 경향을 제도화하였던 점을 들었다. 이러한 요인에 근거하여 이슬람 세계는 아프로-유라시아 반구에서 18세기까지 주도적인 역할을 할 수 있었던 것이다.

호지슨은 이러한 아프로-유라시아 복합체 안에서 서유럽은 계속 주변적·후진적 역할을 했고, 십자군운동이 끝날 때쯤 아랍인들과 대체로 비슷한 문화적 수준이 되었다고 보았다. 유럽은 이때까지 다른 지역의 문화 중심지에 대해서 종속된 관계에 놓여 있었다. 문화적 흐름은 중국, 인도, 아프리카 북부와 아라비아 반도, 그리고 동지중해에서 유럽으로 일방적으로 흘러가고 있었다. 호지슨에 따르면, 유럽은 르네상스 시기에 이르러서야 비로소 중국, 인도, 이슬람 문명들의 문화적 수준에 도달할 수 있었고, 유럽의 도약은 1600년과 1800년 사이에 일어났다.

이슬람 세계는 18세기부터 쇠퇴하기 시작하였고, 그 공백을 유럽이 차지하기 시작했다. 호지슨은 18세기 들어서 유럽이 더 많은 영향력을 행사하기 시작했지만, 그 영향력은 해양무역에 국한되었을 뿐이지 18세기까지 육상에서는 여전히 열세를 면치 못했다고 보았다. 또한 이슬람 세계가 구축한 인도양, 동남아시아 해양 루트가 유럽의 팽창원에 중요한 역할을 했다는 호지슨의 지적에 주목할 필요가 있다. 무슬림 상인들이 뒤에 유럽인들이 해상활동을 할 수 있는 항로를 개척해주었고, 주요 무역거점의 토착 세력을 정리함으로써 유럽의 진출을 용이하게 해주었다는 것이다.

유럽이 18세기 이후 세계의 중심으로 발전하게 된 이유를 호지슨은 유럽 내부와 외부 모두에서 찾고 있다. 유럽 내부적인 요인으로 유럽 토양의 상대적인 미활용과 광대함, 다른 도시문명 사회에 대한 용이한 접근성이 거론되었고, 유럽 외부적인 요인으로는 오랜 세월 동안 대대적인 파괴나 외부인의 정복이 상대적으로 적었고, 대서양 항해가 태평양에 비해 상대적으로 수월했다는 점 등이 이야기되었다. 18세기 이후 유럽에서 시작된 대변동은 유럽에 그치지 않고 전 세계적으로 확산되었다. 이 대변동은 근대 특유의 기술발전의 가속화, 기술적 혁신의 제도화, 기술발전의 상호작용이라는 세 가지 주요한 특징을 지니고 있다고 호지슨은 분석하였다.

2-3. 라틴아메리카에서 다시 본 세계사

키하노(Anibal Quijano), 두셀(E. Dussel), 미뇰로(Walter D. Mignolo) 등으로 대표되는 근대성/식민성 연구그룹은 이베로-아메리카사와 구미사와의 차별성을 강조하고 있다.[6] 이들은 종속이론, 세계체제론, 포스트모더니즘, 포스트콜로니얼리즘이 공통적으로 근거하고 있는 서구중심주의적 관점을 강하게 비판하면서, 다원론적 입장에서 라틴아메리카뿐만 아니라 세계 전체를 새롭게 해석하고자 한다. 더불어, 라틴아메리카에 아직도 강력한 영향력을 미치고 있는 '식민적 상황'을 지속적으로 진단하고, 미래지향적인 극복 방안을 체계적으로 모색 중이다.

'라틴아메리카 근대성/식민성 연구그룹'은 종속이론과 세계체제론이 경제적 측면에만 너무 매몰되어 다양한 사회 · 문화관계를 제대로 파악하지 못했다고 비판한다. 그들은 포스트모더니즘과 포스트콜로니얼리즘이 라틴아메리카 현실에서 동떨어져 있고, 서구중심주의적인 시각에서 벗어나지 못한 한계를 드러낸다고 지적했다. 그들은 이러한 이론적 한계를 극복하는 대안으로 '권력의 식민성', '트랜스 모더니티', '경계사유' 등 새로운 이론을 주장하였다. 키하노가 새롭게 정립한 '권력의 식민성(coloniality of power)'이라는 개념은 자본주의의 논리와 유럽 백인들의 이해에 따라 인종 · 노동 · 공간 · 국민들을 차별하는, 지구적 차원에서 헤게모니를 발휘하는 권력 모델을 의미한다.[7]

---

6) 강성호. 2008. "유럽중심주의와 포스트모더니즘을 넘어—라틴아메리카 '근대성/식민성 연구그룹'의 탈식민전략." 『역사비평』 84(여름); 강성호. 2010. "식민주의 이후의 식민성—미국의 세계전략과 푸에르토리코." 『서양사론』 106 참조.
7) Quijano, Anibal. 2000. "Coloniality of Power, Eurocentrism & Latin America."

두셀이 제기한 '트랜스모더니티(transmodernity)'라는 개념은 서구중심주의적인 모더니티가 분리하고 배제해왔던 유럽 이외의 다양한 것들의 공존을 의미한다. 그는 중심과 주변, 남성과 여성, 다양한 인종과 계층, 인간과 자연, 그리고 서양문화와 다른 주변부문화 등을 서로 분리하고 배제시키지 않고, 협력 또는 합치를 통해 연대적 공존을 모색하고자 했다.[8] 미뇰로는 '경계사유(border thinking)'를 통해 서구중심주의적 근대성이 강요하는 좁은 개념 범주를 뛰어넘어, 시민권·민주주의·인권·인간성·경제적 권리 등을 제3세계의 억압받고 착취받는 하위주체(subaltern)의 관점에서 적극적으로 재해석하고자 했다. 그는 '경계사유'를 통해서 서구중심주의적 근대성을 뛰어넘는 세계를 위한 '탈식민적 해방투쟁(decolonial liberation struggle)'을 모색 중이다.[9]

이러한 '라틴아메리카 근대성/식민성 연구그룹'의 연구 및 활동성과는 한국에 여전히 존재하고 있는 '식민성'을 극복해나가는 데 커다란 시사점을 줄 수 있다. 왜냐하면 그들은 라틴아메리카의 발전을 위해 미국중심주의와 유럽중심주의를 '해체'하는 데 '중심해체'를 강조하는 포스트모더니즘 이론을 잘 활용하고 있기 때문이다. 따라서 이 그룹의 문제제기와 연구성과는 포스트모더니즘과 포스트콜로니얼리즘 같은 서유럽에서 수입된 학문체계에 내재된 서구중심주의적 사고의 한

   Napantla: Views from South. 1(3); Quijano, Anibal. 2007. "Coloniality and Modernity/Rationality." *Cultural Studies,* Vol. 21, Nos. 2-3, March/May.

8) 두셀, 엔리케 저·박병규 역. 2011. 『1492년, 타자의 은폐: '근대성 신화'의 기원을 찾아서』. 그린비.

9) 미뇰로, 월터 D. 저·김은중 역. 2010. 『라틴아메리카, 만들어진 대륙: 식민적 상처와 탈식민적 전환』. 그린비; 미뇰로, 월터 D. 저·이성훈 역. 2013. 『로컬 히스토리/글로벌 디자인: 식민주의성, 서발턴 지식, 그리고 경계사유』. 에코리브로.

계를 지적하고 새로운 대안을 모색해나가는 데 큰 도움이 될 것이다.

'라틴아메리카 근대성/식민성 연구그룹'의 이론을 구체적인 지역 케이스 연구에 적용한 경우로 그로스포구엘(Ramon Grosfoguel)의 연구를 들 수 있다. 그로스포구엘은 중남미와 미국 내의 인종과 이민문제, 푸에르토리코의 식민성, 자본주의 세계체제의 문제점, 그리고 라틴아메리카 근대성/식민성 연구그룹 등에 대해 폭넓게 연구해왔던 푸에르토리코 출신의 미국학자다. 그는 미국에 대한 종속이 심한 푸에르토리코 출신이기 때문에 자본주의 세계체제 속의 식민성의 문제를 라틴아메리카 내부 입장에서 잘 파악할 수 있는 지점에 위치해 있다.

그로스포구엘은 I. 월러스틴과 포스트콜로니얼리즘 이론 모두를 비판하면서 인종적/민족적 하위 주체관점에서 "급진적·보편적·탈식민적·반자본주의적 다양성"을 향해 나아가는 새로운 급진적·탈식민적 비판관점을 세우려 하였다. 그리고 그 과정에서 그는 민족주의와 식민주의 모두를 넘어서는 '비판적 세계시민주의(a critical cosmopolitanism)'을 정립하고자 하였다. 또한 그는 키하노의 '권력의 식민성' 이론의 도움을 받아 자본주의적 축적과정이 지구적 식민문화와 서구중심주의적 문화의 형성과 밀접한 관계를 가지고 있다는 점을 강조함으로써 세계체제론의 경제주의와 포스트콜로니얼리즘의 문화주의를 극복하고자 했다. 그는 대안으로 지구적·이데올로기적/상징적 전략과 식민적/인종주의적 문화를 세계적 차원의 중심-주변부관계를 구성하는 요소로 보려고 했다.

그로스포구엘은 키하노의 '권력의 식민성' 이론과 부르디외의 '상징적 자본' 이론을 미국자치령인 푸에르토리코에 적용해서 사용하였다. 그는 근대적/식민적/자본주의적 세계체제 내 푸에르토리코의 지정학적 위치를 '푸에르토리코 하위 주체의 관점(Puerto Rican subaltern perspective)'에서 보고자 했다. 그는 '푸에르토리코 하위 주체의 관점/위치'가 세계체제론적 접근이 강조하지 않았던 '지구적 상징전략'과 '지구적 식민성' 등을 새롭게 부각시키는 데 도움이 될 수 있다고 보았다. 미국은 냉전시기에 미국의 발전론 모델에 맞는 상징적 자본을 획득하기 위해서 미국에 도전적인 주변부 지역이나 민족집단들과 대치 상태에 있는 주변부 지역이나 민족집단들을 돋보이게 하려는 지구적 차원의 상징적/이데올로기적 전략을 발전시켰다.[10]

그로스포구엘은 타이완이나 한국 같은 동아시아의 기적은 미국의 그러한 지구적 차원의 이데롤로기적/문화적 전략에 대한 이해 없이는 설명될 수 없다고 주장했다. 미국이 1950년대 이후로 공산주의 정권의 도전을 받는 몇몇 주변부국가들을 쇼케이스로 부각시켰다는 것이다. 푸에르토리코도 미국의 이러한 '상징적 자본 전략' 속에서 미국 발전론 정책의 '상징적 쇼케이스(symbolic showcase)'로 기능했다. 이러한 입장에서 보면 카리브해의 푸에르토리코와 동아시아의 한국이나 대만은 서로 무관한 것이 아니라 미국의 냉전시기 세계전략 속에서 비교분석할 필요가 있다고 볼 수 있다.

---

10) 강성호. 2010. "식민주의 이후의 식민성: 미국의 세계전략과 푸에르토리코."『서양사론』106, pp. 84-85; 그로스포구엘, 라몬. 1998. "케팔주의에서 신자유주의로: 라틴아메리카에서의 개념적 전향에 대한 세계체제론적 비판."『발전주의 비판에서 신자유주의 비판으로: 세계체제론의 시각』. 공감.

3. 한국서양사학의 발전과 탈서구중심주의 세계사 연구경향

3-1. 한국서양사학계의 발전과정

한국에서 서양사 교육과 연구가 시작된 것은 19세기 말이다.[11] 이후 한국서양사학은 일제 강점기를 거치면서 발전하지 못하다가, 1945년 해방 이후 학문으로서 본격적으로 발전하기 시작하였다.[12] 해방 이후 지난 70여년 동안 한국서양사학회는 양과 질에서 크게 발전하였다.[13] 양적인 면에서 서양사 연구자 수와 논문 편수가 크게 늘었다. 해방 직후에 수 명에 불과하던 연구자 수가 600여 명으로 늘어났고, 초기 10년간에는 매년 4~5편에 불과하던 논문이 최근에는 매년 200여 편씩 발표되고 있다. 학회지인 『서양사론』도 연 1회에서 연 4회 계간지로 확대되었다.

서양사 관련 학회도 한국서양사학회 1개에서 시대별, 지역별, 주제별 학회로 분화되어 다양하게 활동하고 있다. 매년 12월에 한국고대역사문화학회, 한국서양중세사학회, 한국독일사학회, 한국영국사학회, 한국프랑스사학회, 한국미국사학회, 한국러시아사학회, 이베로아메리카사 연구회, 한국서양문화사학회 등 9개 관련학회가 모여 연합학술대회를 진행하고 있다. 이와 더불어 연구주제와 영역도 다양화되

---

11) 강성호. 2013. "한국 서양사 연구의 현황과 전망: 유럽중심주의 서양사를 넘어 세계사로." 『내일을 여는 역사』 50(봄) 참조.
12) 강성호. 2013. "한국 서양사 연구의 현황과 전망: 유럽중심주의 서양사를 넘어 세계사로." 『내일을 여는 역사』 50(봄) 참조.
13) 이 시기는 김영한 선생의 시기구분을 근거로 해서 부분적으로 수정해서 작성된 것이다. 구체적인 내용 근거는 다음을 참조. 김영한. 2011. 『한국의 서양사연구 60년, 서양사학회 50년』. 한국학술정보, pp. 15-19.

었다. 서유럽에 치우치던 주제들이 동유럽, 러시아, 미국, 이베로아메리카사, 비잔티움사, 이슬람사, 북아프리카사, 서남아시아사 등으로 확대되었다. 또한 연구주제들이 정치사, 경제사, 사상사 영역에 한정되지 않고 노동운동사, 사회사, 문화사, 교류사 등으로 확대되었다.

한국서양사 연구의 발전과정은 크게 4단계로 나누어볼 수 있다. 1959년 한국서양사학회 창립 이전 형성기(1876~1956), 초기(1957~1979), 성장기(1980~1995), 독자적 발전모색기다.[14] 1957년 이전 해방전후기와 일제 강점기는 서양사 연구자들이 연속되고 연구 면에서 큰 차이가 없다는 점에서 같은 시기로 구분하였다.

제2단계 초기에는 서양사학회가 창립되고, 국내박사와 외국박사가 처음으로 배출되고, 전문적인 연구논문과 수준 있는 개설서와 시대사가 출현하였다. 주제도 한국의 발전과정에 필요한 근대화 모델을 서양에서 찾으려 했다. 이 점은 당시 '근대화'라는 시대적 아젠다와 일치한 작업을 했다고 볼 수 있다.

제3단계 성장기(1980~1995)는 순수하게 한글을 사용하는 '해방세대'가 일본을 거치지 않고 구미의 연구성과를 직수입하던 시기다. 이 시기에 서양근대화와 관련된 정치사, 경제사, 사상사 연구에서 산업화의 모순과 민중문제와 관련된 노동사와 사회사 연구가 새롭게 출현하였다. 연구시대도 근대 초기에서 19세기 이후 현대사로 이동하기 시작했고, 다수의 전문분과들이 형성되기 시작했다.

제4단계는 독자적 발전모색기(1996~현재)다. 1987년 이후 민주화와 산업화가 진전을 보이고, 한국이 국제사회에서 인정을 받기 시작한

---

14) 이 구분은 김영한이 5단계로 나누어 정리한 것을 4개로 축소한 것이다. 김영한. 2011. 『한국의 서양사연구 60년, 서양사학회 50년』. 한국학술정보, p. 7.

시기다. 이 시기는 연구 영역 확대와 연구 논문의 양적 증가가 두드러진다. 예를 들어 1996년에서 2005년까지의 10년 동안 서양사 논저는 2300편이 넘는데, 이는 해방 이후 40년간의 연구성과보다 많다. 이뿐만 아니라 한국적 관점에서 서양사와 세계사를 다시 보려는 독자적 시도가 시작되었다는 점에서 현 시기는 중요하다.[15] 포스트모던 역사학과 신문화사의 소개와 응용, 서구중심주의 역사학에 대한 비판, 그리고 새로운 세계사에 대한 모색 등이 시작되었기 때문이다. 현재 시기는 기존에 비해서 양적으로 확대되고, 새로운 한국적 서양사 패러다임을 모색하고 있다는 점은 높이 평가할 만하다.

3-2. 한국서양사학계의 탈서구중심주의 연구동향

한국 서양사학계는 1957년 창립 이후에 유럽과 미국의 근대성이 지니고 있는 어두운 측면에 대해 진지한 문제제기를 하지 못했다.[16] 오히려 1970년대까지는 유럽의 근대문명을 앞서서 수입하고 전파하는 데 적극적인 역할을 하였다. 한국서양사학계는 1980년 민주화 시대에 유럽사회주의와 노동운동을 연구하면서 유럽 근대성의 부정적 측면을 보기 시작했다. 유럽 근대 내부에서 낳았던 계급적 모순구조를 뒤늦게 인식하기 시작한 것이다. 그러나 유럽의 근대 내부의 모순구조에 대한 새로운 인식이 유럽 근대가 유럽 외부에 가한 파괴적이고 부정적인 역할에 대한 인식으로 바로 이어지지는 못했다.

---

15) 김영한. 2011. 『한국의 서양사연구 60년, 서양사학회 50년』. 한국학술정보. pp. 49-53.
16) 강성호. 2010. "유럽중심주의 세계사에 대한 비판과 반비판을 넘어." 『역사학연구』 39 참조.

유럽을 세계전체의 한 부분으로 한국 서양사학계가 객관적으로 인식하기 시작한 것은 월러스틴을 연구하고 소개하면서부터다. 나종일의 세계체제론 연구나 한국서양사학회 주최로 열린 세계체제론 학술대회를 대표적인 것으로 들 수 있다.[17] 그러나 세계체제론 연구가 바로 서구중심주의 세계사에 대한 전면적인 검토로 나아가지 못했다. 한국 서양사학자들이 주체적 입장에서 서구중심주의 세계사를 검토하기 시작한 것은 2000년대 들어서다.[18] 초기의 대표적인 연구로 이민호의 "세계사를 어떻게 읽을 것인가—유럽중심주의 사관의 극복을 위하여"(2002), 이상현의 "한국서양사학(1945~1990)의 반성"(2002), 그리고 강철구의 『역사와 이데올로기: 서양역사학의 유럽중심주의에 대한 비판적 검토』(2004)를 들 수 있다. 강철구는 계속해서 『우리의 눈으로 본 세계사』 I(2009)을[19] 출간하면서 서구중심주의 세계사에 대한 비판 작업을 적극적으로 하고 있다.

이러한 성과들에 기초해서 서구중심주의 세계사 문제를 집단적으로, 비판적으로 검토하게 되는 전환점은 2006년 4월에 한국서양사학회가 주최했던 한국서양사학회 전국학술대회 '우리에게 서양이란 무엇인가: 유럽중심주의 서양사를 넘어'였다. 이 대회의 성과로 2009년에 『유럽중심주의 세계사를 넘어 세계사들로』(푸른역사)[20]가 출판되었다. 이 책은 한국서양사학회가 공식적으로 서구중심주의 세계사 문제

---

17) 나종일. 1992. 『세계사를 보는 방법과 시각』. 창비; I. 월러스틴 저·김대륜, 김명환, 나종일, 박상익 역. 1999. 『근대세계체제 I』. 까치글방; 한국서양사학회편. 1996. 『근대 세계체제론의 역사적 이해』. 까치글방.

18) 강성호. 2009. "『유럽중심주의 세계사를 넘어 세계사들로』를 말한다." 『유럽중심주의 세계사를 넘어 세계사들로』. 푸른역사.

19) 강철구. 2009. 『강철구의 우리의 눈으로 본 세계사』 1. 용의숲.

20) 한국서양사학회 편. 2009. 『유럽중심주의 세계사를 넘어 세계사들로』. 푸른역사.

를 검토하기 시작하는 계기였다는 점에서는 큰 의의를 지닌다. 그러나 참여하는 필자들 사이의 관점이 서로 통일되지 못했고, 서구중심주의와 관련된 주요 쟁점들을 제대로 모두 다루지 못했다는 점에서 한계를 지니고 있다.

이후 서구중심주의 역사를 한국이나 동아시아 입장에서 새롭게 접근하려는 집단적인 시도들이 학술대회 개최나 관련 연구소나 기관의 창립 등을 중심으로 활발하게 이루어졌다. 2007년 7월에 한국서양사학회 창립 50주년을 기념하여 '동아시아에서의 서양사 연구, 근대성의 인식과 유럽중심주의의 극복'이라는 주제로 한·중·일 삼국 공동의 국제학술대회가 한국에서 개최되어, 동아시아의 시각에서 서구중심주의 문제를 중심으로 검토한 바 있다.[21] 또한 2009년 5월에는 일본 오사카대학에서 아시아세계사학회 창립대회가 열리기도 하였다.[22] 2010년 5월 개최된 제53회 전국역사학대회의 전체 주제가 '식민주의와 식민책임'이라는 점도 이러한 흐름을 반영해주고 있다고 볼 수 있다.[23] 그리고 이화여대에 지구사를 전문적으로 연구하는 '이화여대 지구사 연구소'가 2008년 창립되어 활동하고 있다.

서구중심주의 세계사를 비판하는 다양한 세계사들이 활발하게 소개되고 연구되기 시작했다. 세계사 속에서 그동안 상대적으로 무시되

---

21) 한국서양사학회 창립50주년 기념국제학술회의, 2007, 『동아시아에서의 서양사연구, 근대성의 인식과 유럽중심주의의 극복』, 서울대학교, 5-6.

22) *World History Studies and World History Education*, 29-31 May 2009, Osaka University Nakannoshima Center, *The Proceedings of the First Congress of the Asian Association of World Historians*, edited, by the Organizing Committee of the First Congress of the Asian Association of World Historians, Osaka University, Japan, 2009.

23) 전국역사학대회 조직위원회, 2010, 『제53회 전국역사학대회: 식민주의와 식민통치』, 서울, 고려대학교, 28-29.

었던 아시아, 이슬람 문명, 라틴아메리카, 아프리카 등의 중요성을 강조하는 A. G. 프랑크, 아리기, 호지슨, 미뇰로 등의 저작이 소개되었다.[24] 또한 세계 각 지역 간의 교류를 강조하는 맥닐의 세계사가 소개되었다.[25] 그리고 지구 전체나 우주 속의 지구를 크게 보려는 글로벌 히스토리, 빅히스토리 관련 책들도 소개되었다.[26] 그리고 그동안 개별적·집단적으로 서구중심주의 세계사를 비판적으로 검토하거나 소개하는 강철구, 임지현, 조지형 등의 저작들이 출판되었다.[27]

최근 서구중심주의 세계사에 대한 관심이 많이 늘어나고 있는 것은 바람직한 일이다. 그러나 위에서도 이야기한 것처럼 서구중심주의 세계사는 오랜 기간에 걸친 집단적 노력의 결과이기 때문에 쉽게 극복할 수 있다는 지나친 낙관주의는 삼가야 한다. 위에서 살펴본 것처럼, 짧은 기간에 비교적 많은 학술대회들이 열리고 관련 연구들이 많이 소개된 것은 사실이다. 그러나 소개되고 있는 각각의 이론들을 우리 입장에서 체계적으로 심도 있게 검토하고 소화하는 데는 앞으로도 적지

---

24) 프랑크, A. G. 저·이희재 역. 2008. 『리오리엔트』. 이산; 아리기, 조반니 저·백승욱 역. 2008. 『장기 20세기』. 그린비; 호지슨, 마셜 저·이은정 역. 2006. 『마셜 호지슨의 세계사론: 유럽, 이슬람, 세계사 다시보기』. 사계절; 미뇰로, 월터 D 저·김은중 역. 2010. 『라틴아메리카, 만들어진 대륙』. 그린비.

25) 맥닐, 윌리엄 저·신미원 역. 2005. 『전쟁의 세계사』. 이산; 맥닐, 윌리엄 저·김우영 역. 2005. 『전염병의 세계사』. 이산; 맥닐, 윌리엄 저·김우영 역. 2007. 『세계의 역사』 1, 2. 이산; 맥닐, 윌리엄 저·유정희, 김우영 역. 2007. 『휴먼 웹: 세계화의 세계사』. 이산.

26) 크리스천, 데이비드 저·김서형, 김용우 역. 2009. 『세계사의 새로운 대안 거대사』. 서해문집; 크로슬리, 파멜라 카일 저·강선주 역. 2010. 『글로벌 히스토리란 무엇인가』. 휴머니스트; 브라운, 신시아 저·이근영 역. 2009. 『빅히스토리』. 프레시안북.

27) 강철구. 2009. 『강철구의 우리의 눈으로 본 세계사』 1. 용의숲; 임지현. 2010. 『새로운 세대를 위한 세계사편지』. 휴머니스트; 조지형 편. 2008. 『지구화시대의 새로운 세계사』. 혜안.

않은 시간이 필요하다고 생각된다. 프랑크, 캘리포니아 스쿨, 호지슨, 맥닐 등 대표적인 사람들에 대해 일반적 소개가 이루어지고 있을 뿐, 정작 제대로 된 심도 깊은 접근이나 연구는 많지 않은 실정이다.

앞으로 소개된 주요 저작들과 연구자들의 이론과 연구성과들에 대한 지속적이고 체계적인 검토들을 해나갈 필요가 있다. 이러한 지속적인 연구의 축적 위에서, 우리는 기존의 소개와 연구가 서구중심주의 세계사를 벗어나지 못하면서 서구중심주의를 새로운 차원에서 강화시켜주고 있거나,[28] 아니면 서구중심주의 대신에 새로운 지역 특수주의를 양산하고 있는 것이 아니냐는 비판들에 대해 충분히 답해나갈 수 있을 것이다.[29]

이와 관련해서 서구중심주의 세계사를 비판하는 이론들을 받아들이는 과정에서 그 이론들이 형성된 '지정학적' 위치를 우리 입장에서 확인해나갈 필요가 있다. 미국, 유럽, 라틴아메리카, 일본, 중국 등에서 형성된 이론들은 나름대로의 시대적 · 지정학적 맥락이 있을 수밖에 없다. 냉전시기에는 냉전시기대로, 냉전 이후는 냉전 이후 시대의 각 지역 간, 국가 간, 문명 간 대립과 갈등의 맥락이 세계사를 보는 데 투영될 수밖에 없는 것이다. 미국에서 서구중심주의 세계사를 비판하는 것은 미국이 유럽을 견제하면서 세계적 차원의 패권을 쥐려고 하는 의도에서 나온 것이 아닌지, 유럽에서 서구중심주의 세계사를 비판하는 것은 쇠퇴하는 유럽 입장에서 자신을 세련되게 합리화하려는

28) 임지현. 2010. 『새로운 세대를 위한 세계사편지』. 휴머니스트, pp. 40-41.
29) 윤종희. 2003. "자본주의 이행논쟁의 새로운 지평: 세계체제의 연속과 단절의 쟁점." Transtoria 3; Sungho Kang. 2007. "Reorienting Reorient: East Asia and 15th-19th Century Korea." *Andre Gunder Frank's Legacy of Critical Social Science*. University of Pittsburg, David Lawrence Conference Center, April 11-13.

것은 아닌지, '탈아입구(脫亞入歐)'를 주장하던 일본이 아시아 입장에서 서구중심주의를 비판하는 것은 아시아에서의 주도권을 되찾으려고 하는 것은 아닌지, 중국이 중국중심 세계사를 강화하는 것은 이전의 중화주의 세계질서로의 회귀를 꾀하는 것은 아닌지 등등에 대해서 우리 입장에서 검토해볼 수밖에 없는 것이다.

또한 서구중심주의 세계사를 극복하는 과정에서 근대 유럽이 이룩한 성과 모두를 부정하는 역편향, 즉 옥시덴탈리즘에 대해서도 조심해야 한다. 최근 밝혀지고 있는 것처럼 근대 유럽이 이룩한 성과가 과장된 것은 사실이다. 그러나 근대 유럽이 낙후된 중세에서 새로운 세계의 중심으로 성공한 원인과 과정에 대해서도 객관적으로 파악해야 한다. 유럽이 승리한 진정한 이유를 알아야 진정으로 서구중심주의 세계사를 극복할 수 있을 것이기 때문이다.

4. 탈서구중심주의 세계사의 과제

4-1. 학술적 과제

앞으로 한국 역사학계는 서구중심주의를 넘어 세계사 전체관점에서 세계 각 지역을 보는 진정한 세계사를 새롭게 만들어나가야 한다. 먼저 유럽을 유럽 자체만이 아니라 유럽 주위와의 관계 속에서 유럽 역사를 새롭게 바라보아야 한다. 유럽은 유라시아 대륙의 서쪽 끝에 있는 반도라는 지정학적 위상을 지녀서, 대륙과 해양을 통해 지속적으로 상호 영향을 주고받아왔다. 따라서 유럽과 유럽 주위 문명들 사이의 상호관계에 대한 소개와 연구를 진행해야 한다. 지금까지 제대로 다루어지지 않았던 유럽 밖에 있는 주요 지역과 문명의 세계사에 대한 참여와 기여를 균형 있게 인정하고 소개할 필요가 있다. 아프리카, 서남아시아, 동남아시아, 중앙아시아, 동유럽, 남북아메리카 등에 대한 지속적이고 체계적인 연구와 교육이 필요하다.

이와 관련된 연구성과로 한국서양사학회 기관지인 『서양사론』에서 2010년부터 2012년까지 3년 동안 진행된 '세계에 비춰본 유럽' 기획 시리즈를 들 수 있다. 유럽사와 세계사의 발전 동인을 유럽 내부의 요인들에서만 찾으려는 것은 서구중심주의 세계사의 문제점이다. 그러나 역사적으로 보았을 때 유럽은 고대부터 오늘날에 이르기까지 유럽 외부와의 부단한 접촉을 통해 발전해왔다. 이 기획 시리즈는 서구중심주의를 극복하기 위한 시도의 하나로 유럽과 유럽을 둘러싼 세계와의 상호관계와 작용을 체계적으로 살펴봄으로써, 세계사 속의 유럽의 객관적 위치를 재확인하려 하였다.

"세계에 비춰본 유럽" 시리즈에는 9편의 논문이 게재되었다. 고대 그리스와 동지중해, 중세 유럽과 이슬람 세계, 중세 유럽과 비잔티움, 유럽과 인도양, 르네상스기 유럽과 동아시아, 서유럽과 중부 유럽, 에스파냐와 아메리카노 독립투쟁, 부르주아 민주주의 혁명과 식민지 등이 다루어졌다. 원래 기획되었던 유럽과 대서양, 유럽과 미국, 유럽과 아프리카 등이 기고되지 못한 것은 아쉬운 점이지만 국내에서 처음으로 유럽과 유럽 주변 사이의 상호관계를 체계적으로 살펴보았다는 점에서 의미가 있다.[30]

---

30) 오흥식. 2011. "고대 그리스와 동지중해권—마틴 버날의『블랙 아테나 II: 고고학적 증거와 문헌증거』."『서양사론』109호; 김차규. 2011. "8~9세기 비잔티움과 서방 간 필리오퀘 논쟁의 의미."『서양사론』110호; 남종국. 2011. "Ashtor와 중세 지중해 세계."『서양사론』111호; 강일휴. 2011. "피렌체제와 이슬람."『서양사론』108

이러한 연구축적의 기반 위에서, 한국서양사학계는 지구화 시대에 걸맞은 새로운 세계사 연구성과를 반영하는 탈서구중심주의적인 서양사 및 세계사 개설서를 준비해나가야 한다.[31] 기존에 널리 통용되고 있는 차하순의 『서양사총론』과 민석홍의 『서양사개론』은 개설서로서 우리의 서양사 이해에 큰 기여를 한 것은 분명하지만, 서구중심주의 세계사 입장에서 서술되었다는 점에서는 한계가 있다.[32] 따라서 새로운 탈서구중심주의적인 서양사 개설서를 한국서양사학회 차원이나 뜻을 같이하는 연구자들과 함께 빠른 시일 내에 새롭게 집필해나가야 할 필요가 있을 것이다.

4-2. 한국사, 동양사, 서양사 분류 통합

일본의 영향을 받아 한국역사학계는 한국사, 동양사, 서양사로 분리되어 통합적으로 운영되지 못했다. 청일전쟁(1894~1895) 전후 시기에 일본은 아시아에 대한 지배자로서의 우월한 위치를 부각시키기 위해서 일본사와 서양사로 나누고, 다시 일본사와 구별되는 동양사라

호; 임병철. 2010. "르네상스, 계몽주의, 그리고 중국." 『서양사론』 106호; 김동원. 2012. "유럽 기독교세계의 보루 '중부유럽'—16세기 오스만튀르크의 위협과 중부유럽의 대응." 『서양사론』 112호; 고원. 2010. "유럽 자본주의와 인도양 세계—세계체제 연구들에 대한 검토." 『서양사론』 107호; 박구병. 2012. "아메리카노의 독립투쟁과 에스파냐 자유주의의 변화, 1808~1823." 『서양사론』 112호; 권윤경. 2012. "부르주아-민주주의 혁명과 식민지: 프랑스 혁명, 아이티 혁명, 다시 생각하는 '혁명의 시대'." 『서양사론』 113호.
31) 강성호. 2013. "지구화시대에 같이 나가야 할 세계사와 한국사." 『역사와 문화』 26호, p. 17.
32) 차하순. 2000. 『새로 쓴 서양사 총론』 1, 2, 탐구당; 민석홍. 2003. 『서양사개론』. 삼영사.

는 분야를 창조하였다.[33] 이는 서구중심주의에 대항한다는 점에서 탈서구중심주의로 보일 수 있다. 그러나 일본은 탈아입구론을 주장하면서 동아시아에서의 유럽의 위치를 선점하려 했기 때문에 이러한 구분 자체는 역설적으로 아시아판 서구중심주의로 보아야 할 것이다. 따라서 일본 제국주의의 피해를 많이 당한 한국이 일본처럼 국사, 동양사, 서양사 분류체계를 그대로 따를 필요는 없을 것이다.

더욱이 해방 이후 한국 역사학계는 국사, 동양사, 서양사가 각기 독자적으로 발전하면서 한국사, 동양사, 서양사학계 사이의 거리는 더욱 멀어졌다. 서울대학교는 1969년부터 국사학과, 동양사학과, 서양사학과로 나누어졌다. 고려대학교도 1989년에 한국사학과, 동양사학과, 서양사학과로 나누어졌고, 최근 동양사학과와 서양사학과가 사학과로 다시 통합되었다. 이러한 분립으로 인해 서구중심적인 세계사 발전과정을 비판적으로 수용하기 어려웠고, 세계사 속에서의 한국과 동아시아의 위치를 제대로 파악하기도 어려웠다. 한국서양사학계에 서구중심주의 연구흐름이 강하게 유지되어온 것은 이러한 상황과도 밀접한 관계가 있다고 생각된다. 일본 식민지시기에 주입된 국사, 동양사, 서양사 분류체계를 극복해나갈 필요가 있다. 최근에 서울대학교 국사학과, 동양사학과, 서양사학과가 통합하기로 합의했다는 소식은 한국역사학계 입장에서 환영할 만한 소식이다.[34]

한국사, 동양사, 서양사 분야 학회들이 단일한 '역사학회'로 뭉치기

---

33) 김영한. 2011. 『한국의 서양사연구 60년, 서양사학회 50년』. 한국학술정보, pp. 58-59.
34) "서울대 국사학과, 동양사학과, 서양사학과 등의 교수 28명 전원이 세 학과를 통합해 '역사학부'를 설치하는 것에 합의했다. 1946년 '사학과'로 출발했다 1969년 세 학과로 분리된 지 47년 만에 다시 통합하게 된다." 『중앙일보』(2016. 7. 28)

는 기존 역사학계의 역사성과 서로 다른 관점들 때문에 현재로는 쉽지 않다. 기존에 운영되고 있는 역사학회는 전국역사학대회를 역사 관련 학회들과 공동으로 조직하고 있고, 학회지 『역사학보』를 통해서 각 분야별 '회고와 전망'을 게재하고 있지만, 관련 역사학회들을 모두 실질적으로 대변한다고 보기는 어렵다. 따라서 한국사, 동양사, 서양사 및 다른 역사분야 학회들이 공동으로 참여해서 운영될 수 있는 진정한 '역사학회' 결성에 대해 같이 고민해나갈 필요가 있다.[35)]

이런 점에서 미국 역사학계의 학회운영 방식을 연구해볼 필요가 있다. 미국 역사학계는 크게 두 개의 학회로 구성되어 있다. 하나는 미국사 연구자를 포함하면서 주로 세계사 전체를 연구하는 미국역사학회(American Historical Association, AHA)와 미국사연구자들로만 구성되어 미국사만을 연구하는 미국사학회(Organization of American Historians, OAH)로 구성되어 있다. 오래된 통계이기는 하지만 1997년에 AHA는 1만 5000여 명의 회원(이 중 미국사 연구자는 1000명), OAH는 미국사전공자만 약 9000명에 달하고 있다.[36)] 한국은 미국에 비해 역사학자 규모가 크지 않기 때문에 'AHA' 같은 방식의 '한국역사학회(가칭)'를 생각해볼 수도 있는지에 대해 논의를 진행할 필요가 있다.

4-3. 새로운 세계사교과서 개발의 필요

지구화 속도가 갈수록 빨라지면서 유럽, 일본, 미국, 유럽 등에서

---

35) 김기봉. 2015. "글로벌 시대 한국역사학의 해체와 재구성: 한국사, 동양사, 서양사 3분과체제의 역사화를 위하여." 제58회 전국역사학대회: 역사학과 역사교육의 소통. 서울대학교. 10. 30-31.
36) 김성복. 1997. "미국 역사학계의 현주소." 『역사학보』 155호, pp. 298-303.

지구화 시대에 걸맞은 세계사에 대한 교육이 초중등학교에서 활발하게 이루어지고 있다.[37] 일본에서는 고교과정에서 세계사가 세계화의 추세에 맞추어 1989년에 필수과목으로 선정되었고, 1994년부터 실시되었다. 한국과 다르게 일본사와 지리는 택일 선택과목으로 지정되었다.[38] 미국에서 세계사교육은 『세계사 표준서』가 『역사표준서』의 하나로 간행됨에 따라 체계적으로 진행되었다. 미국에서 가장 일반적으로 채택되고 있는 사회과 교육과정 편제에서 미국사는 5, 8, 11학년의 3개 학년에 걸쳐, 세계사는 7학년과 10학년에 배우는 경우가 많다.[39] 미국에서 세계사교육은 자국사교육과 비슷한 비중으로 필수로 지정되어 진행되고 있는 것이다. 영국의 경우 세계사나 영국사가 필수로 지정되어 있지는 않지만 세계사와 영국사가 혼합되어 역사교육이 진행된다는 점을 고려해볼 때 세계사교육이 소홀히 되고 있지는 않다.

또한 자국사와 외국사 혼합 양상이 유럽 국가들의 역사교육 과정에서 자주 나타난다. 왜냐하면 유럽에서 민족이동, 민족과 국가 사이의 혼합과 분열 등이 자주 발생했기 때문에 자국사와 외국사의 구분이 쉽지 않기 때문이다.[40] 자국사와 외국사를 통합해서 교육하는 대표적인 나라로 프랑스를 들 수 있다.[41] 프랑스에서는 중등교육 7년 내내 역사교과가 사회교과와 독립된 교과이면서 필수로 교육되고 있다. 중

---

37) 구난희. 2005. "세계사교육과정의 현황과 개선방안." 『역사교육』 93호. 125쪽의 도표를 보면 일본과 구미 여러 나라들의 세계사교육 현황을 일목요연하게 살펴볼 수 있다.
38) 하종문. 2003. "전후 일본의 역사학과 세계사연구." 『역사교육』 110호.
39) 김한종. 1999. "미국, 영국, 일본의 역사교육과정 동향." 『역사교육』 71호. pp. 190-191.
40) 김한종. 1999. "미국, 영국, 일본의 역사교육과정 동향." 『역사교육』 71호. 204.
41) 이용재. 2014. "프랑스의 역사교육과 역사교과서." 제9회 한국서양사학회 연합학술대회 집담회: 서구 역사교육현황과 한국 역사교육의 문제. 12월.

학교에서는 매주 2시간, 고등학교에서는 매주 3시간 역사수업을 받고 있어 역사가 차지하는 비중이 매우 크다. 또한 프랑스의 중등과정 역사교과서 『역사(Histoire)』는 프랑스사를 세계사와 분리하지 않고 세계사 흐름에 넣어서 서술하고, 그러다 보니 프랑스와 외부 세계와의 교류와 관계를 중시한다. 물론 프랑스가 포함된 유럽을 중심으로 아시아, 아메리카, 아프리카 등을 다룬다는 점에서는 서구중심주의 역사관에서 벗어나지는 못했다. 그리고 고대, 중세, 근대, 현대라는 시대구분을 유지하지만 현대사의 비중이 압도적이다. 특히 고등학교 3년 동안 역사수업의 3분의 2 이상이 현대사라는 점은 한국의 역사교육에 시사하는 바가 크다.

지구화 시대에 대외의존도가 큰 한국은 다른 나라들보다 바깥 세계를 더 많이 정확하게 알아야 할 필요가 있다. 한국의 2006~2010년 평균 대외의존도는 103.6%로 일본, 미국, 이탈리아, 영국, 스페인 등에 비해 높은 수준을 보이고 있다. 더욱이 대외의존도 증가속도가 가파르다는 점에서 문제가 심각하다. 1993년 51.0%였던 대외의존도가 외환위기를 겪으면서 1998년에 76.4%, 글로벌 금융위기를 거치면서 2008년 107.2%로 증가했고, 2012년도에는 109.9%로 계속 증가하였다.[42] 따라서 한국인들에게 세계사교육은 생존에 필수적인 과목일 수 있다는 점을 역사학계와 사회가 적극적으로 인식할 필요가 있다. 그렇기 때문에 한국사교육 강화를 이야기할 때 세계사교육 강화도 같이 논의할 필요가 있다.

실제로 세계사교육은 해방 이후 2001년 제7차 교육과정 이전까지

---

42) 강성호. 2013. "지구화시대에 같이 나가야 할 세계사와 한국사." 『역사와 문화』 26. p. 16.

상당 기간 필수로서의 지위를 유지했었다.[43] 1965~1976년 제2차 교육과정에서 세계사가 필수였고, 또한 1984~1990년 제4차 교육과정에서도 다시 필수로서의 지위를 회복했다. 1996~2000년 제6차 교육과정에 세계사는 고등학교에서 필수로 지정되었다. 제7차 교육과정이후 세계사는 필수에서 선택으로 바뀌었고, 고등학교에서 세계사를 선택해서 듣는 학생들은 갈수록 줄어들고 있다.(김덕수. 2016. 8)

세계사교육을 많이 시키는 것도 의미 있지만 더 중요한 것은 탈서구중심주의 세계사를 제대로 가르치는 것이다. 서구중심주의 세계사는 지금도 고등학교 교육을 통해 지속적으로 재생산되고 있다. 따라서 탈서구중심주의 고등학교 세계사를 한국서양사학계가 적극 참여해서 개발할 필요가 있다. 1955년부터 2003년 제7차 교육과정까지는 서구중심주의 세계사라는 점에서 큰 변화가 없었다. 이 교과서들은 서양이 근대화되면서 세계를 지배했고, 서양의 고대와 중세는 선진적 근대화를 낳게 했다는 점에서 중요했고, 비서구세계는 이 서구 모델의 근대화를 따라야 한다고 주장하였다.

2007~2009년, 2011년 부분개정 작업은 그 이전까지의 서구중심주의적 세계사 구성을 전면적으로 수정하였다. 이 교과서는 세계를 통합하는 힘으로 폭력 대신에 대규모 이주, 문화교류, 교역 등의 역할을 중시하면서, 동아시아, 동남아시아, 서아시아, 유럽, 아프리카, 아메리카 등을 다양하게 균형 있게 다루려고 노력했다. 이로 인해 2015년 5월에 싱가포르에서 개최된 제3차 아시아세계사학회 세계사교육 세션에서 2007년에 개정된 이 세계사 교과서는 아시아에서 가장 탈서

---

43) 구난희. 2005. "세계사교육과정의 현황과 개선방안." 『역사교육』 93호. p. 112.

구중심주의적이라는 평가를 받기도 했다.[44] 물론 이 교과서도 1600년 이후 서구의 근대화를 근대 세계의 출발점으로 다루고 제국주의 세계 정복을 교류확대의 관점에서 다루고 있다는 점에서 서구중심주의를 완전히 탈피하지는 못했다.

2015년 말에는 2018년부터 고등학교에서 사용될 세계사교육과정 개정안이 새롭게 제시되었다. 2015년 개정안은 교육현장에서의 세계 사교육 부담을 줄이기 위해 교과서의 분량을 대폭 축소시켰다. 다루 는 지역을 동아시아, 서아시아-인도, 유럽-아메리카로 한정하고, 세 지역의 역사를 제국주의시대 이전까지 단순 병렬식으로 구성하여 지역 간 문물의 교류와 확산을 거의 다루고 있지 않다.[45] 2015년 개정된 고등학교 세계사교과서는 세계사교육 영역을 지나치게 축소하고 지역 간 교류를 제대로 다루지 않는다는 점에서 1955년 이후 최악이라는 평가가 지난 2015년 전국역사학대회에서 제기되기도 하였다.[46]

2003년 7차 개정 이후 고등학교 세계사교과서의 내용구성이 세계 에서 유례가 없을 정도로 크게 흔들렸다. 그 이유로 지금까지 세계사 교과서 집필 가이드라인이 세계사교육과정 개편에 참여한 개인들의 특성에 따라 크게 변동되었다는 점을 들 수 있다. 따라서 고등학교

---

44) The 2015 Singapore Asian Association of World History(AAWH) Third Congress: "Migration in Global History: Peoples, Plants, Plagues, and Ports,"(Nanyang Technological University, Singapore, 29-31 May, 2015).

45) 진재관. 2015. 『2015 개정교과교육과정 시안개발연구 II. 역사과 교육과정』. 교육 과정 평가원. pp. 85-87.

46) 김칠성. 2015. "고등학교 세계사(서양사 부분포함)의 문제들." 제58회 전국역사학 대회: 역사학과 역사교육의 소통. 서울대학교. 10. 30-31; 김덕수. 2015. "[토론 5] 고등학교 세계사교육과정 시안에 대한 토론—교육과정을 통해본 고등학교 세계 사교육의 문제." 『2015 역사과 교육과정 시안 공개토론회 자료집』. 한국교육과정 평가원. 연구자료 ORM 2015-37.

세계사교과서 대안을 마련하는 작업은 개별적인 작업에서 벗어나 집단적으로 진행될 필요가 있다. 그러나 탈서구중심주의 세계사교과서를 개발하려는 조직적인 움직임은 아직까지 가시화되고 있지 않다.

2016년부터 새로 시작되는 제52대 한국서양사학회가 세계사교육과정 문제에 대해 구체적인 모색을 시작했다는 점은 반가운 일이다. 한국서양사학회는 이를 위해 2016년 8월 말에 중고등학교 세계사교육 및 세계사교과서 관련 학술대회를 개최하고, 현장에 있는 세계사 교사들과 연대하여 세계사 관련 보조교재나 자료집 제작 등을 공동으로 모색하려고 하고 있다. 이러한 성과 위에 다음 교과과정 개편 때 2015년 개정안이 대폭 수정될 수 있을 것이다. 또한 한국서양사학계가 관심을 계속 가져 나가면, 최근의 경우처럼 고등학교 세계사교과서 교육과정의 큰 변동이 일어나기 어렵게 될 것이고, 한국서양사학계의 최신 연구성과가 지속적으로 세계사교과서에 반영될 수 있을 것이다.

5. 한국에서의 탈서구중심주의 세계사 발전방향

서구중심 세계가 쇠퇴하면서 탈서구중심주의 세계사 서술이 다양하게 나타나고 있다. 동아시아, 이슬람 세계, 이베로-아메리카 등에서 서구중심주의 세계사를 대체하려는 새로운 시도들이 활발하게 진행되고 있다. 프랑크, 포머란츠, 호지슨, 키하노, 두셀, 미뇰로 등의 성과들이 세계적으로 주목받고 있고, 국내에도 소개되었다. 한국서양사학계에서도 기존의 서구중심주의 세계사에서 벗어나려는 시도가 1990년대 후반 이후 진행되어왔다. 초기에는 개인 연구자들이 중심이 되어 문제제기가 이루어졌고, 2006년 이후에는 한국서양사학계 전체 차원에서도 탈서구중심주의 세계사에 대해 관심이 집중되고 있다. 그 결과 2010년에 기존의 서구중심주의 세계사를 비판적으로 검토하는 연구서가 한국서양사학회 이름으로 출판되었고, 서구중심주의 세계 사를 비판하는 기획 시리즈 논문들이 학회지 『서양사론』에 기획 · 연 재되기도 하였다.

탈서구중심주의 세계사 연구가 세계 곳곳에서 진행되고 있다. 탈서 구중심주의 세계사 연구는 미국, 유럽, 아프리카, 이베로-아메리카, 아시아 등으로 빠른 속도로 확산되고 있다. 아시아에서는 아시아세계 사학회에 참여하는 연구자 수가 늘어나고 있다. 한국서양사학계는 이 와 같이 세계 곳곳에서 진행되는 탈서구중심주의 연구를 지속적으로 한국에 소개하는 데 관심을 기울일 필요가 있다. 특히 한국에서 연구 자가 많지 않은 이베로-라틴아메리카, 이슬람 세계, 아프리카, 서남 아시아 등의 새로운 연구성과를 국내에 적극적으로 소개할 필요가 있 다. 또한 세계사학회, 아시아세계사학회 등 탈서구중심주의 세계사학 회에 한국역사학자들이 조직적으로 참여할 필요가 있다.

현 단계에서 탈서구중심주의 세계사연구는 기존의 서구중심주의 세계사연구를 비판하면서 세계 각 지역이 세계사에 기여한 점을 균형 있게 서술할 필요가 있다. 세계 각 지역에 대한 충분한 연구 없이 서 구중심주의 세계사를 대체하는 새로운 '세계사'를 제시하는 것은 또 다른 '지역중심' 세계사를 초래할 위험성이 크다. 그 실례로 '중국중심 주의 세계사'를 들 수 있다.

한국의 역사가들은 서로 협력하여 한국사가 세계사에 기여한 부분 이 정당하게 평가될 수 있도록 노력해나갈 필요가 있다. 한국사, 동아 시아사, 아시아사, 세계사는 상호 밀접한 관련을 지니고 있다. 각 지역을 연구하는 역사가들이 힘을 모아 한국사와 세계사 사이의 상호 영향관계를 밝히면 그 과정에서 세계사 속의 한국사의 위치와 기여에 대한 균형 있는 평가가 가능해질 것이다. 이와 관련하여 서울대학교 국사학과, 동양사학과, 서양사학과가 최근 통합하기로 합의한 것은 바람직한 일이다. 앞으로 다른 대학들에 있는 국사학과와 사학과, 국사교육학과와 역사교육학과 등이 사학과와 역사교육과로 통합되기를 기대해본다.

동시에 탈서구중심주의 세계사 연구성과를 대중적으로 확산하려는 노력을 동시적으로 해나갈 필요가 있다. 새로운 탈서구중심주의 연구성과를 반영하는 대학교 세계사 개설서, 고등학교 세계사교과서, 한국사와 세계사 모두를 포괄한 중학교 역사교과서, 일반 대중용 세계사 교양서 등을 한국서양사학회와 동양사학회가 협력하여 빠른 시일 내에 집필할 필요가 있다. 부족한 부분은 지속적인 개정작업을 통해 보완해나가면 될 일이다. 또한 초중등학교 교사, 해외 관련 직종 종사자 및 일반 시민들을 대상으로 한 탈서구중심주의 세계사교육도 체계적으로 광범위하게 진행해나갈 필요가 있다.

■ 참고문헌

강성호. 2008. "전지구적 세계체제로 본 세계사와 동아시아사: 안드레 군더 프랑크." 『역사비평』 82.

강성호. 2008. "유럽중심주의와 포스트모더니즘을 넘어—라틴아메리카 '근대성/식민성 연구그룹'의 탈식민전략." 『역사비평』 84.

강성호. 2009. "『유럽중심주의 세계사를 넘어 세계사들로』를 말한다." 『유럽중심주의 세계사를 넘어 세계사들로』. 서울: 푸른역사.

강성호. 2010. "글로벌 히스토리는 가능한가?" 『내일을 여는 역사』 40.

강성호. 2010. "유럽중심주의 세계사에 대한 비판과 반비판을 넘어." 『역사학연구』 39.

강성호. 2010. "식민주의 이후의 식민성—미국의 세계전략과 푸에르토리코." 『서양사론』 106.

강성호. 2011. "'빅히스토리'로 다시 보는 인류사; 데이비드 크리스천을 중심으로." 『내일을 여는 역사』 42.

강성호. 2013. "한국 서양사 연구의 현황과 전망: 유럽중심주의 서양사를 넘어 세계사로." 『내일을 여는 역사』 50.

강성호. 2013. "지구화시대에 같이 나가야 할 세계사와 한국사." 『역사와 문화』 26.

강성호. 2016. "세계사로 본 이슬람사와 반서구중심주의: 마셜 호지슨을 중심으로." 『역사와 담론』 79.

강일휴. 2011. "피렌체제와 이슬람." 『서양사론』 108.

강철구. 2009. 『강철구의 우리의 눈으로 본 세계사』 1. 서울: 용의 숲.

고원. 2010. "유럽 자본주의와 인도양 세계—세계체제 연구들에 대한 검토." 『서양사론』 107.

권윤경. 2012. "부르주아-민주주의 혁명과 식민지: 프랑스 혁명. 아이티 혁명. 다시 생각하는 '혁명의 시대'."『서양사론』113.

그로스포구엘, 라몬. 1988. "케팔주의에서 신자유주의로: 라틴아메리카에서의 개념적 전향에 대한 세계체제론적 비판."『발전주의 비판에서 신자유주의 비판으로: 세계체제론의 시각』. 서울: 공감.

김동원. 2012. "유럽 기독교세계의 보루 '중부유럽'—16세기 오스만튀르크의 위협과 중부유럽의 대응."『서양사론』112.

김성복. 1997. "미국 역사학계의 현주소."『역사학보』155.

김영한. 2011.『서양사연구 60년, 서양사학회 50년』. 파주: 한국학술정보.

김차규. 2011. "8~9세기 비잔티움과 서방 간 필리오퀘 논쟁의 의미."『서양사론』110.

구난희. 2005. "세계사 교육과정의 현황과 개선방안."『역사교육』93.

김한종. 1999. "미국, 영국, 일본의 역사교육과정 동향."『역사교육』71.

나종일. 1992.『세계사를 보는 방법과 시각』. 서울: 창비.

남종국. 2011. "Ashtor와 중세 지중해 세계."『서양사론』111.

두셀, 엔리케 저 · 박병규 역. 2011.『1492년, 타자의 은폐: '근대성 신화'의 기원을 찾아서』. 서울: 그린비.

맥닐, 윌리엄 저. 신미원 역. 2005.『전쟁의 세계사』. 서울: 이산.

맥닐, 윌리엄 저. 김우영 역. 2005.『전염병의 세계사』. 서울: 이산.

맥닐, 윌리엄 저. 김우영 역. 2007.『세계의 역사』. 1, 2. 서울: 이산.

맥닐, 윌리엄 저. 유정희, 김우영 역. 2007.『휴먼 웹: 세계화의 세계사』. 서울: 이산.

미뇰로, 월터 D. 저 · 김은중 역. 2010.『라틴아메리카. 만들어진 대륙: 식민적 상처와 탈식민적 전환』. 서울: 그린비.

미뇰로. 월터 D. 저 · 이성훈역. 2013.『로컬 히스토리/글로벌 디자인: 식민주의성, 서발턴 지식, 그리고 경계사유』. 서울: 에코리브로.

민석홍. 2003.『서양사개론』. 서울: 삼영사.

박구병. 2012. "아메리카노의 독립투쟁과 에스파냐 자유주의의 변화, 1808~1823."『서양사론』112.

브라운, 신시아 저·이근영 역. 2009. 『빅히스토리』. 서울: 프레시안북.

아리기, 조반니 저·백승욱 역. 2008. 『장기 20세기』. 서울: 그린비.

오홍식. 2011. "고대 그리스와 동지중해권—마틴 버날의 『블랙 아테나 II: 고고학적 증거와 문헌증거』." 『서양사론』 109.

윤종희. 2003. "자본주의 이행논쟁의 새로운 지평: 세계체제의 연속과 단절의 쟁점." *Transtoria* 3.

월러스틴, I. 저·김대륜, 김명환, 나종일, 박상익 역. 1999. 『근대세계체제 I』. 서울: 까치글방.

임병철. 2010. "르네상스, 계몽주의, 그리고 중국." 『서양사론』 106.

임지현. 2010. 『새로운 세대를 위한 세계사편지』. 서울: 휴머니스트.

조지형 편. 2008. 『지구화시대의 새로운 세계사』. 서울: 혜안.

진재관. 2015. 『2015 개정교과교육과정 시안개발연구 II. 역사과 교육과정』. 서울: 교육과정평가원.

차하순. 2000. 『새로 쓴 서양사 총론』 1, 2. 서울: 탐구당.

크로슬리, 파멜라 카일 저·강선주 역. 『글로벌 히스토리란 무엇인가』. 서울: 휴머니스트.

크리스천, 데이비드 저·김서형, 김용우 역. 『세계사의 새로운 대안, 거대사』. 파주: 서해문집.

프랑크, A. G. 저·이희재 역. 2003. 『리오리엔트』. 서울: 이산.

하종문. 2003. "전후 일본의 역사학과 세계사연구." 『역사교육』 110.

한국서양사학회 편. 1996. 『근대 세계체제론의 역사적 이해』. 서울: 까치글방.

호지슨, 마셜 저·이은정 역. 2006. 『마셜 호지슨의 세계사론: 유럽. 이슬람. 세계사 다시보기』. 서울: 사계절.

유럽중심주의를 다르게 비판하기[1]

김택현

I. 유럽중심주의 비판의 계기와 지형

최근 국내의 서양사학 분야에서 유럽중심주의를 비판하는 문제가 중요한 학문적 의제 중 하나로 논의되기 시작했다. 이는 주로 유럽이나 미국의 역사를 전공하고 있는 국내 서양사 연구자들이 자신들의 학문적 실천에서 연구의 '장소' 혹은 연구 대상의 '위치' 문제를 의식하게 되었음을, 따라서 "한국 서양사학의 과제를 새롭게 점검하는 이 시점에서 … 서구중심주의가 본격적으로 대결해야 할 의제"(이태숙 2007, 172)가 되었음을 보여준다.

서양사 연구자들로 하여금 유럽중심주의를 주요한 의제로 삼게 만든 계기는 무엇이었는가? 이에 관해 김영한은 '한국서양사학회 창립

---

[1] 이 글은 필자가 발표한 "유럽중심주의 비판을 다시 생각함—최근 서양사학계에서의 논의에 대하여", 『서양사론』 제114호(2012), pp. 325-349를 재구성하여 수정하고 보완한 것이다.

50주년 기념특집호'인『서양사론』제95호에서, 국내의 서양사 연구는 오랫동안 서양의 근대와 근대화를 이해하기 위해 애써왔으나, 최근 학문적으로는 포스트모더니즘과 신문화사의 영향으로 인해, 그리고 현실적으로는 "거스를 수 없는 대세가 되어버린 세계화"로 인해 유럽 중심주의에 대한 비판적 연구가 본격화되었다고 말한다.(김영한 2007, 41, 45-46)

강철구 역시 "푸코(M. Foucault)와 데리다(J. Derrida) 등에 의해 프랑스에서 시작된 철학사조"인 포스트모더니즘의 영향을 거론하면서, 좀더 장기적 안목에서 1950년대 이후 식민지들의 해방과 독립, 동아시아 국가들의 급격한 경제성장, 소련과 동유럽 사회주의 체제의 붕괴 같은 세계사적 변화를 유럽중심주의 비판을 본격화시킨 요인으로 지적한다.(강철구 2004, 26-29) 하지만 그러면서도 포스트모더니즘은 "중심의 해체를 넘어 지나친 상대주의나 회의주의로 나아가는 것"이며, "포스트모더니즘 역사학은 무이데올로기의 이데올로기를 내세움으로써 오히려 매우 이데올로기성이 강한 유럽중심주의적 역사학의 성격도 갖고 있다."고 우려한다.(강철구 2004, 78)

그런가 하면 박용희는 국내 서양사 연구에서 유럽중심주의를 극복하는 문제와 관련하여 포스트모더니즘이 "근대성의 보편사적 의미를 제고해야 할 필요성"을 제기했으나, "90년대 중반부터 국내에 소개되기 시작한 탈식민담론, 서발턴 연구(Subaltern Studies)는 한국서양사학계의 자기반성에 획기적 전기를 제공"했다고 말한다.(박용희 2007, 93)

이러한 언급들 중, 정말로 신문화사와 세계화가 국내의 서양사 연구자들에게 유럽중심주의를 비판할 수 있는 계기를 마련해주었는지, 그리고 푸코와 데리다의 이론을 상대주의나 회의주의로 나가는 포스트모더니즘이라고 부르는 것이 타당한지 등의 문제들은 더 엄밀하

게 따져봐야 할 것이다. 하지만 유럽의 근대성에 대한 일종의 자기비
판이라고 할 수 있는 푸코와 데리다의 이론이, 그리고 주로 미국에서
활동하고 있는 이른바 제3세계 출신의 연구자들이 주도하는 '탈식민
담론 연구'나 '서발턴 연구'가 국내외 학계에서의 유럽중심주의 비판
에 이론적 자극을 준 것은 분명하다.(Young 2001, 337-426; 김택현 2005,
368-374)

그러나 역사적으로 볼 때, 유럽 중심주의에 대한 비판이 최근 유럽
과 미국의 학계에서 시작된 것은 아니며, 1950년대 이후에 유럽의 식
민지들이 해방되거나 동아시아 국가들이 경제적으로 성장했기 때문
에 본격화된 것도 아니다.

유럽의 식민화가 유럽중심주의를 폭력적으로 실행하는 것이라면,
그것에 대한 비판과 저항은 유럽이 비유럽의 타자들을 정복하고 점령
하고 통치했을 때부터, 즉 유럽의 근대 식민주의의 그 초기부터 시작
되었다고 할 수 있다. 유럽의 정복과 통치에 대한 저항들은 이후 20
세기 말에 이르기까지, 라틴 아메리카와 아프리카와 아시아의 식민
지들에서 —때로는 토착 종교의 힘을 빌리거나 토착 공동체의 힘을
빌리면서, 혹은 때로는 게릴라전의 형태를 띠거나 대중운동의 형태
를 띠면서— 간헐적이지만 지속적으로 발생했다.(Thomas et. al. 1994,
44-45) 이 점에서 보자면, 유럽중심주의 비판의 계기는 바로 유럽의
식민주의 그 자체라고 할 수 있다. 16세기 이래 유럽의 근대 식민주의
역사는 동시에 비유럽 식민지민들의 반식민 투쟁의 역사이며, 그 반
식민 투쟁의 역사는 학문 세계 외부에서 전개된, 넓은 의미에서의 유
럽중심주의 비판의 역사이기도 한 것이다.

유럽중심주의 비판의 역사와 계기를 어디에서 찾든, 한국서양사학
회는 2006년 4월에 "우리에게 서양이란 무엇인가: 유럽중심주의 서양

사를 넘어서"라는 주제로 학술대회를 개최했고, 2007년 7월에는 서양사학회창립 50주년을 기념하여 "근대성의 인식과 서구중심주의 극복"을 주제로 국제학술대회를 개최하여, 역사학에서의 유럽중심주의 문제를 본격적으로 검토해보고자 했다.

그동안 이 같은 학술대회를 통해서, 혹은 개별 연구를 통해서 이루어진 국내 서양사 연구자들의 유럽중심주의 비판은 대개 우월한 세계사적 성취로 간주해온 유럽의 역사적·문화적 사건들의 의미나 가치들을 상대화하거나, 그 같은 우월성이 허구임을 드러내기 위해 기존의 유럽사와 세계사가 은폐/배제해온 또 다른 역사의 이면들을 드러내는 방식으로 이루어져왔다.(강철구 2004; 한국서양사학회 편 2009; 강철구 외 2011) 또한 그 비판은 유럽중심주의를 비판하는 유럽과 미국 학계의 저자들 ―예컨대 월러스틴(I. Wallerstein), 프랑크(A. G. Frank), 블로트(J. M. Blaut), 버날(M. Bernal) 등― 의 주장을 부분적으로 수용하거나 거부하면서, 그들의 주장이 과연 올바른 역사적 사실에 근거하는지를 점검하는 방식으로 이루어져왔다.(오흥식 2007, 113-139; 강성호 2009, 196-229; 김응종 2011, 279-307; 유재건 2011, 311-332)

이러한 국내 서양사학계와 서양사 연구자들의 노력 덕분에 이제 유럽은 다른 지역과 마찬가지로 세계를 구성하는 하나의 지역에 불과하며, 유럽의 역사와 문화는 더 이상 규범적이거나 보편적이지 않다는 것이 적어도 표면상으로는 점점 더 분명해지고 있다.

그런데 국내 서양사 연구자들은 유럽중심주의에 대한 '비판'에서 더 나아가 그것을 극복할 수 있는 '방법'과 '대안'까지 제시하고 있다. 그러나 이들이 제안하고 있는 극복 방법과 대안에는, 그것들이 지닐 수 있는 계몽적·교육적 효과에도 불구하고, 이론적으로 점검해봐야 할 여러 문제점들이 있는 것으로 보인다. 그리고 방법과 대안에서의 문제점들은 역으로 유럽중심주의 비판 자체를, 그리고 역사학 비판 자체를 재성찰하게 만들고 있다.

II. 방법으로서의 '비교사'

국내의 서양사 연구자들이 유럽중심주의 역사학을 '넘어설 수 있는 방법'으로 공통적으로 강조하고 있는 것 중의 하나가 이른바 '비교사'다.

예컨대 차하순은 역사학에서의 유럽중심주의를 넘어서기 위해서는 "문명을 단수로서가 아니라 복수로 보는 시각, 즉 '문명을 아우르는(trans-civilizational) 시각'과 비교사적 방법이 필요하다."(차하순 2007, 266)고 말하고 있고, 강철구는 비교사적 접근이 유럽중심주의를 극복하기 위한 첫 번째 방향이라고 언급한다.(강철구 2007, 329) 또한 조지형은 지역 간 교류와 비교를 통한 공시적(共時的) 연구방법이 유럽중심적이지 않은 이른바 '지구사'를 가능케 한다고 믿고 있고(조지형 2007, 324: 조지형 2010a, 97), 김원수도 "상호 관련과 비교의 방법을 통한 다극적(multi-polar) · 다원적 · 광각적 · 광역적인 어프로치"(김원수 2007, 283)를 강조한다. 임상우 역시 "다양한 문화적 맥락에서 벌어지는 역사서술에 대한 비교사적 연구"(임상우 2010, 50)의 필요성을 언급하고 있다. 박용희도 "유럽중심주의 극복을 지향하는 전환적 모색에 반드시 요구되는 것은 비교사적 방법"(박용희 2007, 100)이라고 제안하고 있다.

비교사의 방법을 강조하는 것은 국내의 서양사 연구자들만이 아니다. 가령 미국의 역사학자 벤틀리(Jerry H. Bentley)는, "제2차 세계대전 이후 지역학을 연구해온 학자들이 유럽 밖 세상에 관한 믿을 만한 지식을 축적한" 결과 "좀 더 깊고 넓으며 건전한 바탕 위에서 유럽과 다른 나라를 비교할 수 있게" 되었고, 따라서 비교 연구에 기초하고 있는 지역학 연구는 유럽중심주의 이데올로기를 비판하고 해체하는 데 가장 중요하게 기여하고 있다고 주장한다.(벤틀리 2010, 121-122)[2] 또한 브라질의 역사가 팔라레스-버크(Maria Lúcia G. Pallares-Burke)와의 대담에서 영국의 역사가이자 인류학자인 구디(Jack Goody)는 비교사가 중요한 이유는 "민족중심주의(ethnocentrism)"를 벗어날 수 있게 하기 때문이라고 말하고 있으며(Pallares-Burke 2002, 17), 버크(Peter Burke) 역시 역사를 비교하는 것이 피상적일 수는 있지만 "전체사(total history)"에 접근할 수 있는 길이기 때문에 유효하다고 주장한다.(Pallares-Burke 2002, 148)

그렇다면 이들이 강조하거나 옹호하는 비교사란 무엇인가?

일찍이 역사연구에서 비교의 중요성을 강조한 역사가는 프랑스 아날학파의 창설자인 블로흐(Marc Bloch)였다. 그는 "비교 방법은 굉장한 가능성들을 갖고 있다. 역사 연구에서 이 방법을 개선시켜 더 일반적으로 사용하는 것이 오늘날 가장 시급한 과제들 중의 하나"라고 하면서, 역사 연구 방법으로서의 비교란 "한 개 혹은 몇 개의 사회적 상황들로부터 언뜻 보기에 어떤 유사점을 제공하는 것으로 보이는 두 개 혹은 그 이상의 현상들을 선택하고 나서, 그것들의 발전과정을 추적하여 유사성들(the likenesses)과 차이들(the differences)을 지적하고,

---

2) 하지만 벤틀리의 이러한 평가와 달리 해루투니언(Harry Harootunian)은, 제2차 세계대전 후 미국에서 주로 유행한 지역학은 기본적으로 비서양 지역의 사회와 역사를 서양의 근대화 성장 모델을 적용하여 해석하는 연구이며, 세계 패권과 이른바 제3세계에 대한 지배력을 공고화하려고 했던 미국 정부는 '국가방위교육법'을 통해 지역학 연구를 지원하기도 했다고 말한다.(Harootunian 2000, 25-42)

가능한 한 그것들을 설명하는 것"이라고 설명한다. 나아가 그는 이러한 비교의 방법이 역사가들이 사용할 수 있는 "가장 효과적인 마술사의 지팡이(most effective of all magician's wands)"라고까지 말하고 있다.(Bloch 1969, 44-45, 51) 이러한 블로흐의 설명에 따르면, 요컨대 비교사란 비교되는 역사들에서 유사성/동일성과 차이를 —혹은 좀 더 발전시켜 일반성과 특수성을— 구분하여 그 동일성과 차이 자체를 설명하거나, 그것들을 일정한 목적을 위해 활용하여 더 광범한 결론을 도출해내는 연구라고 할 수 있다.

블로흐 이후, 유럽과 미국에서 비교사 연구는 제2차 세계대전이 끝나고 시작된 냉전 시기에 본격적으로 성행하기 시작했다. 1950년 독일에서는 『사에쿨룸(*Saeculum: Jahrbuch für Universalgeschichte*)』이, 그리고 1953년 프랑스에서는 유네스코의 후원하에 『세계사학지(*Cahiers d'Histoire mondiale*)』가 창간되어 비교사 관련 논문들을 본격적으로 게재하기 시작했고, 1952년에 영국에서 창간된 사회경제사학지인 『과거와 현재(*Past and Present*)』에도 각 지역의 역사를 비교하는 글들이 꾸준히 게재되었다. 특히 미국에서는 1950년대에 소련과의 체제 경쟁과 세계 지배라는 정략적 필요에 따라 이른바 '인도학'이라든가 '일본학' 또는 '중동학'과 같은 '지역학' 연구가 본격화되었는데, 미국의 거대 독점기업들의 재정적 후원하에, 그리고 그것들과 연관된 각종 연구단체와 대학의 지원하에 수행된 지역학 연구는[3] 어떤 의미에서는

---

3) 1950~60년대부터 록펠러 재단, 카네기 재단, 포드 재단 등 미국의 독점 기업의 재단들은 하버드 대학, 예일 대학, 컬럼비아 대학, 시카고 대학, 미시건 대학, 워싱턴 대학 등에 거액의 기금을 출연하여 지역연구를 뒷받침해주었다. 1956년 '국가방위교육법(the National Defence Education Act)'에 따라 미국 연방정부가 대학의 지역연구에 대한 지원을 책임지게 된 후에도 독점 기업들의 기금공여는 계속되었다.(Harootunian 2000, 30-31)

국제적 규모의 비교사 연구 프로젝트였다. 1958년 미국에서 창간된 『사회와 역사의 비교 연구(*Comparative Studies in Society and History*)』는 그 같은 국제적 규모의 지역 간 비교를 전문적으로 다루는 저널이었다. 그 밖에도 유럽과 미국의 각종 역사학 저널들에는 비교사에 관한 글들이 지속적으로 게재되고 있다.[4]

이와 함께 비교사의 소재들도 다양하게 확장되었다. 그 소재들은 세계의 일정한 지역이나 국가들에서의 시민혁명, 사회주의 혁명, 민주주의, 민족주의, 파시즘, 인종주의, 자본주의 이행, 근대화의 역사적 경로, 노예제, 노동운동, 범죄율, 여성, 출생률, 교육제도, 문화적 교류 등등, 그야말로 온갖 분야에 걸쳐 있다. 또한 비교의 단위와 대상도 여러 민족-국가들을 포함하는 넓은 지역들로, 또는 넓은 지역에 걸쳐 있는 문명 같은 것들로 확장되었다.[5]

로렌츠(Chris Lorenz)는, 유럽과 미국에서의 오랜 비교사 연구 전통을 배경으로, 역사의 비교가 "민족적 맥락에서 특수한 것으로부터 보편적인 것을 이끌어낼 수 있는 유일한 절차"이자 "민족적 역사 서술 전통 간의 차이와 유사성을 확인하고 설명해주는 유일한 방법이므로 비교사적 접근은 역사학에서 추구해야 할 논리적인 길"이라고 말하면서, 비교사를 하나의 연구 방법이 아니라 아예 역사학의 한 '장르'로까지 분류하고 있다.(Lorenz 1999, 25, 29, 30)

---

4) 특히 『역사와 이론(*History and Theory*)』은 1996년에 '비교 관점에서의 중국의 역사학(Chinese Historiography in Comparative Perspective)'을 주제로, 1999년에는 '비교사학 포럼(Forum on Comparative Historiography)'이라는 형식으로 비교사의 이론적 문제들을 다룬 논문들을 집중적으로 게재한 바 있다. 전자는 *History and Theory*, vol. 35, no. 4에, 후자는 vol. 38, no. 1에 실려 있다.
5) 이에 관해서는 그루(Raymond Grew)와 프레데릭슨(George F. Frederickson)의 논문을 볼 것.(Grew 1980, 763-778; Frederickson 1995, 587-604; 1980, 457-473)

이렇듯 비교사는 유럽과 미국의 학계에서 오랜 역사를 지니고 있는 전통적인 연구 방법 중의 하나이자 독자적인 연구분야라고 할 수 있다. 그런데 과연 유럽과 미국에서의 비교사 연구는 유럽중심주의를 극복하는 데에 기여해왔는가? 물론 비교하는 '주체'와 비교 연구의 '장소'에 따라 그 대답은 달라질 수 있을 것이다. 하지만 주체와 장소만 달리하면 비교사 연구로 유럽중심주의를 극복할 수 있는 것인가?

조금만 생각해보더라도 역사 연구자들 앞에 과거를 재현한 역사들이 놓이는 순간, 그 역사들 간의 동일성과 차이는 이내 드러나게 마련이라는 것을 알 수 있다. 이것은 복수의 대상이 눈앞에 현존하기만 하면 그것들 간의 동일성과 차이가 금방 드러나는 것과 같다. 따라서 어떤 지역들의 역사적 동일성과 차이는 그 지역들의 역사가 재현되어 있기만 하면 가능한 것이다. 그런 의미에서 재현된 역사 자체가 이미 '비교되어 있는 역사'라고 할 수 있다.(김택현 2012, 86)

각 지역 역사들의 동일성과 차이는 비교라는 방법을 동원해야 '비로소 새롭게' 혹은 '비로소 다르게' 확인되는 것이 아니라, 그 역사들이 재현되어 있기만 하면 '발견'되는 것이다. 프랑스의 고대사가인 벤느(Paul Veyne)가 비교사는 역사 연구의 '방법'이 아니라 단지 '발견술'일 뿐인데, 그렇다고 해서 그 발견술이 새롭거나 다른 어떤 것을 발견하게 하는 것은 아니라고 말하면서 비교사를 "허깨비 가운데 하나"라고 부르고 있는 것도 그런 이유 때문이다.(벤느 2004, 209) 설령 역사 비교의 유효성을 인정한다 하더라도 비교는, 스월(William H. Sewell Jr.)이 말했듯이, 그저 역사적 설명의 가장 쉽고 평범한 단계에서만 도움을 줄 뿐이다.(Sewell Jr. 1967, 216)

물론 역사들을 아예 비교하지 않는 것보다 그래도 비교하는 것이 나을 수 있다. 유럽의 역사에만 매몰되면 비유럽 지역의 역사에 관한 지식을 갖지 못할 것이고, 그렇게 되면 역사에 대한 사유가 유럽을 중심으로 형성될 위험이 있기 때문이다. 그러나 비교사가 낳을 수 있는 결과는 제한적이다.

1960~70년대에 틸리(Charles Tilly), 스카치폴(Teda Skocpol), 무어(Barrington Moore) 같은 미국의 역사사회학자들(historical sociologists)들은 미국 사회학회 내에 '비교역사사회학 분과(Comparative Historical Sociological Section)'를 설치하여 각국의 혁명들이라든가 독재와 민주주의의 형태들을 역사적으로 비교하는 연구를 시도했다. 하지만 이들은 별다른 새로운 이론적 문제의식을 보여주지 못한 채, 비교 대상들의 유형을 분류하는 데에 머물고 말았다.(Sewell Jr. 2005, 81-82) 이들의 비교 연구가 결국 베버(Max Weber)식의 유형학으로 끝난 것은, 비교가 그 본성상 동일성/일반성/보편성과 차이/특수성이라는 이분법적 대립 원리에 따라 기능하는 인식 행위라는 점을(Werner et. al. 2006, 30-50), 다시 말해 비교되는 역사들이 궁극적으로는 "더 이상 비교사를 논할 수 없을 정도로 많은 공통점을 지니고 있던가, 아니면 너무도 다른 역사를 지니고 있던가, 둘 중의 하나"(벤느 2004, 206)라는 결론에 도달할 수밖에 없다는 점을 보여주었다고 할 수 있다.

비교사가 꼭 필요하다고 말하는 국내 서양사 연구자들도 비교의 이분법에서 벗어나지 못하고 있다. 그렇기 때문에 유럽중심주의 극복과 관련된 새로운 문제의식을 보여주지 못한 채, 해결하기 어려운 여러 문제들만 드러내고 있다. 예컨대 강철구는 "비교사적인 접근을 통해 유럽과 비유럽 사회의 같은 점과 다른 점을 분명히 밝히는 것은 서양사를 바로 이해하기 위해 필수적인 작업"(강철구 2007, 335)임을 강조하고 있다. 그러나 유럽의 사회와 비유럽의 사회가 어디까지 같고 어디부터 다른지를 판가름하는 기준은 무엇인가? 비교는 그 점을 명확히 결정할 수 있게 해주는가? 만일 비교를 통해 그 두 사회의 같은 점과 다른 점을 밝혀내면 서양사는 정말이지 바로 이해되는 것이며, 서양사가 바르게 이해되면 역사학에서의 유럽중심주의는 극복될 수 있는 것일까?

이와는 조금 다르게 조지형은, 유럽중심주의를 극복하기 위한 비교의 방법은 "유럽 역사를 보편적 기준으로 설정하고, 나머지 비유럽 역사를 특수한 현상으로 배치하는 위계질서적 비교가 아니라, 상대성과 다양성을 인정하는 상호 비교"(조지형 2010a, 98)라고 말함으로써 일견 비교의 이분법에서 벗어나려는 것처럼 보인다. 하지만 각 지역의 역사들은 비교하지 않더라도 원래 다양하다. 그런 의미에서 역사들의 상대성과 다양성은 "상호 비교" 이전에, 그것과 무관하게 이미 현존한다. 그럼에도 불구하고 과거 유럽의 식민주의가 비유럽 식민지의 역사와 문화가 지닌 다양성과 상대적 가치를 부정하고 억압했다는 것은 자명하다. 그러나 동시에, 유럽 식민지들이 정치적으로 해방된 이후에도 유럽 식민주의가 남긴 흔적과 여파는 사라지지 않고 있다는 것도 자명하다. 다시 말해 유럽과 비유럽의 "위계질서"는 정치적 측면에서의 직접적인 식민 지배와는 다른 방식으로 여전히 작동하고 있는 것이다. 이러한 역사적·현실적 조건하에서 단순히 두 지역 역사의 상대성과 다양성을 인정하는 "상호 비교"로 유럽중심주의를 넘어설 수 있는 것일까?

설령 역사 연구자들이 유럽과 비유럽 역사들의 상대성과 다양성을 인정하면서 그 두 역사들을 비교하더라도, 그것들을 온전하게 이해하기란 어려운 일이다.

이 점과 관련하여 구디는, 역사 연구자들이 여러 지역의 역사들을 비교할 경우, 자신들이 직접 연구하지 못하는 지역들의 역사에 관해서는 도리 없이 다른 연구자들의 저술에 의지하게 되며, 그래서 그들이 "작업하는 방식은 자료의 질을 충분히 검증하지도 못하고 어떤 완전한 처방도 가지지 못한 채 이것저것 인용하는 식일 뿐"이라고 지적하면서 비교사 연구의 난점을 언급한 바 있다.(Pallares-Burke 2002, 17) 브라임부쉐(A. A. van Den Braembussche) 역시 비교사의 주요한 한계는 2차 문헌에 의지한다는 것이고, 따라서 비교사는 일종의 "해석의 해석"이라고 말한다.(Den Braembussche 1989, 22)

그러나 비교사의 난점이나 한계는 역사 연구자들이 서로 다른 지역의 역사들을 비교할 때 1차 문헌(즉 사료)이 아니라 2차 문헌(즉 다른 역사 연구자들의 저술)에 의지한다는 데에 있는 것이 아니다. 그것은 바로 역사 연구자가 1차 문헌에 의지하든 2차 문헌에 의지하든 현실에서는 부재하는 과거를 과연 정확하게, 공정하게, 객관적으로 '재현(representation)'할 수 있는가에 있다.

국내의 많은 역사 연구자들이 비교사를 유럽중심주의를 극복할 수 있는 '방법'으로 간주하고 있다는 사실은, 이들이 비교라는 방법만 잘 구사하면 유럽중심주의에서 벗어나 공정하고 객관적인 역사를 서술할 수 있고 올바른 역사 지식을 획득할 수 있다고 믿고 있음을 방증한다. 그러나 과연 '재현'과 관련된 이론적 문제들 —가령 재현 주체와 재현 대상의 관계, 재현의 언어, 재현의 결과로 생산되는 역사 지식의 성격 등등의 문제들— 을 제쳐둔 채 저 낯선 지역의 낯선 타자들의 과거를, 낯선 문화에 귀속되어 있는 그들의 삶과 생각을 올바르게 상호 비교할 수 있을까?

이탈리아의 역사가인 긴즈부르그(Carlo Ginzburg)는 과거에 대한 회상들이 일상생활의 경험에 지속적으로 간섭하고 있다는 것은 언제나 비교가 이루어지고 있음을 함축하는 것이며, 따라서 정신이 작동하는 방식에는 늘 "암묵적 비교들(implicit comparisons)"이 포함되기 때문에 비교하지 않는다는 게 불가능하다고 말하면서, 이렇게 덧붙인다.

그럼에도 불구하고, 세계를 정복하게 만든 (이것이 좋다는 게 아니라 그 사실들은 부정할 수 없다는 말이다.) 유럽 문명의 독특한 점이 무엇인지를 이해하기 위해 체계적인 비교(systemic comparisons)를 할 경우, 많은 어려움이 생겨난다. 내 생각에 가장 심각한 것은 무언의 가정들(unspoken assumptions)과 연관된 것이다. 왜냐하면 상이한 문화들을 비교하려면 그러한 가정들을 명시하지 않으면 안 되기 때문이다. 그런데 이것은 어려운 일이다. 어떤 점에서 보자면, 모든 역사가가 과거에 대해 외국인이지만, 예컨대 중국 문화나 아프리카 문화처럼 우리 문화와 매우 다른 문화를 대면하게 될 때는 훨씬 더 낯설게 된다. 모든 무언의 가정들은 마치 보이지 않는 잉크(invisible ink)로 씌어져 있는 것처럼 이해하기가 훨씬 더 어렵게 된다.(Pallares-Burke 2002, 200)

역사 연구자들은 긴즈부르그가 말하고 있는 체계적 비교의 난제를 해결할 수 있을까? 유럽중심주의를 넘어서기 위해 여러 지역의 역사들을 비교해야 한다면, 자신이 속해 있는 지역의 과거에 대해서조차 "외국인인 셈"인 역사 연구자들은 "마치 보이지 않는 잉크로 씌어져 있는 것" 같은 저 "무언의 가정들"을 과연 누구에게나 명징한 언어로 재현할 수 있을까?

III. 대안으로서의 '새로운 세계사'와 '지구사'

1. '새로운 세계사'

국내 서양사 연구자들이 유럽중심주의를 극복할 수 있는 또 다른 방법으로 강조하고 있는 것 중의 하나가 세계사적 관점이나 세계사적 시각에서 역사를 인식하고 서술하는 것이다.

김영한은 "결국 서구중심주의를 넘어서는 길은 세계사적 관점에서 역사를 서술하는 것"이라고 하면서 유럽중심주의를 극복할 수 있는 "대안은 국가사를 넘어서는 지역사와 세계사"라고 말하고 있고(김영한 2007, 46-47), 차하순도 "21세기의 세계사는 유럽중심주의를 탈피하여 지역적 특수성을 감안한, 전 세계의 역사로 거듭 인식되기에 이르렀다."고 하면서, "문명을 단수로서가 아니라 복수로 보는 시각, 즉 '문명을 아우르는(trans-civilizational) 시각'과 비교사적 방법"을 통해 "지역 문화의 독특한 특성을 수렴하는 세계사"의 필요성을 강조한다.(차하순 2007, 256-258, 266) 차하순의 이러한 언급이 21세기의 세계사가 '인식의 면에서' 유럽중심주의를 이미 넘어섰다는 것인지, 아니면 그 세계사가 장차 유럽중심주의를 넘어서게 되리라는 것인지 분명하지 않지만, 그가 말하는 세계사가 독일의 실증주의 역사가인 랑케(Leopold von Ranke)의 역사관에서 드러나는 유럽중심적인 전통적 세계사가 아니라 '새로운 세계사'라는 점은 분명하다.

강철구 역시 "지금까지의 잘못된 세계사 체계에서의 유럽중심주의를 극복하는 길은 우선은 지금까지 세계사에서 소외되었고 제대로 평가받지 못했던 서양 이외의 지역의 역사를 재평가함으로써 세계사 속에서 그 적절한 위치와 지위를 부여하는 일"(강철구 2007, 331)이라고 말하면서, 이 '새로운 세계사' —그의 표현대로라면 "진정한 세계사"
— 를 구축하기 위해선 "세계사에서 유럽단일중심주의를 다중심주의
로 대치하는 작업, … 다른 문명권의 역사적 가치를 존중하는 작업,
… 유럽을 세계사의 중심 지위에서 밀어내어 다른 지역과 동등한 가
치를 갖는 한 지역으로 만드는 작업, … 유럽사를 '보편사'에서 '지역
사'로 격하시키는 작업"(강철구 2004, 74)이 필요하다고 주장한다.

물론 유럽사를 지역사로 격하시키는 것은 필요하다. 유럽중심주의
역사학은 지리적으로 볼 때 세계(지구) 내의 하나의 지역에 불과한 유
럽의 역사를 규준으로 삼아, 그 규준을 잣대로 비유럽 지역의 역사들
의 가치와 의미를 재단함으로써 유럽의 역사를 특권화했고, 이 특권
화를 바탕으로 유럽 이외의 지역의 역사들을 주변에 배치해왔다.

이러한 역사 배치의 불평등을 바로 잡기 위해 유럽의 역사를 다른
지역의 역사들과 마찬가지로 세계사의 구성 요소들 중의 하나로 (재)
배치해야 한다고 주장하는 것, 혹은 유럽 역사에게서 특권적 역사로
서의 절대적 권위를 박탈하여 상대화시켜야 한다고 주장하는 것은 유
럽중심주의 역사학 비판의 첫걸음일 수 있다.

그러나 세계사를 서술하거나 구성할 때 유럽사를 지역사로 강등하
거나, 유럽과 비유럽 문명의 비중을 동등하게 만들거나, '지역 문화'의
특수성을 '감안'하거나, 유럽단일중심주의를 다중심주의로 대치하는
방법으로 유럽중심주의는 과연 극복될 수 있는 것인가?

그렇다면 역사학에서의 유럽중심주의 극복은 의외로 간단하고 손
쉬운 일이 된다. 아니, 어떤 의미에서는 국내 서양사 연구자들이 유럽
중심적인 역사학을 '극복하게 할 방법'이라고 주장하는 세계사적 시
각이나 관점 자체에 이미 그것을 '극복한 대안'이 내재되어 있는 것으
로 보인다. 다시 말해 역사 연구자들이 유럽중심주의에서 '벗어나 있

는' 세계사적 시각을 갖기만 하면, 유럽중심주의가 극복된 대안으로서 '새로운 세계사'를 갖게 되는 것이다.

하지만 과연 일정한 장소에서 특정한 지역을 전공하는 역사 연구자들이 그 어떤 중심에도 쏠리지 않고 공정하게 '세계'의 역사를 서술할 수 있을까? 이 문제는 제쳐두고라도, 세계사적 시각을 강조하는 국내 연구자들이 대안적 세계사와 관련하여 동원하고 있는 개념들, 즉 "보편사", "지역적 특수성", "지역 문화의 독특한 특성", "다중심주의", "문명" 등의 개념들을 따져볼 필요가 있다.

특수성은 보편성 없이는 불가능한 개념이며, 그 역도 마찬가지다. 유럽 근대 이성이 그 자체로 규정된 것이 아니라 비이성, 즉 광기에 의해 규정되고 비이성을 규정하는 주체는 늘 이성이었듯이(푸코 2003), 보편성은 그 자체로 규정되는 것이 아니라 그것의 대립물을 특수성으로 규정함으로써 스스로를 보편성으로 규정한다. 특수성과 보편성은 분리 불가능하다. 특수성과 보편성의 관계는 상호 외재하면서 대립하는 관계가 아니라 상호 내재하면서 의존하는 관계이며, 특수성을 규정하는 순간 보편성도 승인되는 것이다. 따라서 새로운 세계사의 주창자들이 유럽중심주의를 극복하기 위해 비유럽 지역의 특수성이라든가 비유럽 지역 문화의 독특한 특성을 강조하는 것은, 동시에 유럽과 유럽 문화의 보편성을 인정하는 것이다.

보편적이라고 주장하거나 여겨지는 유럽 문화는 비유럽의 지역 문화의 위치에서는 특수한 것이다. 그리고 특수하다고 여겨지는 지역의 역사와 문화는 그 자체로는 그 어떤 특수성도 그 어떤 보편성도 지니지 않는다. 그렇다면 어떤 지역의 역사와 문화의 특수성이란 것은 누가 규정한 것이며, 나아가 문화와 역사의 특수성과 보편성을 구별하는 공정하고 객관적인 준거는 무엇인가? 만일 유럽을 세계 내의 한

지역으로 강등시키는 것이 유럽을 다른 지역처럼 하나의 특수한 지역으로 규정하는 것이고, 그래서 유럽을 포함한 모든 지역들이 특수하다면, 특수성이라는 용어를, 따라서 당연히 보편성이라는 개념을 사용할 수 있는 것일까?

중심과 문명권이라는 개념도 마찬가지다. 중심은 주변의 현존 없이는 성립할 수 없고, 주변을 전제로 하는 개념이다. 그것은 중심만을 지시하는 것이 아니라 중심-주변의 관계를 지시한다. 그런 의미에서 중심이라는 개념 자체에 주변이 내재한다. 그렇다면 이른바 다중심주의라는 용어에는 문제가 있다. 그 용어가 중심의 자리에 유럽만 위치하는 게 아니라 유럽 이외의 지역들이 함께 위치한다는 것을 의미한다면, 그 여러 지역들을 다중심이라고 부를 수 있게 하는 또 다른 주변 지역들은 어디이며, 다중심 지역과 또 다른 주변들의 관계는 어떤 것인가?

문명이라는 개념은, 페브르(Lucien Febvre)가 말했듯이, 18세기 후반 유럽의 이성 중심적 사고의 산물이며(Febvre 1973, 219-257), 또한 널리 알려져 있듯이 유럽 제국주의 국가들이 자신들의 식민 지배를 정당화하기 위해 동원한 핵심적 개념이다.(김택현 2012, 55-70) 조지형도 "'문명'은 유럽의 내적 요인(자율성과 독립성, 그리고 예외성)을 극단적으로 설명하고 재생산하는 이데올로기·담론적 개념"이라고 말하고 있고(조지형 2010b, 20), 강철구 역시 "이런 역사[온갖 신화와 이데올로기로 분장된 유럽중심주의적 역사—필자]를 만드는 데 결정적 구실을 한 것이 계몽사상 시기부터 유럽에서 발전한 진보와 문명의 개념"(강철구 2004, 37)이라고 말한다. 다시 말해 이들에 따르면 문명은 유럽 이외의 지역이 비문명이나 문명 이전 혹은 야만 상태에 있다는 것을 전제로 하거나, 비유럽 지역을 그런 식으로 규정함으로써 자기 의미를 갖는 개념이라는 것이다. 그렇다면 이러한 역사적·담론적 맥락에서 볼 때, 문명이라는 개념을 아무런 단서나 유보 없이 사용하면서 유럽중심주의가 극복된 여러 '문명권'의 세계사라는 것을 지향할 수 있을까? 만일 그럴 수 있다면, 문명 이전의 지역은 어디이며 문명 이전의 상태는 어떤 것인가?

이러한 개념들에 대한 비판적 사유가 없다면 유럽중심주의 비판은 자칫 모순에 빠질 수 있다. 강철구는, 민주주의라든가 세속성 같은 개념은 "서양 근대에서 특히 중요하게 생각되는 개념들"이고, "서양인들은 그것들이 세계사적 보편성을 갖고 있다고 생각"하면서 "비서양 세계에 대해서도 무차별적으로 적용"하거나 "그것을 기준으로 비서양의 역사적 현상들을 설명"한다고 비판한다.(강철구 2007, 332) 그러면서도 "그리스의 민주주의와 같은 정치의사의 결정형태는 오리엔트 지역에서도 발견되는 일반적인 형태"(강철구 2007, 334)라고 말하거나 "동아시아의 경우는 종교성이 유럽에 비하면 매우 미약한 사회"(강철구 2007, 335)라고, 즉 동아시아가 오히려 세속성을 더 많이 보여주는 사회라고 말한다. 하지만 이러한 언급들은, 유럽중심주의 역사학이 보편적이라고 주장하는 유럽적 개념과 가치들이 비유럽에서도 존재했다고 주장하는 것이며, 따라서 오히려 유럽적 개념과 가치의 보편성을 인정하는 일종의 역(逆)오리엔탈리즘이라고 할 수 있는 것이다.

그렇다고 해서 그 같은 용어들이나 개념들을 사용하지 말아야 한다거나 아예 폐기하자는 것은 아니다. 이미 그러한 개념들은 널리 사용되고 있다. 문제는 유럽의 지역화 문제를 비롯하여 특수성, 중심, 문명이라는 개념들의 사용 여부가 아니라, 그 개념들 자체에 대한 비판적 사유가 미흡하다는 점, 그래서 유럽중심주의의 극복이라는 과제가 너무 쉽게 처리되고 있다는 점이다. 그것들은 유럽중심주의를 극복할 수 있는 대안적 역사의 구성 요소가 아니라, 오히려 유럽중심주의를 비판하기 위한 질문의 출발점이 되어야 한다.

물론 그 질문은 '세계사' —그것이 전통적인 세계사든 아니면 유럽중심주의를 극복할 수 있거나 극복한 세계사든— 라는 개념에도 해당된다. 세계사 개념은 어디에서 기원하며, 세계 내의 수많은 장소들과 어떤 관계를 맺고 있는가? 세계사는 어떠한 장소와도 무관한 순수하게 추상적인 범주인가? 이른바 '세계사적 시각'을 갖지 않고선 유럽중심주의를 넘어설 수 없는 것인가?

2. 지구사

국내의 일부 서양사 연구자들이 유럽중심주의 역사학을 넘어설 수 있는, 혹은 이미 넘어선 또 다른 대안으로 내세우는 것이 이른바 '지구사(global history)'다.

조지형은 "'서유럽 중심주의의 극복'을 외치면서도 여전히 서유럽 중심의 역사 연구와 교과과정이 교정되지 않고 있을뿐더러 서유럽을 제외한 나머지 지역에 대한 의도적인 홀대와 무시가 잔혹하리만치 역사학계를 지배하고 있다."고 비판하면서, 유럽중심주의를 극복할 수 있는 대안으로 지구사를 제안한다. 그는 "지구사는 오늘날의 지구화(globalization) 속에서 개인과 지구, 지방과 세계, 남과 북, 중심과 주변을 아우르며 지구라는 하나의 공동체 속에서 서로 관련되고 의존하고 있다는 사실을 확인하는 동시에 이를 담보하는 역사학 분야"(조지형 2007, 325)이며, 때로는 '간지역사(interregional history)', '상호 문화의 역사(cross-cultural history)', '초문화사(transcultural history)'로 불리기도 한다고 말한다.(조지형 2010a, 96) 임상우 역시 "다양한 문화적 맥락

에서 벌어지는 역사서술에 대한 비교사적 연구"를 전제조건으로 "대
안적 세계사"로서의 지구사를 주장한다.(임상우 2010, 50)

　김원수는 지구사를 굳이 원음 그대로 '글로벌 히스토리'로 표기하
면서, "글로벌이라는 표제어를 단 역사 연구가 활성화된 데에는 …
역사적으로 다소 문제 여지가 있는 용어인 세계(world)와 달리, 지구
(globe)는 헤겔철학(Hegelianism)이나 서구중심주의(Western centrism)의
냄새가 나지 않기 때문"(김원수 2007, 274)이라고 말한다. 김원수의 그
같은 언급은 글로벌 히스토리가 유럽중심주의 역사학으로부터 벗어
날 수 있는 새로운 세계사임을 시사한다. 또한 이 지구사를 옹호하는
김용우는, 지구사에 대해 말들이 많지만 "역사가에게 주어진 과제는
더 이상 지구사의 정당성 여부가 아니라 어떤 지구사를 지향할 것인
지 고민하는 일일 것"이라고 하면서, "지구사는 새로운 보편사의 가
능성을 조심스럽게 타진한다."고 전망한다.(김용우 2010, 187-188)

　이들이 말하는 지구사는 앞에서 말한 새로운 세계사와는 몇 가지
점에서 조금 다르다. 새로운 세계사가 기본적으로 중심과 주변의 이
분법적 구도하에서 중심의 상대화와 지역화를 강조한다면, 지구사는
지역들 간의 교류 혹은 상호 연관성과 의존성을 더 강조한다.(조지형
2007, 305: 2010a, 96; 김원수 2007, 274) 아울러 지구사는 문화의 보편성
이나 특수성을 불문하고 "인류를 하나의 역사 단위로 상정할 수 있는
지적 상상력"을 요구하면서, 그런 상상력이 있어야 유럽중심주의를
극복할 수 있음을 강조한다.(조지형 2010b, 21)

　그럼에도 불구하고 지구사는 새로운 세계사와 크게 다르지 않다.
이 점과 관련하여 딜릭(Arif Dirlik)은 "'세계사'나 '지구사'가 갖는 차이
에 집착하는 것은 둘 사이에 나타나는 보다 근본적인 공통점을 흐릿
하게 만들 수 있다."고 지적한다. 그가 말하는 공통점이란 그 둘 모두

가 "모든 것을 단일한 서사 안으로 포섭할 수 있는 역사"라는 점이다. 결국 "세계사와 지구사는 유럽-근대적 보편사 추구, 즉 15, 16세기부터 탈식민화, 세계화된 현대에 이르기까지를 다루는 보편사를 대신할 대안적인 표현방식일 뿐"이며, 따라서 "유럽중심적이지 않은 세계사가 필요하다는 인식과 보편사의 기원인 유럽중심주의 사이에서 나타나는 모순"을 논의하기 위해 개념과 방법론에 대한 논의가 필요하다고 주장한다.(딜릭 2010, 143-144)

딜릭이 지적하듯이, 유럽중심주의를 극복할 수 있는 대안으로 간주되는 보편사로서의 지구사와, 유럽사를 보편사로 특권화한 유럽중심주의, 이 둘 간의 모순을 다루기 위해서는 개념들과 관련된 논의, 특히 '보편'이란 무엇인가에 관한 논의가 필요하다. 보편 개념에 대해서는 이미 앞에서 언급한 바 있지만, 김용우는 이러한 논의에 일단은 부정적이다. 그는 "포스트모더니즘과 포스트식민주의가 가하는 비판 앞에서 유럽중심주의와 동의어가 된 보편을 거론하는 일 자체가 유럽중심주의와 은밀하게 공모했다는 혐의를 받으리라는 것도 부인하기 어렵"지만, "그렇다고 해서 보편을 버려야 마땅한가?"라고 묻고 있기 때문이다.(김용우 2010, 188)

당연히 보편이라는 용어 혹은 개념을 버릴 수는 없다. 그 용어는 일상적 삶에서든 학문적 논의에서든 얼마든지 사용할 수 있다. 중요한 것은 추상화된 개념으로서의 보편이 갖는 이론적·역사적 의미들이며, 딜릭은 그런 측면에서의 논의의 필요성을 언급한 것이라고 볼 수 있다.

다시 말하거니와, 보편적인 것은 어떤 것을 특수하다고 규정함으로써 보편적인 것이 되는 것이지 그 자체로 보편적인 것이 되는 것은 아니다. 이는 유럽이 타자들(the others)을 정복하고 '차이(difference)'를 생산함으로써 스스로를 동일자(the Same)로 만들어온 것과 동일하다. 그러므로 보편적인 것과 특수한 것을 결정짓는 관계는 곧 권력관계, 다시 말해 동일자(보편)가 타자(특수)를 주체와 객체(보편과 특수)라는 지배 구조 안에 편입시키면서 그 타자들이 드러내는 차이를 배제하거나 동일자에게로 통합하는 관계인 것이다. 따라서 보편사로서의 지구사라는 개념 자체가 일종의 동일자 중심의 권력관계를 내포하고 있다고 할 수 있다.

보편이란 것을, 모든 것을 포괄하는 하나의 총체라는 의미로 사용할 수도 있다. 그러나 모든 것을 하나의 총체 안에 포괄한다는 것 자체가 논리적으로나 현실적으로 실현 불가능한 상상이다. 거기에는 항상 비어 있는 틈새들, 즉 단일한 총체 안에 포괄될 수 없는 차이의 공간들이 존재한다. 이 차이의 공간들을 포괄하기 위해선, 한편으로는 그 공간들에 포괄 가능한 동질성(homogeneity)을 강제하여 그것들을 통합해야 하고, 다른 한편으로는 끝내 통합될 수 없는 차이의 공간들의 이질성(heterogeneity)은 배제해야 한다. 그런 의미에서 단일한 총체로서의 보편은 늘 완성될 수 없는 것, 늘 보충되어야 하는 어떤 것이며, 차이들의 통합과 배제의 강제적 과정, 다시 말해 이질적인 타자를 동일자의 동질성으로 동화시키거나 동화 불가능한 타자의 이질성을 축출하는 과정을 수반한다.

지구사를 제안하고 있는 조지형이 "역사발전의 유럽중심주의적인 단선적 · 직선적 시각보다는 상호의존성과 다양성을 강조하는"(조지형 2010a, 102) 것은 총체로서의 보편이 수반할 수 있는 그 같은 동질화의 위험에서 벗어나기 위한 것으로 보인다. 다양성은 인종, 종족, 민족, 언어, 문화 등의 면에서 동일성의 정치(identity politics)가 발휘하는 동질화 효과에 대항하면서 이질성의 여러 양상들(modalities)을 지시하는

개념일 수 있기 때문이다.(Syrotinski 2007, 28)

그러나 동일자와 타자들 간의 역사적·현실적 권력관계의 지속적 효과 및 그 관계의 여러 양상들에는 눈을 감은 채, 지구를 구성하는 요소들의 다채로움과 다양성을 강조하는, 더구나 그 요소들 간의 평화로운 상호의존과 교류를 강조하는 온정주의적이고 자유주의적인 다원주의나 다중심주의가 과연 유럽중심주의를 넘어설 수 있는 유효한 방법일 수 있을까?

이 지상에 존재해왔거나 여전히 존재하고 있는 모든 역사적인 것들 간의 권력관계는 불문에 부치면서, 그것들을 지구 혹은 인류라는 하나의 보편 안에 통합시키는 지구사의 논리는 모든 것을 상품이라는 보편적 범주로 통일시키려는 '지구적 자본/자본주의(global capital/capitalism)'의 논리와 유사하다.

지구적 자본은 —유럽이든, 아시아든, 아프리카든, 라틴 아메리카든— 각 지역에서 생산되는 생산물들에 각 지역의 역사적·문화적 다양성을 넘어서 유통될 수 있는 상품이라는 보편적 형식을 부여한다. 자본에게는 각 지역의 주민들이 어떠한 역사와 문화 속에서 살아왔고 살고 있는지는 우선적 고려 사항이 아니다. 그런 의미에서 자본은 '초문화적'이다. 자본에게 일차적으로 중요한 것은 그들을 상품 안에 내재해 있는 교환/사용가치의 생산자와 소비자로 '동질화'시키는 것, 그들이 동질적인 상품 생산자로서 만들어내고 그들이 동질적인 소비자로서 실현해준 잉여가치를 축적하는 것이다.

그러면서도 지구적 자본은 생산자와 소비자들이 거주하고 있는 각 지역의 다양하고 특수한 역사와 문화들을 배려하거나, 지역 간의 교류나 상호 의존을 장려하는 전략을 펴기도 한다. 물론 그 전략은 (초과)이윤을 안정적으로 확보하고 잉여가치의 축적을 효율적으로 증대시키기 위한, 쉽게 말해 시장을 확보하고 확대하기 위한 전략이다. 그것은 자본들의 존속에 필수적이다. 그런 의미에서 자본은 '간지역적'이고 '상호 문화적'이다.

상호 모순적인 보편 개념과 다양성 개념을 함께 동원해 지구사를 옹호하고 있는 서양사 연구자들이 자본의 논리를 역사학의 무대에서 '의식적으로' 재연(再演)하고 있다고는 생각되지 않는다. 하지만 지구사 옹호자들의 논리는 '무의식적으로' 자본의 논리를 (따라서 식민주의적 논리를) 반복하고 있다는 의구심을 갖게 한다.

사실 그 같은 의구심은 지구사 옹호자들이 이른바 '지구화'를 '기정사실화'하고 있다는 점에서도 유래한다. 가령 김용우는 발리바르 (Etienne Balibar)의 표현을 활용하여 "우리가 살고 있는 세상이 이미 '현실적 보편성(real universality)'을 획득했기 때문에, 문제는 더 이상 '세계의 통일'이 아니라 어떻게 통일된 세계를 '그 안에서부터 바꿀' 것인가에 있다."고 말하면서, 그 "현실적 보편성"을 지구화라고 말한다.(김용우 2010, 187)[6]

정말로 세계는 '통일'이 되었는가? 통일이 되었다면, 그 통일된 세계의 "현실적 보편성"이란 무엇인가? 그것은 오늘날의 현실에서 자본의 지배가 세계적으로 보편화되었음을 가리키는가, 아니면 단순히 고도의 기술 발전에 의해 세계의 물적·인적 네트워크가 확충됨으로써 각 지역에 거주하는 인간들과 지역들의 상호 의존과 교류가 지구적

---

6) 하지만 발리바르는 자본 지배의 전 지구적 팽창으로서의 지구화와 보편성에 대해 비판적이다. 통일된 세계를 그 안에서 바꾸라는 발리바르의 말은, 현실적으로 볼 때 자본의 지구화와 지구화 이데올로기(신자유주의)에서 자유로운 외부는 없다는 점을 강조하면서, 그 외부 없는 지구화(이데올로기)에 대해 내부로부터 대항하는 전략을 언급하고 있는 것이기 때문이다.

규모로 보편화되었음을 가리키는가? 후자의 경우를 의미한다면, 이른바 인간과 지역 간의 상호 의존과 교류란 정치적·경제적·문화적 권력관계의 외부에서 이루어지는 수평적인 의존이며 평화로운 교류인가?

의구심을 낳게 하는 또 하나의 원천은 지구사 분야 혹은 소재의 무한함이다. 조지형에 따르면 지구사는 도시사와 농촌사, 생태사와 환경사, 기술사, 보건사, 정치경제사, 사회사, 문화사 등 거의 모든 분야를 포괄하며, 이들 각 분야의 학제간적 연구를 통해 "인류의 존재조건으로서의 지구성, 하나의 역사단위로서의 지구"(조지형 2007, 310-316)를 연구한다. 그렇다면 역사연구에서 지구사가 아닌 분야는 없고, 역사연구의 소재가 되는 것들 중에서 지구사의 소재가 되지 못할 것은 아무것도 없다.

거의 모든 특수한 분야사들이 지구사라는 단일한 보편 아래에 포괄되는 것, 이것은 각종의 재료들이 여러 공정들의 분업과 협업을 통해 보편적으로 교환 가능하고 단일한 가치형태를 지닌 상품으로 생산되는 자본주의적 생산방식에 유비(類比)될 수 있다. 혹은 오늘날 지구적 자본들이 인간과 자연이 만들어내는 유무형의 모든 것들을 자본의 원기적(原基的) 형태인 상품으로 단일화시키고, 그렇게 함으로써 모든 지역의 인간과 자연을 자본 운동의 회로에 형식적·실질적으로 편입시켜 자신들의 지배를 전 세계적 규모로 재생산하고 있는 "현실적 보편성"에 유비될 수 있다.

이러한 의구심에 기초하여 볼 때, 지구사의 다른 이름인 '간지역사'나 '상호문화의 역사'나 '초문화사'는 결국 지역들의 형식적 평등과 지역들 간의 문화적 수평 관계를 가정하는 자유주의적 다문화주의의 역사라고 할 수 있고, "자유주의적 다문화주의가 오늘날 초국가적 자본주의들(transnational capitalisms)의 요구에 의해 결정된다는 것은 비밀이 못된다. 자유주의적 다문화주의는 지구의 금융화(the financialization of the globe)라는 지배적 기획이 공적 관계의 측면에서 발전도상국들로부터 외견상의 동의를 얻어내기 위해 구사하는 중요한 술수다."(Spivak 1999, 396-397)

지구사는 오늘날의 지구화 —전 지구적 자본의 지배— 에 부응하는, '새로운 세계사'의 변종으로 보인다. 그 같은 지구사로 유럽중심주의를 넘어설 수 있을까?

IV. 유럽이라는 기호, 그리고 역사학 비판

바바(Homi Bhabha)는 "넘어섬(the beyond)은 새로운 지평도 아니고 과거를 뒤에 남겨둠(a leaving behind of the past)도 아니다. ⋯ 시작과 끝이라는 것은 그 중간에 낀 시기를 지속시키는 신화일 수 있다. ⋯ 넘어섬에는 방향상실감, 방향의 혼란이 존재한다."(Bhabha 1994, 1)고 말한다. 그의 말처럼 유럽중심주의의 극복이 유럽중심적인 역사를 과거의 것으로 뒤에 남겨두고, 그것을 넘어섰다고 믿는 "새로운 지평"(비교사를 활용하여 도달하게 되는 새로운 세계사나 지구사)으로 건너뛰는 것으로 실현될 수는 없다. 그런 식으로 유럽중심주의 문제가 해결되는 것이라면, 그것은 너무 손쉬운 일이다.

앞에서 살펴보았듯이, 국내 서양사 연구자들의 유럽중심주의에 대한 비판적 대응은 유럽의 역사와 유럽적 시각에서 구성한 세계사를 '비유럽적 시각'에서 교정하고, 유럽 역사의 주변화까지 포함하여 유럽과 비유럽 역사의 가치와 중요성을 재평가하는 데에 경도되어 있는

듯이 보인다. 일종의 '역사 바로 세우기'라고 할 수 있는 이들의 작업에서는 유럽이, 한국사나 동양사 연구자들의 경우에서처럼, 주로 지리적 · 지정학적 장소로 간주되고 있다.[7]

그러나 유럽은 하나의 지리적 장소인 것만은 아니다. 유럽은 근대성의 탄생 장소이자 그것의 기호이기도 하다. 근대성은 유럽이 세계의 중심으로 스스로를 확인했을 때 출현했다. 이때 유럽은 주변부를 자신의 정체성을 확인할 수 있는 타자로 만들었고, 이 타자를 정복하고 식민화하면서 스스로를 근대성을 지닌 자아/동일자로 구성할 수 있었던 것이다.(Dussell 1995, 65-66; Ashcroft et. al. 1998, 145) 그런 의미에서 식민성은 근대성이라는 동일자의 외부가 아니라 그것의 필수적 구성요소이며, 그 둘은 상호 외재적인 범주가 아니라 분리 불가능한 하나의 쌍이라고 할 수 있다.[8]

또한 역사적으로 볼 때, 이 근대성의 지속적인 물적 토대는 자본이므로, 유럽은 곧 자본 권력의 기호이기도 하다. 유럽의 근대 자본은

---

7) 사실 서양사 분야보다도 식민 역사를 경험한 한국사 분야에서 (혹은 주로 중국사에 집중된 동양사 분야에서) 유럽중심주의 문제가 먼저 인식되어야 했다. 아마도 한국사(혹은 동양사) 연구자들은, 의식했건 의식하지 않았건, 비유럽의 장소들인 한국(동양)의 역사를 연구 대상으로 삼는 것만으로 유럽중심주의와는 무관하거나 그것에서 벗어나 있는 것이라고, 혹은 한국(동양)의 역사를 연구하는 것 자체가 일종의 유럽중심주의를 비판하는 역사학적 · 학문적 실천이라고 생각해온 것은 아닐까? 최근에 들어와서 그 문제가 논의되는 것 같지만, 그럼에도 불구하고 주로 동아시아 권역이라는 지역사의 틀 안에서 '역사적 사실의 교정이나 (재)구성'이라는 측면에서 이루어지고 있는 것 같아 보인다. 이는 이들이 모름지기 역사학이란 과거의 '구체적' 사실들을 다루는 학문이지 '추상적(=관념적)' 이론을 다루는 학문이 아니라는 실증주의적 통념에 갇혀 있음을 보여준다.

8) 따라서 미뇰로(Walter D. Mignolo)는 근대성과 식민성을 별개로 취급하는 것이 아니라 그 둘의 분리 불가능성을 강조하기 위해 '근대성/식민성'으로 표기한다.(Mignolo 2000, 33, 46, 167)

비유럽 식민지와 식민지 주민들에 대한 수탈, 그리고 유럽의 농민과 노동자들에 대한 착취를 통해 축적된 것이었다. 따라서 자본 권력과 분리될 수 없는 근대성을 역사적 진보의 당연한 지표로 간주하거나, 복수의 근대성을 제안하거나, 비유럽적 근대성을 제안하는 것은 동일자에 의한 타자의 정복과 지배라는 식민성을 그대로 수용하는 것이 된다.[9)]

물론 유럽으로 기호화되는 근대성은 저 오랜 유럽 제국주의와 식민주의의 효과로 인해, 이제 이 지구상의 곳곳에 거주하고 있는 인간들의 삶의 조건이 되어 있고, 자본 권력의 기호로서의 유럽은 오늘날 신자유주의와 세계화/지구화의 "대세" 속에서 유럽과 미국은 물론 아시아와 아프리카와 라틴 아메리카 등 세계 도처에 존재한다.

이러한 현실적 조건하에서 유럽중심주의에 대한 비판적 논의가 현재성을 가지려면, 유럽과 비유럽의 엘리트들이 지배하는 국가들이나 지역들이나 문명권들의 차원에서가 아니라, 자본 권력과 근대성의 범세계적인 작동과 연관된 민중들의 구체적 삶의 차원에서 이루어질 필요가 있다.

즉 한편으로는 범세계적으로 민중들의 삶의 불가피한 물질적 토대가 된 자본의 다양한 작동 방식과 지배 논리를 분석하고, 그러한 자본의 논리가 민주주의와 대의제 같은 근대적인 정치제도와, 또는 다양한 양상으로 전개되어온 근대 문화들과 어떻게 연관되어 자본 권력을 재생산해왔는지를 추적하는 것이 필요하다.

---

9) 이 점과 관련해서는 딜릭도 "오늘날 대안적이고 복수적 근대성을 논하는 것은 그다지 설득력을 갖지 못하며, 그 이유는 제시되는 대안들이 바로 자본의 세계화와 이에 결부된 유럽적 (현재는 보다 미국적) 근대성의 세계화에 따른, 하나의 주제곡이 수반하는 변주곡에 지나지 않기 때문이다."(딜릭 2010, 161)라고 말하고 있다.

또한 다른 한편으로는, 범세계적인 자본 권력과 근대성의 지배라는 조건하에서도 그것이 강제하는 단일하고 보편적인 삶의 방식에 포획되는 것이 아니라, 그것에 저항하면서 그것과는 '차이'가 있는 삶의 조건들을 만들어온 민중들의 다른 역사들을 성찰하고 전망하는 것이 필요하다. 그 차이는 자본주의적 근대성 '이전'에 속하거나 그것에 외재하는 것이 아니라, 그 안에서 현존하지만 근대성이 강제하는 삶과는 다른 역사적 삶을 보여주는 차이이며, 따라서 근대성이라는 동질성에로의 통합을 불가능케 하는 차이라고 할 수 있다. 이 "저항적 차이(recalcitrant difference)"는 자본 권력과 근대성의 자기 실현과정으로서의 세계사/지구사라는 단일한 총체성을 그 내부로부터 균열시킬 것이고, 유럽중심주의의 헤게모니에 맞서는 "대항-헤게모니의 가능성"을 보여줄 것이다.(Prakash 1994, 1481: 2000, 288) 우리는 그것을 자본주의적 근대성의 '내부의 외부'이자 '대항-근대성(counter-modernity)'의 성격을 갖는 차이로 개념화할 수 있을 것이다.(김택현 2012, 77)

그런데 유럽을 주로 지정학적 공간으로 간주함으로써 근대성과 자본 권력의 기호로서는 '불충분하게' 문제화하고 있는 국내 서양사 연구자들은 '역사(학)' 그 자체에 대해서는 '충분히' 문제화하지 않고 있다.

이들이 유럽중심주의 역사를 극복할 수 있는 방법으로 제안하고 있는 비교사나 그것을 극복할 수 있는 대안이라고 주장하는 '새로운 세계사'와 '지구사'는 결국, 기존의 유럽중심적인 세계사와 마찬가지로, 역사학이라는 분과학문적 지식체계 안에서의 구성물이라고 할 수 있다. 즉 이들은 19세기에 유럽의 대학에서 제도화되어 유럽 제국주의 국가들의 식민 지배를 통해 비유럽에 이식된 "분과학문으로서의 '역사학'을 주어져 있는 어떤 것, 그런 의미에서 전적으로 '자연적인(natural)' 것으로 간주하고 있는 것이다."(Chakrabarty 1991, 2164) 이러한 태도는 "유럽의 문화를 규준적인 것, 당연한 것, 보편적인 것으로 … 상정하는 의식적 혹은 무의식적 과정"으로서의 유럽중심주의의 이데올로기적 효과일 것이다.(Ashcroft et. al. 1998, 90-91)

　최갑수는 유럽중심주의가 "단순히 이데올로기가 아니다."라고 하면서, 그것은 "수많은 연구자들이 정교하게 구축한, 거대한 문서고(文書庫)를 갖춘 지식 편제요 학문체계"라고 규정하고 있다.(최갑수 2011, 190) 하지만 그의 말은 유럽중심주의가 정말로 이데올로기가 아니라는 게 아니라, 이데올로기로서의 유럽중심주의가 하나의 지식체계이자 분과학문인 역사학 내에서 지속적으로 생산되어 대중들은 물론 연구자들 자신들에게도 무의식적으로 수용되어왔음을 지적하는 것으로 보인다.

　그렇다면 근원적인 문제는 유럽중심주의 자체라기보다는, 유럽중심주의 이데올로기를 제도적으로 생산하여 대중들의 무의식 안에 기입해온 역사학 자체일 것이다. 따라서 유럽중심주의 역사학에 대한 비판은 '역사학 비판' ―그 역사학이 서양사의 형식을 취하고 있건, 아니면 한국사나 동양사의 형식을 취하고 있건 간에― 으로도 전환될 필요가 있다.

　물론 역사학을 비판해야 한다고 해서 분과학문으로서의 역사학을 거부하거나 아예 폐지해야 한다는 것은 아니다. 그것은 통념적인 역사 인식과 역사 서술과 비판 방식을 비판하면서, 역사학에서의 비판을, 혹은 비판으로서의 역사 쓰기를 다르게 사유해야 한다는 것을 의미한다.

　미국의 페미니스트 역사가인 스콧(Joan W. Scott)은 역사학에서 '비판'이란 어떤 것인지에 관해 다음과 같이 말하고 있다.

물론 역사가들은 … 그 같은 [동시대의 윤리적] 판단을 내리고 그 판단에 기초하여 작업하면서 이전에 무시된 사람들을 가시화하거나 지배적 해석들을 수정한다. 나는 그런 부류의 (역사)연구의 종말을 요구하지 않는다. 우리는 분명히 그런 연구가 필요하다. 하지만, 나는 그런 연구를 … 비판이라고 생각하지는 않는다. … 그런 연구는 우리의 도덕적 우월감을, 우리의 자기의식을 확인하는 것일 뿐이다.

비판은 그러한 가치들의 원천이 무엇인지를, 그것들이 어떻게 존재하게 되었는지를, 그것들의 관계가 어떤 것인지를, 그것들이 어떤 권력을 보장했는지를 질문함으로써 우리를 불편하게 만드는 것이어야 한다. … 비판적 역사-쓰기의 대상은, 비록 그 자료들이 과거의 아카이브에서 나오는 것이라 해도, 현재이다. 그것의 목적은 [무언가를] 정당화하는 것 혹은 믿을 수 없는 것으로 취급하는 데 있는 것이 아니라, 저 맹목 지점(blind-spots)들을 밝혀내는 것에 있다.(Scott 2007, 34-35)

이 같은 스콧의 주장은, 비판적인 역사 쓰기가 기존의 역사를 믿을 수 없는 것으로 취급하면서 기존의 역사에서 무시되어온 것들을 드러내어 서술하거나, 기존의 역사 해석을 수정하고 수정된 해석을 정당화하는 것에 머물러선 안 된다는 것이다.

역사학에는 사용할 만한 가치가 있는 것으로 통용되는 개념/범주들이나 근대적인 역사의식을 구성하는 요소들이 있다. 예컨대 거기에는, 앞에서도 말했듯이 세계사, 역사의 비교, 근대성, 보편과 특수, 중심과 주변, 문명 등과 같은 개념/범주들이 있다. 혹은 어떤 것을 시대에 뒤떨어진 낡은 것으로 규정하고, 또 어떤 것은 시대에 합치할 만큼 진보하고 발전한 것으로 간주하는 역사적 시간 의식, 역사적 진리는 실증적 자료에 의해 판명된다는 증거에 대한 믿음, 사건이나 현상들을 합리적으로 설명할 수 있는 원인에 의해 발생한 결과라고 이해하는 인과성에 대한 관심 등의 요소들이 있다.[10]

현재적 의미를 갖는 역사학 비판이란 바로 그러한 개념/범주들과 요소들을 자명하거나 주어져 있는 것으로 간주하는 것이 아니라, 그 같은 개념/범주들이 지금까지 역사적으로 어떻게 작동해왔고 어떤 식으로 이데올로기적인 지식을 생산하는 데에 동원되었는지를 질문하는 것, 그렇게 함으로써 그 같은 개념/범주들로 구성된 역사 담론들이 어떤 부류의 권력에 기여하고 있는지를 따져 묻는 것이다. 또한 근대적 역사의식을 구성하는 요소들이 과연 이미 사라진 과거와 다른 장소에 거주하는 낯선 타자들의 생각과 행위를 '사실적으로' 재현할 수 있게 하는지를 의심하면서, 그 같은 역사의식에 기초하여 생산된 역사지식이 오히려 과거와 현실에 대한 사유를 제한하거나 통제하는 권력으로서 기여하고 있는 것은 아닌지를 따져 묻는 것이다. 다시 말해, 그러한 질문과 의심을 던짐으로써 역사학 자체를 불편하게 만드는 역사학 비판은 "역사라는 코드(code)를, 그것의 비작동(unworking)을 가시화하기 위해, 그 한계까지 끌고 가는 것"(Chakrabarty 2000, 96)

---

10) 버크는 이 세 가지 요소, 즉 "시대착오 의식(the sense of anachronism)", "증거에 대한 각성(the awareness of evidence)", "인과관계에 대한 관심(the interest in causation)"으로 구성된 근대적 역사의식이 19세기 이후 유럽 문화의 중요한 부분이며, 그것은 르네상스 시기부터 발전하기 시작했다고 말한다.(Burke 1970, 1) 차크라바르티(Dipesh Chakrabarty)는 여기에 "신의 시간으로부터의 세속적 시간의 분리"를 덧붙이면서, 이 네 가지 요소들이 유럽에서 유래하는 분과학문으로서의 근대 역사학의 토대를 이루고 있고, 이 토대 위에서 역사는 더 이상 신에 관한 이야기가 아니라 인간 세계에 관한 이야기가 되었다고 말한다.(Chakrabarty 1991, 2164) 코젤렉(Reinhart Koselleck)이 유럽에서는 18세기 후반 계몽사상에 의해 이성적 존재로서의 인간이 주체가 되었을 때, 비로소 휴머니즘적 근대 역사학이 성립하게 되었다고 말한 것(Koselleck 1985, 200)도 같은 맥락에서의 언급이다.

이며, 역사를 그것의 외부에서는 아무것도 발견되지 않고 그것의 내부에서는 모든 것이 발견되는 그런 한계에서 사유하는 것, 또는 구하(Ranajit Guha)의 말을 빌리면 역사학의 "그 경계 안에서는 사유 불가능한 것의 관점에서 세계-역사를 사유하는"(Guha 2002, 7) 것이다.

따라서 유럽중심주의 역사학의 문제와 관련하여 우리에게 필요한 것은 손쉬운 대안이 아니라, 대안이 눈감고 있는 맹목지점을 드러내기 위한 비판적 질문들이다. 그리고 그 같은 질문들은 비단 역사학 분야에서만이 아니라 다른 학문분야에서도 필요하다. 왜냐하면 근대적인 분과학문적 지식체계들은 "유럽 제국주의의 끝에서 보니 우리 모두에게 선물이 되어 있기 때문이다." 하지만 우리는 "오직 반(反)식민적인 감사의 마음으로만" 그 선물에 관해 이야기해야 할 것이다.(Chakrabarty 2000, 255)

■ 참고문헌

강성호. 2009. "근대 자본주의 세계체제와 유럽." 한국서양사학회 편. 『유럽 중심주의 세계사를 넘어 세계사들로』, 196-229. 서울: 푸른역사.

강철구. 2004. 『역사와 이데올로기: 서양 역사학의 유럽중심주의에 대한 비판적 검토』. 서울: 용의 숲.

강철구. 2007. "한국에서 서양사를 어떻게 보아야 하나―유럽 중심주의의 극복을 위한 제언." 『서양사론』 제92호, 327-352.

강철구, 안병직 편. 2011. 『서양사학과 유럽중심주의』. 서울: 용의 숲.

김영한. 2007. "한국의 서양사 연구―경향과 평가", 『서양사론』 제95호, 7-49.

김용우. 2010. "지구사를 위한 '보편'의 모색." 조지형, 김용우 편. 『지구사의 도전: 어떻게 유럽중심주의를 넘어설 것인가』, 184-213. 서울: 서해문집.

김원수. 2007. "글로벌 히스토리(Global History)와 역사들의 지평을 넘어서." 『서양사론』 제92호, 271-293.

김응종. 2011. "서구중심주의 역사학에 대한 비판과 반비판." 『서양사학과 유럽중심주의』, 279-310.

김택현. 2005. "포스트식민주의의 계보를 다시 생각함." 『영국연구』 제14호, 351-377.

김택현. 2012. 『트리컨티넨탈리즘과 역사』. 서울: 울력.

딜릭, 아리프. 2010. "탈중심화하기: 세계들과 역사들." 『지구사의 도전』, 136-164.

박용희. 2007. "한국의 서양사 연구와 유럽중심주의 극복." 『서양사론』 제95호, 83-111.

벤느, 폴 저 · 이상길, 김현경 역. 2004. 『역사를 어떻게 쓰는가』. 서울: 새물결.

벤틀리, 제리. 2010. "다양한 유럽중심주의 역사와 해결책들." 『지구사의 도전』, 112-134.

오흥식. 2007. "유럽중심주의 극복과 사료로서의 그리스 신화." 『서양사론』 제95호, 113-141.

유재건. 2011. "유럽중심주의와 '자본주의'의 문제." 『서양사학과 유럽중심주의』, 311-332.

이태숙. 2007. "총설―한국 서양사학의 범위." 『서양사론』 제95호, 145-176.

임상우. 2010. "동아시아의 유럽중심적 역사관의 극복." 『지구사의 도전』, 48-79.

조지형. 2007. "지구사란 무엇인가?" 『서양사론』 제92호, 295-326.

조지형. 2010a. "지구사의 미래와 역사의 재개념화." 『지구사의 도전』, 80-111.

조지형. 2010b. "유럽중심주의를 넘어 지구사로." 『지구사의 도전』, 12-46.

차하순. 2007. "새로운 세계사의 조건." 『서양사론』 제92호, 255-269.

최갑수. 2011. "유럽 중심주의의 극복과 대안적 역사상의 모색." 『서양사학과 유럽중심주의』, 177-196.

푸코, 미셸 저·이규현 역. 2003. 『광기의 역사』. 서울: 나남 출판.

한국서양사학회 편. 2009. 『유럽중심주의 세계사를 넘어 세계사들로』. 서울: 푸른역사.

Ashcroft, Bill, Gareth Griffiths, and Helen Tiffin. 1998. *Key Concepts in Post-colonial Studies*. London and New York: Routledge.

Bhabha, Homi. 1994. *The Location of Culture*. London and New York: Routledge.

Bloch, Marc. 1969. *Land and the Work in Medieval Europe*. New York: Harper Torchbooks.

Burke, Peter. 1970. *The Renaissance Sense of the Past*. New York: St. Martin Press.

Chakrabarty, Dipesh. 1991. "History as Critique and Critique(s) of History." *Economic and Political Weekly*. Sept. 14: 2162-2166.

Chakrabarty, Dipesh. 2000. *Provincializing Europe: Postcolonial Thought and Historical Difference*. Princeton: Princeton University Press.

Den Braembussche, A. A. van. 1989. "Historical Explanation and Comparative Method: Towards a Theory of the History of Society." *History and Theory* 28(1): 1-24.

Dussell, Enrique. 1995. "Eurocentrism and Modernity (Introduction to the Frankfurt Lectures)." In *The Postmodern Debate in Latin America* edited by John Beverley, José Oviedo and Michael Aronna, 65-76. Durham and London: Duke University Press.

Febvre, Lucien. 1973. "Civilization: Evolution of a Word and a Group of Ideas." In *A New Kind of History: From the Writings of Lucien Febvre* edited by Peter Burke and translated by K. Folca, 219-257. London: Routledge and Kegan Paul.

Frederickson, George F. 1980. "Comparative History." In *The Past before Us: Contemporary Historical Writing in the United States* edited by Michael Kammen, 457-473. Ithaca, New Jersey: Cornell University Press.

Frederickson, George F. 1995. "From Exceptionalism to Variability: Recent Developments In Cross-National Comparative History." *Journal of American History* 82: 587-604.

Grew, Raymond. 1980. "The Case for Comparing Histories." *The American Historical Review* 85(4): 763-778.

Guha, Ranajit. 2002. *History at the Limit of World-History*. New York: Columbia University Press.

Harootunian, Harry. 2000. *History's Disquiet: Modernity, Cultural*

Practice, and the Question of Everyday Life. New York: Columbia University Press.

Koselleck, Reinhart. 1985. *Futures Past: On the Semantics of Historical Times* translated by Keith Tribe. Cambridge, Massachusetts: MIT University Press.

Lorenz, Chris. 1999. "Comparative Historiography: Problems and Perspectives." *History and Theory* 38(1): 25-39.

Mignolo, Walter D. 2000. *Local Histories/Global Designs: Coloniality, Subaltern Knowledges, and Border Thinking*. Princeton: Princeton University Press.

Pallares-Burke, Maria Lúcia. 2002. *The New History: Confessions and Conversations*. Oxford: Polity Press.

Prakash, Gyan. 1994. "Subaltern Studies as Postcolonial Criticism." *American Historical Review* 99(5): 1475-1490.

Prakash, Gyan. 2000. "The Impossibilities of Subaltern History." *Nepantla* 1(2): 287-294.

Sewell Jr., William H. 1967. "Marc Bloch and the Logic of Comparative History." *History and Theory* 4(2): 208-218.

Sewell Jr., William H. 2005. *Logics of History: Social Theory and Social Transformation*. Chicago: University of Chicago Press.

Scott, Joan W. 2007. "History-writing as critique." In *Manifestos for History* edited by Keith Jenkins, Sue Morgan and Alun Munslow, 19-38. London and New York: Routledge.

Spivak, Gayatri Chakravorty. 1999. *A Critique of Postcolonial Reason: Toward a History of the Vanishing Present*. Cambridge and London: Harvard University Press.

Syrotinski, Michael. 2007. *Deconstruction and the Postcolonial: At the Limits of Theory*. Liverpool: Liverpool University Press.

Thomas, Alan, Ben Crow, Paul Frenz, Tom Hewitt, Sabrina Kassam and Steven Treagust. 1994. *Third World Atlas* 2nd edition. Washington DC: Taylor and Francis.

Werner, Michael and Bénédicte Zimmermann. 2006. "Beyond Comparison: Histoire Croisée and the Challenge of Reflexivity." *History and Theory* 45(1): 30-50.

Young, Robert J. C. 2001. *Postcolonialism: An Historical Introduction*. London: Blackwell.

필자 소개

강정인

현재 서강대 정치외교학과 교수로 재직 중이며, 주요 연구 분야는 비교 정치사상, 한국 현대 정치사상, 문화와 정치 등이다. 주요 저서로는 『넘나듦(通涉)의 정치사상』(2013), 『한국 현대 정치사상과 박정희』(2014), *Western-centrism and Contemporary Korean Political Thought*(서구중심주의와 현대 한국 정치사상, 2015) 등이 있다.

강성호

현재 국립순천대학교 사학과 교수로 재직 중이며, 주요 연구 분야는 역사이론, 유럽사상사, 비교세계사 등이다. 주요 저서로는 『유럽중심주의 세계사를 넘어 세계사들로』(2009), 『중유럽민족문제: 오스트리아-헝가리 제국을 중심으로』(2009), *Geopolitics and Trajectories of Development: the Cases of Korea, Japan, Taiwan, Germany and Puerto Rico*(발전의 지정학과 궤적: 한국, 일본, 타이완, 독일, 푸에르토리코, 2010), 『역사주의: 역사와 철학의 대화』(2014) 등이 있다.

김동춘

현재 성공회대학교 사회과학부, NGO 대학원 교수이며, 성공회대 민주주의 연구소 소장, '다른백년' 연구원장을 맡고 있다. 주요 연구 관심은 국가폭력, 노동운동, 계급계층 등이다. 주요 저서로는 『한국사회 노동자연구』, 『전쟁과 사회』, 『이것은 기억과의 전쟁이다』(2013), 『전쟁정치』(2013) 등이 있다.

김택현

성균관대학교 문과대학 사학과 교수다. 역사이론지 『트랜스토리아(*Transtoria*)』의 편집인을 역임했다. 주요 저서로는 『트리컨티넨탈리즘과 역사』(2012), 『차티스트운동: 좌절한 혁명에서 실현된 역사로』(2008), 『서발턴과 역사학 비판』(2003) 등이 있고, 번역서로는 『유럽을 지방화하기』(공역, 2014), 『서발턴과 봉기』(2008), 『포스트식민주의 또는 트리컨티넨탈리즘』(2005), 『역사란 무엇인가』(1997, 개역판 2015) 등이 있다.

이관후

해남에서 태어나 목포에서 고등학교까지 나왔다. 서강대학교에서 정치학을 공부하고 국회에서 의원보좌관으로 6년을 일하면서, 대의민주주의에서 좋은 정치와 좋은 대표에 대해 고민하게 되었다. 영국으로 건너가 런던대학교(UCL)에서 "Political Legitimacy, Representation and Confucian Virtue"로 2014년에 박사학위를 받았다. 현재 서강대학교 현대정치연구소 SSK연구교수로 재직 중이다. 주요 논문으로 "정치적 정당성의 기초에 대한 비판적 검토: 법, 동의, 정의, 토의를 중심으로"(2015), "왜 '대의민주주의'가 되었는가?: 용례의 기원과 함의"(2016) 등이 있다.

이영찬

경북대학교 문리과 대학 사회학과를 졸업하고 프랑스 프랑쉬-꽁떼(U. de Franche-comte) 대학에서 사회학 박사학위를 받았다. 현재 계명대학교 사회학과 교수로 재직 중이며, 주요 관심 분야는 유교사회학이다. 저서로 『유교사회학』(2001), 『유교사회학과 사회이론』(2008), 『인물평가의 한국학, 최한기 측인론 연구』(2016) 등이 있다.

정승현

서강대학교에서 정치학 박사학위를 받았으며 현재는 서강대학교 현대정치연구소 SSK연구교수로 재직 중이다. 주요 연구 주제는 비교정치사상, 한국 현대 정치사상 등이다. 주요 논저로는 『문명·역사·주변부: 마르크스주의와 서구중심주의』(2016), 『동서양의 정치적 현실주의: 한비자와 마키아벨리』(공저 강정인, 2014), 『과거사청산의 정의논쟁과 그 사상적 함의』(2014) 등이 있으며, 역서로는 『나홀로 볼링』(2000) 등이 있다.

조긍호

현재 서강대학교 심리학과 명예교수이며, 서구와 동아시아 사회의 문화차와 그 사상적 배경에 관심을 가지고, 특히 동아시아인의 특징적인 심리와 행동의 근원을 유학의 고전에서 찾아 그 심리학적 의미를 천착하는 작업에 몰두하고 있다. 저서로는 『유학심리학: 맹자, 순자 편』(1998), 『한국인 이해의 개념틀』(2003), 『이상적 인간형론의 동서 비교』(2006), 『동아시아 집단주의의 유학사상적 배경: 심리학적 접근』(2007), 『선진유학사상의 심리학적 함의』(2008), 『사회관계론의 동서 비교』(2012) 등이 있다.

탈서구중심주의는 가능한가

— 서구중심주의에 대한 우리 학문의 이론적 대응

1판 1쇄 찍음 | 2016년 11월 11일
1판 1쇄 펴냄 | 2016년 11월 21일

편저자 | 강정인
펴낸이 | 김정호
펴낸곳 | 아카넷

출판등록 | 2000년 1월 24일(제406-2000-000012호)
주소 | 10881 경기도 파주시 회동길 445-3
전화 | 031-955-9510 (편집)·031-955-9514 (주문)
팩시밀리 | 031-955-9519
책임편집 | 이하심
www.acanet.co.kr

ISBN 978-89-5733-516-1 93300

이 도서의 국립중앙도서관 출판예정도서목록(CIP)은
서지정보유통지원시스템 홈페이지(http://seoji.nl.go.kr)와
국가자료공동목록시스템(http://www.nl.go.kr/kolisnet)에서 이용하실 수 있습니다.
(CIP제어번호: CIP2016022973)